리갈마인드 민법총칙

이은영 지음

博 英 社

머 리 말

로스쿨시대가 열렸다. 법학교육이 학부에서 전문대학원으로 바뀌면서 독자가 원하는 책이 종전과는 달라졌다. 종전의 법률서적은 사법시험을 염두에 두고 쓰인 것이어서 로스쿨시대의 예비법률가에게는 적합하지 않다. 로스쿨입학을 준비하는 학부생이나 직장인은 장래 전공할 법이 과연 어떤 것인지 궁금하기도 하고 법학적성시험과 로스쿨 입학시험을 어떻게 준비해야 효율적일까 걱정되기도 하는데, 이러한 니즈에 맞춘 책이 〈리갈마인드 민법총칙〉이다.

법률가가 되는 데에 필수적으로 요구되는 능력은 논리적 사고와 건강한 가치관이다. 법학적성시험의 추리논증, 로스쿨 입학시험의 논술과 면접에서, 시험위원은 지원자가 가진 논리력과 가치관을 테스트한다. 지원자에게 본격적인 법학지식을 요구하지는 않지만, 입학하면 전문교육을 바로 흡수할 수 있는 리갈마인드를 충분히 연마해 왔을 것을 전제조건으로 삼는다.

리갈마인드를 연마하는 데에는 민법총칙을 공부하는 것이 지름길이다. 민법총칙은 법논리와 규범적 가치의 기본구조를 제시하는 '법의 도입부'에 해당하기 때문이다.

이 책에서는 민법총칙을 주제별로 문외한이 이해할 정도로 쉬우면서도 전문가가 읽더라도 최근의 학설과 판례를 파악할 수 있도록 깊이 있게 다루었다. 〈리갈마인드 강화훈련〉을 통해 민법총칙의 규정 바닥에 깔려 있는 법철학적 사고를 소개하였다. 〈추리논증훈련〉에서는 지원자가 시민이 사회에서 맞닥뜨리는 갈등에 대해 자신의 규범적 사고에 따른 해결방향을 모색해 보도록 과제를 제시하였다. 〈사례연습〉에서는 법률가가 시민사회의 분쟁을 민법규정에 따라 해결하는 과정을 보여주었다. 전체적인 구성을 논리적으로 하면서, 세부적인 부분까지 꼼꼼히 작업하였으므로 변호사가 된 후에까지 오래 두고 읽더라도 싫증나지 않을 것이다.

저자는 대법원 산하의 사법개혁위원으로서 새로운 법률가양성제도인 로스쿨의 도입을 계획하였고, 제17대 국회의원으로서 자신이 기안한 로스쿨법률의 제정을 담당하였으며, 현재는 외대 법학전문대학원 교수로 복직하여 로스쿨학생들을 가르치고 있다. 법학교수로서 30년간 쌓아 온 학식과 로스쿨입학 시험위원의 경험을 살려 이 책을 집필하였다. 지원자의 논술과 면접을 평가하면서 그들에게 짧은 기간에 리갈마인드를 강화시킬 방법을 알려 주어야겠다고 생각했던 것이 이 책의 집필동기가 되었다.

이 책의 편집과 교정을 도와준 박영사의 김선민 부장과 이정선 예비법률가에게 깊은 감사를 드린다.

2009. 7

저자 이 은 영

차 례

8장 법률행위의 무효와 취소 • 433

9장 조건 · 기한 · 기간 • 467

〔리갈마인드 강화훈련〕

〔추리논증훈련〕

〔사례연습〕

〔참고문헌〕

高翔龍, 민법총칙(全訂版, 1999), 법문사.
郭潤直, 민법총칙(新訂修正版, 1998), 박영사.
金基善, 한국민법총칙(1981), 법문사.
金基洙, 민법학연습(1981), 박영사.
金玟中, 민법총칙(1995), 두성사.
金相容, 민법총칙(全訂版, 1999), 법문사.
金容漢, 민법총칙론(1993), 박영사.
金俊鎬, 민법총칙(1999), 법문사.
金曾漢, 신민법총칙(1986), 박영사.
金曾漢 · 金學東, 민법총칙(1995), 박영사.
金疇洙, 민법총칙(제 4 판, 1996), 삼영사.
金顯泰, 민법총칙(1973), 교문사.
朴在佑, 민법총칙(1983), 학문사.
朴鍾斗, 개설민법총칙(1999), 강남대학교 출판부.
方順元, 신민법총칙(1959), 한일문화사.
李光信, 민법총칙(1984), 일신사.
李根植, 민법강의(상)(1977), 법문사.
李英燮, 신민법총칙(1959), 박영사.
李英俊, 민법총칙(1995), 박영사.
李太載, 민법총칙(1981), 법문사.
張庚鶴, 민법총칙(1983), 법문사.
鄭茂東, 민법총론강의(1993), 박영사.
玄勝鍾, 민법(총칙 · 물권)(1975), 박영사.
黃迪仁, 현대민법론 Ⅰ(1985), 박영사.

朱宰璜 · 金曾漢 편집대표, 주석민법총칙(上)(下)(1980), 한국사법행정학회간.
郭潤直 편집대표, 민법주해 총칙(1) · (2) · (3)(1992), 박영사.

강태성, 민법총칙(2006), 대명출판사.
고창현, 민법총칙(2006), 법문사.
권영준, 민법총칙(2001), 삼조사.
김상묵, 민법총칙(2006), 청목출판사.
노종천, 민법총칙(2007), 법문사.
박영복, 민법총칙(2004), 이컴비즈넷.
박종문, 민법 1, 민법총칙/1(2007), 서울고시각.
백태승, 민법총칙(2001), 법문사.
소성규, 민법총칙(2001), 법률시대.
소재선, 신민법총칙론(2006), 경희대학교.
송근양, (신경향) 민법총칙(2002), 예응.
오영환, 민법총칙(2004), MJ미디어.
유정수, 민법총칙(2002), 고시연구원.
윤형렬, 민법총칙(2006), 법영사.
이명우, 민법총칙(2001), 박문각.
이은영, 민법총칙(2009), 박영사.
정환담, 민법총칙(2003), 형설출판사.
조성민, 민법총칙/Ⅰ(2001), 두성사.
천영, 민법총칙/1(2007), 경록.
홍성재, 민법총칙(2005), 대영문화사.

〔법령약어〕

가족관계－가족관계의 등록 등에 관한 법률
근기－근로기준법
농지－농지법
민소－민사소송법
민집－민사집행법
방문판매－방문판매 등에 관한 법률
부등－부동산등기법
약관－약관의 규제에 관한 법률
자손－자동차손해배상 보장법
주보－주택임대차보호법
할부－할부거래에 관한 법률

* 조문만 표기한 것은 민법규정임.

1장

민법의 기본원리

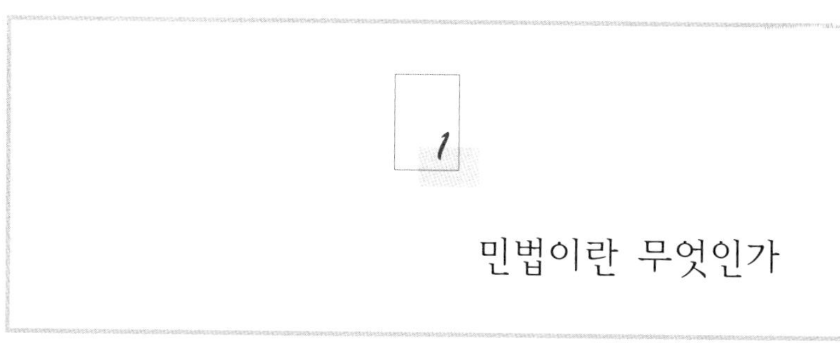

1 민법이란 무엇인가

1. 민법의 두 가지 의미

(1) 실질적 의의의 민법

시민의 경제활동, 가족관계 등 사적생활에 필요한 법규범을 민법이라고 한다. 이는 개인이 타인에 대하여 갖는 권리는 무엇이고 지켜야 할 의무는 무엇인가 하는 내용으로 구성된 실체법규범이다. 민법규범은 인류의 역사와 함께 사회생활 중에 자생적으로 발생한 것이다. 타민족과의 교류가 왕성했던 로마인은 민법규범을 잘 정리해 두어 근대민법의 발전기틀을 제공하였다.

(2) 형식적 의의의 민법

「민법」은 1958년에 제정된 법률 제471호를 가리키는데 이를 '형식적 의미의 민법' 또는 '민법전'이라고 한다. 민법은 대부분 실질적 의의의 민법규범을 성문화한 것이지만, 민사소송규정과 형사규정이 조금 포함되어 있다.

2. 민법전의 역사

조선말 개화파에 의해 서양의 근대민법을 계수하려는 시도가 있었으나 결실을 맺기 전 일제침략으로 좌절되었다. 일제는 한반도에 침략한 후 「조선민사령」(1912년)을 발포하여 일본민법의 적용지역을 한반도까지 확장하였다. 해방 이후 미군정하에서 일본민법은 잠정적으로 효력이 인정되었다. 1958년 대한민국국회는 민법을 제정하였다. 이 현행민법은 1960년부터 시행되었으며, 그 이후에도 사회의 변화를 받아 들여 계속 개정되어 왔다.

근대법을 계수(외국의 법체계를 사회에 적합하게 변용·수용함)하는 자세는 시대에 따라 변화해 왔다. ① 시발적 계수기 : 조선말기 개화파 학자들에 의해 서양법을 계수하려고 시도했다. ② 강제적 계수기 : 일본민법의 강제적 의용에 의해 근대서양법이 한반도에 적용되었다. ③ 자발적 계수기 : 민법의 제정을 통해 서양법을 우리 민족의 손으로 계수하였다. ④ 자각적 계수기 : 선진국의 법을 한국인의 법의식 및 관습과 조화를 이루도록 변용하여 받아들여 왔다.

3. 재산법과 가족법

민법은 총칙·물권·채권·친족·상속의 다섯 편으로 나뉜다. 물권과 채권은 재산법에 속하고, 친족과 상속은 가족법에 속한다. 총칙은 재산법과 가족법 모두에 공통되는 기본원칙을 정해 놓은 것이다. 그러나 총칙규정 중에는 재산법만을 염두에 둔 것이어서 가족법에 적용되지 않는 것도 많다.

세계는 대륙법체계와 영미법체계로 나뉘는데 우리는 대륙법체계에 속하며, 그 중에서도 독일, 스위스, 일본과 같은 판덱텐체계를 취한다. 이는 총칙에서 기초 원칙을, 각칙에서 세부 원칙을 규정하는 방식이다.

(1) 재 산 법

재산법은 자본주의의 자유시장경제를 전제로 하여 시장에서 거래당사자 사이의 이익을 조정하는 역할을 담당한다. 재산법은 물권과 채권의 두 권리를 엄격히 구분하여 규정한다. 물권은 누구에게나 주장할 수 있는 절대권인 반면에 채권은 당사자 사이에서만 효력을 갖는 상대권이다.

시장에서 재화의 교환과정을 보면 채권을 거쳐 물권 취득으로 발전되는 경우가 많다. 즉 채권(매수인의 권리, 채권적 전세권)에 등기와 같은 공시방법을 갖추어 물권(소유권, 전세권)으로 격상된다. 채권 중에는 물권과 전혀 다른 영역에 속하는 경우도 많다.

(2) 가 족 법

가족법은 가족생활 중에 생기는 분쟁을 해결할 수 있는 규범을 제시한다. 부모와 자녀의 관계, 약혼과 결혼, 이혼과 재산분할 등에 관한 '친족법'과 상속과 유언에 관한 '상속법'의 두 부분으로 나뉜다. 남녀평등, 아동보호, 노인복지 등 사회적 과제의 해결을 위해서 가족법의 지속적 변천이 요망된다.

4. 사법과 공법의 구별

(1) 민법은 사법이다

민법은 시민의 사적 영역에 관한 법이며, 주로 경제생활과 가족생활이 사적 영역에 포함된다. 민법에서 다루는 법익은 사익이며,

행위주체는 사인(私人)임이 원칙이다. 다만 개인(자연인 · 법인 포함)의 행위 중에서 공적 업무의 수행은 공법의 규율대상이 된다.

국가기관 및 지방자치단체의 행위라도 사인과 같은 경제활동을 하는 경우에는 민법이 적용된다. 인가, 허가, 조세 등 행정처분은 공법관계이지만, 국유재산의 매각, 공공용지의 협의취득, 공공물품의 구입은 사법관계이다.

민법상 권리 · 의무의 주체가 되는 개인은 상대방과 대등한 입장에서 자기의 이익을 주장한다. 사인의 경제생활과 가족생활은 당사자의 자율적 합의로 결정됨을 원칙으로 한다(사적자치의 원칙). 사적 영역에 대한 국가의 간섭은 불가피한 최소한에 그쳐야 한다.

(2) 사법과 공법의 구분

근대법은 공법과 사법을 분리하며 재판절차도 구분한다. 국가 및 지방자치단체의 구성 및 법률관계에 관하여는 헌법과 행정법에서 규정한다.

사법과 공법의 구별의 실익은 다음과 같다. ① 적용법규의 차이 : 사법관계와 공법관계에 각각 적용할 법원칙과 법규가 달라지는 경우가 있다. ② 의무불이행에 대한 제재 : 사법상 의무의 불이행은 소송 및 강제집행 절차를 통하여 구제받을 수 있으며 자력구제는 금지된다. 공법상 의무의 불이행에 대하여는 행정기관이 직접 강제수단을 동원하여 의무이행의 결과를 도모할 수 있다. ③ 재판절차의 차이 : 사법에 관한 소송사건은 민사법원에서 취급하며 민사소송법이 적용된다. 반면에 공법상의 권리관계에 관한 분쟁은 행정심판법과 행정소송법의 적용을 받으며, 행정사건의 관할법원은 행정법원이다.

사법과 공법의 구별기준에 관한 학설대립이 있다. ① 이익설 :

사익을 목적으로 하는가 또는 공익을 목적으로 하는가. ② 성질설 : 대등관계를 규율하는가 또는 지배복종관계를 규율하는가. ③ 주체설 : 개인간의 관계를 규율하는가 아니면 국가나 공공단체 상호간 및 이들과 개인의 관계를 규율하는가. ④ 신주체설 : 국가 및 공공단체가 공권력의 주체로서 활동하는 법률관계를 규율하는가 아니면 국가·공공단체의 그렇지 않은 법률관계 및 사인간의 법률관계를 규율하는가. ⑤ 신성질설 : 기속적 결정을 내용으로 하는가 아니면 당사자의 자유로운 결정을 내용으로 하는가. ⑥ 복수기준설 : 하나의 기준에 의하여 사법과 공법을 구분하지 않고, 복수기준에 의하여 사법과 공법을 구분한다. 근래에는 사법의 영역을 넓히고 공법의 영역을 축소하는 경향이다.

판례는 사안에 따라 개별적으로 판단하는데 ① 허가처분 등 행정처분, ② 귀속재산처리법에 의한 귀속재산의 매각은 공법관계로 보았다. 사법관계로 본 사안은 ① 공공사업의 시행자가 토지를 협의취득하는 경우, ② 국유재산의 매각, ③ 행정재산의 임대차, ④ 국가를 당사자로 하는 계약에 따른 자방자치단체의 공공계약 등이다.

5. 특별법은 일반법에 우선한다

(1) 일반법으로서의 민법

사적 영역의 법률관계에는 민법이 일반법으로 널리 적용된다. 민법은 상법보다 적용대상이 넓고 추상적이다. 상법은 민법의 특별법이다. 일반법·특별법의 개념은 상대적이다. 민법과 상법의 관계에서는 민법이 일반법이고 상법이 특별법이지만, 상법의 영역에 속하는 어음법은 전자어음의 발행 및 유통에 관한 법률에 대비하면 일반법이다.

(2) 특별법의 우선적용

하나의 법률관계에 관하여 규율하는 법이 일반법과 특별법의 두 종류가 있는 경우에 특별법이 일반법보다 우선적으로 적용된다. 하나의 법률 안에도 일반규정과 이보다 우선 적용되는 특별규정이 있다.

특별법은 일반법보다 좁은 적용범위로 제한되는 반면 그 제한범위 내에서는 우선적으로 적용된다. 일정범위의 사람을 기준으로 하는 인적 제한, 일정한 법률관계로 한정하는 물적 제한, 일정한 지역을 한정하는 지역적 제한 등 제한방법에 차이가 있다.

특별법이 우선 적용되는 경우에 일반법의 적용은 사안에 따라 달라진다. ① 일반법의 적용 배제 : 어떤 사안에 관하여 특별법의 규정이 있으면 이와 상충되는 일반법규정은 적용이 배제되는 경우가 있다. 부동산 실권리자명의 등기에 관한 법률은 민법에 우선한다. ② 일반법의 보충 적용 : 특별법의 규정이 일반법이 추상적으로 정하고 있는 불확정개념을 구체화하고 있는 경우에는 그 특별법규정이 열거하는 경우에 해당하지 않더라도 일반법의 적용을 통하여 같은 법률효과를 부여할 수 있다. ③ 일반법의 중첩 적용 : 하나의 사실관계에 기해 특별법상 보호와 일반법상 보호를 동시에 또는 선택적으로 받을 수 있는 경우가 있다. 예를 들면 자동차사고의 피해자는 「자동차손해배상 보장법에 기한 손해배상청구」를 하거나 「민법의 불법행위에 기한 손해배상청구」를 하거나 자유이지만, 그 손해배상금을 이중으로 받을 수는 없다.

6. 실체법과 소송법의 상호관계

(1) 절차의 정의로 보장받는 민법상 권리

민법은 문제되는 법률관계(본안)의 실체를 밝혀 주는 역할을 하는 실체법에 속한다. 민법은 사인간의 권리와 의무가 언제 어떤 내용으로 발생하고 소멸하는가를 정하는 실체규범이다. 본안사건에 민법을 적용하여 누가 권리자인지 권리의 힘이 어디까지 미치는지를 판단한다. 이러한 민법상의 권리는 절차의 정의가 보장되어야 구현될 수 있다.

분쟁처리를 위한 소의 제기, 재판의 진행, 조정, 강제집행 등 권리구제절차는 민사소송법과 민사집행법으로 정한다. 절차법이 완비되어야 권리의 실질적 구현이 가능하게 된다. 실체법상 청구권이 인정되더라도 당사자가 법에 순순히 응하지 않는 때에는, 청구권자가 소송상 청구를 하여 그 청구권을 인정받고 민사집행을 실시토록 하여야 이행을 받을 수 있다.

(2) 민법상 권리의 구제절차

민사소송이란 원고가 피고에 대하여 자신의 권리를 실현하기 위한 청구를 하는 것이다. 원고는 실체법인 민법의 권리를 주장하지만 정말 그 권리가 있는지는 판결로서 확인된다. 소의 제기부터 판결 및 집행에 이르기까지의 절차를 규정하는 것은 민사소송법이다. 예를 들어 진정한 소유자라고 주장하는 A가 허위로 소유권이전등기를 하여 등기부상 소유자로 등기되어 있는 B에 대하여 그 등기를 말소해 달라고 청구한 소송에서 판결은 두 가지로 나올 수 있다. A가 소유자이니 B의 등기를 말소하는 청구인용(원고승소) 또는 A는 소유자가 아니니 등기말소는 필요 없다는 청구기각(원고패소)이다.

리갈마인드 강화훈련

• 리갈마인드와 법률가 양성

리갈마인드는 개념과 실제사례, 원칙과 예외를 적절히 활용하는 능력이다. 하나의 원칙에 갇혀 경직된 사고를 하지 않도록 조심하면서 유연성을 키운다. 유연성을 높이기 위하여 사회생활 속에서 작동되는 사람들의 심리구조를 이해하려는 노력을 한다. 그리고 법률가에게는 분쟁당사자에게 원칙을 강조하기보다는 해결책의 정당성을 설득하는 기술도 필요하다.

리갈마인드를 갖추기 위해서는 다음과 같은 사고의 과정을 훈련해야 한다. ① 우선 구체적 분쟁에서 당사자의 의견이 엇갈리는 쟁점이 무엇인지를 추려낸다. ② 그 쟁점에 적용할 추상적인 원칙을 검색해 본다. ③ 구체적인 사례 한 개의 원만한 해결에 집착하지 않고 그것과 유사한 분쟁이 앞으로도 많이 발생할 것을 예상하고 여러 유사 사례의 공평한 해결을 모색해 본다. ④ 사회통념 속에서 그 사례에 관련되는 정의관념을 찾아내어 그것을 원칙으로 수립하거나 기존의 원칙과 접합한다. ⑤ 기본원칙을 확실히 수립하고 나서 예외가 허용되는 영역을 파악한다.

추리논증훈련

- 분류와 논리적 접근

1. 성격이 다른 잡다한 사건이 흩어져 있을 때 그것들을 분류하는 것은 사건의 본질에 접근하는 지름길이다.

   다음의 여섯 가지의 사건들을 두 종류로 분류해야 한다면 당신은 어떻게 분류하겠는가? 당신의 분류기준은 무엇인가?

   ① 치정에 의한 살인, ② 이혼청구, ③ 세금포탈, ④ 절도, ⑤ 공금횡령, ⑥ 소비자파산

2. 법원이 자기가 살고 있는 마을에서 너무 멀리 떨어져 있어 소송에 의한 구제를 받을 수 없는 경우에 법률에 규정된 권리를 갖고 있다는 것은 어떤 의미를 가질까?

   소위 '법 없이 사는 마을'의 사람들이 질서를 유지하는 수단은 무엇일까?

2

민법총칙의 구성

1. 법의 핵을 이루는 리갈마인드

법률가와 비법률가를 가르는 차이는 "법률문제를 리갈마인드에 입각해서 바라보는가?" 하는 것이다. 누구나 양심과 건전한 상식을 지니고 있다. 교육받은 사람이라면 헌법을 배웠고 다른 법률도 찾아 읽을 줄은 안다. 사회생활의 경험이 있는 사람은 대개 자신의 업무와 관련된 법률규정과 판례를 검색해 본 경험이 있다. 그러나 리갈마인드를 갖추지 않은 사람의 법률검색은 그저 단편적인 지식에 그칠 뿐이어서 법률문제를 체계적으로 이해하여 정확한 해결책을 제시하기에는 역부족이다.

리갈마인드란 법의 체계를 이해하고 법을 응용하는 방법을 습득한 사람이 갖추는 논리와 가치로 구성된 '법의 핵'을 가리킨다. 리갈마인드는 법지식의 기초를 이루며 입법보다 상위에 놓인다. 국회에서 법률을 개정할 수 있다고 하지만 입법에도 한계가 있다. 국회는 법률가들이 지니고 있는 리갈마인드를 존중하는 범위에서 입법을 위임받은 것이다. 리갈마인드를 바꾸는 일은 혁명에 의해서만 가능하다.

2. 총칙의 추상성

민법총칙은 추상적 원칙의 집합체이다. 수많은 구체적인 사례 속에 공통으로 작용하는 원리를 추출해 낸 것이기 때문이다. 추상적 원칙을 규정해 두면 각 분야마다 같은 규정을 반복할 필요가 없기 때문에 입법상 절약이 가능해진다. 민법의 규정이 간결함에도 불구하고 서로 다른 사안에 적용될 수 있는 것은 추상적인 표현 덕택이다.

추상적 원칙은 시대와 장소에 따라 다른 세부사항의 공통적 요소를 추출한 것이므로 탄력성과 유연성을 갖는다. 다만 그 단점으로서 너무 일반적으로 서술되어 있어 그 추상적 원칙 하나만 가지고는 법률문제의 해결책을 내놓지 못한다는 점을 들 수 있다. 추상적 원칙 위에 구체적 적용규범을 더할 때에 사례해결이 가능하게 된다.

총칙규정은 재산법과 가족법에 두루 적용시키기 위해 추상적 표현을 사용한다. 과거에는 민법총칙이 재산법에만 적용되는 것으로 이해하는 견해가 있었으나 원래 민법총칙은 재산법과 가족법의 공통의 총칙이며, 다만 가족법의 속성에 맞지 않는 총칙규정의 적용이 배제되는 데에 불과하다. 가족관계는 당사자의 의사보다는 출생에 의해 좌우되는 부분이 많으며, 가족관계의 불안정성을 피하기 위해 서식(書式)과 절차가 요구된다는 점이 특색이다.

3. 민법의 체계성

민법총칙은 사법의 영역을 지배하는 리갈마인드를 체계적으로 정리해 놓은 것이다. 사법의 구체적인 분야를 공부하기 전에 우선 민법총칙을 습득함으로써 사법의 핵을 이루는 체계를 파악하게 된다. 판사는 민법총칙에 나타난 리갈마인드를 가지고 민사사건에 접근하여 적용할 규범을 한 단계 한 단계 탐색해 낸다.

민법총칙은 판사에게 적용할 법규범이 무엇인지, 당사자가 권리자로서 인정되는 사람인지 아닌지 당사자가 행위능력자로서 책임있는 행동을 한 것으로 보아야 하는지, 당사자가 권리와 의무를 발생시키는 의사를 표시했다고 볼 것인지, 권리에 소멸시효가 걸리지는 않았는지 하는 문제들을 살필 단계적 지침을 제시한다.

4. 민법총칙의 구조

통칙(제 1 장)에서는 민법의 법원(法源)과 신의성실을 규정한다.

권리의 주체로서 '인(人)'에 관하여는 능력, 주소, 부재와 실종을 규정한다(제 2 장). 여기서 중요한 것은 능력인데, 권리능력과 행위능력의 두 가지가 총칙에서 다루어진다. 그 밖에 불법행위능력은 불법행위 부분에서 다룬다. 행위능력에서는 미성년자・한정치산자・금치산자의 능력제한을 다룬다.

법인(제 3 장)에서는 사단법인과 재단법인의 설립에서 해산까지의 법률문제를 다룬다. 법인으로 등기되지 않은 단체(종중, 사찰, 교회 등)에 대하여는 규정이 거의 없어 그 법률문제는 주로 법이론으로 해결한다.

법률행위(제 5 장)에서는 총칙으로 선량한 풍속 기타 사회질서에 위반하는 법률행위 및 불공정한 법률행위의 무효를 선언한다. 의사표시에 관하여 착오, 사기 등 흠결이 있는 경우에 취소할 수 있음을 정하고 도달의 원칙을 정한다. 대리에 관하여는 현명의 원칙, 외관에 대한 신뢰보호 등을 규정한다. 법률행위가 무효 또는 취소로 되는 경우, 조건과 기한이 붙은 경우를 정한다.

기간(제 6 장)에서는 기간계산의 기산점과 만료점을 정한다. 소멸시효(제7장)에서는 시효소멸의 원칙을 선언하고 시효가 정지 또는 중단되는 경우를 열거한다.

5. 총칙의 취약점

민법총칙이 규정된 것은 대륙법 중에서도 독일식의 판덱텐체계에 따른 결과이다. 판덱텐체계는 논리적인 체계 면에서는 우수하지만 구체적인 사례해결을 위한 지침을 제공한다는 측면에서는 난해하다는 단점을 가진다.

사회에서 가장 법률분쟁이 많은 부분은 법률행위이며, 그 중에서도 계약과 관련된 것이다. 계약분쟁을 해결하기 위하여는 민법총칙의 법률행위, 채권총칙, 계약총칙, 계약각론의 순서로 법원칙을 적용해 나가야 한다. 이러한 다단계의 법적용은 리갈마인드를 갖지 않은 비법률가에게는 거의 불가능하다.

민법의 실용성을 높이기 위해 총칙을 없애고 바로 계약의 법률문제를 규정해 나가는 편이 좋다고 주장하는 총칙무용론이 제기되기도 하였다. 학자에 따라서는 총칙에서 법률행위를 먼저 공부하도록 총칙책의 서술순서를 바꾸어 보기도 하였다.

민법이 판덱텐체계에 따라 민법총칙을 앞에 두고 있는 것이 현실이다. 우리는 민법총칙이 리갈마인드에 해당한다는 사실, 그리고 구체적인 사례를 푸는 데에는 총칙의 추상적 원칙과 더불어 세부적인 규정을 적용해야 한다는 사실을 염두에 두고 민법에 접근해야 한다.

리갈마인드 강화훈련

체계 (體系, system)

다양성을 지닌 사물 · 과정(물질적 체계)이나 개념 · 명제(관념적 체계)가 일정한 조직 원리에 따라 질서를 갖추게 된 것을 말한다. 특정한 방식으로 서로 결합된 요소들 사이의 관련을 관계라고 하며, 이 관계들의 총체가 한 체계의 구조를 이룬다.

법은 다양한 사건에 일관성을 갖고 적용되기 위하여 체계를 이룬다. 법의 개념이나 원칙을 체계화하는 방식으로서는 프랑스의 인스티투찌온체계와 독일의 판덱텐체계가 대표적이다.

개념 (槪念, concept)

객관적 실재를 인간의 의식 속에 이성적으로 반영하는 기본 형식이다. 인간은 이를 통해 대상들의 일반적이고 불변적인 특징과 관계들을 사유 속에 포착하고 고정시킨다. 개념은 추상적 · 논리적인 모상의 형태로 개체들의 논리적 집합이나 집합들의 집합을 그 일반적이고 불변적인 특징 면에서 반영한다. 개념은 이를 통해 객관적 실재를 보다 깊이 파악하고 반영할 수 있다.

개념은 인간이 새로운 경험과 인식을 얻을 수 있게 도와주는 인식도구로서 중요한 역할을 한다. 법은 개념적 정의를 통하여 사실관계를 추상화한다. 법을 이해하기 위하여는 우선 개념으로 이루어진 법률용어를 파악해야 한다.

추리논증훈련

- 원칙과 예외

1. 광범위한 영역에 관해 어떤 원칙을 정하고 나면 그 원칙이 적용되기에 적합하지 못한 사실이 발견된다. 그럼에도 불구하고 법률의 규정은 추상적인 원칙의 형태로 되어 있다. 법규의 추상성을 피하고 개별적 사실에 관해 세부적 규정을 두는 방안에 대하여 어떻게 생각하는가?

   예를 들어 이혼에 관하여 전국에 일률적으로 적용되는 법률이 아닌 경기도, 강원도, 제주도 등 각 도(道)에 적용되는 규정을 만드는 것, 남성과 여성, 아동과 어른, 고학력자과 저학력자 등 계층을 세분화하여 규정을 만드는 것은 어떨까?

2. 어떤 나라의 사람들에 관해 공통된 성격을 이야기할 때 당신은 그런 접근 방법이 특정한 사람을 이해하는 데에 도움이 된다고 생각하는가?

   예를 들어 한국인이 성취욕이 강하고 '빨리빨리'를 요구하는 조급증이 있는 성격으로 평가되는데 이에 대해 어떻게 생각하는가? 과거 일본인은 한국인을 정직하지 못하고 비굴한 성격을 가진 조센징이라고 비하하였는데, 이를 당하는 입장에서 어떤 반론을 제기하겠는가?

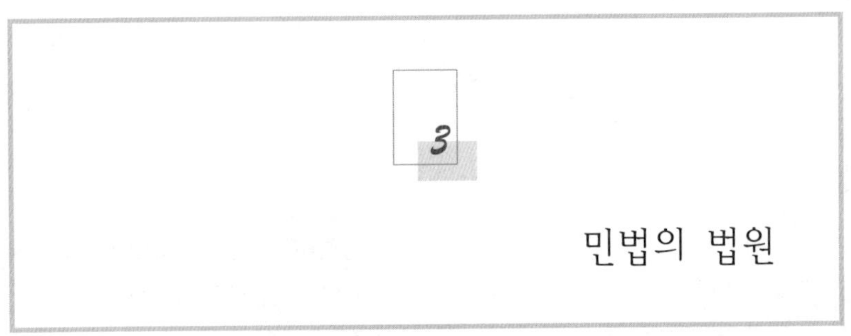

3 민법의 법원

1. 어디에서 민법을 찾을까

국민의 사적생활에 관한 법(실질적 민법)은 어디에서 찾아낼 수 있는가. 민법전(형식적 민법)이 있으니 그 곳에 쓰여 있는 것을 읽으면 될 것이지만, 성문법 외에 불문법도 있다는 점을 외면해서는 안 된다. 관습법, 조리가 불문법에 속한다. 민법을 찾을 때에는 도덕규범이나 종교규범이 아닌 강제성을 띤 법규범을 발견해야 한다.

법원(法源)이란「법의 연원」을 가리키는 법률용어로서「법의 인식 연원」을 말한다. 법관은 재판할 때에 반드시 법에 기해 판단해야 하는데, 이러한 법의 역할을 '재판규범'이라고 한다. 국민은 법에 적합하게 행동할 때 제재나 불이익을 당하지 않게 되는데, 이렇게 법에 복종하게 만드는 역할을 '행위규범'이라고 한다.

어떤 민사소송사건을 담당한 판사가 판결문을 작성하려고 그 사안을 검토하다보니 그 사안에 적용할 법률의 규정이 전혀 없는 경우에, 그 판사는 어떤 법적 근거에 의하여 판결을 하여야 하는가? 적절한 법률이 없다는 이유로 판결을 보류 또는 거부할 수 있는가?

판사는 어떤 사안에 적용할 법률규정이 없다는 이유로 판결을 거부하거나 보류할 권한이 없다. 판사는 최선을 다하여 법을 발견해 내고, 그 법적 근거를 가지고 당해 사안을 판결해야 한다. 판사가 임의로 법규범을 창조하여 당해 사안을 판결하는 것은 허용되지 않는다. 사법부는 법을 적용하는 기관이지 법을 제정하는 입법기관이 아니기 때문이다. 법률에 규정이 없는 경우에는 관습법 및 조리에 의하여 그 공백을 보충하여야 한다.

2. 성문법주의와 판례법주의

(1) 성문법주의

국회가 제정한 법률을 우선시하는 성문법주의는 다음의 장점을 갖는다. ① 법이 명확하게 인지되므로 국민의 법에 대한 예측가능성이 높다. ② 법이 체계적으로 정비되므로 법관의 논리정연한 법적용이 가능하다. ③ 성문법의 개정절차가 까다로워서 법이 지속성과 법적 안정성을 갖는다.

성문법주의는 다음의 단점을 갖는다. ① 성문법은 추상적 원칙의 형태로 입법되므로 법의 해석에 어려움이 따른다. ② 입법이 누적되는 결과 한 문제의 해결을 위해 여러 단계의 법적용이 필요하므로 법의 발견이 어렵다. ③ 개정이 쉽지 않으므로 사회적응력이 떨어진다.

보완책으로 ① 법의 추상적 원칙을 해석할 이론과 판례가 필요하다. ② 법의 정비를 통해 체계를 간소하게 한다. ③ 법의 경직성을 피하기 위하여 관습법을 발견해 낸다.

(2) 판례법주의

영미법계는 판례구속의 원칙(doctrine of precedent)을 취한다. 법적 구속력을 갖는 판례(precedent)의 축적이 중요한 법원이 된다. 상급법원의 판례가 하급법원을 구속하지만, 제정법에 의하여 다른 법원칙이 발효된 때에는 효력을 상실한다.

3. 민법 제 1 조에서 말하는 법원

민사에 관하여 법률에 규정이 없으면 관습법에 의하고 관습법이 없으면 조리에 의한다(제 1 조). 민법 제 1 조는 다음과 같이 해석된다.

① 한국은 법률을 가장 중요한 법원으로 삼는 성문법주의를 취한다.

② 민사에 관한 법원은 법률 · 관습법 · 조리의 세 종류로 한정된다.

③ 불문법은 성문법이 없을 때에 한하여 보충적으로 적용된다.

④ 불문법 상호간에도 적용순위가 있으며, 관습법이 상위를 차지하고 조리는 관습법이 없을 때에 최종적으로 적용된다.

4. 민사에 관한 법률

민법의 법원(인식연원)으로서의 '법률'은 광의로 해석된다. 헌법, 국회에서 제정한 법률, 명령 · 규칙 · 조약 · 자치법규가 포함된다. 민사에 관한 대통령의 긴급명령, 행정부의 명령, 대법원규칙, 조약, 자치법규 등은 상위법률에 저촉되지 않는 범위 내에서 민법의 법원이 된다. 헌법재판소의 결정은 법률과 같은 효력을 가지고 문제된 법률의 적용에 관하여 법원 기타 국가기관과 지방자치단체를 기속한다. 이 중에서 가장 중요한 것은 민법이며, 그 밖에 많은 민사특별법이 있다.

5. 관 습 법

(1) 관습에 대한 법적 확신

시민들이 오랜 기간 같은 행동을 반복할 때 관습이 형성된다. 어떤 관습이 사회에 정착되었을 뿐 아니라 정당하다는 법적 확신을 얻었을 때 관습법이 된다. 관습이 통용되는 사람들의 주관적 확신만으로는 부족하고 객관적 정당성이 인정될 때 관습법이 된다(도박꾼들의 규칙은 관습법이 되지 못함). 법원은 특정소송사건에 적용할 관습법이 실제로 존재하는지, 그리고 그 내용은 어떤 것인지, 객관적 정당성을 인정할 것인지 검색·판단하는 역할을 한다.

(2) 민사관습법의 요건

① 국민의 사적 영역에 관한 규범역할을 하는 관행이 존재할 것. ② 그 관행은 오랜 기간 계속된 것이고 넓은 지역에 걸쳐 행해졌을 것. ③ 그 관행에 대한 국민들의 법적 확신이 존재할 것. ④ 그 관행의 내용은 강행법규 또는 선량한 풍속 기타 사회질서에 위반하지 않을 것. 헌법에 어긋나는 상속의 관행은 관습법이 되지 못한다(대판(전합) 2003. 7. 24, 2001다4878). 종원자격을 성년남자로 제한하는 종래의 관습(대판(전합) 2005. 7. 21, 2002다1178), 상속인들간의 협의와 무관하게 적장자(嫡長子)가 우선적으로 제사를 승계하던 종래의 관습(대판(전합) 2008. 11. 20, 2007다27670)은 효력이 없다. ⑤ 헌법을 최상위 규범으로 하는 전체법질서에 어긋나서는 안된다(대판 2005. 7. 21, 2001다48781). ⑥ 판결이나 국가의 승인은 요건이 아니다(반대견해도 있음). 관습법은 판결에 의해 발견되어지는 것이며, 판결이 나기 전의 사안에 대해서도 적용되어야 하기 때문이다.

(3) 사실인 관습과의 구별

사실인 관습이란 사적자치가 인정되는 영역에서 통용되는 관행을 말한다. 계약자유에 관한 관행(물건인도장소, 대금지급방법 등)은 사실인 관습이라도 무방하지만, 물권이나 가족에 관한 관행(법정지상권, 제사주재자의 결정 등)은 관습법이 되어야 한다. 사실인 관습은 관습법에서와 같은 법적 확신을 얻을 필요가 없다. 전국에서 광범위하게 통용되지 않는 특정한 지역·거래계의 관행도 무방하다.

임의규정과 다른 관습이 있는 경우에 당사자의 의사가 명확하지 아니한 때에는 그 관습에 의한다(제106조). 사실인 관습은 법규보다 우선적으로 적용되는 점에서 법률의 후순위인 관습법과 구별된다. 임의규정이란 사적자치가 적용되는 영역에서 당사자의 의사를 보충하는 규정으로 다른 합의나 관습이 있으면 적용되지 않는다.

관습법이란 사회의 거듭된 관행으로 생성한 사회생활규범이 사회의 법적 확신과 인식에 의하여 법령과 같은 효력을 갖는 것을 말한다. 관습으로서 법령에 저촉되지 않는 한도에서 법칙으로서의 효력이 있는 것이다. 법원은 당사자의 주장·입증을 기다림이 없이 직권으로 관습법을 확정해야 한다. 반면에 사실인 관습은 법령의 효력이 없는 단순한 관행으로서 법률행위의 당사자의 의사를 보충하는 것이며, 당사자가 그 사실인 관습의 존재를 주장·입증하여야 한다(대판 1983. 6. 14, 80다3231).

(4) 관습법의 효력

민사관습법은 민법의 법원(인식연원)으로서 강제성을 가진다(제1조). 법률과 관습법 사이의 우열 및 적용순위에 관해서 보충적효력설(다수설, 판례)과 대등적효력설이 대립해 왔다.

관습법은 법률을 부충하는 범위에서만 효력을 갖는다(보충적효력설). ① 민법 제 1 조의 문언해석으로 관습법에 대하여 법률을 보충하는 효력만이 인정된다. ② 법률이 풍부한 현재에는 관습법이 사회에서 주변적인 기능만을 담당한다(반면에 대등적효력설은 사회현실을 수용하여 새로 생성된 관습법을 법률보다 우선적용시켜 법률을 개폐하는 효력을 인정한다). 민법은 근대사상을 수용한 새로운 법률을 제정하고 그에 어긋나는 봉건적 관습을 없앨 목적으로 관습법에 보충적 효력만을 부여하였으므로 그 입법취지를 존중하는 것이 바람직하다고 생각한다.

어떤 사안에 관하여 법률이 없는 경우에 관습법이 적용된다. 강행규정이 있는 경우에 관습법은 법규범으로 인정될 수 없다. 다만 법률에서 관습법에 의할 것을 규정한 경우(제224조 등)에는 관습법이 우선한다. 판례는 가정의례준칙 제13조의 규정과 배치되는 관습법의 효력을 인정하는 것은 관습법의 제정법에 대한 보충적 성격에 비추어 민법 제 1 조에 어긋난다고 하였다(대판 1983. 6. 14, 80다3231).

(5) 물권법의 예외규정

물권의 종류에 관한 관습법은 성문법과 대등한 효력을 가진다. 물권은 법률 또는 관습법에 의하는 외에는 임의로 창설하지 못한다는 제185조는 제 1 조의 예외규정이다. 「관습법상 지상권」은 지상권의 등기 없이 일정한 요건을 갖추면 인정되는 '물권의 종류에 관한 관습법'이다. 그러나 물권법의 영역에서 관습법이 언제나 대등적 효력을 갖지는 않는다. 물권변동의 형식주의(제186조)에 위반되는 관습(미등기전매, 차명등기)은 관습법이 되지 못한다. 무허가건물을 양도받은 사람은 등기하지 않는 한 소유권을 취득하지도 못하고 관습법상 물권을 갖지도 않는다(대판 2006. 10. 27, 2006다49000).

판례는 여러 개의 관습법상 물권을 발견·인정하였다.

① 분묘기지권 : 분묘를 수호·봉사하는 목적범위에서 필요한 타인의 토지를 사용할 권리를 말한다(지상권과 유사, 대판 1996. 6. 14, 96다14036).

② 법정지상권 : 동일한 소유자에게 속해 있던 토지와 건물이 매매로 각각 소유자를 달리한 경우에, 건물소유자는 토지 위에 법정지상권을 취득한다.

③ 경 작 권 : 농작물 경작자는 토지소유자의 허락 없이 개간·경작했더라도 관습법상 경작권을 가지며 그 경작권을 매매할 수 있다(대판 1981. 2. 24, 80다2811).

④ 어 업 권 : 어민이 타인의 방해를 받지 않고 일정한 공유수면에 출입하여 수산동식물을 채취할 수 있는 관습법상의 물권이다(대판 1999. 9. 3, 98다8790).

⑤ 동산양도담보권 : 담보물의 점유를 이전하지 않는 동산양도담보권이 거래계에서 이용된다.

관습법상 공시방법은 다음과 같다.

① 명인방법 : 수목의 집단, 미분리의 농작물, 양식장의 어패류 등에 관하여 누가 소유권이나 담보권을 갖는지를 현장에 표찰을 달아 제3자가 명백하게 인식할 수 있도록 공시하는 방법이다. 토지소유권에 속하지 않는 수목, 농작물, 어패류에 대한 물권을 공시하기 위한 관습법상 공시방법이다.

② 동산양도담보 : 채무의 이행을 담보하기 위하여 동산의 소유권을 양도하는 합의를 하는 비점유담보이다. 자금이 필요한 공장주가 기계를 채권자에게 양도하고 돈을 빌린 후 다 갚으면 그 소유권을 되찾는 형식을 취하는 경우이다. 소유권 양도증서를 담보물권의 공시방법으로 사용하는 점에 특색이 있다.

③ 소유권유보매매 : 매매계약에 의한 물건의 인도시에 잔대금채권의 확보를 위해 소유권을 매도인에게 유보해 두는 약정을 하는 경우이다. 자전거를 할부로 구입하여 타고 다니되 소유권은 매도인에게 맡겨 두는 경우이다. 매수인은 물건을 사용·수익할 수는 있지만 처분할 권한은 갖지 않는다. 담보권의 공시방법으로 소유권유보증서를 이용한다는 점에 특색이 있다.

6. 조 리

(1) 사물의 이치

사람이 건전한 상식으로 판단할 수 있는 사물의 이치(사물의 본성)를 조리(條理)라고 하며, 민법의 법원 중의 최하위에 속한다. 또는 조리의 규범성에 착안하여 '사물이 갖는 본질적 법칙', '이성에 기초한 규범', '문명국에서 승인된 법의 일반원칙' 등으로 설명된다. ① 헌법에서 도출되는 일반원칙, ② 민법의 기초가 된 일반원칙, ③ 법률의 역사, ④ 비교법적 고찰, ⑤ 사회통념, ⑥ 법정책적 배려 등이 조리에 해당된다.

(2) 법규범성의 인정

조리에 법규범성을 인정할 것인가에 관하여 긍정설(다수설, 판례)과 부정설이 대립해 왔다.

조리는 재판의 준거가 되므로 법규범성을 갖는다. ① 조리를 법원으로 열거하는 민법 제1조와 "법관은 헌법과 법률에 의하여 그 양심에 따라 독립하여 심판한다"는 헌법 제103조에 실정법적인 근거가 있다. ② 민법은 성문법만으로 완결되지 않으므로, 그 불완전성을 보완하기 위해 반드시 관습법과 조리(불문법)를 포함시켜야 한다. ③ 사회통념에 따라 행동한 사람을 보호하기 위해 조리를 법규범에 포함시켜야 한다. ④ 민법규정(제2조)에 조리에 해당하는 신의성실의 원칙이 있는 것은 조리의 법규범성을 인정한다는 취지이다. ⑤ 법원이 일반원칙(조리)을 판결의 준거로 삼는 경우에 법에 의한 재판이 되려면 조리의 법규범성을 인정해야 한다.

반면에 조리가 법은 아니지만 법원이 재판의 준거로 삼을 뿐이라는 부정설도 주장되었다. 재판을 거부할 수 없는 법관은 성문법주의 하에서 불가피한 법의 흠결을 메우기 위해 조리를 원용할 뿐이라고 주장한다.

판례는 상무이사의 보수청구권을 조리에 기해 인정하였다(대판 1965. 8. 31, 65다1156). 사법상의 권리로서의 환경권이 인정되려면 법률규정이 있거나 조리에 비추어 권리의 주체·대상·내용·행사방법 등이 구체적으로 정립되어야 하는데 그것이 없다는 이유로, 법원은 생활이익을 침해하는 골프장설치 금지 및 손해배상청구를 배척했다(대결 1995. 5. 23, 94마2218).

(3) 조리의 보충적 효력

조리는 법률의 공백과 관습법의 공백을 보충하는 보충적 규범이다. 어떤 사안에 관하여 적용할 법률이나 관습법이 없을 때 조리가 적용된다.

7. 판례의 사실상 구속력

(1) 판례의 기능

상급법원의 판결로서 법해석 및 법적용에 지침이 될 만한 성질의 것을 「판례」라고 한다. 성문법국가에서도 판례는 중요한 기능을 담당한다. ① 법해석 : 판례는 성문법에 관해 가장 권위 있는 해석을 제공한다. ② 법발견 : 판례는 관습법 및 조리에서 법원칙을 발견해 낸다. ③ 법의 적응력향상 : 법과 현실간에 틈이 발생한 경우 판례는 법원칙을 발견하여 그 틈을 메운다.

(2) 판례의 비구속성

판례는 법규범이 아니므로 민법의 법원이 아니다(다수설). 삼권분립의 정신에 비추어 판례의 법규범성을 부정할 수밖에 없다. 입법부가 재판할 수 없듯이 사법부도 입법할 수 없다. 영미법계는 「판례구속의 원칙」을 취하지만, 대륙법계는 이 원칙을 취하지 않는다.

상급법원의 재판상 판단은 당해 사건에 관하여 하급심을 기속하지만(법원조직법 제8조), 그 기속력은 당해 사건에 한정되며 하급심을 일반적으로 구속하지는 않는다. 하급심 판사는 대법원판례와 다른 소신 있는 판단을 할 수 있다. 하급심판사들이 대법원판례와 유사한 취지의 판결을 하는 경향은 자발적인 것이며 법적 구속력은 없다.

(3) 판례의 사실상 구속력

상급심판결은 하급심에 대하여 사실상의 구속력을 가질 뿐이다. 하급심법관은 판결에서 가급적 대법원의 판례를 존중한다. 상급심과 견해를 달리한 하급심판결은 장차 상급심판결에 의해 파기될 가능성이 높으므로, 하급심법관은 상급심의 변경에 관한 의지와 확신을 가질 때에만 판례를 무시한다.

① 판례는 사회에 살아 있는 법을 찾아내어 발표하는 기능을 한다. ② 국민은 사실상 판례에 복종한다. 법률분쟁의 최종적 판단을 하는 곳이 법원이기 때문이다. ③ 판례는 법에 대한 예측가능성을 높이고 법적 안정성을 도모한다. ④ 법률의 추상적인 원칙을 구체적인 사실관계에 적용하기 위한 세부적·보충적 법리를 표현한 판례

는 실용성을 갖는다.

대법원은 자발적으로 자신의 선례에 구속되어 판례의 일관성을 유지한다. 종전에 대법원에서 판시한 헌법, 법률, 명령 또는 규칙의 해석·적용에 관하여 의견을 변경할 필요가 있음을 인정하는 경우에 대법관 전원합의체에서 재판권을 행사한다(법원조직법 제7조 1항 3호).

(4) 헌법재판소결정의 구속력

헌법재판소의 결정은 법률과 마찬가지로 구속력을 갖는다(법원성 인정). 민법규정에 관한 위헌결정은 다음과 같다. ① 명예훼손의 경우에 사죄광고를 강제하는 것은 허용되지 않는다. ② 자(子)가 언제나 부(父)의 성을 따라야 하는 것은 부당하다. ③ 동성동본간의 혼인을 금지해서는 안된다. ④ 친생부인의 소의 제척기간을 출생을 안 날로부터 1년으로 제한하는 것은 너무 짧다. ⑤ 호주제는 남녀평등에 어긋난다. ⑥ 상속회복청구권을 상속개시부터 10년 내로 제한하는 것은 너무 짧다. ⑦ 상속의 승인포기 기간 내에 그 신고가 없는 경우 상속인의 귀책사유를 고려하지 않고 언제나 단순승인으로 간주하는 것은 부당하다.

리길마인드 상화훈련

판결과 판례

판사가 심리와 증거조사 등으로 이어진 소송절차의 마지막에 사건의 해결책을 제시하는 것을 판결이라고 한다. 판결의 내용은 소송을 제기한 원고를 향하여 소송상 청구의 옳고 그름을 판단하는 것이다. 원고의 청구가 타당하면 '청구인용', 그렇지 못하면 '청구기각'의 판결을 내린다. 대법원(상고심)에서는 원심판결의 법적 검토만을 하고 사실판단은 하지 않기 때문에 '원심파기' 또는 '상고기각'의 판결을 한다. 판결주문(主文)은 매우 간단하지만 그것에 이르는 법적 논거는 판결이유에서 자세히 설명한다. 판결이유에 담긴 법원칙 중에는 새로운 원칙을 선언하거나 종래 모호했던 것을 명확히 밝히는 부분이 종종 있다. 이 부분은 미래 유사사건의 선례로서 참고자료가 된다. 판결에 담긴 추상적 원칙을 '판례'라고 일컫는다.

사례연습 〈민법의 법원〉

◎ 문 제 ◎

어떤 민사소송을 담당한 판사가 판결문을 작성하려고 그 사안을 검토하다보니 그 사안에 적용할 법률의 규정이 전혀 없는 경우에, 그 판사는 어떤 법적 근거에 의하여 판결을 하여야 하는가? 적절한 법규정이 없다는 이유로 판결을 보류 또는 거부할 수 있는가?

해 답

(1) **법관의 법발견** : 판사는 어떤 사안에 적용할 법률규정이 없다는 이유로 판결을 거부하거나 보류할 권한이 없다. 판사는 최선을 다하여 법을 발견해 내고, 그 법적 근거를 가지고 당해 사안을 판결해야 한다. 판사가 임의로 법규범을 창조하여 당해 사안을 판결하는 것은 허용되지 않는다. 사법부는 법을 적용하는 기관이지 법을 제정하는 입법기관이 아니기 때문이다.

(2) **법률공백의 보충수단** : 법률에 규정이 없는 경우에는 관습법 및 조리에 의하여 그 공백을 보충하여야 한다. 관습법 및 조리는 소송당사자가 주장·입증할 필요가 없다.

① 관 습 법 : 관습법은 당해 사안에 관하여 적용되어야 할 규범으로서 국민들에게 인식된 관습을 말한다. 관습법으로 인정되기 위해서는 관습의 존재, 법적 확신, 반복성 등의 요건을 갖추어야 한다.

② 조　　리 : 당해 사안에 관하여 적용할 관습법을 발견할 수 없는 경우에, 판사는 조리에 따라 그 사안을 판결해야 한다. 판사가 조리를 발견하는 연원은 헌법의 일반원칙, 민법의 일반원칙, 법률의 역사, 비교법적 고찰, 사회통념, 법정책적 고찰 등이다.

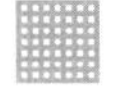

추리논증훈련

- 전통적 가치

1. 전통적 가치관인 충(忠)과 효(孝)는 임금이나 부모의 명령을 반드시 추종할 것을 요구한다. 현재에도 '효'는 우리 사회에 중요한 덕목으로 존중되고 있다.

   만약 부모의 명령이 법률에 어긋나는 내용일 때, 당신은 어떤 것에 따를 것인가? 당신의 선택에 대한 합리적 근거를 제시하라.

2. 우리나라의 전통 가문에는 가훈이 있어 그 가문의 사람들의 행동양식을 지배했다.

   최근 각 가정마다 가훈 만들기 운동이 일어난 적이 있다. 만약 당신이 새로운 가정을 이루어 가훈을 정한다면 어떤 성격의 가훈을 정할 것인가? 근면, 성실 등 개인적인 생활신조에 관한 것인가, 아니면 가족의 화합, 돌봄 등 가족적 가치에 관한 것인가, 아니면 가난한 친구 도와주기, 국위선양 등 사회적·국가적 가치에 관한 것인가?

   당신은 자녀에게 그 가훈을 반드시 지켜야 하는 것으로 강요할 것인가? 아니면 당신은 그러한 형식적인 훈계는 필요 없다고 여기는가?

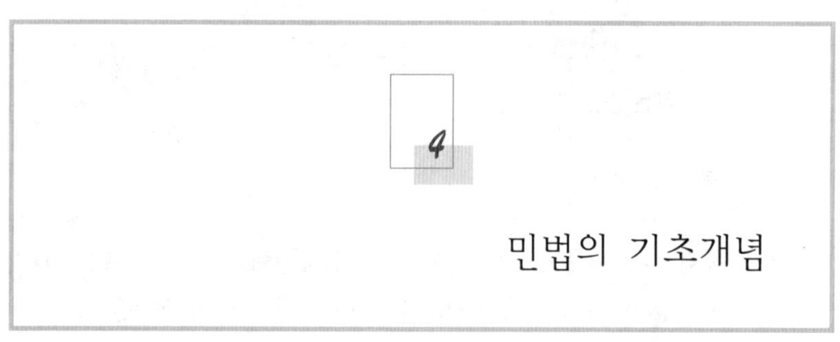

4 민법의 기초개념

1. 사적자치의 이념

국가는 국민의 사적생활에 대해 간섭을 하지 않으며, 국민은 자기의 사적활동에 관하여 자율적으로 결정한다. 이러한 자유주의 이념은 사적자치의 원칙으로 표현된다. 사인간의 법률관계는 당사자의 자율적인 결정에 의해 생성·소멸된다. 예외적으로 선량한 풍속이나 사회질서에 위반한 법률행위는 무효로 된다.

사적자치의 원칙은 정치적으로는 국민에 대한 국가의 간섭을 최소화하는 자유주의에 바탕을 두며, 경제적으로는 개인의 재산소유와 경제활동의 자유를 인정하는 자유시장경제체제를 기초로 하고, 사회적으로는 집단이 아닌 개인의 의사를 존중하는 개인주의에 입각하고 있다. 사적자치의 원칙은 헌법상 행복추구권의 내용인 일반적 행동자유권으로부터 도출된다(헌재결 1991. 6. 3, 89헌마204).

사적자치의 원칙의 파생원칙으로서, 자기의 일은 스스로의 결정에 의한다는 자기결정의 법리와 자기가 야기한 일에 대하여는 스스로 책임을 진다는 자기책임의 법리가 있다.

2. 계약자유의 원칙

(1) 사적자치를 도모하는 계약자유

법률행위는 사적자치의 원칙에 따라 행위당사자의 의사표시에 의해 발생되며 그 효과의사에 따라 내용이 형성됨을 원칙으로 한다(법률행위자유의 원칙). 법률행위자유의 원칙은 특히 계약에서 중요성을 가지므로 「계약자유의 원칙」이라고도 한다. 계약당사자는 어떠한 계약을 체결할 것인가 또는 하지 않을 것인가(체결의 자유), 누구와 계약을 체결할 것인가(상대방선택의 자유), 어떤 내용의 계약을 체결할 것인가(내용결정의 자유), 어떤 방식에 의하여 계약을 체결할 것인가(방식의 자유)를 자유롭게 결정할 수 있다.

(2) 사회적 형평을 위한 계약자유의 제한

약자보호 및 사회적 형평을 도모하기 위해서 계약자유에 대한 제한이 행해진다. 계약의 일방당사자가 교섭력을 갖지 못한 경우에 진정한 의미의 자기결정이라고 볼 수 없으므로 합의의 효력에 대해 제한이 가해진다. 자기결정의 정당성은 개인이 스스로 결정할 사실상의 힘(교섭력)을 갖고 있는 것을 전제로 하기 때문이다.

사적자치의 제한은 특히 계약의 영역에서 계약자유의 제한 및 계약의 공정성확보의 법리로서 발전되어 왔다. ① 생활필수적 서비스 영역(전기 · 가스 · 의료 등)에서는 계약체결이 강제될 수 있다. ② 계약체결행위가 있더라도 그 계약이 사회 · 경제질서에 위반하거나 현저히 불공정한 경우에는 무효로 된다. ③ 법률은 약자보호를 위하여 계약의 내용을 법률의 규정대로 할 것을 강제하는 경우가 있다(임대차 · 소비대차 등의 내용강제규정). ④ 계약내용에 관한 합의를 약관으로 대체한 경우에 불공정한 약관조항은 약관규제법에 의해 일부무효로 된다.

3. 소유권절대의 원칙

소유자는 자기의 소유물을 자유롭게 사용·수익·처분할 수 있음을 원칙으로 한다. 소유권은 개인의 무제한한 권리가 아니라 법률이 허용하는 범위 내에서 권리로서 인정된다(제211조). 권리남용금지의 원칙에 따라 소유자는 소유권의 행사에 타인의 이익을 배려할 것이 요구된다.

민법상 소유권은 개인의 사적 소유를 인정하는 재산제도(사유재산제)를 바탕으로 한다. 국가는 개인의 소유권에 대하여 간섭하거나 침해하지 않음을 원칙으로 삼는다. 재산권은 공공복리에 적합하도록 행사되어야 한다(헌법 제23조 2항). 국가는 공공필요를 위하여 개인의 소유권을 박탈하거나 제한할 수 있으나, 정당한 보상을 해 주어야 한다.

4. 과실책임의 원칙

(1) 과실책임원칙에 의한 책임한계

개인은 자기의 고의·과실로 인하여 야기된 결과에 대하여만 손해배상책임을 지며 그 밖의 원인(불가항력, 타인의 과실 등)으로 인한 결과에 대하여는 책임지지 않음을 원칙으로 한다. 민사책임의 두 갈래인 채무불이행책임과 불법행위책임에서 모두 과실책임의 원칙을 취한다.

(2) 과실책임과 위험책임의 양립

자기의 행위에 고의나 과실이 없었더라도 자기의 행위나 소유물이 위험성을 갖고 있어 타인에게 손해를 야기하였다면 그 행위자·소유자는 위험야기에 따른 손해배상책임을 져야 한다는 책임확장이론이 위험책임의 법리이다. 자동차사고책임, 환경오염책임, 공작물책임, 제조물책임 등의 영역에서 위험책임의 법리가 도입되었다.

5. 진정한 권리와 거래안전의 조화

(1) 진정한 권리의 보호

법은 진정한 권리자를 찾아내어 보호해 주는 것을 으뜸으로 삼는다.「가져야 할 자에게 그 가질 권리를 준다」는 말은 사회생활에서 이익을 누리는 것이 정당시되는 사람에게 그 이익을 귀속시킴을 의미한다.

(2) 거래안전의 보호

법은 거래에 대한 신뢰를 보호해야 할 이차적 임무를 갖는다.「타인에게 신뢰를 야기한 자는 그 신뢰에 상응하는 책임을 진다」는 말은 거래에 관여하는 사람의 신뢰를 보호하기 위하여 계약당사자의 이익을 무시할 필요가 있음을 의미한다.「법의 동적 안정」을 도모하기 위하여 진정한 권리자를 희생시켜「거래안전」및「신뢰보호」를 지킨다.

신뢰보호를 위한 일반적인 요건은 ① 권리의 외관이 존재할 것, ② 제3자가 그 외관에 대해 보호받을 가치가 있는 신뢰를 하였을 것, ③ 제3자의 신뢰를 보호하는 법률의 규정이 있을 것 등이다.

거래안전 및 신뢰보호를 인정하는 민법규정은 다음과 같다.

① 무능력자 상대방보호 : 무능력자제도는 기본적으로 거래안전을 희생시켜서 무능력자를 보호하는 제도이지만, 민법은 이 제도의 운영에 있어서 상대방의 희생을 최소화하도록 배려한다. 미성년자 이외에 무능력자로 되는 자는 법원의 선고(한정치산선고·금치산선고)를

받도록 하여 무능력자의 범위를 한정한다(제 9 조, 제12조). 무능력자의 행위라도 취소할 수 없는 경우를 넓게 인정한다(제 6 조, 제 8 조). 미성년자와 거래한 상대방이 언제라도 취소당할 수 있는 불안한 지위에서 벗어나게 하기 위하여 최고권·철회권·거절권이 부여된다(제15조, 제16조).

② 대표행위의 상대방보호 : 이사에게 인정되는 대표권은 정관에 의해서만 제한할 수 있고, 그 제한은 등기하지 않으면 제 3 자에게 대항하지 못한다(제60조). 대표권이 있는 듯한 외관을 갖춘 행위에 대하여는 표현대리의 규정이 준용된다(제59조 2항).

③ 의사표시의 상대방 및 제 3 자보호 : 의사표시는 상대방에게 도달되어야 효력이 발생하며(제111조), 의사표시의 해석이 상대방의 입장에서 어떻게 이해될 것인가를 바탕으로 행해져야 한다는 것은 상대방을 보호하기 위한 법리이다. 제 3 자보호를 위한 규정으로는, 의사표시가 「진의 아닌 의사표시」나 「통정한 허위표시」로서 무효가 된 경우에 그 무효는 선의의 제 3 자에게 대항하지 못한다는 것(제107조 2항, 제108조 2항), 「착오로 인한 의사표시」와 「사기·강박에 의한 의사표시」의 취소를 갖고 선의의 제 3 자에게 대항하지 못한다는 것(제109조 2항, 제110조 3항)이 있다. 제 3 자보호의 필요성은 표의자를 희생시켜 상대방을 보호하려는 경우에 한해서 생기게 된다.

④ 대리행위의 상대방보호 : 대리행위의 상대방은 대리인에게 대리권이 없더라도 그것이 있는 듯한 외관을 갖춘 경우에 「표현대리의 법리」에 의해 보호된다(제125조, 제126조, 제129조). 상대방이 무권대리인의 대리권 없음으로 인해 본인과의 계약이 성립하지 않은 경우에는 「무권대리의 법리」에 따라 대리인에게 그 계약의 이행 등 책임을 추궁할 수 있다(제135조).

⑤ 시효제도에 의한 거래안전보호 : 오랫동안 정당한 듯한 외양

을 갖고 정착된 법률관계를 승인하기 위해 「물권의 취득시효」의 제도를 둔다(제245조, 제246조). 「권리의 소멸시효」도 현재의 상태를 고착시킴으로써 간접적으로 거래안전에 기여한다(제162조 이하).

⑥ 물권공시에 의한 거래안전보호 : 물권의 취득·변경에 공시방법을 갖출 것을 요구하고 그 공시방법을 갖추지 않으면 효력이 발생하지 않는 것으로 규정하여 외부에서 물권의 존재를 알 수 있게 하고 있다. 부동산물권변동에는 등기를 공시방법으로 하고 동산에 관하여는 인도(점유이전)를 공시방법으로 삼는다(제186조, 제188조).

⑦ 동산의 선의취득에 의한 상대방 및 제3자보호 : 동산을 양수한 자가 그 동산을 점유한 경우에 양도인이 정당한 소유자가 아니라도 양수인에게 동산소유권의 선의취득을 인정한다(제249조). 이는 동산물권변동에 「공신의 원칙」을 취한 결과이다.

⑧ 선의의 변제자에 대한 보호 : 채권의 준점유자 및 영수증소지자에 대한 변제는 진정한 채권자에 대한 변제가 아니라도 변제로서의 효력을 갖는다(제470조, 제471조).

⑨ 지명채권양도에서의 거래안전보호 : 채권의 양도인과 양수인 사이의 양도행위는 그 채무자에게 통지하거나 채무자가 승낙한 경우에만 채무자나 제3자에게 대항할 수 있으며, 그 통지나 승낙은 확정일자 있는 증서에 의하여야 채무자 이외의 제3자에게 대항할 수 있다(제450조). 「양도통지의 금반언의 원칙」에 따라 양도인이 채무자에게 채권양도의 통지를 한 때에는 그 양도의 무효를 주장할 수 없고 함부로 그 통지를 철회할 수 없다(제452조).

⑩ 지시채권·무기명채권의 유통보장 : 지시채권이나 무기명채권은 선의취득이 인정될 뿐 아니라 기타 유통상의 거래안전장치가 마련되어 있다(제541조 등).

6. 합리적 인간과 무능력자의 조화

민법은 합리적 · 이성적 인간을 표준형으로 삼아 자기의 이익은 자기가 지키는 자기결정 · 자기책임의 법리를 기초로 하지만, 그 보충적 법리로서 법률행위의 무능력자제도를 채택하여 미성년자 및 정신박약자를 거래상대방보다 우선적으로 보호하며(제5조), 불법행위책임에 있어서는 책임변식능력이 없는 미성년자 및 심신상실자의 책임을 면제한다(제753조, 제754조).

리갈마인드 강화훈련

자유와 자율

근대 민법에서 자유와 자율은 계약자유, 자율적 결정의 존중 등 자유주의 이념의 핵심요소이다. 현실사회에서 자유와 자율의 진정성이 의심스러운 경우가 많아지면서 근대초기의 분홍빛 환상은 점차 퇴색되고 있다.

자유(自由, freedom, liberty)란 인간이 자연과 사회의 객관적 법칙성을 인식하고 실천적으로 지배하는 것을 뜻한다. 자유로운 사람은 객관적 필연성을 통찰하고 이를 적용하고 활용하는 능력을 발휘한다.

자율(自律, autonomy)이란 자기 법칙성, 즉 일반적인 자기 규정을 뜻하는 말이다. 칸트의 관념론적 윤리학에서는 '의지의 자율'이 주장된다. 철학적으로 자율이란 개념은 고차원 물질의 운동 형태는 낮은 차원의 운동 형태에 대비해서 자기 법칙성과 자립성을 지니고 있음을 표현하기 위해 사용된다.

추리논증훈련

- 실수에 대한 사회적 관용

1. 인간은 실수를 하는 불완전한 존재이다. 어떤 사람이 실수로 계약을 체결한 경우에 그것을 바로잡기 위해 취소를 인정한다면 상대방의 신뢰는 깨지게 될 것이다. 그렇다고 하여 실수한 사람의 입장을 완전히 도외시한다면 비인간적인 사회가 될 것이다.
인터넷쇼핑몰에서는 고객이 실수로 계약을 체결하지 않도록 점검하는 과정(질문)을 두는 것이 일반적이다. 이러한 점검시스템을 모든 소비자거래에 확대하는 것에 대해 어떻게 생각하는가?

2. 어떤 사람이 자기는 한 번도 타인에게 손해를 입히는 행동을 한 적이 없다고 말할 때, 그 사람의 의식 속에는 자신에 대한 엄격함과 절제된 행동방식을 지키겠다는 의지가 엿보일 것이다. 다른 한편 자신에게 엄격한 사람이 타인에 대해서 어떤 태도를 보일 것인지는 우려된다. 당신이라면 그렇게 강한 표현을 쓰는 사람에 대하여 어떤 평가를 내리겠는가?
대기업의 회장이 그런 말을 했을 때, 또는 환경미화원이 그런 말을 했을 때 각각 어떤 느낌이 드는가?

5

신의성실의 원칙

1. 신의칙의 법규범성

권리의 행사와 의무의 이행은 신의에 좇아 성실히 하여야 한다는 신의성실의 원칙(신의칙)은 민법에 규정되어 있다(제 2 조 1항). 국민은 권리행사와 의무이행에 있어서 신의성실에 어긋나서는 안 되고, 판사는 법의 해석·적용에 있어서 신의성실의 원칙을 반영해야 한다.

신의칙의 법규범성에 관하여 긍정설(다수설, 판례)과 부정설이 대립한다. 외국법에서는 신의칙이 불문법인 조리에 속하지만 우리 민법에서는 일반조항의 형태로 성문화되어 있어 법규범성을 가짐이 뚜렷하다. ① 신의칙은 해제·해지권, 계약상의 부수의무 등 구체적 권리·의무를 발생시킨다. ② 신의칙의 파생원칙인 실효의 원칙의 적용을 간과한 판결은 상급심에서 파기되는 등 법관에게 신의칙의 적용이 강제된다. 그러나 신의칙의 명문규정에도 불구하고 신의칙이 단지 이익형량의 수단일 뿐 법규범은 아니라고 보는 견해도 있다(이익형량수단설, 조리의 법규범성을 부정하는 견해).

2. 일반규정과 불확정개념

신의칙에 관한 민법 제 2 조는 '일반규정'이다. 일반규정이란 어떤 법문이 불확정개념을 사용하여 추상적으로 표현되어 그 법문만으로 법적용이 완결되기 어려운 규정을 말한다. 「신의」와 「성실」은 구체적인 요건사실을 나타내지 않는 불확정개념에 해당한다.

어떤 사안에 대하여 요건·효과가 명확한 구체적 규정이 있으면 그 규정을 먼저 적용해야 하며, 그러한 규정이 없을 때에 비로소 일반규정인 신의칙이 적용된다. 만약 판사가 구체적 규정을 적용할 수 있음에도 불구하고 신의성실을 원용하여 판결한다면 이는 '일반규정으로의 도피'에 해당하며 위법한 판결이 될 가능성이 있다.

3. 신의칙의 적용범위

신의칙은 물권법·채권법·친족상속법 등 민법의 모든 영역에서 적용되는 기본원칙이다. 이외에 상법 기타의 민사특별법에도 적용된다. 절차법인 민사소송법에서는 제 1 조로서 규정되어 민사소송상 신의칙이 확립되어 있다. 근래에 신의칙은 그 적용영역이 더욱 확장되어 헌법·행정법·세법 등의 공법영역과 노동법·사회복지법 등 사회법영역에서도 기본원칙으로서 수용되고 있다.

4. 신의칙의 적용효과

(1) 계약에의 신의칙적용

① 계약의 해석기준 : 신의칙은 법률행위를 해석하여 그 내용을 확정하는 기능을 갖는다. 계약에 나타난 당사자의 의사는 상대방의

입장을 고려하여 합당한 의미로 해석되어야 한다. 특히 '약관에 의한 계약'에 있어서는 약관조항을 신의칙에 맞게 해석하는 것이 매우 중요하여 파생원칙인 작성자불이익의 원칙, 통일적 해석의 원칙 등이 엄격히 요구된다.

② 계약의 변경청구 : 당사자가 계약체결에서 합의한 문언 그대로 계약을 유지하는 것이 신의성실에 어긋나는 때에 일방당사자는 계약의 변경을 요구할 수 있다. 임대차에서 경제사정의 변경에 따른 차임증감청구권(제628조), 지상권의 지료증감청구권(제286조) 등은 신의칙에 바탕을 둔 제도이다.

③ 계약의 무효화 : 계약은 신의칙에 어긋난다는 이유로 무효로 될 수 있다. 불공정한 법률행위는 동시에 신의칙에 어긋나는 경우가 많다. 특히 약관의 불공정성과 관련하여 신의칙이 엄격히 적용된다. 즉 신의성실에 반하여 공정을 잃은 약관조항은 무효로 된다(불공정약관의 무효원칙).

(2) 권리의 행사저지 및 소멸

권리의 행사가 신의칙에 어긋나는 경우에는 그 권리행사가 허용되지 않거나 권리 자체가 소멸할 수 있다. 권리남용금지의 원칙은 신의칙의 파생원칙이다.

신의칙위반으로 인한 권리행사의 부인은 ① 상대방에게 신의를 불러일으켰거나 객관적으로 보아 상대방이 신의를 가짐이 정당한 상태에 이르렀고, ② 그 권리행사가 정의관념에 비추어 용인될 수 없는 정도라는 요건을 충족시켜야 한다(대판 1993. 6. 11, 92다42330). 판례는 토지가 학교의 교사부지로 사용되는 사정을 알면서 양수한 후 20년 가까이 인도청구를 하지 않은 경우에, 그 토지의 인도청구는 신의성실의 원칙상 허용할 수 없다(부당이득반환청구는 허용)고 하였다(대판

1992. 11. 10, 92다20170).

(3) 의무의 부과 · 감경 · 면제

① 안전배려의무 등 부수의무의 부과 : 채권자와 채무자는 비록 계약에서 합의되지 않았더라도 신의성실에 비추어 이행에 필요한 행위를 할 의무가 있다. 매도인에게 물건의 사용방법이나 위험사항에 관한 고지의무가 발생하며 숙박업자는 숙박인의 안전을 배려할 의무를 진다. 신의칙상 부수의무를 위반한 경우에 채무불이행에 기한 손해배상의무를 진다.

② 의무의 면제 등 : 법률이나 당사자의 약정에 의하여 발생한 의무 또는 기타의 권리행사요건이 신의칙에 비추어 지나치게 엄중하다고 보이는 경우에는 그 의무를 감경 · 면제하거나 권리행사요건을 완화한다. 판례는 상대방의 계약해제권행사를 회피할 목적으로 주소를 허위기재한 경우에 신의칙에 기해 제544조의 해제의 요건 중 최고의무를 면제하였다(대판 1990. 11. 23, 90다카14611).

③ 보증채무의 축소 : 계속적 보증에서 주채무자의 자산상태가 악화되었음에도 불구하고 채권자가 고의로 거래규모를 확대한 경우에, 신의칙에 기해 보증채무의 범위가 축소된다(대판 1992. 4. 28, 91다26348). 계속적 보증뿐 아니라 특정채무를 보증한 경우에도 신의칙에 기해 보증인의 책임을 제한할 수 있는 가능성을 인정하였다(대판 2004. 1. 27, 2003다45410).

(4) 조건의 성취방해

조건의 성취로 이익을 받을 당사자가 신의성실에 반하여 조건을 성취시킨 때에는 상대방은 그 조건이 성취되지 아니한 것으로 주장할 수 있다(신의에 반하는 행위의 금지, 제150조 2항).

5. 권리남용금지의 원칙

(1) 권리남용과 시카네

권리는 남용하지 못한다(제 2 조 1항). 어떤 행위가 권리의 행사인 것과 같은 외양을 가졌더라도 그 권리행사 자체가 신의성실에 어긋나거나 권리행사의 결과 신의성실에 어긋나는 상태로 되는 경우에는 허용되지 않는다(권리남용금지의 원칙).

권리가 타인에게 손해를 가할 목적만으로 행사되는 때에는 허용되지 않는다(시카네의 금지). 시카네의 금지는 가해목적이라는 주관적 요건을 필요로 하므로 적용범위가 매우 좁은데, 권리남용금지의 원칙은 객관적으로 판단된다.

(2) 신의칙과 권리남용의 관계

권리남용금지는 신의칙의 파생원칙이다(반대설 있음). 신의칙은 그 적용범위가 민법 전반에 걸치며 여러 가지 효과를 가져올 수 있는 기본원칙의 성격을 갖는다. 반면에 권리남용금지의 원칙은 권리의 행사에 관한 가치판단에 의해 부분적 권리소멸 또는 권리행사저지의 효과를 가져오는 경우에 한정된다. 판례는 종종 권리남용 여부의 가치판단을 위하여 신의칙을 원용하거나 권리행사에 관해서 신의칙을 적용한다(대판 1992. 11. 10, 92다20170).

(3) 권리남용의 요건

권리의 행사가 민법 제 2 조 제 2 항에 의하여 금지되기 위해서는 다음의 요건을 갖추어야 한다.

① 행사할 권리가 존재할 것

② 권리의 행사가 있을 것 : 권리의 행사에는 작위에 의한 행사

뿐 아니라 부작위에 의한 행사도 포함된다. 권리의 불행사가 권리남용에 해당하는 경우도 있다(친권의 방기).

③ 권리의 행사가 정당성을 결여하였을 것 : 권리행사의 정당성은 신의칙, 사회질서, 사회상식, 권리의 성질을 기초로 객관적으로 판단되어야 한다. 남용 여부는 그 권리행사가 사회통념상 피해자가 용인할 수 있는 정도를 초과하는지, 일반사회에 어떠한 영향을 미치는지 등을 기준으로 삼는다(대판 1957. 12. 4, 4290민상172).

④ 권리남용은 객관적으로 판단되므로 가해목적은 필수적 요건이 아니다(다수설). 정당한 이익을 결여한 권리행사는 객관적 요건과 주관적 가해목적을 모두 갖춘 경우가 많다. 판례는 주관적 가해요건을 요구하는 경우가 많다(대판 1988. 12. 27, 87다카2911). 그러나 객관적 사정에 의해 주관적 요건을 추인하거나(대판 1993. 5. 14, 93다4366), 주관적 요건을 요구하지 않는 경우(대판 2003. 4. 11, 2002다59481)도 있다.

(4) 권리남용의 효과

권리의 행사가 남용으로 판단되면 권리가 박탈되거나 권리행사가 금지된다.

① 소유권(지배권)이 남용되면 타인의 권리침해에 대한 물권적 청구권 등의 방해배제청구권의 행사가 제한된다. 변전소는 공공의 이익에 관계된 시설로서 이를 철거하는 경우 피고(한전)의 이익뿐 아니라 공익에도 심각한 침해를 가져올 우려가 있는 반면, 원고들은 피고가 제의하는 금액으로 이 사건 토지를 매도하더라도 별다른 손해는 없고 상당한 이익을 얻음에도 이를 거절하였다면, 원고들의 변전소철거 및 토지인도청구는 권리남용에 해당한다(대판 1999. 9. 7, 99다27613). 딸이 특별한 사정도 없이 이 사건 주택의 소유자임을 내세워 고령과 지병으로 고통을 겪고 있는 상태에서 마땅한 거처도 없는 아

버지에 대하여 주택에서의 퇴거를 청구하는 것은 부자간의 인륜을 파괴하는 행위로서 권리남용에 해당한다(대판 1998. 6. 12, 96다52670).

② 청구권이 남용되면 법은 이에 조력하지 않아 청구기각판결을 받게 되며, 형성권이 남용되면 법률관계의 발생·변경·소멸이 이루어지지 않는다. 상대방에게는 동시이행채무를 이행하기 위하여 과다한 비용이 소요되는 등 이행이 실제로 어려운 반면에 항변권자는 그 이행을 받아서 얻는 이익이 크지 아니하여 동시이행의 항변권의 행사가 자기 채무의 이행을 회피하기 위한 수단이라고 보이는 경우에, 그 항변권의 행사는 권리남용으로서 배척된다(대판 1992. 4. 28, 91다29972).

③ 상대방은 권리남용자에게 권리행사의 중지, 장래 방해의 예방, 손해배상의 담보 등 필요한 예방조치를 요구할 수 있다. 확정판결에 의한 집행이 현저히 부당하여 사회생활상 용인할 수 없는 경우에 그 집행은 권리남용이 되어 허용되지 않는다(대판 2000. 11. 24, 2000다51063).

④ 권리행사가 남용으로 되면 위법성을 띠게 되므로 불법행위책임이 발생할 수 있다. 권리자는 남용으로 인하여 상대방이 입은 손해를 배상할 의무를 진다.

⑤ 친족상속법상의 권리도 남용으로 소멸되거나 행사할 수 없게 된다. 친권남용이 있는 때에는 친권의 상실선고를 받는다(제924조). 중혼성립 후 10여년 동안 혼인취소청구권을 행사하지 아니한 경우 권리가 소멸되지는 않지만 그 행사는 권리남용이 된다(대판 1993. 8. 24, 92므907).

6. 모순행위금지의 원칙

(1) 신뢰에 어긋나는 모순행위의 금지

자신의 선행위에 모순되는 후행위는 허용되지 않는다. 모순행위

금지의 원칙은 판례에 의해 발달되었다. 연속되는 법률관계에 있어서 앞에 한 행위로 상대방에게 일정한 신뢰를 야기한 경우에 이와 모순되는 행위를 함으로써 상대방의 신뢰를 저버리는 것은 신의에 어긋나므로 후에 한 행위의 효력은 인정될 수 없다.

민법에 규정된 모순행위금지로서는 양도통지에 관한 금반언의 원칙(제452조)이 있다. 양도인이 채무자에게 채권양도를 통지한 때에는 아직 양도하지 아니하였거나 그 양도가 무효인 경우에도 그 사정을 채무자에게 항변할 수 없다는 것이다.

(2) 금지되는 모순행위

모순행위의 요건으로는 ① 선행위의 존재, ② 후행위의 존재, ③ 선행위와 후행위는 동일 또는 밀접한 법률관계에 관한 것이어야 함, ④ 선행위에 의한 신뢰야기, ⑤ 선행위와 후행위의 상호 모순, ⑥ 예기치 못한 후행위로 인해 선행위에 의해 형성된 신뢰가 파괴되는 등 후행위의 신의위반 등이다.

(3) 법률효과의 부인

선행위에 모순되는 후행위는 원했던 효과를 발생시키지 못한다.

① 갑은 을소유의 건물을 보증금 3천만원에 임차하여 사용하고 있었다. 을이 건물을 은행에 담보로 제공할 때 갑은 을의 부탁으로 "갑이 을에게 보증금을 지급하지 않았다"는 내용의 각서를 작성해 은행직원에게 주었다. 은행은 건물의 담보가치를 높게 평가하여 을에게 대출하였다. 은행이 그 건물의 경매 후 갑에게 명도를 청구하자 갑은 종전의 각서내용을 번복하면서 3천만원의 보증금반환을 받을 때까지 명도할 수 없다고 거부하였으나 이는 금반언 내지 신의칙에 위반되어 받아들여지지 않았다(대판 1987. 5. 12, 86다카2788). ② 기간

을 2년 미만으로 정한 임대차기간이 경과한 임차인이 그 종료를 이유로 임의경매절차에 임대차보증금의 우선변제를 청구(배당요구)하여 낙찰허가결정이 확정된 후 그 배당요구시의 주장과는 달리 임대차기간이 종료되지 않았다고 주장하면서 낙찰자에게 대항력을 행사하는 것은 임차인의 선행행위를 신뢰한 낙찰자에게 예측하지 못한 손해를 입게 하는 것으로서 금반언 및 신의칙에 위배되어 허용될 수 없다(대판 2001. 9. 25, 2000다24078). ③ 경매부동산의 소유자가 아무 이의를 제기하지 않고 경낙대금으로부터 배당금을 수령하고 부동산을 임의로 명도해 준 후 경매원인이었던 근저당권의 무효를 주장하여 소유권이전등기의 말소를 청구한 사건에서, 법원은 금반언의 원칙에 따라 그 청구를 배척했다(대판 1993. 12. 24, 93다42603).

7. 실효의 원칙

실효의 원칙이란 장기간의 권리불행사 후에 갑작스런 권리행사가 신의에 어긋나는 때에는 권리행사를 불허하는 법리로서 학설·판례에 의해 발달하였다(대판 1990. 8. 28, 90다9619 등). 소멸시효가 적용되지 않는 형성권과 항변권에 대해서는 실효의 원칙에 따른 효력상실을 인정할 필요가 있다.

(1) 실효의 요건

① 권리자의 권리불행사 : 권리자가 오랜 기간 동안 권리를 행사하지 않았어야 한다. 실효기간(권리를 행사하지 아니한 기간)의 길이와 상대방의 신뢰를 뒷받침하는 정당한 사유는 구체적인 경우마다 다르게 판단될 수 있다(대판 1992. 1. 21, 91다30118).

② 권리행사의 현실적 가능성 : 권리행사가 현실적으로 가능했

었음에도 불구하고 행사하지 않았어야 한다(반대설 있음). 판례는 권리자에게 권리 행사의 기회가 있어서 이를 현실적으로 기대할 수가 있었음에도 불구하고 행사하지 않은 경우에 한정하여 실효의 원칙을 적용한다(대판 1990. 8. 28, 90다카9619). 반면에 권리행사의 기회가 존재할 필요는 없다고 하면서 권리불행사로 인해 형성된 상대방의 정당한 신뢰가 더 중요하다는 주장도 있다.

③ 의무자의 신뢰 : 의무자가 이제는 권리자의 권리행사가 없을 것이라는 확신을 가지는 등 권리불행사에 대한 신뢰가 형성되어야 한다.

④ 신뢰의 정당한 사유 : 의무자인 상대방이 더 이상 권리자가 그 권리를 행사하지 아니할 것으로 믿을 만한 정당한 사유가 있어야 한다(대판 2002. 1. 8, 2001다60019).

⑤ 신뢰보호의 필요성 : 지체된 권리행사가 신의칙에 반한다고 보여지는 사정, 즉 신뢰보호의 객관적 필요성이 존재해야 한다. 의무자가 상대방이 권리를 행사하지 않으리라는 신뢰에 기초해서 자신의 법적 불이익을 피하기 위한 대책을 강구하지 않았거나 그와 상반되는 조치를 취한 경우에 그 신뢰보호의 필요성이 인정된다.

⑥ 적용배제 : 오래 권리불행사가 계속되었더라도 이후 권리행사를 부인하는 것이 민법의 이념에 반하는 경우에는 실효가 인정되지 않는다. 소유권 및 부동산소유에 관련된 채권에 관해서는 실효가 인정되지 않는다. 토지소유자가 허위의 보존등기자로부터 그 명의등기지분을 반환하겠다는 약정을 받았다면 그 후 전전취득자들에 대하여 권리를 행사하지 아니한 채 10년 남짓 지나 사망한 후 재산상속인의 소유권이전등기말소청구는 정의관념에 어긋나지 않는다(대판 1993. 2. 9, 92다9364).

(2) 실효의 효과

실효요건을 충족한 권리행사는 허용되지 않는다. 권리자는 그 행사에 의해서 얻기를 바라는 법률효과를 얻을 수 없게 된다. 이에 대한 반사적 효과로서 의무자는 그 의무의 이행을 면하게 된다.

실효의 효과로서 언제나 권리 그 자체가 소멸되는 것은 아니다. 권리남용의 효과에서와 같이 권리는 소멸되지 않고 그 행사가 저지될 뿐인 경우도 있고, 권리가 소멸하는 경우도 있다. 해고의 무효를 다투는 사건에서 실효의 효과로서 해고무효에 따른 복직청구권 및 임금청구권이 소멸하게 된다. 판례는 사용자의 부당해고에 따른 근로자의 해고무효확인의 소에서 퇴직금 및 보상금을 받고 퇴직절차를 거친 해직공무원에 관하여 실효의 원칙을 적용했다(대판 1992. 11. 13, 92다13080).

8. 사정변경의 원칙

계약체결시 당사자가 행위기초로 삼았던 사정이 현저하게 변경되어 과거의 합의를 유지하는 것이 부당한 경우에 해제권·해지권이나 계약변경권을 인정한다. 만약 사정변경의 원칙을 광범위하게 도입하면 계약의 구속력이 약화되어 법적 안정성을 해칠 우려가 있다.

(1) 계약해제권

1) 제한적 인정

사정변경에 따른 계약해제권을 인정하지만 그 발생요건을 엄격히 제한하여 해제권의 남발로 인한 거래질서의 교란을 방지한다. 해제권의 발생요건은 ① 당사자가 예상하지도 않았고 예상할 수도 없었던 현저한 사정의 변경이 생겼을 것, ② 그 사정변경은 해제권을 취득하는 당사자의 귀책사유 없이 생겼을 것, ③ 계약내용대로의 구속력을 인정하면 신의칙에 어긋나는 결과가 생길 것 등이다. 판례는 사정변경으로 인한 계약해제권의 예외적 인정 가능성을 언급하였다(대판 2007. 3. 29, 2004다31302).

2) 인플레이션으로 인한 계약해제권의 부인

인플레이션으로 인한 계약해제권은 전시 또는 이에 준하는 비상사태가 발생한 경우에 정부의 긴급조치에 따라서만 인정되어야 한다. 평시에 사정변경으로 인한 계약해제를 허용하면 거래의 신뢰가 깨지게 되므로 피해야 한다. 판례는 인플레이션으로 인한 해제권을 인정하지 않는다. 인플레이션에 의한 가격의 급격한 변동이 있는 경우에 계약해세권을 인정하지 않고 합의한 매매대금을 지급할 것을 명하였다.

① 매매계약을 맺은 때와 그 잔대금을 지급할 때 사이에 장구한 시일이 지나서 그 동안에 화폐가치의 변동이 극심했던 탓으로 매수인이 애초에 계약할 당시의 금액표시대로 잔대금을 제공한다면 그 동안에 앙등한 매매목적물의 가격에 비하여 그것이 현저하게 균형을 잃은 이행이 되는 경우라 할지라도, 민법상 사정변경의 원리를 내세워 그 매매계약을 해제할 권리는 생기지 않는다(대판 1963. 9. 12, 63다452). ② 부동산매매대금의 약 7분의 6에 해당하는 잔금을 지급하지 않은 채 목적물을 인도받은 매수인이 매매계약이 체결되고 19년이 지난 후에 그 동안 가격이 많이 상승한 목적물에 관하여 이전등기청구를 하는 것은 신의칙에 반하지 않는다(대판 1992. 6. 12, 92다12384). 지급하지 않은 잔금에 관해서는 이 판결에 특별한 언급이 없으므로 현재시가로의 금액변경은 없을 것이며 그 잔금액에 19년간의 법정

이자가 추가될 것이다. 판례는 인도받은 부동산매수인의 등기청구권은 소멸시효에 걸리지 않는다는 입장을 취하므로 19년 후에도 등기청구가 가능하다. ③ 지방자치단체로부터 매수한 토지가 공공용지에 편입되어 매수인이 의도한 음식점 등의 건축이 불가능하게 된 경우에 매매계약을 해제할만한 사정변경에 해당하지 않는다(대판 2007. 3. 29, 2004다31302).

(2) 계약해지권

신용카드거래, 계속적 보증계약 등의 계속적 계약에서는 사정변경에 따른 계약해지권이 넓게 인정된다. 최초에 정한 계약내용이 그 후 경제사정 기타 주위사정의 현저한 변화로 변경될 필요가 있는 때 또는 계약을 유지해야 할 필요가 없어지게 된 때에는 계약기간이 만료하기 전이라도 계약을 변경하거나 해지할 수 있다. 해지권이란 그 행사로 인하여 일정한 시점(분기) 이후의 계약관계가 해소된다는 점에서 계약관계를 처음부터 해소시키는 해제권과 구별된다.

판례는 사정변경에 의한 보증인(계속적 보증)의 해지권을 인정하였다. 회사의 이사의 지위에 있었기 때문에 그 회사의 요구로 부득이 그 회사와 은행(원고) 사이의 계속적 거래로 인한 회사채무에 대하여 연대보증인이 되었다가 그 후 회사에서 퇴사하여 이사의 지위를 떠난 경우는, 그 연대보증계약의 성립 당시 사정에 현저한 변경이 생긴 경우에 해당하므로 사정변경을 이유로 그 연대보증계약을 해지할 수 있다(대판 1992. 5. 26, 92다2332).

(3) 계약의 변경권

계약이 현저한 사정변경으로 그대로 이행하는 것이 불합리하다고 객관적으로 판단되는 경우에, 계약내용의 변경을 요구할 권리가 발생한다. 임대차에서의 차임증감청구권은 법률에 의해 인정되는 계약변경청구권의 예이다(제628조).

사례연습 〈신의성실의 원칙〉

◎ 문 제 ◎

(1) A은행은 B(주채무자)에게 5천만원을 대출해 주면서 보증인을 세울 것을 요구하였다. B는 적당한 보증인을 찾지 못하자 보증보험회사(C)에게 보증보험증권을 작성해 줄 것을 요청하였다. C는 A가 종전에도 B에게 여러 번 대출해 준 경험이 있는가, 그리고 당시에 B가 대출금을 잘 갚았는가를 알아보기 위해 A은행에 신용조회서를 보내 응답을 촉구하였다. A의 직원은 그 응답서를 받고 잘 알아보지도 않고 「대출경험 없음」이라고 기재하여 보냈나. 그러나 실제로는 B가 여러 번 대출받은 경험이 있고 그 중에는 악성연체되어 보증인이 대신 물어준 적도 있었다. C는 A의 회신을 믿고 보증보험증권을 발행해 주었다. 후에 A은행이 B의 대출금연체를 이유로 C에게 보증인으로서 변제할 것을 청구하자 C가 A은행에 대하여 신용조회서를 제시하여 A의 불성실을 항의하였다. C는 자기의 보증채무의 감액을 주장할 수 있는가?

(2) A는 자기토지에 병원을 신축하고 측면에 영안실을 만들어 운영하기 시작하였다. 이와 인접한 토지에 건축한 연립주택에 살고 있는 주민들은 영안실에서 흘러나오는 악취와 울음소리로 인하여 매우 불쾌한 환경에 놓이게 되었다. 주민들은 A에 대하여 영안실의 폐쇄를 요구하였다. A가 주민들의 요구에 전혀 응하지 않자 주민들이 A병원에 몰려와서 영안실을 부수어 놓았다. 이 때 A와 주민들간의 법률관계는?

해 답

(1) 신의성실의 원칙

① 신의성실의 원칙에 의한 보증채무의 감액 : 보증채무를 부담하는

보증보험사 C는 A에 대하여 신의성실의 원칙에 위반했음을 이유로 보증채무의 감액을 주장할 수 있다(대판 1986. 2. 25, 84다1587은 계속적 보증에 관한 것으로서 이 사례에도 같은 법리가 적용될 수 있음).

② 착오에 의한 보증계약의 취소 : 보증보험회사 C는 A와 맺은 보증계약이 중요부분에 관한 착오로 인한 것이었음을 이유로 취소할 수 있다(제109조 1항). 보증계약을 취소한 경우에 C는 보증인이 아니므로 A의 연체대출금(5천만원과 이자)을 지급할 필요가 없다.

(2) 권리남용과 생활방해

① 권리남용 : A의 토지사용은 자신의 소유권의 행사이기는 하지만 이웃에 큰 방해를 주는 결과를 가져왔으므로 권리남용에 해당한다. 그러나 이 사례를 권리남용으로 푸는 것은 적절치 못하며 보다 구체적 규범인 「생활방해금지의 법리」로 풀어야 한다.

② 생활방해의 금지조치 : 사례는 민법 제217조의 생활방해에 해당하므로, 주민들은 A에 대하여 민법 제217조에 의한 방해중지를 위한 적절한 조치를 청구할 수 있다. 판례에 의하면 이 경우 병원은 영안실은 운영하되 이웃에 울음소리나 악취가 새어 나가지 않도록 방지장치를 마련해야 한다. 만약 이웃토지와 아주 인접하여 어떤 방지조치도 효과가 없을 때에는 영안실운영을 중단할 것도 요구할 수 있다.

③ 자력구제의 금지 : 주민들의 실력행사는 위법한 것이므로, A는 주민들에 대하여 불법행위로 인한 손해배상청구권을 갖는다. 비록 A가 영안실을 폐쇄하거나 방지조치를 취할 의무를 진다 하더라도, 그것은 A가 스스로 행하거나 또는 민사소송절차에 따른 강제집행에 의하여서 행해야 한다. 그렇지 않고 주민들이 실력행사를 한 것은 「자력구제금지의 원칙」에 어긋나는 위법한 행위가 된다. 이로 인하여 주민들은 A병원에 발생한 손해를 배상할 책임이 있다(제750조 불법행위책임).

④ 위자료의 청구 : 주민들이 A의 영안실영업으로 인해 정신적 고통은 받은 것은 「불법행위에 기한 손해배상청구권」에 의하여 전보될 수 있다. 정신적 고통에 대한 손해배상금은 「위자료」라고 부른다.

추리논증훈련

• 상황에 따른 변화

1. 서울에 사는 사람이 강원도 산골의 땅을 상속받은 후 이십년간 한 번도 와 보지 않았다가 그 지역 땅값이 오르자 처음으로 방문하여 예전부터 그 곳에 있던 노인요양시설을 당장 철거하라고 요구하였다. 시설을 철거하라고 하는 것은 너무 지나친 요구인 것 같은데 당신의 생각은 어떠한가? 당신 생각의 근거를 제시하라.

2. 어떤 시골할머니가 고물상에게 엿 한 가락에 넘긴 놋그릇이 두 사람 손을 거친 후 전문수집가에게 팔리고 그에 의해 국보급 골동품인 것으로 판명되었다. 그 할머니는 전문가를 찾아와 그 놋그릇은 가보(家寶)이니 돌려 달라고 간청하였다. 전문가는 법적으로 돌려 줄 의무가 없다는 것을 알고 있지만 할머니의 애절한 간청을 듣고 돌려줄까 말까 망설이고 있다. 당신이 그 전문가라면 할머니에게 놋그릇을 돌려주겠는가?

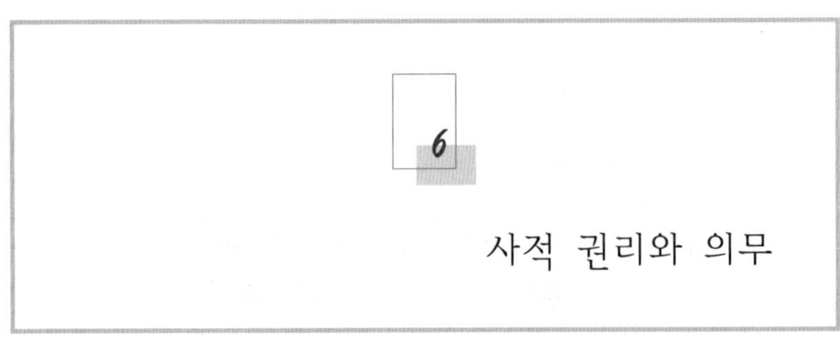

6 사적 권리와 의무

1. 권리에 관한 법철학

사적 권리란 무엇인가 하는 문제는 근대 법철학의 주제였다. ① 의사설 : 개인의 의사에 대해 법이 부여하는 힘(지배력)이 권리라는 견해이다. 독일의 의사주의자(Savigny)는 "권리는 의사표시의 효과이다"라고 하였다. ② 이익설 : 개인의 이익이 법적으로 보호되는 경우 권리가 된다는 견해이다. 권리로 인정됨으로써 개인이 특정한 이익을 향수할 수 있게 된다고 하였다. "대가 없는 거래도 없고 강제 없는 법도 없다"고 하였다. ③ 규범설 : 권리란 법에 의해서 인정되는 개념일 뿐이라고 보는 견해이다. 법실증주의자들은 "법개념의 근거는 실정법일 뿐이다"라고 하여 철학적 논쟁을 회피하였다.

2. 사적 권리와 수혜이익 · 호의

민법은 국민의 사적 권리를 보장한다. 사적 권리가 침해되면 민사소송으로 구제된다. ① 소유권은 누구나 침해해서는 안되는 절대권이다. ② 계약은 당사자 상호간의 권리(상대권)를 발생시킨다. ③ 타인의 신체·명예·재산에 대한 침해는 불법행위가 되어 손해배상청구권을 발생시킨다. ④ 가족법에서는 친권, 부양청구권, 상속권 등이 다루어진다.

권리는 단순한 수혜이익과는 구별된다. ① 사적 권리는 권리자가 향수하고 행사할 수 있을 뿐 아니라 침해에 대한 구제방안으로서 직접적 법률효과가 발생한다. 부동산소유자는 소유권에 기해 부동산을 사용·수익하며 방해자에 대해 방해배제청구권을 행사할 수 있다. ② 수혜이익은 수혜자가 이익을 누릴 수는 있지만 그 침해에 대해 법적 구제수단이 발생하지 않는다. 주유소설치의 거리제한에 따라 인근에서 유일한 주유소로서 높은 수익을 올리던 사람이 거리제한의 철폐에 따라 경쟁주유소가 생김으로써 감소된 수입은 수혜적 이익의 상실일 뿐 권리침해에 해당하지 않는다.

권리는 호의와 구별된다. ① 상대방이 인정·도덕에 기해 베푸는 호의는 권리의 대상이 되지 않는다. 이웃을 돕기 위한 구호품은 주지 않는다고 강제로 요구할 수 없다. 도덕적 의무는 강제할 수 없으므로 권리의 객체가 되지 않는다. 결혼부조금을 주었던 친구에게서 자신의 결혼에 아무 보답이 없더라도 법적 청구권이 생기지 않는다. ② 호의행위 중의 과실은 법적 책임을 야기한다. 친구를 자기 자동차에 호의동승시켰으나 운전부주의로 부상사고를 일으킨 경우에 차주는 친구에게 손해배상의무를 진다.

3. 권리의 분류

(1) 재산권과 가족권

재산권은 경제적 이익을 목적으로 하는 권리이다. 물권·채권·

무체재산권 · 사원권이 재산권에 해당한다. 가족권은 가족관계의 형성과 변화에 관한 권리이며 친권 · 재산분할청구권 · 부양청구권 · 상속권 등이 있다. 재산권은 양도 · 담보설정 등 처분이 가능하지만 가족권은 본인만이 향수한다.

(2) 물권과 채권

물권은 특정한 물건을 배타적으로 사용 · 수익 · 처분할 수 있는 권리로서 절대권이다. 물권자는 누구에 대하여나 권리를 관철할 수 있다. 물권의 침해자에 대해서 물리칠 수 있는 물권적 청구권이 물권에서 파생된다. 물권은 채권에 비하여 우선적 효력을 가진다.

채권은 채권자가 채무자에 대해서 급부를 청구할 권리로서 당사자 사이에서 행사되는 상대권이다. 주택임차권 같은 대항력 있는 채권은 물권과 유사한 힘을 갖는다.

(3) 지배권과 형성권

지배권은 물건 · 무체재산을 직접 지배할 수 있는 권리이다. 물권 · 지적소유권 · 광업권 등이 이에 해당한다. 채권은 급부청구권으로 파악되거나(청구권설) 또는 채무자의 행위를 지배하는 권리로 파악된다(지배권설).

형성권은 권리자의 일방적 행위로 법률관계를 발생 · 변경 · 소멸시키는 권리이다. 형성권의 효과에 따른 분류로서 ① 권리발생의 형성권(법정대리인의 동의권), ② 권리변동의 형성권(사단법인에서 사원의 결의권), ③ 권리소멸의 형성권(취소권 · 해제권 · 해지권) 등으로 나뉜다.

(4) 청구권과 항변권

청구권은 다른 사람에게 어떤 행위(작위 · 부작위)를 요구할 권리이다. 채권으로부터 급부청구권, 물권으로부터 물권적청구권이 파생된다. 부당이득인 경우 부당이득반환청구권, 불법행위를 당한 경우 손해배상청구권이 발생한다. 가족법에는 위자료청구권·양육비청구권·부양료청구권 등이 있다.

항변권은 자신의 이익을 방어하기 위해 타인의 권리행사를 막는 권리이다. ① 동시이행의 항변권 : 쌍무계약에서 채무자가 상대방 채무의 변제제공시까지 자기의 채무이행을 거절하는 권리이다(제536조). ② 최고·검색의 항변권 : 보증인이 채권자의 청구에 대해 먼저 주채무자에게 청구하여 집행하도록 요구하는 권리이다(제437조). ③ 상속인의 한정승인으로 초과채무의 이행을 거절하는 항변권이 발생한다(제1028조).

리갈마인드 강화훈련

권리와 권한·권능

권리는 권한·권능과 구별된다. ① 권한이란 타인을 위하여 법률행위를 할 자격(대리권·대표권) 또는 법적 행위(재산관리권·등기대행)를 할 자격을 말한다. 타인의 법률관계에 영향을 미치는 대리권은 광의의 권리에 포함된다. ② 권능은 권리의 내용을 구성하는 세부적인 힘이다. 소유권에는 사용·수익권과 처분권 같은 권능이 포함되는데, 임차권·저당권을 설정하여 사용·수익 권능을 타인에게 일시적으로 나누어 주는 것이 가능하다.

추리논증훈련

• 오해와 편견

1. A는 친구 B가 새로 출시된 오토바이를 타는 것을 보고 한 번만 타 보자고 애타게 부탁한 결과 하루 동안 빌렸다. A가 혼자서 그 오토바이를 타려니 시동이 걸리지 않아 판매대리점에 가져가서 고쳐 달라고 했더니 대리점 주인은 A를 대뜸 도둑놈으로 몰고 그 오토바이를 빼앗았다. A는 다음 날 친구 B에게 그 상황을 설명하고 하루 더 빌려 제대로 오토바이를 타 보고 싶은데 어떻게 설명할까 고민 중이다. 당신이라면 어떻게 하겠는가?

2. 동네에 하나밖에 없는 공중목욕탕과 오락장(일부 게임기는 불법)이 있었다. 이 오락장은 몇 년간 좋은 영업이익을 올리고 있었는데, 가까운 거리에 또 하나씩의 공중목욕탕과 오락장이 들어서자 장사에 큰 타격을 입게 되었다. 정부당국에 대하여 종전의 목욕탕 업주는 목욕탕설치 거리제한을 두든가 목욕요금 규제를 풀어 달라고 탄원했고, 종전의 오락장 업주는 새 오락장을 불법이라며 고발하였다. 당신이 새 목욕탕 업주 또는 새 오락장 업주라면 어떻게 대응하겠는가?

2장

사람(人)

7

사람의 능력과 권리의 주체

1. 사람의 법적 의미

생체로 구성된 사람을 자연인이라고 표현하여 인위적으로 구성된 조직체(사단과 재단)인 법인과 구별한다. 민법에서 말하는 「인」은 보통 자연인과 법인 모두를 포함하는 개념이다. 본인(제114조)·타인(제125조, 제741조 등)·매도인(제569조)·임대인(제623조)·도급인(제668조) 등이 그러하다. 그러나 총칙편 제2장의 표제 「인」은 자연인만을 의미하며 제3장의 「법인」과 대비된다. 친족상속법은 적용대상이 자연인이므로 그 곳의 「인」은 자연인을 의미한다.

민법에서는 법인으로서 사단과 재단의 두 가지가 인정된다. 단체에 권리능력을 부여하여 독자적인 경제활동을 하게 한 것은 자본주의의 경제적 요구에 의한 것으로서 법기술상 발전된 방법이다.

2. 능력제도

민법에서 권리·의무의 주체가 되기 위해 필요한 자격은 권리능력 · 행위능력 · 책임능력 세 종류이다.

(1) 권리능력

권리자나 의무자가 권리능력을 갖추어야 한다(생존하는 자연인, 법인격을 갖춘 단체). 권리는 귀속의 주체가 특정되고 생존되어 있어야 행사될 수 있다. 소유자가 누구인지, 상속인은 누구인지 하는 주체를 확정하는 단계가 필요하며, 그 주체는 권리능력을 갖춘 사람이어야 한다. 권리능력이 없는 자(사망자)의 명의를 도용한 계약은 무효이며, 그의 명의로 된 부동산등기, 예금 등이 있더라도 그에 상응하는 권리가 인정되지 않는다.

(2) 행위능력

권리자나 의무자는 법률행위를 할 때에 행위능력을 갖추어야 함이 원칙이다. 행위능력자란 성년자로서 금치산자나 한정치산자가 아닌 사람을 말한다. 완전한 행위능력을 갖추지 않은 경우에(무능력자), 법정대리인에 의해 그 능력이 보완된다. 법정대리인의 동의 없이 무능력자가 한 법률행위는 취소할 수 있다.

행위능력제도는 법률행위를 하는 데에 필요한 자기결정능력이 있느냐를 기준으로 삼는다. 일반적으로 성년에 도달하여야 자기결정을 할 자격이 있는 것으로 공인된다. 다만 심신박약, 심신상실에 이르는 정신장애를 갖고 있는 경우에는 자기결정능력이 없다고 보아 법원이 한정치산선고 또는 금치산선고를 한다.

(3) 책임능력

책임능력이란 어떤 사람이 타인에게 가해행위를 했을 때 그 행위자에게 불법행위책임(손해배상의무)을 부과시키기 위한 책임주체로서의 기초자격을 말한다. 「변식지능을 갖춘 자」는 책인능력이 있다(제753조). 자기의 가해행위로 피해자에 대해 불법행위에 기한 손해배상의무를 지는 자는 책임능력(불법행위능력)을 갖추어야 한다. 변식능력 없는 미성년자(12세 내지 14세 미만으로 사건별로 판단됨) 또는 심신상실중인 자(정신질환자, 만취의 의식불명자)가 한 가해행위는 그 본인의 불법행위책임을 발생시키지 않는다. 다만 그 감독자에게 손해배상책임을 부담시키는 경우가 있다(제753조, 제754조).

책임능력은 과실책임원칙과 밀접한 관련을 갖는다. 과실책임은 불법행위자의 주의의무위반에 대한 비난을 바탕으로 하는데 판단력이 없는 사람에 대해서는 그 비난을 할 수 없다고 본다. 반면에 행위자의 과실을 요건으로 하지 않는 위험책임의 영역에서는 책임능력이 요구되지 않을 수 있다.

(4) 의사능력

행위자가 의식불명 상태에서 한 행동은 의사표시로서의 효력이 없으므로, 어떤 행위를 할 때에는 의사능력을 필요로 한다. 만취, 무의식상태에서 한 행위의 효력을 부인하기 위해 의사능력이라는 표현을 사용하지만, 의사능력은 행위능력과 달리 자격이 아니라 행위당시의 의식의 상태를 나타낼 뿐이다(민법에 제도화되어 있지 않음).

(5) 법인의 능력제한

법인은 일정한 절차에 따라 법인격을 취득할 때에 권리능력이 인정된다(법인의 행위능력을 부인하는 제도는 없다). 법인은 집행기관의 행위에 대해 불법행위책임을 질 수 있다. 법인에 관해서 특히 문제되는 것은 「기관의 법률행위 및 불법행위가 법인의 목적범위 내인가」이다. 법인은 정관에 정한 목적의 범위 내에서 권리의무의 주체가 된다는 권리능력의 목적제한이 있기 때문이다(제34조).

3. 권리자의 확정

(1) 권리자와 행위자

권리가 자기의 이름으로 귀속되는 경우에 그는 권리주체가 된다. 권리를 취득하거나 양도할 때에는 법률행위를 하는데 그 법률행위를 하는 사람을 행위자라고 한다. 행위자가 진실한 권리주체의 이름을 밝히는 실명행위(실명거래)를 원칙으로 삼는다.

법률행위를 타인에게 대리시키는 경우에 행위자(대리인)와 권리주체(본인)가 다르게 된다. 법인이 법률행위를 하는 경우에도 행위자는 법인의 기관(이사)이고 권리주체는 법인으로서 양자의 분리가 일어난다.

(2) 타인명의의 법률행위에서의 권리주체

차명의 은행거래, 부동산의 명의신탁에서와 같이 진정한 권리자가 타인의 이름을 빌어 권리를 취득하는 경우에 누구를 권리주체로 인정할 것인가가 문제된다.

1) 차명행위

자기가 실질적인 권리주체가 되면서 타인의 이름을 빌려 그를 권리주체로 내세워 행위하는 경우를 차명행위(차명거래), 존재하지 않는 사람(허무인)의 명의를 내세워 행위하는 경우를 가명행위라고 한다.

2) 당사자의 확정

계약을 체결하는 행위자가 타인의 이름으로 법률행위를 한 경우에, 그 행위자를 계약당사자로 볼 것인가 아니면 그 명의인(타인)을 계약당사자로 볼 것인가. ① 우선 행위자와 상대방의 의사가 일치한 경우에는 그 일치한 의사대로 행위자 또는 명의인을 계약의 당사자로 확정한다. ② 행위자와 상대방의 의사가 일치하지 않는 경우에는 그 계약의 성질·내용·목적·체결 경위 등 구체적 사정을 토대로 상대방이 합리적인 사람이라면 행위자와 명의자 중 누구를 계약당사자로 이해할 것인가에 의하여 당사자를 결정한다(대판 2001. 5. 29, 2000다3897).

(3) 차명거래의 유형

가) 명의신탁 차명행위 중에서 그 명의인의 허락을 얻어 그 명의를 사용하는 경우에 명의대여자와 실질적 권리주체 사이에 명의신탁이라는 계약관계가 존재하게 된다. ① 명의신탁계약이 유효인 경우에는 수탁자와 상대방 사이에 계약관계가 발생한다. ② 명의신탁이 법률의 금지 등으로 인하여 무효인 경우에는 그러한 계약관계는 발생하지 않는다. 명의신탁계약은 사회정책상 법률로 금지되는 경우가 많다. 그 대표적인 예로서 부동산양도의 명의신탁을 금지하는 「부동산 실권리자명의 등기에 관한 법률」(1995)에서는 부동산의 매수인이 탈세목적의 명의신탁을 위해 타인명의의 매매계약서를 작성한 경우에는 그 매매계약 자체를 무효로 한다. 금융자산을 타인의 이름으로 은닉하는 것을 막기 위해 「금융실명거래 및 비밀보장에 관한 법률」(1997)이 가명예금·차명예금을 금지한다.

나) 명의도용 명의인의 허락 없이 그의 이름을 사용하는 경우를 명의도용이라고 한다. 명의신탁계약이 존재하지 않는 경우이다. 명의도용은 그 명의인에게 법률효과를 발생시키지 않으므로, 명의를 도용한 보증보험계약은 무효이다(대판 1995. 9. 29, 94다4912).

다) 구성원명의로 한 단체의 행위 단체의 자금을 구성원의 개인구좌에 예금하는 경우에, 은행은 예금주 명의자(개인)와 예금계약을

체결한 것으로 된다(금융실명제법에 저촉되는 경우도 있음). 단체는 그 예금주와의 내부관계에 의하여 그 예금액을 단체의 것으로 주장할 수 있으나 은행에 대하여는 직접 청구권을 갖지 않는다.

라) 서명대리 대리인이 본인인 것처럼 행세하면서 본인의 인장을 사용하여 서명날인한 경우를 서명대리라고 한다. 서명대리는 다음의 경우에 유효하다. ① 상대방의 인지가능성이 있는 경우 : 상대방이 서명날인한 사람이 특정인의 대리인이라는 사실을 계약의 주위사정에 비추어 알 수 있었던 경우에는 제115조 단서에 의해 대리가 유효하다. ② 서명대리의 거래관행이 있는 경우 : 거래의 종류에 따라서는 위임장을 제시하지 않고 본인의 인장을 지참하여 대리행위를 하는 것이 관행인 경우가 있는데 이 때 서명대리는 유효하다. 예금의 인출, 공모주식의 청약 등에서 이러한 관행을 찾아볼 수 있다. ③ 계약당사자의 개성이 중요하지 않은 거래 : 계약의 성질에 비추어 누가 계약당사자인가가 중요하지 않은 거래(대량거래, 신속거래 · 현금거래 등)에서 서명대리는 유효하다.

리갈마인드 강화훈련

과학과 윤리의 대립

인류의 역사를 살펴보면 다윈의 진화론, 코페르니쿠스의 지동설 등 획기적인 과학적 발견이 있을 때마다 윤리적인 거부움직임이 있어 왔다. 최근에는 성행위 후에 사용하는 사후피임약, 유전자의 조작, 인간의 배아에 대한 연구, 생명연장 의료술 등을 놓고 과학과 윤리 사이에 갈등을 빚고 있다.

과학, 그 중에서도 의학의 발달은 인간을 건강하게 하고 장수하게 만들었으며, 불임부부에게 아기를 안겨주었다. 그러나 인체를 위험한 실험대상으로 삼는 것, 배아생성을 위해 난자를 빈번하게 채취하는 것, 인간의 유전자를 조작하여 부자연스러운 생명체를 탄생시키는 것 등 윤리적으로 허용되지 않는 부분도 있다. 그 밖에 낙태, 장기이식 등 시술이 허용은 되더라도 엄격한 조건이 준수되어야 하는 경우도 많다.

법의 허용범위를 결정하는 것은 과학과 윤리의 사이에서 사회의 가치관에 어긋나지 않으면서 또한 과학의 발전으로 인류의 삶이 풍요롭게 되는 것을 억제하지 않는 균형점을 찾는 일이다. 윤리적・법적으로 허용될 수 없는 시술이 음성적으로 행해지지 않도록 감시되어야 한다.

추리논증훈련

● 혜택과 불이익

1. 2007년 통계청 자료에 의하면 1인가구는 330만 가구로 전체가구 중 20%에 이른다. 노령화, 이혼율 증가 등으로 1인가구가 증가한 것이다. 20년 후에는 1인가구가 50%를 넘을 것으로 예측하고 있다. 현재 정부의 정책은 5인가구 중심으로 생계비 보조, 주택정책, 세금감면 등을 실시하고 있다.

   1인가구를 이루는 독신의 젊은이는 세금만 잔뜩 내고 혜택은 적다는 불평을 한다. 만약 당신이 정책 입안자라면 1인가구를 위하여 어떤 정책을 내어 놓겠는가?

2. 금융실명제에 따르지 않고 탈세 목적을 갖고 친구의 이름으로 예금을 해 놓았으나, 그 친구가 그 예금을 인출하여 해외로 도피하였다. 차명예금을 한 사람과 횡령을 한 사람 중에서 누가 더 불법성의 정도가 높은가?

   차명예금을 한 자가 법의 보호를 받고자 하는 경우에 법은 그런 사람을 위해 도움을 주어야 하는가? 법의 보호가 불법의 정도에 따라 차등을 두고 주어지는 것이 타당한가?

8

자연인의 권리능력

1. 권리능력 평등주의

권리능력이란 민사법상의 권리자나 의무자가 되기 위한 기초적인 자격이다. 법인격이 인정된다고 표현하기도 한다. 권리능력 없는 자에게 권리를 취득시키거나 의무를 부담시키려는 법률행위(예: 애완견에게 재산을 증여하는 행위)는 무효이다.

자연인은 연령·성별·신분·국적에 관계없이 누구나 권리능력을 갖는다. 의무만 있고 권리는 없는 노예제도는 인정되지 않는다. 이와 같이 자연인에게 권리능력이 평등하게 인정된 것은 헌법에 평등권이 보장된 근대 이후이다.

2. 권리능력의 시기(始期)

(1) 출생의 시점

사람은 생존한 동안 권리능력이 있으므로 출생시점이 권리능력의 발생시기가 된다. 출산의 과정 중에서 언제를 출생의 시점으로 볼 것인가에 관하여 논쟁이 있었다(진통설, 일부노출설, 전부노출설, 독립호흡설 등). 태아가 모체로부터 살아서 완전히 분리된 때에 출생한 것으로 보는 전부노출설이 통설이다.

(2) 출생에 의한 권리능력의 취득

살아서 출생한 아이는 순간을 살더라도 권리능력을 취득한다. 살아서 출생한 이상 기형아・조산아・식물인간이든 관계없이 모두 권리능력을 갖는다. 출생신고는 출생에 관한 사실을 보고하는 것이며(보고적 신고), 출생으로 인한 법률효과를 창설하는 효력을 갖지 않는다(혼인신고가 창설적 신고인 것과 대조적).

3. 태아의 권리능력

(1) 개별적 보호주의

사람은 출생한 때부터 권리능력을 가짐이 원칙이지만 예외적으로 태아도 제한적 권리능력을 갖는다. 태아란 수태로부터 출생까지의 「자연인의 전단계」를 말한다.

민법은 태아에게 권리능력이 인정되는 법률관계를 개별적으로 열거하는 입법방식인 「개별적 보호주의」를 취한다. 민법은 태아가 살아서 출생하는 것을 전제로 다음의 경우에 태아에게 권리능력을 인정한다.

1) 불법행위에 기한 손해배상청구권

태아는 불법행위에 기한 손해배상의 청구권에 관하여는 이미 출생한 것으로 본다(제762조). 태아의 손해배상청구권이 문제되는 사례는 다음과 같다. ① 태아의 아버지나 어머니가 사고로 사망한 경우에, 태아는 직계존속의 생명침해로 인한 정신적 손해에 대한 위자료 청구권(제752조)이 인정된다. 아버지가 사고로 사망할 당시에 태아였더라도 출생 후에는 평생을 통하여 아버지를 잃은 정신적 고통을 받을 것이므로 이에 대한 위자료를 청구할 수 있다(대판 1967. 9. 26, 67다1684). ② 모체에 대한 위법한 약물투여로 인하여 태아가 기형으로 된 경우에, 태아는 자신이 입은 손해에 대한 배상청구권(제750조)을 갖는다. ③ 직계존속의 생명침해로 인한 손해배상청구권(위자료 포함)은 사망자에게 발생하였다가 가족에게 상속되는데, 태아는 상속권(제1000조 3항)을 갖는다. ④ 임신 중의 어머니가 교통사고에 의한 불법행위를 당하고 이 충격 때문에 태아가 미숙아로서 정상보다 조산되었고 이 때문에 제대로 성장하지 못한 경우에, 이 사고는 산모에 대한 불법행위인 동시에 태아에 대한 불법행위로서 태아의 재산상 손해배상청구가 인정된다(대판 1968. 3. 5, 67다2869).

2) 상 속 권

재산상속에 있어서 태아는 상속순위에 관하여 이미 출생한 것으로 본다(제1000조 3항). 태아는 상속권으로부터 파생된 유류분권도 가지므로 그 법정상속분의 2분의 1의 유류분에 부족이 생긴 때에는 유증을 받은 자에 대하여 그 재산의 반환을 청구할 권리가 있다(제1112조, 제1115조). 태아의 대습상속권도 인정된다. 상속권자가 상속 전에 사망한 경우 그의 자녀에게 상속시키는 제도인 대습상속(제1001조)에 관해서 일반상속권의 규정(제1000조 3항)이 유추적용되기 때문이다.

남편 사망 후 처가 남편의 아이를 낙태한 경우에, 동순위의 상속인(태아)을 살해한 경우의 상속결격사유에 해당하여 처는 상속권을 상실한다(제1004조). 이 때 낙태가 상속에 유리하다는 인식을 했을 것은 요건이 아니다(대판 1992. 5. 22, 92다2127).

3) 유증을 받을 권리

유증에 관하여 태아는 출생한 것으로 간주되므로(제1064조) 유언자가 사망할 때에 태아이더라도 재산을 취득할 수 있다.

4) 사인증여

증여자의 사망으로 효력이 생길 증여(死因贈與)에 있어서 수증자가 태아인 경우 출생한 것으로 보아 재산취득을 인정할 것인가에 관해 다수설과 판례(대판 1996. 4. 12, 94다37714)는 부정설을 취한다. 사인증여는 증여자의 사망을 조건으로 증여의 효과가 발생한다는 점에서 유증과 유사하지만, 유증과 같은 법정방식(제1060조)이 요구되지 않고 방식의 자유가 인정된다는 차이점을 가지며, 사인증여는 계약이므로 단독행위인 유증의 규정을 준용할 수 없다고 한다. 반면에 인정설은 사인증여에 관하여 유증의 규정이 준용되므로(제562조), 태아의 권리능력에 관한 규정(제1064조)도 사인증여에 준용한다.

5) 인　　지

부(父)는 포태중에 있는 자(子)에 대하여도 자기의 친자(親子)임을 인지(認知)할 수 있다(제858조). 자(子)와 그 직계비속 또는 그 법정대리인은 부 또는 모를 상대로 하여 인지청구의 소를 제기할 수 있다(제863조). 아버지가 자발적으로 인지하지 않는 경우에 태아가 아버지에 대하여 인지청구의 소를 제기할 수 있는가?

이는 민법에 명문으로 열거한 경우 이외에 유사한 법률관계에 태아의 권리능력을 인정할 것인가에 관한 문제이다. 긍정설은 태아의 인지청구권, 증여계약에서 수증자격을 인정하는 등 태아보호규정의 유추적용을 긍정한다. 부정설은 만약 유추적용을 허용하게 되면 태아의 권리능력을 예외적으로 중요한 법률관계에 관하여만 열거적으로 인정하려는 민법의 기본입장에 어긋난다고 한다.

(2) 권리능력 취득시기

민법은 태아에게 권리능력을 인정하는 법률관계에 관하여「이미 출생한 것으로 본다」고 간주규정을 둔다(제762조, 제1000조 3항 등). 출생의 간주가 구체적으로 무엇을 의미하는가에 관하여는 견해의 대립이 있다.

1) 정지조건설

태아로 있는 동안에는 권리능력을 취득하지 못하고 살아서 출생하는 때에 비로소 권리능력을 취득하게 되며, 그 권리능력취득의 효과가 사건의 시점(불법행위 또는 상속개시의 당시)으로 소급한다고 해석하는 견해이다.

판례는 정지조건설을 취한다. 태아인 동안에는 법정대리인이 있을 수 없으므로 법정대리인의 수증행위도 불가능하여서, 태아의 수증능력을 인정할 수 없다(대판 1982. 2. 9, 81다534). 어머니가 사고로 사망한 때에 태아도 같이 사망하여 출생하지 않은 경우에, 태아가 권리를 취득하더라도 현행법상 이를 대행할 기관이 없으니 태아로 있는 동안은 권리능력을 취득할 수 없고, 살아서 출생한 때에 출생시기가 사건의 시기까지 소급하여 그 때에 태아가 출생한 것 같이 법률상 취급된다(대판 1976. 9. 14, 74다1365).

2) 해제조건설

태아는 그 법률관계에 있어서는 출생한 것으로 간주되어 그 범위 내에서 권리능력을 가지며 법정대리인이 대리하지만, 만약 살아서 출생하지 않은 때에는 태아의 권리가 소급하여 소멸한다는 견해이다.

(3) 수태되지 않은 자의 권리취득 여부

1) 수태 전 권리취득

아직 수태되지 않은 장래의 자녀 · 손자녀를 위하여 재산상속을 위한 유언 · 유증을 해 둔다든가 그를 수익자로 하여 보험 · 신탁을 해 둔다든가 하는 일이 가끔 있는데, 이러한 경우에는 수태 전에도 장래 태아의 권리취득 가능성이 인정된다. ① 유언(또는 유증)의 경우에 그것은 유언자의 단독행위이므로 요식성 및 기타 요건을 갖추면 유언 자체는 유효하게 성립한다. 상속인이 권리를 취득하는 것은 유언자가 사망한 시점인데, 이 때 권리취득자는 최소한 태아로서 존재해야 한다. ② 장래의 태아를 위해 보험(또는 신탁)을 들어 두는 경우에 그 계약당사자는 가입자와 보험회사이고 수익자가 현존 · 확정되지 않더라도 보험계약은 유효하게 성립한다(계약은 급부의 확정가능성이 있으면 성립한다). 보험금의 지급요건(만기도래 · 사고 · 사망 등)을 갖추어 보험금이 지급될 시점에는 그 보험금을 수령할 수익자는 권리능력을 갖추어야 한다. 다만 보험계약에 의하여 수익자가 권리능력을 갖출 때까지 보험금지급을 유예할 것을 약정할 수 있다.

2) 수태 전 불법행위

수태 전에 약물투여 또는 세균침입 등에 의하여 태아에게 손해를 입힌 경우에, 출생자는 이로 인한 손해배상을 청구할 수 있다. 예를 들어 병원의 과실로 임부에게 매독균이 있는 피를 수혈하였고 이로 인하여 수혈 후에 임신된 태아가 매독균보균자로서 출생한 경우 출생자는 손해배상을 청구할 수 있다. 가해행위와 손해의 발생간에 시간적 간격이 존재하는 것은 불법행위의 성립을 방해하지 않으므로 피해자가 가해행위 당시에 수태되었느냐의 여부에 관계없이 가해자는 이로 인한 손해를 배상할 의무가 있다.

4. 권리능력의 종기(終期)

자연인은 자연적인 사망으로 권리능력을 상실한다. 그 밖에 국적상실시 종전 국가에서의 재산소유의 권리가 제한되는 경우도 있는데 이것은 전면적인 권리능력상실은 아니다.

(1) 사　망

1) 사망의 시점

사람의 사망시기를 언제로 볼 것인가에 관해서 의학의 발달과 더불어 심장·신장 등 장기의 이식이 가능하게 되자 어려운 문제가 제기되었다. ① 통상 심장의 기능이 회복 불가능한 상태로 정지된 때를 사망시점으로 본다(심장정지설). ② 장기이식의 필요성에 착안하여 심장정지시점보다 빠른 뇌사의 시점을 사망시점으로 보아 그 후 장기를 떼어낼 수 있는 가능성을 부여하려는 의도로 뇌사설을 적용하는 경우가 있다. 장기이식에 관한 법률(1999)에 따라 뇌사로 판정된 경우에는 장기이식이 허용된다.

사망의 사실을 공식적으로 인정받기 위해서는 가족관계등록부에 그 사망사실을 기재해야 한다. 사람이 사망한 때에는 동거친족 등이 1월 내에 사망신고를 하여야 한다(가족관계 제84조). 사망신고는 실제 일어난 사실을 보고하는 행위이며(보고적 신고), 혼인신고에서처럼 새로운 법률관계를 창설하는 효과를 갖는 것(창설적 신고)이 아니다. 가족관계등록부기재는 사망시로 기재된 시점에 그 사람이 사망했을 것이라는 사실상 추정의 효력을 가진다(간주가 아님). 생존사실 또는 다른 때에 사망한 사실을 증명하는 자료를 첨부하여 그 사망기재가 사실과 다르다는 것을 밝히면 정정(訂正)을 신청할 수 있다(가족관계 제104조). 정정신고가 없더라도 생존자는 권리능력을 가지며 자기 재산의 회복 또는 새로운 법률관계를 형성할 수 있다. 다만 종전에 가족에게 상속된 부동산을 회복하는 경우처럼 그 전제로서 가족관계등록부를 바로잡아야 하는 경우에는 그 정정의 절차를 거쳐야 한다.

2) 사망으로 인한 법률효과

사망자는 그 이전에 지니고 있던 재산과 가족관계에 관한 권리·의무를 모두 상실하게 된다. ① 상속은 사망으로 인하여 개시된다(제997조). 사망자(피상속인)의 재산(소유권, 채권 기타 재산권) 및 채무는 유언 및 상속법규정에 따라 그의 근친(상속인)에게 상속된다. ② 사망자는 그가 차지하던 친족관계를 상실한다(제적). 친권·부양의무 등 가족법상의 권리·의무는 절대적으로 소멸한다(제980조). ③ 사망자와 배우자 사이의 혼인관계는 종료한다. 배우자는 이혼절차를 밟지 않고 독신으로 되며 재혼이 가능하다. ④ 그 밖에 사망을 법률요건으로 하는 효과들이 발생한다. 유족연금의 수령, 보험청구권의 발생(상법 제731조), 손해배상청구권의 발생 등이다. ⑤ 사망신고는 실제 일어난 사실을 보고하는 행위이며(보고적 신고), 가족관계등록부의 기재는 사망시로 기재된 시점에 그 사람이 사망했을 것이라는 사실상 추정의 효력을 가진다(간주가 아님).

3) 인정사망

수해·화재 그 밖의 재난으로 인하여 사망이 거의 확실하지만 사체를 찾지 못한 경우에 이를 조사한 관공서의 사망통고에 기하여 가족관계등록부에 사망이 기재된다(인정사망, 가족관계 제87조). 인정사망은 사망의 사실을 조사공무원의 사망통고에 의하는 사실확인의 방법에 불과하며(실종선고와 다름), 가족관계등록부의 기재는 다른 증거가 나타나면 절차에 의해 정정된다.

(2) 동시사망

2인 이상이 동일한 위난으로 사망한 경우에 그들이 동시에 사망한 것으로 추정하는 제도이다(제30조). 다수사망자 중 한 명의 생존사실 또는 다른 시점에 사망한 사실을 증명하면 그 추정을 번복할 수 있다. 이 제도는 사망사실에 관한 것이 아니라 다수사망자 사이의 사망시점에 관한 추정제도라는 점에 특색이 있다.

1) 요 건

2인 이상이 동일한 위난으로 사망했어야 한다. 다른 위난에 대한 동시사망추정은 현행법상 인정되지 않는다. 다수인이 다른 위난으로 사망하였고 그들의 사망시기를 알 수 없는 경우에 제30조를 적용하지 않고 보통의 입증원칙에 따른다(추정부정설). 다른 위난으로 사망한 경우에도 동시사망으로 추정하는 견해도 있다(제30조 유추적용설).

2) 효 과

동시사망의 추정제도는 동일한 위난으로 인한 사망자 사이에 상속이 생기지 않게 하는 법률효과를 가짐이 원칙이다. A와 그의 아들 C(미혼, 유일한 자식)가 같은 선박으로 여행하다가 선박이 침몰하여 모두 사체로 발견되었으나 부패로 인하여 사망시점의 확인이 곤란한 경우에, A는 상당한 재산을 남겼는데 그의 유족으로 아내 B와 홀어머니 D가 있는 경우를 예로 들어 볼 수 있다. A와 C의 사망선후에 따라 B와 D의 상속 여부 및 그 범위가 다르게 된다. A가 C보다 먼저 사망했다면 A는 아내 B와 아들 C에게만 재산을 상속하게 되며, 그 후 C의 사망으로 그 재산은 B에게 상속되어 결국 B가 A의 재산 전부를 상속받게 된다(제1000조 1호 · 3호). 반면에 A가 C보다 나중에 사망했다면 A의 사망시에는 무자식이었으므로 아내 B와 홀어머니 D에게 재산을 상속하게 된다(제1002조 2호, 제1003조). 그러나 사망시각의 차이가 증명되지 않으면 A와 C는 상속문제에서 동시에 사망한 것으로 취급되어 A의 재산은 C에게 상속되지 않고 B와 D에게 상속된다.

동시사망의 경우에 대습상속이 가능하므로(대판 2001. 3. 9, 99다13157), 아버지(피상속인)와 아들(상속인)의 동시사망으로 아들의 자녀・배우자는 그 아들의 상속순위에서 대습상속을 받을 수 있다(제1001조).

동시사망의 추정은 법률상 추정으로서 이를 번복하기 위하여는 동일한 위난으로 인한 사망이라는 법원의 확신을 흔들리게 하는 반증을 제출하거나, 각자 다른 시각에 사망했다는 법원의 확신을 줄 수 있는 본증을 제출하여야 한다(대판 1998. 8. 21, 98다8974).

5. 외국인에 대한 권리능력제한

(1) 외국인의 법적 지위

민사적 법률관계에 있어서는 자연인은 내국인이든 외국인이든 권리능력을 가짐이 원칙이지만, 외국인의 부동산소유권(군사시설보호구역, 문화재보호구역 등) 및 기타 몇몇 권리의 취득이 법률에 의하여 제한되는 경우가 있다.

(2) 평등주의와 상호주의

외국인의 사권의 취득에 관해서는 내국인과 동일한 권리능력을 인정하는 평등주의를 원칙으로 하되(헌법 제6조 2항), 상호주의에 의해 수정한다. 상호주의란 그 외국인의 본국이 우리 국민에게 인정해 주는 것과 같은 정도의 권리취득만을 허용하는 제도이다.

사례연습 〈태아의 권리능력〉

◎ 문 제 ◎

임신중의 여자 A는 B의 과실로 인한 자동차사고(4월 1일 발생)의 피해자이다. A는 이 사고로 심한 부상을 당하여 치료받던 중 결국 사망(4월 10일)하고 말았다(A에게 약 2억원의 손해배상청구권이 발생하였음). 한편 A의 태아였던 A′(A의 유일한 상속인)는 미숙아로 태어나서(4월 7일에 제왕절개수술에 의해 출생) 인큐베이터에서 양육되다가 퇴원했으나 정신박약의 증세를 평생 갖게 되었다. 사고가 있은 6개월 후(10월 1일) A′는 B에 대해 다음의 손해배상금을 청구하였다. ① 인큐베이터 등 병원비용, ② 정신박약으로 인한 손해배상금, ③ A의 손해배상청구권의 상속분, ④ 어머니를 잃게 된 위자료 2천만원 등이다.

자동차사고 발생일인 4월 1일에 태아인 A′는 B에 대하여 어떤 권리를 갖고 있었는가?

해 답

(1) 태아의 권리능력 : 본래 자연인에게 어떤 청구권이 발생하려면, 원인사실의 발생 당시에 그는 「생존」해 있어야 한다(제 3 조). 다만 태아의 경우 우리 민법은 구체적인 사안에 따라 특별히 법률로 정한 경우에 한해 예외적으로 권리능력을 인정한다(개별적 보호주의).

(2) 불법행위로 인한 손배청구권의 경우 : 민법 제762조에 의하면, 태아는 불법행위에 기한 손해배상청구권에 관하여는 이미 출생한 것으로 간주되므로 본 사례에서 A′는 자신에게 발생한 재산적 · 비재산적 손해의 배상을 청구할 수 있다(제750조). ① 인큐베이터 등 병원비용(직접손해), ② 정신박약에 대한 배상금(여기에는 장래수입의 감소분, 즉 일실이익과 정신박약의 발생에 대한 위자료가 모두 포함된다), ③ 기타 위자료 등이 태아 스스로 입은 손해에 해당한다.

(3) 상속권의 문제 : 태아는 재산상속에 관하여는 이미 출생한 것으로 간주된다(제1000조 3항). 따라서 태아 A′는 사례문제 중의 ③의

A의 손해액 2억원을 상속하게 되지만, 이 사례에서 A의 사망 당시 A′는 이미 출생해 있었으므로 태아의 상속권의 문제는 발생하지 않는다.

(4) 태아의 권리취득시기 : 태아가 ①②③의 손해배상청구권을 언제 취득하는가에 관해서는 해제조건설과 정지조건설이 대립한다.

해제조건설에 의하면 사고 당일에 손해배상청구권을 취득하고 사산된 경우에 권리를 소급적으로 상실하게 된다. 정지조건설에 의하면 출생을 정지조건으로 하여 손해배상청구권을 취득하게 되므로, 4월 7일 이전에는 손해배상청구권이 없으나 4월 7일에 살아서 출생한 이후에는 그 법적 효과가 소급하여 마치 4월 1일부터 손해배상청구권을 취득했던 것처럼 취급된다. 이 사례에서는 살아서 출생했으므로, 4월 1일부터 손해배상청구권을 취득했던 것으로 취급된다는 점에서 양 학설 사이에 차이가 없으나, 권리행사시기에 관해서는 이론상 차이가 생긴다.

판례는 정지조건설을 취하므로 출산 이후에 손해배상청구를 할 수 있게 된다. 해제조건설에 의하면 사고 당일부터 태아는 손해배상청구권을 행사할 수 있다(대리인에 의한 행사).

태아에게 생긴 손해는 사고 당시에 이미 발생한 것이고, 금전으로 산정한 손해액이 얼마인가는 손해배상청구를 하는 시점(10월 1일)에서 이미 지출한 손해액과 장래 예상되는 지출액을 합하여 구체적으로 산정하게 될 것이다.

추리논증훈련

- 생명의 존중

1. 폭력배가 어머니의 복부를 발로 차서 태아가 죽은 경우에 현행법으로는 어머니의 손해배상청구권만 인정되고 태아의 손해배상청구권은 인정되지 않는다. 이러한 결과는 부당한가?

   2008년 헌법재판소는 민법 제762조에 의한 태아의 손해배상청구권이 민법 제3조의 취지를 고려하여 살아서 출생한 태아에게만 인정되는 것으로 해석하더라도 태아 생명권의 보호라는 국가의 기본권 보호의무를 위반한 것으로 볼 수 없어 위 조항들은 헌법에 위반되지 않는다는 결정을 선고하였다(2004헌바81호 민법 제3조 등 위헌소원). 권리능력의 존속기간을 규정한 민법 제3조와 손해배상청구권에 있어서의 태아의 지위를 규정한 민법 제762조는 헌법에 위반되지 않는다는 것이다. 이에 대하여 재판관 2인은 태아가 살아서 출생한 경우에만 민법 제762조의 손해배상청구권을 인정하는 것은 헌법에 위반된다는 한정위헌의견을 내놓았다.

2. 자연분만을 했던 예전과 달리 요즘은 제왕절개로 인한 분만이 증가하였다. 병원이 수익을 증대하는 수단으로 제왕절개시술을 남용한다는 비판이 있다. 그 밖에 역학상 좋은 사주를 갖게 하기 위해서 출산시기를 조절하는 수단으로 제왕절개가 이용되기도 한다. 이에 대하여 어떤 의견을 갖고 있는가?

3. 종래에는 심장이 정지한 경우를 사망으로 보았으나 심장·신장 등 장기의 이식이 가능하게 되자 뇌사를 사망시기로 보는 견해가 있다. 장기이식 등에 관한 법률은 엄격한 절차를 거친 뇌사판정이 있을 때 뇌사자의 장기 등의 적출 및 이식을 허용한다. 뇌사의 판정은 의학적 판단과 윤리적 판단이 합체되어 행해져야 할 것인데, 뇌사판정의 위원으로 어떤 사람들을 임명하는 것이 바람직한가? 종교인이나 법률가가 참여해야 한다고 생각하는가?

9 자연인의 행위능력과 행위무능력자

1. 행위능력제도

행위능력은 사람이 단독으로 법률행위를 할 수 있는 자격이다. 행위능력은 특별한 장애사유로 법원의 선고가 없는 한 모든 성인에게 인정된다. 즉 사람이면 누구나 행위능력을 갖는 것이 원칙이다.

미성년자·한정치산자·금치산자의 세 유형에 해당하면 행위무능력자이다. 행위무능력자는 법정대리인의 동의를 얻어 법률행위를 하여야 한다.

(1) 행위능력제도를 두는 이유

민법은 인간의 의사표시를 기초로 구성된다. 자신이 원하는 것을 표현하는 것을 의사표시라고 한다. 민법은 사람이 자신의 의사를 표시하는 행위를 법률행위라고 하여 그것에 상응하는 법률효과를 부여한다. 그 법률효과는 권리의 발생과 의무의 부담이다. 의사표시는 의무를 부담시키게 되므로 본인에게 불이익을 초래할 우려가 있다. 본인이 불이익을 감수하고라도 법률행위를 할 것인가를 판단하여야 하는데, 미성년자나 정신박약자는 이런 판단능력을 충분히 갖추지 못한 경우가 많다. 민법은 미성년자나 정신박약자의 경솔한 행위로 자신이 감당하기 어려운 불이익을 초래하는 것을 방지하기 위하여 법률행위에 행위능력을 필요로 한다는 행위능력제도를 도입하였다.

(2) 의사능력의 개별적 판단

행위자가 의식불명 상태에서 한 행동은 의사표시로서의 효력이 없다. 만취, 무의식상태에서 서명날인했더라도 무효이다. 무의식행위는 의사표시로 인정될 수 없으므로 행위자나 상대방 누구라도 유효한 의사표시가 없었음을 주장·입증할 수 있다. 행위 당시 의사능력이 없었음을 증명하여 효력을 부인하는 것은 신의칙에 어긋나지 않는다(대판 2006. 9. 22, 2004다51827).

의사능력의 의미에 관하여 학설이 대립한다. ① 상태설 : 의사표시의 요건으로서 표의자의 정상적 의식과 판단력이 필요하므로, 표시 당시 무의식 및 판단력결핍의 상태는 의사표시 자체를 부인하게 된다는 견해이다. ② 자격설 : 행위능력제와 병행해서 의사능력제를 인정하는 견해이다. 자기행위의 결과를 인식·판단하여 정상적인 의사결정을 할 수 없는 사람을 의사무능력자(유아, 백치)라고 하고, 이러한 사람의 법률행위는 언제나 무효라고 한다.

민법은 의사능력제를 명문으로 도입하지 않았으므로 상태설이 타당하며, 자격설은 무리이다(독일민법에는 도입됨). 판례도 상태설을 취한다. 의사능력이란 자신의 행위의 의미나 결과를 정상적인 인식능력과 예기력을 바탕으로 합리적으로 판단할 수 있는 정신적 능력 내지 지능이라고 보며, 의사능력의 유무는 구체적인 법률행위와 관련하여 개별적으로 판단한다(대판 2002. 10. 11, 2001다10113). 표의자의 법률행위 당시 심신상실이나 심신미약 상태에 있어 금치산 또는 한정치산선고를 받을 만한 상태에 있었다고 하더라도 법원으로부터 금치산 또는 한정치산선고를 받지 않았고 그 후에 금치산 또는 한정치산선고를 받은 경우에, 법정대리인은 행위능력규정을 들어 그 선고 이전의 법률행위를 취소할 수 없다(대판 1992. 10. 13, 92다6433).

(3) 행위능력과 책임능력의 분리

민법은 적법행위인 법률행위와 위법행위인 불법행위에 필요한 행위주체의 자격을 다르게 규정한다. 행위능력은 획일적 기준에 의해서 부여되는 반면에, 책임능력은 개별의 불법행위사례에 따라 다르게 판단될 수 있다. 능력취득연령에 있어서도 양자는 차이가 나는데, 행위능력은 만 20세에 취득되고 책임능력은 사례에 따라 다르지만 대개 만 12세 내지 14세 이후에 인정된다.

2. 성　　년

(1) 성년연령

만 20세로 성년이 된다(제 4 조). 만 20세에 달하지 않은 자는 미성년자이다. 외국의 추세와 비교할 때 성년이 되는 시기가 너무 늦은 편이다(독일, 프랑스, 스위스는 18세). 연령계산에는 출생일을 산입한다(제158조, 기산일을 산입하지 않는 제157조와 다름).

(2) 혼인에 의한 성년

미성년자가 혼인을 한 때에는 성년자로 본다(제826조의2). 「혼인은 성년으로 만든다」는 원칙을 도입한 것이다. 이는 혼인당사자의 정신적 성숙을 인정하고 혼인생활의 독립성을 보장하기 위함이다.

혼인이란 혼인신고를 한 법률혼을 말한다(제812조). 사실혼의 미성년자는 성년으로 되지 않는다. 혼인에 의해 성년으로 된 후 만 20세 미만에 혼인이 해소된 경우에도 성년임에 변함없다. 이혼으로 미성년자로 돌아가는 것은 아니다.

(3) 성년의 효과

① 성년이 되면 완전한 행위능력을 취득한다. 법정대리인의 동의 없이 법률행위를 할 수 있다. ② 종전에 미성년자로서 받던 친권이 소멸하고 후견도 종료한다. ③ 성년이 되면 자기의 자녀에 대하여 친권을 행사할 수 있고 타인의 후견인이 될 수 있다. ④ 유언의 증인(제1072조)이나 유언집행자(제1098조)가 될 자격이 생긴다. ⑤ 성년에 달한 자는 양자를 할 수 있다(제866조). ⑥ 혼인에 의한 성년은 민사상의 법률관계에 한해서 적용된다. 공법상의 법률관계(선거 · 공무담임 등)는 별도의 원칙에 따르며, 미성년자보호규정이 있는 경우에는 그 특칙이 우선 적용된다.

3. 한정치산자와 금치산자

(1) 한정치산자

한정치산자란 심신이 박약한 자 또는 재산의 낭비로 자기나 가족의 생활을 궁박하게 할 염려가 있는 자로서 가정법원으로부터 한정치산의 선고를 받은 자를 말한다(제 9 조).

1) 한정치산선고의 요건

가) 한정치산선고의 필요성 본인이 심신박약자이거나 자기나 가족의 생활을 궁박하게 할 염려가 있는 낭비자라야 한다. ① 심신박약자 : 심신박약자란 판단력이 부족한 자로서 심신상실의 상태까지

는 이르지 않은 경우를 말한다. 가정법원의 판단에 의하며 그 판단은 의사의 감정에 전적으로 구속되지는 않는다. 금치산선고의 청구가 있더라도 한정치산을 선고할 수 있고 한정치산을 청구하더라도 금치산선고를 할 수 있다. ② 자기나 가족의 생활을 궁박하게 할 염려가 있는 낭비자 : 여기의 낭비자에 해당하는가의 여부는 본인과 가족의 생활상태 · 자산 · 지위 등을 고려해서 판단한다. 교육 · 자선 · 종교 등의 목적으로 재산을 감소시키는 경우도 낭비로 될 수 있다.

나) 한정치산선고의 청구 본인 · 배우자 · 4촌 이내의 친족 · 후견인 또는 검사가 한정치산선고의 청구를 가정법원에 제기해야 한다.

다) 가정법원의 선고 한정치산자로서의 실질적 요건과 선고의 형식적 요건을 갖추면 가정법원은 한정치산을 선고하여야 한다(선고 절차는 가사소송법과 가사소송규칙에 따름).

2) 한정치산선고의 취소

한정치산의 필요성이 없어진 때, 즉 심신박약의 상태를 벗어나거나 낭비의 성벽이 없어진 때에, 가정법원은 한정치산선고를 청구할 수 있는 자의 청구에 의하여 한정치산선고를 취소하여야 한다(제11조). 한정치산선고가 취소되면 한정치산자는 장래에 향하여(소급효 없음) 완전한 능력자로 복귀된다. 취소 후에 한정치산선고의 원인이 다시 존재하면 절차에 따라 다시 선고할 수 있다.

(2) 금치산자

금치산자란 심신상실의 상태에 있는 자로서 가정법원으로부터 금치산의 선고를 받은 자를 말한다(제12조). 미성년자나 한정치산자도 금치산선고를 받아 행위능력이 종전보다 더욱 제한될 수 있다.

1) 금치산선고의 요건

가) 심신상실의 상태 심신상실의 상태란 판단능력이 없는 상태가 계속적인 경우를 말한다. 가끔 판단력을 회복하더라도 전체적으로 보아 판단력을 상실한 상태가 대부분인 경우에는 심신상실이라고 보아야 한다.

나) 선고에 대한 청구 본인 · 배우자 · 4촌 이내의 친족 · 후견인 · 검사의 청구가 있어야 금치산선고가 행해질 수 있다(제12조, 제9조). 본인도 판단력을 회복하고 있는 동안에 단독으로 청구할 수 있다.

다) 가정법원의 선고 금치산선고는 한정치산선고와 같이 선고의 요건을 갖춘 자에 대해서 필요적(임의적이 아님)으로 행해진다. 심신상실의 상태에 있더라도 금치산선고를 받지 않으면 금치산자가 아니다.

2) 금치산선고의 취소

금치산자가 심신상실의 상태에 있지 않게 되었고 금치산선고 청구권자의 선고취소의 청구가 있으면 법원은 금치산의 선고를 취소하여야 한다(제14조, 제11조). 선고취소의 절차와 효과는 한정치산선고의 취소에 있어서와 같다.

리갈마인드 강화훈련

무능력자제도와 거래안전보호 사이의 대립

행위무능력제도는 무능력자 본인을 보호하는 반면에 그와 거래한 제3자를 희생시키게 된다. 부득이하게 거래의 안전을 해하는 역기능을 가지는 것이다. ① 상대방은 무능력자가 취소권을 갖는 동안(3년 또는 10년간) 불안정한 상태에 놓인다. 무능력자의 법률행위는 취소할 수 있는 유동적 법률행위이다. 법률행위의 유효·무효가 무능력자(또는 법정대리인)의 의사에 의하여 좌우된다. ② 선의의 제3자를 보호하는 장치가 없다. 행위무능력을 이유로 한 취소에는 선의의 제3자를 보호하는 규정이 없다(절대적 취소). ③ 거래시에 상대방은 행위자가 무능력자인지 식별하기 어렵다. 미성년자는 주민등록증으로 확인이 가능하지만 신속한 거래에서는 이런 확인을 하지 않는다. 특히 상대방이 한정치산자나 금치산자라는 사실을 알아내는 것은 매우 어렵다.

거래상대방의 보호를 위한 제도로서 상대방의 최고권(제15조), 상대방의 철회권과 거절권(제16조), 사술을 사용한 무능력자의 취소권의 배제(제17조)의 세 가지가 있다. 이 제도로 거래의 안전이 충분히 보호되지는 않는다. 결국 행위무능력자제도는 거래안전을 희생해서 무능력자를 보호하는 제도이다.

추리논증훈련

• 약자에 대한 배려

1. 후진국에 가면 수공업공장에서 아동이 노동하는 경우를 종종 볼 수 있다. 우리나라에서는 아동노동을 금지시키고 있는데, 아동노동은 어떤 점에서 나쁘다고 생각하는가?

   소년소녀가장이 증가하고 있는데 이들을 위하여 우리 사회는 어떤 배려를 해주어야 할까?

2. 정신박약아를 둔 부모 중에는 장애인만을 위한 특수학교에 보내는 것을 좋아하는 경우가 있는가 하면 보통아이들과 함께 교육받기를 선호하는 경우가 있다. 어떤 쪽이 더 장애인에게 도움이 될 것이라고 생각하는가?

   보통학교에 장애인을 위한 시설을 다양하게 설치하기 위하여 많은 비용이 드는 경우 그 비용을 모든 학생에게 분담하게 하는 것이 옳은가?

10

행위무능력자의 법정대리인

법정대리인이란 임의대리인(본인이 선임한 대리인)에 대립하는 개념으로 그 대리인으로서의 자격이 법률의 규정 또는 법원의 선임에 의해 부여되는 경우를 말한다. 법정대리인은 무능력자의 법률행위에 대하여 동의, 허락, 추인, 대리 등을 함으로써 그 법률행위를 완전하게 만든다.

1. 미성년자의 법정대리인

(1) 친 권 자

부모는 미성년자인 자(子)의 친권자가 된다(제909조 1항). 양자는 양부모가 친권자가 된다. 혼인외의 자가 인지된 경우와 부모가 이혼하는 경우에는 부모의 협의로 친권자를 정하여야 하고, 협의할 수 없거나 협의가 이루어지지 아니하는 경우에는 가정법원은 직권으로 또는 당사자의 청구에 따라 친권자를 지정하여야 한다. 다만, 부모의 협의가 자의 복리에 반하는 경우에는 가정법원은 보정을 명하거나 직권으로 친권자를 정한다(제909조 4항). 가정법원은 혼인의 취소,

재판상 이혼 또는 인지청구의 소의 경우에는 직권으로 친권자를 정한다. 가정법원은 자의 복리를 위하여 필요하다고 인정되는 경우에는 자의 4촌 이내의 친족의 청구에 의하여 정하여진 친권자를 다른 일방으로 변경할 수 있다(제909조 6항).

(2) 법정대리권을 갖는 친권자

친권을 행사하는 부 또는 모는 미성년자인 자의 법정대리인이 된다(제911조). 친권은 부모가 혼인중인 때에는 부모가 공동으로 행사한다. 그러나 부모의 의견이 일치하지 아니하는 경우에는 당사자의 청구에 의하여 가정법원이 이를 정한다(제909조 2항). 부모의 일방이 친권을 행사할 수 없을 때에는 다른 일방이 이를 행사한다(제909조 3항).

부 또는 모가 미성년자(미혼)인 때에는 그의 친권자가 법정대리인이 되는데, 이를 '친권대행'이라고 한다(제910조).

(3) 후 견 인

미성년자에게 친권자가 없거나 친권자가 대리권 및 재산관리권을 행사할 수 없을 때에는 그 후견인을 두어야 한다(제928조). 후견인의 결정은 부모의 유언에 의해 지정되며(제931조) 유언에 의한 지정이 없는 경우에 법정순위에 따른다(제932조). 법정순위는 미성년자의 직계혈족, 3촌 이내의 방계혈족의 순서이며, 이 순서에 따라 후견인이 될 자가 없는 경우에는 법원이 선임한다(제936조). 후견인은 피후견인의 법정대리인이 된다(제938조).

2. 한정치산자 · 금치산자의 법정대리인

한정치산 또는 금치산의 선고가 있는 때에는 후견인을 두어 법정대리인으로 삼는다(제929조). 한정치산자와 금치산자에게는 친권자는 없고 후견인만 있다. 후견인은 한 명으로 정한다(제930조). 기혼자가 한정치산이나 금치산선고를 받은 때에 배우자가 후견인이 됨이 원칙이다(제934조). 배우자가 없거나 결격사유가 있는 경우에 후견인이 될 사람 및 그 순위는 무능력자의 직계혈족, 3촌 이내의 방계혈족으로서 동순위 중 최근친, 연장자가 선순위로 된다(제933조, 제935조). 이러한 관계에 있는 사람이 없는 경우에는 법원이 후견인을 선임한다(제936조).

3. 법정대리인의 권한

(1) 동 의 권

법정대리인은 미성년자 또는 한정치산자가 하려는 법률행위에 관한 동의권을 갖는다. 동의란 타인이 한 법률행위에 대하여 확정적인 효력을 부여하려는 의사의 통지를 말한다. 일정범위의 재산처분과 영업에 대한 허락을 할 권한도 동의권에 포함된다. 어린이나 금치산자에 대하여는 법정대리인이 동의권을 행사할 여지가 없으며 대리권을 행사한다. 후견인이 영업허락, 중요재산의 처분허락, 차재·보증 및 소송행위를 동의하는 때에는 친족회의 동의를 얻어야 한다(제950조, 대리할 때에도 같음).

(2) 대 리 권

법정대리인은 미성년자·한정치산자·금치산자의 재산에 관한 법률행위를 대리할 권한을 갖는다(제920조 본문). 대리란 본인을 위하여 본인의 이름으로 법률행위를 하는 것을 말하며 대리임을 밝히는 것이 원칙이다. 법정대리인이 무능력자의 행위를 목적으로 하는 채무를 부담할 경우에는 본인의 동의를 얻어야 한다. 법정대리인으로서의 대리권행사는 친권자와 후견인 모두 가능하지만 그 행사의 요건(친족회의 동의) 및 주의의무의 정도에 차이가 있다.

친권자가 대리권이나 재산관리권을 행사함에는 「자기의 재산에 관한 행위와 동일한 주의」를 하여야 하며(제922조), 후견인은 「선량한 관리자의 주의」로서 사무를 처리해야 한다(제956조, 제681조). 일반적으로 유상계약에서는 「선량한 관리자의 주의」를 원칙으로 하고 이에 위반한 경우에 과실을 인정한다. 「자기재산에 관한 행위와 동일한 주의」는 선관주의보다 경감된 주의의무로서 무상계약에서 이러한 책임경감이 행해진다. 결국 친권자에게는 후견인보다 가벼운 주의가 요구되며 따라서 친권자의 책임이 발생할 가능성도 후견인의 경우보다 낮다.

(3) 취 소 권

법정대리인은 미성년자나 한정치산자가 동의나 허락 없이 한 법률행위를 취소할 권한을 갖는다. 금치산자의 법률행위는 언제나 법정대리인이 취소할 수 있다. 취소란 타인이 한 법률행위를 처음부터 무효로 만드는 일방적 법률행위이다.

(4) 추 인 권

법정대리인은 무능력자가 동의 없이 한 법률행위를 추인함으로써 확정적으로 유효하게 만들 수 있다. 추인이란 타인이 한 법률행위에 대해 확정적인 효력을 부여하는 의사의 통지이다.

4. 법정대리인의 권한제한

(1) 부모의 공동대리

법정대리인이 친권자(부모)인 때에는 단독으로 대리하는 것이 가능하다. 부모가 공동으로 친권을 행사하는 경우 일방이 공동명의로 자를 대리하거나 자의 법률행위에 동의한 때에는 다른 일방의 의사에 반하는 때에도 효력이 있다. 그러나 상대방이 악의인 때에는 그러하지 아니하다(제920조의2). 후견인은 1인으로 하게 되어 있으므로(제930조), 후견인들 사이의 공동대리는 생기지 않는다.

대리인이 여러 명인 경우에는 공동대리가 발생한다. 공동대리란 다수의 대리인이 한 명의 본인을 공동으로 대리하는 경우를 말한다. '공동'이란 상대방에 대한 대리행위에서 모든 대리인이 의사표시(구두 또는 서명날인)를 하는 것(표시행위의 공동)을 원칙으로 한다. 그 밖에 내부적으로 한 명의 대리인에게 일임해서 그 대리인이 단독으로 의사표시하는 것도 가능하다(의사결정의 공동).

(2) 자의 행위를 목적으로 하는 채무부담

자(子) 또는 피후견인의 행위를 목적으로 하는 채무를 부담할 경우에(고용, 도급 등) 본인의 동의를 얻어야 한다(제920조 단서, 제949조 2항). 자의 행위를 목적으로 하는 채무부담은 법정대리인이 단독으로 대리할 수 없으며, 자의 동의가 있어야 한다. 그 동의가 없는 경우에는 무권대리가 되어 무효로 된다.

(3) 친권자와 자 사이의 이해상반행위

법정대리인과 미성년자의 이익이 상반되는 행위에 관하여서는 대리권과 동의권이 제한된다. 법정대리인은 법원에 이이상반행위에 관한 특별대리인의 선임을 청구해야 한다(제921조 1항). 친권자와 친권에 복종하는 자 사이 또는 친권에 복종하는 자의 일방과 타방의 자 사이에 이해가 상반되는 경우 친권의 공정한 행사를 기대할 수 없기 때문이다.

이해상반행위란 ① 친권자에게는 이익이 되고 자에게는 불이익이 되는 행위(반대의 경우는 해당되지 않음). ② 자들간에 있어서 일방에게는 이익이 되고 타방에게는 해가 되는 행위 등이다. 이해상반행위의 여부는 친권자의 행위 자체로부터 외형적·객관적으로 판단한다(반대설 있음).

적모(嫡母)가 스스로 상속을 포기함과 동시에 서자(미성년)와 적자(미성년) 등의 친권자로서 법정대리를 하여 상속포기를 하여 장남(성년)에게 단독상속시킨 경우에, 이해상반행위의 판단은 행위 자체의 객관적 성질에 의하므로 미성년자의 상속포기(대리행위)는 이해상반행위가 아니다(부산고판 1988. 9. 30, 88나1394).

(4) 후견인의 대리권행사제한

후견인은 다음의 중요한 사항에 관하여는 친족회의 동의가 있어야 피후견인을 대리하거나 동의를 줄 수 있다(제950조 1항). ① 영업을 하는 일, ② 차재(借財) 또는 보증을 하는 일, ③ 부동산 또는 중요한 재산에 관한 권리의 득실변경을 목적으로 하는 행위를 하는 일, ④ 소송행위를 하는 일. 후견인이 친족회의 동의를 얻지 않고 대리행위를 한 경우에 친족회 또는 피후견인이 그 법률행위를 취소할 수 있다(제950조 2항). 법률행위의 상대방은 친족회에 대하여 그 법률행위의 추인여부를 최고할 수 있다(제952조).

(5) 제 3 자 증여에 따른 대리권배제

제 3 자가 무능력자에게 증여한 재산에 관하여 법정대리인의 관리를 배제하는 의사를 표시한 때에는 그 재산에 관한 법률행위의 대리권이 없다(제918조, 제956조).

(6) 입양의 승낙

양자가 될 자가 미성년자인 경우에 부모 또는 후견인의 승낙을 얻어야 한다(제871조). 양자가 될 자가 15세 미만인 때에는 법정대리인이 그에 갈음하여 입양의 승낙을 한다. 다만 후견인이 입양을 승낙하는 경우에는 가정법원의 허가를 받아야 한다(제869조). 후견인이 피후견인을 양자로 하는 경우에 가정법원의 허가를 받아야 한다(제872조).

리갈마인드 강화훈련

성년후견제

성년후견제란 치매노인이나 정신장애자가 자신의 부족한 판단능력을 타인의 보조를 얻어 생활의 불편을 해소하려는 후견제도이다. 성년후견제는 재산관리뿐 아니라 치료, 시설입소 등 노약자의 복지를 배려하는 종합적 부조제도로서 운영되어야 한다.

민법의 금치산제도는 다음과 같은 문제점을 드러낸다. ① 금치산자의 법률행위는 그의 법정대리인에 의해 취소될 수 있으므로 금치산자 자신의 의사가 완전히 무시될 우려가 높다. ② 금치산제도는 주로 재산관리에 관한 것으로서 본인의 복지·건강에 대한 배려를 받는 데에는 별로 도움이 되지 않는다. ③ 법정대리인이나 후견인이 그 지위를 남용하는 경우에 이에 대한 감독이나 제재가 미흡하다. ④ 금치산선고의 절차가 복잡하여 서민들이 손쉽게 이용하기 어렵다.

금치산선고 · 한정치산선고를 철폐하고 성년후견 · 성년보조의 두 단계 보호제도를 신설하는 입법의견이 제안되어 있다. 성년후견은 포괄적인 후견필요성이 있는 경우이고, 성년보조는 부분적으로 보조필요성이 있는 경우이다. 성년후견인 · 보조인은 필요의 단계에 따라 대리권 · 동의권 · 취소권을 갖는다.

추리논증훈련

• 도움의 손길

1. 가족 중에 정신실환자나 치매에 걸린 사람이 있을 때 금치산선고를 받게 하는 것이 필요할까? 가족관계등록부에 금치산선고를 받은 사실이 기재되어 가문의 수치로 되는 것을 기피하여 금치산선고제도의 활용을 기피하는 풍조에 대하여 옳지 않다고 생각하는가?

2. 치매노인에 대하여 금치산선고를 하는 경우에 그 노인은 스스로 거래행위를 할 자격을 박탈당하게 된다. 치매의 정도가 약해 가끔 정신이 들었을 때 스스로 부동산 등의 재산을 처분하는 행위를 하도록 배려할 필요는 없을까?

3. 정신박약자라도 자신 명의의 재산이 있는 경우에는 고급스러운 요양소에서 치료받고 싶어 할 것이다. 가족(특히 상속인이 될 자)이 돈을 아끼기 위해 정신박약자를 싼 요양소에 보내는 것을 막을 수 있는 방법은 없을까?

11

행위무능력자의 법률행위

1. 법정대리인의 동의를 요하는 법률행위

미성년자 또는 한정치산자가 법률행위를 함에는 법정대리인의 동의를 얻어야 한다(제 5 조 1항, 제10조). 미성년자와 한정치산자는 법률행위를 할 수 있는 자격이 완전히 박탈되는 것은 아니고 제한될 뿐이다.

(1) 미성년자나 한정치산자가 스스로 법률행위를 했을 것

법률행위는 계약이든 단독행위이든 묻지 않는다. 다만 보증계약에 관해서는 제한이 있다. 채무자가 보증인을 세울 의무를 부담하는 경우에 무능력자를 보증인으로 해서는 안 된다(제431조 1항).

(2) 법정대리인의 동의가 있을 것

법정대리인의 동의는 무능력자가 하는 법률행위를 사전에 찬성하는 내용의 일방적 의사표시이다. ① 동의는 법정대리인으로부터 무능력자에 대하여 한다. ② 동의는 무능력자의 법률행위의 이전 또는 동시에 행해진다. 사후에 하는 경우는 추인이라고 한다. ③ 동의의 의사는 명시적으로 하거나 묵시적으로 할 수 있다. ④ 포괄적 동의라도 일정한 범위를 획정할 수 있다면 유효하다. 동의의 대상이 되는 법률행위는 반드시 하나일 필요는 없다. ⑤ 동의의 효력범위는 당해 법률행위와 밀접한 관련이 있는 행위에까지 확대된다(예 : 자동차 구입의 동의는 그 차의 보험가입도 포함함). ⑥ 동의는 당해 법률행위에 관한 법정대리인의 대리권을 소멸시키는 것은 아니다. 법정대리인은 동의를 해 준 행위에 관해서도 필요한 경우 대리행위를 할 수 있다. ⑦ 후견인이 동의할 때에 친족회의 사전 동의를 얻는 등 필요한 절차를 거쳐야 하는 경우에는 그러한 절차를 거치지 않은 것은 동의로서 효력이 발생하지 않는다.

(3) 동의의 입증책임

법정대리인의 동의가 있었는가에 관한 입증책임은 무능력자에게 유리하게 결정됨이 원칙이다. 미성년자가 법률행위를 부인하는 경우 법정대리인의 동의가 있었다는 입증책임은 미성년자에게 있지 않고 주장하는 상대방에게 있다(대판 1970. 2. 24, 69다1568). 그러나 미성년자 명의의 매매계약서 등 문서에 의하여 등기가 경료된 경우에는 법정대리인의 동의를 얻어 그 등기가 적법하게 경료된 것으로 추정된다(대판 1969. 2. 24, 68다2147).

(4) 동의 없는 법률행위의 유동적 효력

미성년자 또는 한정치산자가 동의 없이 한 법률행위는 유동적 유효로서 취소가 가능하다. 미성년자(갑)의 부동산지분의 처분행위에 동의하고 후견인(을)이 대리하여 부제소합의를 하였으나 후견인이 그 행위 이전에 재혼하여 친권을 상실했을 뿐 아니라 그 행위에 관해 친족회의 동의를 얻지 못했던 경우에, 갑은 성년에 달한 후 3년 이내에 그 부제소합의를 취소할 수 있다(대판 1989. 10. 10, 89다카1602).

2. 동의가 필요 없는 법률행위

미성년자나 한정치산자도 단독으로 법률행위를 할 수 있는 경우가 있다. 이 경우에 해당하면 미성년자(한정치산자)의 법률행위라도 확정적으로 유효이다(취소불가). 단 의사능력 없는 어린이, 정신착란자의 행위는 법률행위가 되지 못한다(의사표시의 부존재).

(1) 단순한 권리취득행위 또는 의무면탈행위

미성년자(한정치산자)는 권리만을 얻거나 의무만을 면하는 법률행위를 법정대리인의 동의 없이 혼자서 할 수 있다(제5조 1항 단서). 「의무부담 없는 권리취득」 또는 「권리상실 없는 의무면제」는 경제적 이익과 직결되어 판단되지 않는다. 단순 증여를 받는 데에는 동의가 필요없지만 부담부 증여는 동의를 필요로 한다. 제3자를 위한 계약의 수익자로서 수익의 의사표시를 하는 것(제539조 2항), 무능력자가 의무만을 부담하는 편무계약(증여 · 무상임치 · 무상위임)을 해제하는 경우, 서면에 의하지 않은 증여계약을 해제하는 것(제555조) 등은 동의 없이 할 수 있다. 미성년자(혼인외의 자)가 친권자에 대하여 양육비를 청구하는 행위는 법률행위는 아니지만 법정대리인의 동의 없이 할 수 있다(대판 1972. 7. 11, 72므5).

(2) 허락된 재산의 처분행위

법정대리인이 범위를 정하여 처분을 허락한 재산은 미성년자(한정치산자)가 임의로 처분할 수 있다(제6조). ① 「재산의 처분에 관한 법률행위」란 동산이나 부동산의 양도·담보제공, 채권·주식 등의 양도·입질 등이다. 처분에 관한 채무부담행위도 포함된다. ② 「처분대상이 되는 재산의 범위」가 지나치게 포괄적이어서는 안 된다. ③ 사용목적의 제한은 구속력이 없다(목적불구속설, 반대의견 있음: 목적구속설). ④ 만 19세가 넘은 미성년자가 자신의 월 소득범위 내에서 신용구매계약을 체결한 경우에 법정대리인의 묵시적 처분허락을 받은 재산범위 내의 처분행위에 해당한다(대판 2007. 11. 16, 2005다71659).

(3) 허락된 영업에 관한 법률행위

미성년자(한정치산자)가 법정대리인으로부터 허락을 얻은 특정한 영업에 관하여는 성년자와 동일한 행위능력이 있다(제 8 조 1항). ① 영업이란 영업주가 독립하여 영리를 목적으로 하는 상업·공업·자유업 등의 사업을 계속적으로 행하는 것이다. ② 허락은 법정대리인이 영업의 종류를 특정하여 한 경우에만 허용된다. 다른 방법으로 영업을 제한한 경우에 그 제한은 선의의 제 3 자에게 대항하지 못한다. 영업의 허락은 묵시적 의사표시로 할 수 있으며, 친권자가 미성년자의 영업소에서 금전을 출납한 경우 묵시적 허락으로 본다. 허락이 있었다는 입증책임은 이를 주장하는 자(상대방)에게 있다. 영업이 상업인 때에는 상업등기를 하여야 제 3 자에게 대항할 수 있다(상법 제37조). ③ 영업에 관한 법률행위는 사회통념에 비추어 영업을 하는 데 수반되는 행위를 포함한다. 미성년자와 한정치산자는 영업과 관련된 소송사건에 관한 소송능력도 가진다(민소 제55조). ④ 「성년자와 동일한 행위능력」이란 미성년자가 독립하여 법률행위를 할 수 있다는 뜻이다. 법정대리인은 그 영업에 관해서는 대리권을 갖지 않는다.

(4) 일상적인 거래행위

식품의 구입, 철도나 버스의 승차, 전화의 사용 등 「일상생활상 필수행위」는 무능력자라도 독립해서 할 수 있다.

(5) 채무의 변제

채무의 변제는 무능력자가 혼자서 할 수 있다. 변제는 법률행위가 아니다. 법률행위(계약)에 의하여 발생한 채무를 이행에 의하여 소멸시키는 행위에 불과하다.

(6) 대리행위

무능력자라도 대리행위를 할 수 있다. 대리인은 행위능력자임을 요하지 않는다(제117조). 미성년자・한정치산자뿐 아니라 금치산자도 타인의 대리인이 될 수 있다. 미성년자가 본인에게 대리권을 받지 않고 대리행위를 한 경우에(무권대리) 무권대리인으로서의 책임이 면제된다. 미성년자 B가 타인 A의 물건을 그의 대리인인 것처럼 행세하여 C에게 매도하는 계약을 체결한 경우에 A・B・C의 법률관계는 어떻게 될 것인가. 이 경우 매매계약의 당사자는 A와 C이고 이를 위한 대리행위는 B와 C간에 이루어졌다. A는 B에게 매매계약의 대리권을 수여한 적이 없으므로 B는 A의 무권대리인이 되고 A와 C 사이의 매매계약은 무효이다. 원칙적으로 무권대리인은 스스로 채무를 이행하거나 불이행에 따른 손해배상의무를 져야 하지만, B는 미성년자로서 무권대리인의 책임을 면한다(제135조 2항).

(7) 가족법상의 행위

만 18세가 된 사람은 혼인할 수 있다(제807조). 만 17세에 달하지 못한 자는 유언을 하지 못한다(제1061조).

(8) 무한책임사원

미성년자나 한정치산자가 법정대리인의 허락을 얻어 회사의 무한책임사원이 된 때에는 그 사원자격으로 인한 행위에는 능력자로 본다(상법 제7조).

(9) 근로계약

친권자나 후견인은 미성년자의 근로계약을 대리할 수 없고(근기 제67조), 근로계약이 미성년자에게 불리한 때에는 해지할 수 있으며, 미성년자는 독자적으로 임금을 청구할 수 있다(동법 제68조). 15세 미만자는 근로자로 사용하지 못하며(동법 제64조), 18세 미만자는 친권자나 후견인의 동의서가 필요하다(동법 제66조).

3. 동의 없는 법률행위의 취소

미성년자나 한정치산자가 법정대리인의 동의를 얻어 법률행위를 해야 함에도 불구하고 동의를 얻지 않은 채 법률행위를 한 경우에 그 법률행위는 취소할 수 있다(제5조 2항). 동의가 필요 없는 법률행위는 확정적으로 유효이다.

(1) 유동적 효력

취소가능한 법률행위는 일단 유동적 유효로 되며, 취소권자의 취소가 있으면 법률행위는 처음부터 무효인 것으로 본다. 소급적으로 효력을 상실하는 것이다. 법정대리인의 추인이 있으면 확정적으로 유효이다. 신용카드로 계약한 미성년자가 법정대리인의 동의 없음을 이유로 취소하는 것은 신의칙에 어긋나지 않는다(대판 2007. 11. 16, 2005다71659).

(2) 취소권자

법률행위를 취소할 권한을 갖는 사람은 무능력자, 그의 법정대리인 및 임의대리인, 무능력자의 법률관계의 승계인이다(제140조). 무능력자는 독립하여(법정대리인의 동의를 얻지 않고) 확정적인 취소를 할 수 있다. 민법 제140조에서 무능력자의 대리인은 임의대리 · 법정대리를 불문하며, 승계인은 특정승계 · 포괄승계를 불문한다.

(3) 취소권의 행사

무능력자나 그의 대리인 · 승계인은 법률행위의 상대방에 대한 일방적 의사표시에 의하여 취소를 한다(제142조). 취소는 「상대방 있는 단독행위」이다. 취소는 취소권자가 한 경우에만 취소의 효과를 발생시킨다. 취소권은 추인할 수 있는 날로부터 3년 내에, 법률행위를 한 날로부터 10년 내에 행사해야 한다(제142조).

(4) 취소의 소급효

취소된 법률행위는 처음부터 무효인 것으로 된다(제141조). 취소로 그 법률행위는 유동적 유효로부터 확정적 무효로 변한다. 취소의 효과는 제 3 자에게(선의 · 악의를 불문하고) 대항할 수 있다. 그 법률행위로부터 발생되었던 채권과 채무는 소급적으로 소멸하고, 그 채무에 기초하여 이행이 행해진 경우에 채권자의 수령은 부당이득이 되어 채무자에게 반환되어야 한다(제741조). 한편 무능력자는 선 · 악의를 불문하고 현존이익만 반환하면 된다(제141조 단서).

(5) 취소할 수 있는 법률행위의 추인

취소권자는 취소할 수 있는 법률행위를 추인할 수 있다(제143조 2항). 취소권자의 추인이 있으면 그 법률행위는 취소할 수 없게 되어 확정적 유효로 된다. 단 무능력자는 능력자로 된 후에만 추인을 할 자격이 있다(제144조 1항). 추인도 취소와 같이 상대방에 대한 일방적 의사표시로서 행한다(제143조 2항). 추인할 수 있는 자가 그 법률행위로 인한 채무의 이행이나 이행청구를 하면 추인한 것으로 본다(법정추인, 제145조).

4. 동의와 허락의 취소 또는 제한

(1) 동의·처분허락의 취소

미성년자나 한정치산자가 법률행위를 하기 전에 법정대리인은 동의(제 5 조) 및 재산처분의 허락(제 6 조)을 취소할 수 있다(제 7 조). 민법 제 7 조는 취소라고 표현하지만 이 취소는 소급효를 갖지 않으므로 정확히 말하면 「철회」이다. 철회는 동의나 허락을 받은 미성년자(한정치산자)에 대하여서 함이 원칙이다. 허락의 취소 또는 제한은 선의의 제 3 자에게 대항할 수 없다.

(2) 영업허락의 취소

법정대리인은 일단 했던 영업의 허락을 취소할 수 있다(제 8 조 2항 본문). ① 여기의 취소는 그 취소 이후에 한 법률행위에만 영향을 미치므로 정확히 말하면 「철회」에 해당한다. ② 후견인이 법정대리인으로서 영업의 허락을 취소 또는 제한하는 때에는 친족회의 동의를 얻어야 한다(제945조). 법정대리인은 영업허락을 취소 또는 제한하는 권한을 남용할 수 없다(제922조, 제956조 참조). ③ 영업허락의 취소는 선의의 제3자에게 대항하지 못한다(제8조 2항 단서). ④ 상업에 관한 허락을 취소 또는 제한하는 경우에는 지체 없이 상업등기를 말소하거나 변경등기를 하여야 한다. 말소등기 · 변경등기 이전의 외관을 신뢰한 제3자의 보호에 관해서는 상법상 특칙이 있다(상법 제40조, 제37조).

5. 가족법의 특칙

가족관계의 형성에 관계되는 법률행위로서 혼인(제807조, 제808조) · 협의이혼(제835조) · 인지(제856조) · 입양(제871조, 제873조) · 파양(제900조, 제902조)에 관해서 별도의 행위능력에 관한 규정이 있다. 이들 규정은 민법총칙의 행위능력규정에 대한 특칙으로서 당해 법률관계에는 총칙규정보다 우선하여 적용된다.

그 특징은 ① 가족법에는 개별적으로 행위능력제한규정이 있다. ② 총칙의 규정보다 가족법에서 금치산자의 능력이 높다. 금치산자도 부모나 후견인의 동의를 얻어 혼인, 협의이혼, 입양을 할 수 있다(제808조 2항, 제805조). 금치산자가 의사능력을 회복한 때에는 유언능력을 갖는다(제1063조). 금치산자는 후견인(제932조 2호), 유언의 증인 · 유언집행자가 되지 못한다(제1072조 2호, 제1098조). ③ 한정치산자에 관하여 가족법은 능력제한을 하지 않는 경우가 많다. 협의이혼과 인지에 관해서는 금치산자에 대한 능력제한만이 언급된다(제835조). 혼인 · 입양 · 파양에 관해서 가족법의 행위능력규정은 미성년자와 금치산자의 행위능력만을 규정하고 한정치산자에 관한 규정은 두지 않는다(제808조, 제873조, 제902조).

리갈마인드 강화훈련

추정과 간주

추정(推定)이란 명확하지 않은 사실을 일단 있는 것으로 정하여 법률효과를 발생시키는 것이고 간주(看做)란 반대 증거의 제출을 허용하지 않고서 법률이 정한 효력을 당연히 발생시키는 경우를 말한다. 민법이 "… 으로 본다"고 표현한 규정은 '간주'를 의미한다. 예를 들어 부동산등기부에 소유자로 등기되어 있으면 진정한 소유자인 것으로 추정되지만, 그 등기가 허위이거나 부실하다는 증거가 나오면 소유권이 부정되어 등기가 말소될 운명에 놓이게 된다. 반면에 태아가 사고로 피해를 입은 경우에 사람으로 간주되므로 피해자로서 손해배상의 청구가 가능하다.

추정과 간주의 구별 실익은 추정의 경우는 당사자가 반증을 들이시 그 추정을 번복시킬 수 있으나, 간주의 경우는 반증을 내세워도 법률이 부여한 효과를 뒤집을 수 없다는 점에 있다.

추리논증훈련

- 현명한 소비

1. 근래에는 어린이를 상대로 한 광고의 유혹이 크며 할부판매로 비싼 사치품을 판촉하는 경우가 늘고 있다. 10세 미만의 어린이가 거래행위를 하는 경우에 십대의 미성년자와 구별하여 특별히 보호할 필요가 있는가? 그렇다면 보호의 필요성이 어디에 있다고 생각하는가?

2. 미성년자에게 현명한 소비를 위한 소비자교육을 할 필요가 있다고 생각하는가? 그렇다면 어떤 주제에 역점을 두고 교육을 해야 할까?

3. 미성년자의 보호에 치중하다 보면, 간혹 의도적으로 미성년자가 물건을 구입해서 사용하다가 후에 부모가 계약을 취소하고 소비했다는 이유로 반품하지 않거나 사용하던 물건을 반품하는 사례가 생기게 된다. 이런 경우 미성년자가 도덕적 해이에 빠지게 되어 비교육적인 결과로 되는 것이 아닐까? 미성년자라도 자기한 체결한 계약을 지키도록 하는 교육을 받는 것이 좋지 않을까?

12

무능력자의 상대방의 보호

행위무능력자가 법률행위를 취소하면 상대방은 예측하지 못한 불이익을 받는다. 만약 무능력자가 사술(詐術)을 사용한 때에는 취소할 수 없다(제17조). 상대방은 최고권(제15조), 철회권과 거절권(제16조)을 행사하여 불이익을 줄일 수 있다.

1. 상대방의 최고권

최고(催告)란 상대방이 무능력자에게 법률행위를 취소할 것인지 추인할 것인지 확답을 요구하는 것을 말한다. 최고권(催告權)이란 상대방이 최고 후 무능력자의 무응답을 추인으로 간주받아 이로운 법률효과를 누리게 되는 것을 말한다(제15조). ① 최고는 '의사의 통지'에 해당한다. 의사의 통지('준의사표시'라고도 함)는 '의사표시'와 다른 개념이다. ② 무능력자의 최고권은 단순한 이행의 최고와 달리 민법 제15조에 의해 법률효과가 부여된다. ③ 최고권은 무능력자가 취소 또는 추인의 응답을 하지 않는 경우에만 효력을 발휘한다. ④ 최고권은 청구권이 아니므로 상대방에게 의무를 발생시키지 않는다.

1) 최고의 요건

① 취소할 수 있는 법률행위를 명시할 것, ② 1개월 이상의 유예기간을 둘 것, ③ 추인 여부의 확답을 요구할 것, ④ 구두 또는 서면으로 통지할 것, ⑤ 무능력자가 추인할 수 있는 상황이 되었거나(능력자로 되었음), 최고가 법정대리인에게 도달할 것.

2) 최고 후 효과

최고 후 어떤 법률효과가 생길 것인가는 무능력자측의 응답 여부에 달려 있다.

① 추인의 확답이 있은 경우 : 무능력자측에서 1개월 내에 추인의 응답을 한 경우에, 그 응답은 추인의 의사표시로 본다. 추인의 효과로서 법률행위는 확정적으로 유효하고, 장래에는 행위무능력에 기해 취소할 수 없다.

② 취소의 확답이 있은 경우 : 무능력자측에서 1개월 내에 취소의 응답을 한 경우에, 그 응답은 취소의 의사표시로 된다. 취소에 의해 법률행위는 소급적으로 효력을 상실하고, 당사자는 상대방으로부터 받은 것을 부당이득으로서 반환할 의무를 진다. 단 무능력자는 현존이익의 범위에서만 반환의무를 진다.

③ 무능력자측의 무응답 : 무능력자가 능력자로 된 후 최고를 받고 1개월 내에 확답을 하지 않으면 그 행위를 추인한 것으로 본다(제15조 1항). 이 추인은 무능력자의 의사가 아니므로 '법정추인'에 해당한다.

법정대리인의 무응답은 추인에 특별절차를 요하는가에 따라 다른 법률효과를 갖는다. 법정대리인이 최고를 받았으나 기간 내에 확답을 발하지 않은 때에는 원칙적으로 그 행위를 추인(법정추인)한 것으로 본다(제15조 2항). 다만 법정대리인이 특별한 절차를 밟아 추인해야 하는 경우에는, 기간 내에 그 절차를 밟은 확답을 발하지 않으면 그 행위는 취소한 것으로 본다(제15조 3항). 후견인은 영업·금전차용·보증·부동산 등의 처분, 소송행위에 관해서는 친족회의 동의를 얻어 무능력자의 법률행위를 추인할 수 있다.

2. 상대방의 철회권과 거절권

철회권과 거절권은 상대방이 적극적으로 의사를 표시하여 "무능력자와의 법률행위의 효력을 즉시 부인한다"는 데 특징이 있다.

(1) 철 회 권

무능력자와 체결한 계약은 무능력자 쪽의 추인이 있기 전에는 상대방이 그 의사표시를 철회할 수 있다(제16조 1항).

철회의 요건 : ① 철회권은 계약에 관해 인정된다. ② 그 계약은 무능력자가 법정대리인의 동의·허락을 얻어야 함에도 불구하고 얻지 않았기 때문에 취소가능한 계약에 한정된다. ③ 철회의 방법은 상대방이 무능력자 또는 법정대리인에 대하여 일방적 의사표시를 하는 것이다(제16조 3항). 철회는 상대방 있는 단독행위이다. ④ 상대방이 계약 당시에 무능력자임을 알았을 때에는 철회권은 인정되지 않는다(제16조 1항 단서).

철회의 효과 : ① 계약은 처음부터 없었던 것으로 된다(소급효). ② 철회로 상대방이 표시한 계약체결의 의사표시(청약 또는 승낙)는 없었던 것처럼 취급된다. ③ 여기의 철회의 효과는 취소와 유사하다. ④ 무능력자의 부당이득반환의 범위는 현존이익의 한도로 제한된다(제141조 단서의 유추해석).

(2) 거 절 권

무능력자의 단독행위는 추인이 있을 때까지 상대방이 거절할 수 있다(제16조 2항).

거절의 요건 : ① 무능력자가 한 취소가능한 단독행위에 관해서만 인정된다. ② 단독행위는 상계(제493조), 채무면제(제506조)와 같은 상대방 있는 단독행위만을 의미한다. ③ 거절은 상대방이 무능력자 또는 법정대리인에 대하여 표시해야 한다. ④ 상대방이 무능력자임을 알았느냐는 문제되지 않는다. 단독행위의 상대방은 의사표시를 수령하는 수동적 지위에 있었기 때문이다.

거절의 효과로 단독행위는 처음부터 없었던 것으로 된다(소급효).

(3) 취소권의 배제

무능력자가 상대방으로 하여금 능력자로 오신케 하거나 또는 법정대리인의 동의가 있는 것으로 오신케 하기 위하여 사술을 쓴 경우에는 무능력자의 취소권이 배제된다(제17조 1항 · 2항). 사술이라는 부정한 방법을 쓴 무능력자는 보호할 가치가 없는 반면에 상대방의 능력자와 법률행위를 한다는 신뢰는 보호되어야 한다.

1) 취소권배제의 요건

① 상대방이 무능력자와 계약을 체결하였을 것 : 그 계약은 법정대리인의 동의 · 허락을 얻어야 함에도 불구하고 얻지 않고 체결된 것이어야 한다. 단독행위는 상대방의 신뢰가 문제되지 않으므로 취소권이 배제되지 않는다.

② 무능력자가 상대방을 기망할 의도를 가졌을 것 : 무능력자가 자신이 능력자인 것처럼 믿게 한 때(제17조 1항) 또는 법정대리인의 동

의가 있는 것으로 믿게 한 때(제17조 2항, 금치산자는 해당 없음)에 한정된다.

③ 무능력자가 사술을 사용했을 것 : 무능력자가 적극적인 기망수단을 사용한 경우에만 사술로 해석된다. 상대방의 오신을 묵인하거나 상대방의 질문에 침묵하는 것만으로는 사술이 되지 않는다(적극설의 입장, 소극설도 주장됨). 미성년자가 성년자로 믿게 하기 위하여 생년월일을 허위로 기재한 인감증명을 제시하여 행사하는 등 적극적으로 사기수단을 쓴 경우에 사술에 해당한다(대판 1971. 6. 22, 71다940). 무능력자가 단순히 자기가 능력자라고 칭한 것만으로는 사술을 쓴 것이 아니다(대판 1955. 3. 31, 4287민상77; 대판 1971. 12. 14, 71다2045).

④ 상대방의 신뢰가 있었을 것 : 무능력자의 사술에 의하여 상대방이 능력자라고 믿었거나 또는 법정대리인의 동의·허락이 있다고 믿었어야 한다.

⑤ 무능력자의 사술과 상대방의 신뢰 및 법률행위 사이에 인과관계가 있을 것 : 인과관계는 다음의 두 가지가 존재해야 한다. 첫째, 상대방의 신뢰가 무능력자의 사술에 의해 형성되었을 것. 사술이 있기 전에 이미 신뢰(오신)가 형성되어 있었고 무능력자가 그 신뢰에 편승한 데에 불과했던 때에는 취소권이 배제되지 않는다(적극설). 둘째, 상대방이 능력자라고 믿었기 때문에 그와 계약을 체결했을 것.

2) 취소권배제의 효과

무능력자의 취소권은 인정되지 않는다. 취소권이 배제되므로 무능력자와 상대방 사이의 계약은 확정적으로 유효하다. 무능력자는 계약상의 권리와 함께 의무를 진다. 무능력자측이 취소를 하려고 할 때, 상대방은 무능력자의 사술이 있었음을 주장·증명하여 취소에 대항할 수 있다.

사례연습 〈무능력자〉

◎ 문 제 ◎

미성년자(만 17세) A는 아버지로부터 상속받은 부동산을 갖고 있었으나, 유흥비를 마련하기 위해 그 부동산을 팔기로 계획하였다. A는 B(매수인)에게 자기가 성년인 것처럼 행세하여 2억원에 팔기로 매매계약을 체결하고 계약금으로 2천만원을 받았다. A는 그 돈을 유흥비로 거의 탕진하고 수중에 3백만원 정도만을 갖고 있다. 매매계약 후 B는 A가 미성년자일지 모른다는 의심이 들어 A에게 주민등록증을 보여 주기를 요구하여 미성년자라는 사실을 알게 되었다.

(1) A가 미성년자임을 알게 된 B는 무능력을 이유로 매매계약을 취소할 수 있는가?

(2) A가 미성년자임을 알게 된 B는 A의 어머니(친권자)에게 매매계약을 취소할 것인지 확답을 요구했으나 한 달이 지나도록 아무 응답이 없었다. 이 경우 A와 B의 법률관계는?

(3) 만약 계약체결시에 A가 가짜 주민등록증을 제시하여 자기가 성년자인 것처럼 믿게 한 경우라면, A와 B의 법률관계가 어떻게 되는가?

해 답

(1) 거래상대방 B는 A의 무능력을 이유로 매매계약을 취소할 수 없다.

① 무능력자가 한 법률행위의 효력 : 무능력자가 한 법률행위는 법정대리인의 동의가 있는 경우에는 확정적으로 유효이지만, 동의 없이 무능력자가 단독으로 행위한 경우에 무능력자 또는 그의 법정대리인은 법률행위를 취소할 수 있다(금치산자의 경우는 제외됨). 무능력자의 법정대리인이 계약체결 이후에 그 계약을 추인한 경우에는 그 계약은 확정적으로 유효하고, 무능력자측의 취소권은 소멸한다.

② 취소권행사의 주체 : 무능력자가 한 법률행위를 취소할 수 있는 사람은 무능력자, 법정대리인 또는 승계인에 한정된다(제140조). 무

능력자와 거래한 상대방에게는 취소권이 발생하지 않는다. 상대방은 최고권과 철회권·거절권을 가질 뿐이다.

(2) A와 B의 매매계약은 확정적으로 유효가 된다. A와 그의 법정대리인은 최고 후 한 달이 지난 후에는 계약을 취소할 수 없다.

무능력자의 거래상대방이 무능력자의 법정대리인에게 1개월 이상의 기간을 정하여 추인 여부의 확답을 요구하였으나, 법정대리인이 그 기간 내에 아무 확답을 하지 않은 경우에 그 행위를 추인한 것으로 본다(제15조 1항). 이 사례에서 법정대리인인 어머니는 친권자로서 친족회의 동의를 얻을 필요가 없으므로 민법 제15조 제 1 항이 적용된다. 결국 이 매매계약은 확정적으로 유효한 것으로 되고, 무능력자 또는 그의 법정대리인은 무능력을 이유로 이를 취소할 수 없다.

(3) 능력자로 사칭한 경우이므로 A와 B의 매매계약은 확정적으로 유효가 된다.

계약제결시 미성년자 A가 상대방으로 하여금 자신을 능력자로 믿게 만들려고 가짜 주민등록증을 제시한 행위는 민법 제17조 제 1 항에서 말하는 사술(적극적 기망수단)을 쓴 경우에 해당한다. 이런 경우에 A 또는 법정대리인은 무능력을 이유로 그 행위를 취소하지 못한다(제17조 1항). 따라서 당해 매매계약은 확정적으로 유효이다.

추리논증훈련

• 양심적인 돌봄

1. 부모가 돌아가신 후 미성년의 자식에게 부동산을 상속해주었으나 후견인인 삼촌의 반대로 그 부동산을 매매하지 못해 대학 등록금을 내지 못하게 되었다. 삼촌은 대학생의 짧은 안목을 우려하고 미래의 안정적 경제상황을 위한 것이라고 설명하였다. 그러나 대학생은 대학교육을 받는 것이 미래를 위한 준비라고 주장하였다. 이 경우에 그 미성년자와 삼촌 중 누가 옳다고 생각하는가?

   위의 사례와 관련하여 미성년자가 삼촌 몰래 부동산을 팔았으나 상대방의 최고통지로 삼촌이 매매사실을 알게 되었다. 삼촌이 상대방으로부터 부동산을 처분한 매매대금을 받아 자기가 소비하고 미성년자에게는 주지 않는 경우에 어떻게 하여야 할까?

2. 고아들을 돌보아 주고 있는 복지시설의 원장이 아동에게 온 후원금이나 물건들을 횡령했다는 신문보도, 어린이를 성추행했다는 보도 등이 가끔 들린다. 원장의 선행과 악행을 비교할 때 그런 원장을 보통의 횡령범이나 성추행범보다 관대하게 처벌해 달라는 탄원서에 대하여 당신은 어떻게 생각하는가?

13

주 소

1. 주 소

(1) 생활의 근거지

생활의 근거되는 곳을 주소로 한다(제18조 1항). ① 실질주의 : 실질주의에 입각한 주소개념이 채택되어 사람의 실질적인 생활근거가 주소로 된다. ② 객관주의 : 주소가 어느 곳인가는 사실의 문제로서 당사자의 의사에 의한 결정의 문제가 아니다. 객관주의에 따라 주소결정은 당사자의 의사에 좌우되지 않는다(주관주의는 '정주의 의사'를 요구함). ③ 복수주의 : 주소는 동시에 두 곳 이상 있을 수 있다(제18조 2항). 민법은 주소의 숫자에 관하여 복수주의를 취한다(예외 : 주민등록법은 단일주의).

(2) 주소의 사용처

① 법적 주체의 동일성 : 사람은 성명과 주소에 의하여 동일성이 표시된다. 부동산등기부·법인등기부 등 공시장부에는 성명과 주소를 기재한다. 민사소송은 피고의 주소를 관할법원으로 함이 원칙이다.

② 부재 및 실종의 표준(제22조, 제27조) : 어떤 사람이 부재자라는 판단은 주소를 중심으로 한다. 부재자의 생사불명이 일정기간 계속되면 실종선고가 행해진다.

③ 의사표시의 수령장소 : 주소는 그에 관한 의사표시 또는 기타의 통지를 수령하는 장소로서 의미를 갖는다. 상대방 있는 의사표시는 그 통지가 상대방에 도달한 때로부터 그 효력이 생긴다(제111조 1항).

④ 변제의 장소(제467조) : 변제의 장소는 채무자의 변제제공이 있었는가(없었다면 채무불이행)(제390조) 및 채권자가 수령할 태세가 되어 있었는가(없었다면 채권자지체)(제400조)를 판단하는 장소적 기점이 된다.

⑤ 상속의 개시장소(제998조) : 상속은 피상속인의 주소지에서 개시된다. 이는 가정법원의 관할 또는 과세의 장소적 기점이 된다.

(3) 주민등록지

주소를 결정함에 있어 주민등록이 중요한 자료가 되지만, 그것만으로 주소가 결정되지는 않는다(대판 1990. 8. 14, 89누8064). 주민등록지는 30일 이상 거주할 목적으로 일정한 장소에 주소 또는 거소를 가진 자가 주민등록법에 의해 등록한 장소이다.

가족관계등록부 등록지는 출생신고시 정해지며 변경도 가능한데(과거의 본적과 다름), 이는 주소와 다르다.

2. 법인의 주소

법인의 주소는 그 주된 사무소의 소재지에 있는 것으로 한다(제36조). 회사의 주소는 본점소재지로 한다(상법 제171조). 주소지에서 설립등기를 함으로써 법인이 성립한다. 법인의 정관에는 명칭과 함께 사무소의 소재지를 명기해야 한다(제40조, 제49조).

3. 거 소

(1) 주소를 알 수 없는 경우

거소란 잠정적으로 거주하는 장소를 말하며, 주소를 알 수 없는 사람에 대해서는 거소를 주소로 본다(제19조). 주소가 다른 곳에 있는 사람이 짧은 기간 생활하는 하숙집·요양소를 거소라고 부르기도 한다.

(2) 국내에 주소가 없는 경우

국내에 주소가 없는 자에 대하여는 국내에 있는 거소를 주소로 본다(제20조). 내국인의 경우에 아직 주민등록을 하지 않은 사람 또는 주민등록이 말소된 사람에게도 생활의 근거지가 있는 때에는 그 곳이 민법상의 주소로 인정된다.

4. 현 재 지

사람이 여행·출장중 잠시 머무는 여관·호텔 같은 숙소는 흔히 「현재지」라고 한다. 현재지는 거소와 명확히 구별되는 개념은 아니고 보통 거소의 개념에 포함된다. 주소불명인 경우에 현재지가 거소로 취급된다.

5. 가 주 소

가주소란 당사자가 그 곳을 실제 주소로 삼지는 않으면서 어느 특정한 행위를 위하여 주소로서 지정한 곳을 말한다(거래관계의 편의를 위해 이용됨). 어느 행위에 있어서 가주소를 정한 때에는 그 행위에 관하여 이를 주소로 본다(제21조).

리갈마인드 강화훈련

공시송달을 통한 이혼소송

배우자가 가출하여 3년 동안 소식이 끊기면 이혼사유가 된다. 민법 제840조의 이혼사유 중에서 '악의의 유기'에 해당하게 되는 것이다. 이혼사유가 있다고 해서 바로 이혼이 되는 것은 아니다. 가출한 배우자를 상대로 이혼소송을 제기하여 승소판결을 받아야 하는 번거로운 절차가 남아 있다. 가출한 배우자를 상대로 이혼소송을 제기하면 그 소장을 배우자에게 송달해야 소송절차가 진행된다. 배우자가 현재 사는 주소나 거소를 모르는 경우가 많은데 이런 경우에는 공시송달을 하는 수밖에 없다. 공시송달을 하려면 당사자가 특별송달을 신청하고 이어서 배우자가 소재불명이라는 것을 증명해야 한다. 그러면 법원게시판에 알릴 내용이 게시됨으로써 송달된 것으로 본다. 어쨌든 배우자가 장기간 가출하면 '악의의 유기'라는 이혼사유에 해당하게 되니까 비교적 쉽게 이혼판결을 받게 된다.

추리논증훈련

• 공간의 의미

1. 현재와 같이 사람들의 공간적 이동이 빈번한 시점에 고정된 장소를 기준으로 하는 주소의 개념은 무의미한 것이 아닐까? 또한 개인이 가상공간 속에서 활동의 기점으로 삼고 있는 인터넷주소의 의미도 증가하고 있다. 인터넷주소에 관한 규정도 민법 속에 담아야 하지 않을까?

2. 어떤 사람은 한 개의 주소만을 가지고 있고 어떤 사람은 두 세 개의 주소를 갖고 있다면 불공평하지 않을까? 행정상 주민등록지는 하나만 허용하면서 민법상 주소는 여러 개 허용하는 이유는 무엇일까?

3. 이사를 하였지만 원래의 주소에 대한 애정을 갖고 있어 주소를 이전하기를 꺼려하는 노인이 있다. 당신은 그 노인에게 어떤 논리로 주소이전을 권유하겠는가?

14

부재와 실종

1. 부재자의 재산관리

사람이 주소를 떠나서 쉽게 돌아올 가망이 없는 경우에 본인의 잔류재산을 관리하기 위하여 재산관리인을 선임하는 등 필요한 조치를 취하게 되는데 이를 가리켜 부재자의 재산관리제도라고 한다. 부재자가 스스로 재산관리인을 둔 경우와 재산관리인을 두지 않은 경우가 다르게 취급된다. 재산관리인을 둔 경우에는 본인의 의사를 존중하여 부득이한 경우에 한하여 법원이 간섭하고, 두지 않은 경우에는 간섭의 범위가 넓다.

(1) 부재자의 의의

부재자란 종래의 주소 또는 거소를 떠나 쉽게 돌아올 가망이 없어서 재산을 관리해 줄 필요가 있는 사람을 말한다(제22조). ① 부재자의 판정은 그의 최후의 주소를 중심으로 하여 그 곳으로 돌아올 것을 기대할 수 없을 때 내려진다. ② 부재자의 판정에 있어서는 그의 잔류재산을 관리할 필요성이 있는가가 고려된다. 연락이 끊어져 그 재산을 관리하지 못하는 상황에 있어야 한다.

부재자는 재산관리인의 선임에 의해 권리능력이나 행위능력에 제한을 받지 않는다. 부재자는 반드시 재산관리인을 통하여 법률행위를 해야 하는 것은 아니다. 재산관리인이 선임되었더라도 부재자는 본인으로서 독립하여 법률행위를 유효하게 할 수 있다.

(2) 부재자 자신이 재산관리인을 둔 경우

가) 불간섭의 원칙　부재자가 스스로 재산관리인을 둔 경우에는 위임계약에서 합의한 내용에 따르며 합의가 없는 사항에 관해서는 민법의 위임규정(제680조 이하)이 적용된다. 대리권의 범위에 관하여 당사자간의 약정이 없으면 보존행위 · 이용행위 · 개량행위만을 할 수 있다(제118조). 부재자가 정한 재산관리인의 재산처분에 관하여는 법원의 허가를 요하지 아니한다(대판 1973. 7. 24, 72다2136).

나) 법원의 간섭이 필요한 경우　부재자의 생사가 불명하게 된 경우에 법원이 간섭한다. 가정법원은 재산관리인, 이해관계인 또는 검사의 청구에 의하여 재산관리인을 개임(改任)할 수 있다(제23조). 부재자가 재산관리인을 선임한 후 생사불명으로 되었을 경우에 그 재산관리인을 개임하지 않고 유임시키면서 법원이 감독할 수 있다. 이 경우 가정법원은 재산관리인에 대하여 재산목록작성, 재산보존에 필요한 처분을 명하고(제24조 3항), 재산관리인이 한 권한을 넘은 행위에 대하여 허가를 할 수 있다(제25조 후단). 재산관리인으로 하여금 상당한 담보를 제공하게 할 수 있으며, 부재자의 재산으로 상당한 보수를 지급할 수 있다(제26조 3항).

(3) 부재자 자신이 재산관리인을 두지 않은 경우

본인이 재산관리인을 두지 않은 경우 가정법원이 선임한 재산관리인에 의하여 부재자의 재산이 관리된다(본인의 부재중 재산관리인의 권한이 소멸한 경우도 같음).

1) 재산관리에 필요한 처분

가정법원은 부재자의 재산관리에 필요한 처분을 명한다. 이해관계인 또는 검사의 청구가 있어야 절차가 개시된다. 「재산관리에 필요한 처분」에는 재산관리인의 선임·잔류재산의 봉인·경매 등이 있다. 이 중에서 가장 빈번하게 행하여지는 것은 재산관리인의 선임이다(제23조~제26조).

2) 재산관리인의 권리·의무

재산관리인은 법정대리인으로서의 권한을 갖는다. ① 재산의 관리 및 보존 : 재산관리인은 부재자의 재산에 관하여 관리행위 및 보존행위(예 : 손해배상청구)를 자유롭게 할 수 있다(제118조 참조). ② 재산의 처분 : 처분행위 등 관리행위를 넘는 행위를 하려고 할 때에는 가정법원의 허가를 받아야 한다(제25조 전단). 법원의 허가가 없거나 허가범위를 넘는 처분행위는 무권대리로 되어 부재자의 재산귀속에 영향을 미치지 않는다. ③ 보수청구권 : 재산관리인은 보수청구권을 가진다. 법원은 부재자의 재산으로 상당한 보수를 지급할 수 있다(제26조 2항). ④ 비용상환청구권 : 재산관리인은 재산목록 작성비용, 재산보존 등 관리를 위하여 지출한 필요비와 그 이자 및 과실 없이 받은 손해를 부재자의 재산에서 상환받는다(제24조 4항).

3) 재산관리의 종료

재산관리가 불필요하게 된 때에는 관리가 종료한다. ① 부재자가 그 후에 재산관리인을 둔 경우(제22조 2항), ② 본인 스스로 재산관리를 할 수 있게 된 경우, ③ 본인의 사망이 명백하게 되거나 실종선고가 있는 경우에 가정법원은 본인 또는 이해관계인의 청구에 의하여 명한 처분을 취소한다.

(4) 처분명령의 취소

가정법원의 처분명령의 취소는 장래에 향하여만 효과가 발생한다. 소급효가 없다는 점에서 통상의 취소와 다르다. 취소 전에 재산관리인이 한 행위의 효력은 유지된다. 부재자 재산관리인이 권한초과행위의 허가를 받고 그 선임결정이 취소되기 전에 한 행위(실종선고기간 만료 이후라도)는 유효하다(대판 1981. 7. 28, 80다2668). 부재자재산관리인 선임결정이 있었던 이상 부재자가 사망한 사실이 확인되더라도 그 결정이 취소되지 않는 한 관리인의 권한이 소멸되지 않는다(대판 1967. 2. 21, 66다2352).

2. 실종선고

실종선고란 부재자의 생사불명의 상태가 장기간 계속된 경우에 법원이 그 사람을 사망자로 선언하는 제도이다. 부재자의 재산과 가족관계를 정리하여 상속인과 배우자를 보호하는 제도이다.

(1) 실종선고의 요건

1) 부재자의 생사불명

생사불명이란 아무도 그의 생존을 증명할 수 없고 또한 사망도 증명할 수 없는 상태를 말한다.

2) 실종기간의 경과

생사불명이 법률에 정해진 기간 동안 계속되었어야 한다. 실종기간 및 기산점은 사망의 개연성이 보통인 경우(보통실종)와 사망의 개연성이 매우 높은 경우(특별실종)에 따라 다르다.

가) 보통실종　보통실종의 기간은 5년이다(제27조 1항). 실종기간의 기산점은 생존을 증명할 수 있는 최후의 시점이다.

나) 특별실종　특별실종기간은 1년이다(제27조 2항, 1984 개정). 특별실종에는 ① 전쟁실종(정전, 휴전선고, 항복선언의 때부터 기산), ② 선박실종(선박이 침몰한 때로부터 기산), ③ 항공실종(항공기가 추락한 때로부터 기산), ④ 위난실종(위난이 종료한 때로부터 기산)이 있다.

3) 이해관계인 등의 청구

가정법원이 실종선고의 절차를 개시하기 위해서는 이해관계인이나 검사의 청구가 있어야 한다(제27조 1항). 이해관계인은 재산·가족관계의 이해관계가 있어야 한다. 부재자의 제 1 순위 재산상속인(처, 딸)이 있는 경우에 이보다 상속순위가 후인 재산상속인(형)은 상속받을 가능성이 없으므로 실종선고를 청구할 수 없다.

4) 가정법원의 선고

실종선고 및 그 취소는 부재자의 재산관리와 더불어 사건관계인을 심문하지 않고 할 수 있는 가사비송사건에 속한다(가소 제 2 조). 실종선고를 내리기 전에 공시최고의 절차를 거친다.

(2) 실종선고의 효과

1) 사망의 간주

실종선고를 받은 자는 사망한 것으로 간주한다(제28조, 독일은 사망추정). 사망시점은 실종기간이 만료한 때이다. 그 사망은 실종자의 종래의 주소를 중심으로 하는 사법상의 법률관계를 종료시키는 범위에서 효력을 갖는다.

2) 사망시점의 간수

실종선고를 받고 그 실종기간만료시를 기준으로 상속이 개시된 후에는 그 실종선고가 취소되지 않는 한 그 사망간주시점과 다른 사망시점을 정하여 이미 개시된 상속을 부정하거나 다른 상속관계를 인정할 수 없다(대판 1994. 9. 27, 94다21542).

3) 생존의 간주

실종선고를 받은 경우에 실종자가 사망으로 간주되는 시기(실종기간 만료시)까지는 생존한 것으로 간주된다. 예외적으로, 사망간주시점 이후 실종선고 이전의 부재자 재산관리인의 행위는 유효하다(소급효의 제한: 대판 1991. 11. 26, 91다11810).

사고 후 실종기간이 만료하였으나 실종선고가 없는 경우에, 사망으로 간주되지 않는다. 사망에 기해 상속을 받으려는 사람은 실종선고를 받거나 사망사실을 증명해야 한다.

(3) 실종선고의 취소

실종선고에 의한 사망간주 또는 사망시점을 번복하는 법원의 선고를 말한다.

1) 실종선고취소의 요건

실체법적 요건으로서 다음 사항 중 하나가 증명되어야 한다. ① 실종자가 생존하고 있는 사실(제29조 1항 본문), ② 실종기간이 만료된 때와 다른 시기에 사망한 사실(제29조 1항 본문), ③ 실종기간의 기산점 이후의 어떤 시점에 생존하고 있었던 사실.

절차적 요건으로서 본인, 이해관계인 또는 검사의 청구가 있어야 한다(제29조 1항). 공시최고는 요건이 아니다.

2) 실종선고취소의 효과

가) 취소의 소급효　실종선고의 취소는 소급효를 갖는다. 취소심판이 확정되면 과거의 실종선고로 발생한 법률관계는 소급하여 무효로 된다. ① 실종자가 생존하여 있다는 이유로 취소된 경우에는 사망을 전제로 한 상속은 소급적으로 무효로 되고 실종자는 자기의 실종선고 당시의 재산을 회복하며 당시의 가족관계가 부활한다. ② 실종기간 만료시와 다른 때에 사망한 것이 확인되어 취소된 경우에는 그 정확한 사망시기를 기점으로 재산상속 및 가족관계가 정리된다. ③ 실종기간기산점 이후에 생존하였다는 사실이 증명되었고 아직 실종기간이 만료하지 않은 경우 실종선고는 취소되고 그 실종자는 생존한 것으로 추정된다. ④ 실종기간기산점의 차이로 인하여 사망간주시점에 차이가 생긴 경우(정정된 실종기간도 만료한 경우)에는 새로운 사망간주시점을 기준으로 법률관계가 정리된다.

종전의 실종선고를 신뢰하여 행동한 배우자 · 상속인 기타의 이해관계인을 보호하기 위하여 「소급효의 원칙」에도 불구하고 「원상회복의 제한」과 「선의의 법률행위의 효력유지」의 예외가 인정된다.

나) 부당이득의 반환　실종선고취소에 의하여 「실종자의 사망을 전제로 한 재산이전」은 소급적으로 효력을 상실한다. 재산을 얻은 취득자는 그 이득의 법률상 원인을 갖지 않게 되어 부당이득한 것이 된다. 부당이득은 원래의 소유자인 실종자에게 반환된다(제741조).

① 반환의무자는 실종선고를 직접원인으로 하여 실종자로부터 재산을 취득한 자(수익자)이다. 상속인, 유증을 받은 자(수유자), 사인증여의 수증자가 이에 해당하며, 전득자는 포함되지 않는다.

② 반환의 객체는 실종자의 사망을 원인으로 하여 얻은 이득이다. 이득에는 부동산 · 동산 · 금전 · 채권 · 지적소유권 등이 포함된

다. 이득이 부동산이나 동산인 경우에는 실종선고취소에 의해 실종자가 소유권을 회복하므로 그 소유권에 기한 물권적 청구권(소유물반환청구권, 제213조)을 행사하여 반환받을 수 있으나, 선의로 한 행위에 영향을 미치지 않는다.

③ 원물반환을 원칙으로 한다. 수익자가 실종자로부터 이전받은 물건을 처분하지 않은 채 갖고 있는 때에는 그 물건을 실종자에게 반환해야 한다(원물반환, 제747조 1항). 취득자가 물건을 처분하여 금전으로 바꾼 때 또는 기타의 사유로 받은 물건을 반환할 수 없는 때에는 그 가액을 반환해야 한다(가액반환).

④ 선의수익자는 반환범위가 축소된다. 실종선고를 원인으로 한 수익자가 선의인 경우에는 그 받은 이익이 현존하는 한도에서 반환할 의무가 있다(제29조 2항, 제748조).

⑤ 악의수익자는 받은 이익에 이자를 붙여 반환하고 손해가 있으면 이를 배상하여야 한다(제29조 2항, 제748조). 이율은 연 5분이다(제379조). 악의의 수익자가 수익한 물건을 훼손하거나 멸실하는 등 가치를 감소시킨 경우에는 손해배상해야 한다.

⑥ 반환청구할 수 없는 경우가 있다. 부당이득반환청구권은 10년간 행사하지 않으면 소멸시효가 완성된다. 수익자가 그 물건에 관하여 취득시효(제245조~제248조)·매장물발견(제254조)·부합 등(제256조~제261조) 별도의 권리취득원인을 갖는 경우에는 실종선고취소가 있더라도 그 물건에 대한 소유권을 보유한다.

다) 선의의 전득자가 있는 경우 취소는 실종선고 후 취소 전에 선의로 한 행위의 효력에 영향을 미치지 아니한다(제29조 1항 단서).

취소는 전득자에게 영향을 미치는 것이 원칙이며, 실종자는 실종선고취소로 과거의 자기물건에 대한 소유권을 회복함이 원칙이지만, 이러한 회복은 전득자가 없는 경우 또는 전득자가 있더라도 악의인 경우에 한정된다. 「실종자의 사망으로 직접 권리를 취득한 자」(수익자)와 「그와 법률행위를 하여 그 실종자의 권리를 이전받은 자」(전득자) 사이의 법률행위(특히 계약)가 실종자의 사망이 부정된 때에도 유효한 경우는 전득자가 선의인 때이다.

① 법률행위가 「실종선고 후 그 취소 전에」 행해진 때에 보호받는다. 수익자(실종자의 상속인 등)가 취득한 부동산을 선의의 제 3 자에게 매매하고 소유권이전등기를 경료한 때에는 효력이 유지된다.

② 전득자가 선의이어야 한다. 전득자가 법률행위 당시에 실종선고의 취소사유(생존사실, 사망시점의 차이 등)가 존재하는 사실, 기타 그 실종선고가 진실하지 못하다는 것을 알지 못했어야 한다. 알지 못한 데에 과실이 없을 것(무과실)은 요구되지 않는다.

재산취득을 위해 선의가 요구되는 사람은 전득자이며 그 밖의 사람의 선의 여부는 문제되지 않는다(전득자선의설). 「착오에 의한 취소」 및 「동산의 선의취득」에서도 제 3 자 또는 취득자의 선의만을 문제삼으며, 착오의 상대방이나 동산양도인의 선의·악의는 문제삼지 않는다(제109조 2항, 제249조). 실종선고취소도 같은 맥락에서 해석해야 한다. 제29조 제 1 항 단서의 규정은 선의의 상속인에 대한 보호와는 직접 관련이 없고 전득자의 보호를 위한 규정이므로, 선의의 상속인 보호는 제29조 제 2 항에 의해 처리된다. 혼인·입양 등의 형성적 가족행위에 관해서는 가족법의 법리와 조화시켜야 한다. 반면에 계약은 양당사자(수익자와 전득자)가 모두 선의인 때에만 유효하고 일방당사자가 악의인 때에는 무효라는 견해도 주장된다(쌍방선의설).

③ 취소의 효과가 제한된다. 실종선고 후 취소 전에 선의로 한 행위는 영향을 받지 않는다(제29조 1항 단서). 전득자에 대한 관계에서 상속인(수익자)의 상속재산취득이 유효한 것처럼 다루어지는 결과(상속의 상대적 유효) 상속인과 전득자의 법률행위는 유효하다.

사례연습 〈실종선고취소의 효과〉

◎ 문 제 ◎

(1) 실종선고를 받은 A의 부동산을 B가 상속한 후 C에게 매도하여 등기이전한 후 A가 생환하여 실종선고가 취소되었다. 이 때 부동산의 소유권은 어떻게 되는가?

(2) A가 실종선고를 받아 B가 그 재산을 상속하였는데 그 재산에 골동품과 1천만원의 예금이 있었다. 얼마 후 A가 생환하여 실종선고가 취소되었다면 B는 A에게 무엇을 얼마나 반환해야 하는가?

(3) A가 실종선고를 받자 그의 남편 B는 홀아비가 되었다. B는 그 후 C와 결혼하여 자녀를 낳아 생활하던 중 A가 살아 돌아와 실종선고를 취소하였다. ① B와 C가 모두 A의 생존사실을 몰랐던 경우(쌍방선의)에는 어떻게 되는가? ② B가 생존사실을 알았던 경우(악의)에 C가 선의라면 어떻게 되는가? ③ B는 선의였으나 C가 악의였다면 어떻게 되는가? ④ B와 C가 모두 악의였던 경우는 어떻게 되는가?

해 답

(1) 실종선고취소와 부동산의 선의취득 : 실종선고취소의 효과로서 A로부터 B로의 상속에 의한 소유권이전은 그 상속원인(A의 사망)이 소멸하므로 소급적으로 무효가 된다. 이제는 B가 소유권을 취득하지 않은 것으로 되므로 B로부터 C에게의 소유권이전은 무효이다. 이러한 취소의 소급효의 원칙은 민법 제29조 제 1 항 단서의 선의처분의 유효라는 예외가 적용되는 경우에는 상황이 달라지게 된다. 문제가 되는 것은 「부동산소유권을 A가 갖는가, C가 갖는가」이다. B는 A로부터 부동산을 상속받았지만 그것을 처분했으므로 소유자가 아님은 분명하다. 여기서는 A가 상속의 취소를 갖고 C에게 대항할 수 있는가가 문제이다.

① C가 선의인 경우는 「취소 전에 선의로 한 행위에 영향을 미치지 않는다」는 민법 제29조 제 1 항 단서에 따라 C의 소유권이 인정되고 A는

C에 대해 자기의 소유권을 주장할 수 없다. A는 소유권을 회복하지 못하는 대신 B에 대하여 상속재산을 부당이득한 것에 관해 반환청구할 수 있다. 제29조 제 2 항에 의해 B가 선의라면 남은 돈만을 반환하면 되고 악의라면 매매대금에 그간의 이자를 붙여 반환해야 한다.

② C가 악의인 경우에는 취소의 효과에 따라 소유권은 취소 후 A에게 복귀하므로 A는 C에게 등기말소 및 점유반환을 청구할 수 있다. A는 취소에 의해 그 부동산의 소유권을 회복했으므로 상속인 B에 대하여는 아무 것도 청구할 필요가 없다. 이 때 남은 문제는 B와 C 사이의 매매계약의 불이행에 따른 책임(담보책임 및 채무불이행책임)의 문제로서 계약해제 후 대금반환청구권과 손해배상청구권이 발생한다. 이는 실종선고취소의 직접적 효과가 아니므로 제29조 제 2 항이 적용되지 않는다.

(2) **동산과 금전의 반환** : ① B가 골동품를 보유하고 있다면 실종선고취소로 상속은 무효가 되므로 골동품의 소유권은 A에게 복귀하게 된다. A는 그의 소유권에 기해 B에 대해 물권적 청구권을 행사해서 반환받는다(제213조). B가 그 골동품을 자신이 보관하던 중 실수로 파손시킨 경우에, B가 선의라면 파손된 채로 반환하면 되며 전부파손의 경우는 반환할 필요가 없게 되지만, B가 악의라면 잔존물의 반환과 함께 그 파손에 대한 손해배상을 해 주어야 한다. 만약 B가 그 골동품을 원상 그대로 갖고 있는 경우에는 선의이든 악의이든 그것을 A에게 돌려주어야 한다.

② B가 그 골동품을 제 3 자에게 판 경우에, 제 3 자가 선의인 때에는 실종선고취소가 있더라도 제29조 제 1 항 단서에 의해 소유권이 유지되며 그 밖에 「동산의 선의취득의 법리」(제249조)에 의하여도 제 3 자의 소유권이 인정된다. 이 경우 A는 B에 대하여 골동품 대신 그 시가 상당액을 부당이득 반환청구하게 되는데, B가 선의이면 그간 소비한 금액을 뺀 잔액만을 반환하고 악의이면 매도가액에 이자를 붙여 반환한다.

③ B가 A의 예금으로부터 인출하여 그 돈을 소비한 경우에 B가 선의라면 소비한 돈은 반환할 필요가 없다. 단 그 돈으로 부동산·동산·주식 등을 사서 그 돈이 형체를 달리하여 존속하고 있는 경우에는

그 변형물을 현존이익으로서 반환해야 한다. B가 그 예금을 찾지 않고 그대로 둔 경우에는 그간의 이자가 붙은 채로 모두 A에게 반환해야 한다. B가 악의인 경우에는 상속받은 예금액 1천만원에 그간의 이자를 붙여서 반환해야 한다. 이자는 원칙으로는 연 5%이지만 그 예금을 은행에 그대로 두어 연 10%의 이자가 붙어 있다면 그 은행이자 전부를 A에게 반환해야 할 것이다.

(3) **실종선고의 취소와 배우자의 후혼** : 실종선고취소로 전혼이 부활하여 중혼의 상황이 생기게 되는 경우에, 실종자는 전혼의 배우자의 부정을 이유로 전혼의 이혼을 청구할 수 있고(제840조 1호) 후혼은 중혼을 이유로 취소(제816조 1호)할 수 있다(중혼취소설, 다수설), 첫째, 실종자의 생환과 선고취소에 의해 그 배우자는 독신이 아니었던 것으로 되며 전혼이 부활한다. 둘째, 전혼과 후혼의 중혼상태가 발생하게 된다. 이 경우 가족법의 중혼의 법리(제810조, 제816조)에 따라서 해결해야 할 것이다. 원칙적으로 후혼은 전혼이 존속한다는 이유로 무효가 되지 않고 취소사유가 될 뿐이다(실종선고에 관한 선의・악의를 불문). 중혼의 경우 당사자, 친족, 검사의 청구에 의해 가정법원이 후혼을 취소한다(제818조). 셋째, 후혼의 배우자가 선의인 경우(사례 ①②)에는 제29조 제 1 항 단서에 의해 실종선고취소가 후혼에 영향을 미치지 못한다. 따라서 후혼은 중혼이라는 이유로 취소되지 않는다. 이 경우에는 전혼이 중혼으로서 취소되어야 한다고 해석한다. 두 혼인이 중복하여 존속하는 것은 일부일처주의의 가족법이념에 어긋나기 때문이다. 넷째, 후혼의 배우자가 악의인 경우(사례 ③④)에는 후혼이 취소의 대상이 된다. 다만 실종자가 전혼의 유지를 원하지 않는 때에는 배우자의 부정행위를 이유로 이혼청구하여 해소할 수 있고 전혼이 해소되면 후혼이 유지될 수 있다. 다섯째, 후혼 또는 전혼이 취소되더라도 소급하여 무효로 되지 않고 장래에 향해서만 해소된다(제824조). 중혼취소 이전에 출생한 아이는 「혼인중의 자」로 인정된다. 이상과 같이 혼인, 입양과 같은 형성적 가족행위에 관해서는 가족법의 법리와 민법 제29조를 조화있게 해석해야 할 것이다.

추리논증훈련

- 부재의 공백

1. 우리는 현재 정보사회에 살고 있다. 통신수단의 다양한 발달로 우리는 공간적 거리에 제약받지 않고 의사소통을 할 수 있다. 인터넷에 의한 금융거래가 가능한 정보사회에서 주소나 거소라는 물리적 공간은 큰 의미를 갖지 않는다. 부재자가 종래 자신의 주소나 거소를 떠난 것을 가지고 법원이 재산관리인을 임명하여 그의 재산관리에 관여하는 것은 정보사회에 적합하지 않은 태도가 아닐까? 만약 정보사회에 적합하게 부재자의 요건을 변경하려면 어떻게 규정해야 할까?

2. 비행기추락사고로 인하여 승객 전원(150명)이 생사불명으로 된 경우에, 그 승객 중 일부(10명)에 대하여는 실종선고가 내려져 사망으로 처리되고, 나머지 승객(140명)에 대하여는 살아있는 것으로 취급하는 경우에 불공평한 결과로 되지 않는가? 실종선고는 대개 상속에 대하여 이해관계가 있는 경우에 활용되는 제도이므로 재산이 없는 승객은 방치될 것이다. 이러한 불공평한 결과를 방지하기 위하여 승객 전원에 대하여 경찰이 사망으로 처리하는 인정사망제도를 이용하는 것은 어떨까?

3장

법 인

15

법인의 의의

1. 법인이란 무엇인가

법인이란 사람이나 재산의 집합으로서 구성원과 별개의 독자적 권리능력을 갖는 주체를 말한다. 법인격을 가진 단체는 구성원과 별개의 독자적 법인격체이다. 법인은 자신의 고유한 활동목적을 가지며, 대표기관을 통해 법률행위를 한다. 법인 명의로 재산을 소유하거나 저작권·특허권 등의 지적소유권을 가질 수 있다. 법인도 고유한 명예와 신용을 가지므로 이를 함부로 훼손해서는 안된다. 다만 책임 회피, 재산 은닉 등 불법의 목적을 위하여 법인 명의를 악용할 때에는 「법인격의 남용금지의 원칙」에 의해 법인격이 부인된다.

법인의 본질은 무엇인가, 법인은 왜 인정되는 것일까에 관하여 이론이 대립한다.

1) 법인실재설

단체는 법률에 의해 승인되기 이전에 사회적 실체로서 존재하고 있으며, 법인은 사회적 실체에 법인격을 부여한 것이라는 견해이다.

법인의 사회적 실체에 관해서는 단체를 사회적 유기체로 보는 유기체설, 법률상의 조직체로 보는 조직체설, 법인격을 부여할만한 사회적 가치를 갖고 사회적 작용을 한다는 사회적가치설이 주장된 바 있다. 우리나라의 학설은 단체는 독자의 사회적 작용을 하고 권리능력을 가지는 데에 적합한 사회적 가치를 가진다고 본다.

2) 법인의제설

법이 단체에 인격을 부여한 것은 법률관계를 합리적으로 처리하기 위한 법기술이며, 법인은 사람으로 의제된 성격을 갖는다고 본다. 단체의 사회적 실체를 드러낼 목적이 아니라 법의 관점에서 단체에 법인격을 부여하는 근거를 규명할 목적으로 법인의 본질을 파악한다. ① 법인설립에 관해 허가주의와 등기주의를 취하는 현행법에서 법인격은 단체의 실질과 형식을 모두 갖춘 경우에 선별적으로 부여된다. ② 재단법인은 사회적 실체가 아니라 출연재산을 근거로 법인격을 부여하는 법기술적 성격이 매우 강하다.

법인실재설은 사단법인의 단체로서의 실체를 잘 설명하고 있지만, 민법이 법인과 대표기관에게 부과하는 의무와 책임이 법기술적인 측면을 지닌다는 부분은 법인의제설에 의해 잘 설명된다. 법인실재설은 대표기관을 법인의 손과 발처럼 파악하므로 대표기관도 별도의 의무와 책임을 지는 것은 설명할 수 없다. 민법은 ① 법인과 대표기관의 관계를 위임과 유사한 관계로 보아 선관주의의무를 부과한다. ② 법인이 불법행위책임을 지는 것과 병행해서 대표기관에게도 배상책임을 지운다(제35조 1항 후단).

2. 사단법인과 재단법인

민법은 사단법인과 재단법인의 두 종류만 인정한다. ① 사단법인은 일정한 목적을 위하여 결합한 사람의 단체를 말하고, 재단법인은 일정한 목적에 바쳐진 재산을 중심으로 한 사업체를 말한다. ② 사단법인은 사원의 단체의사를 핵심에 두고, 재단법인은 설립의사 및 기본재산을 핵심에 둔다. ③ 사단법인은 사원총회에 의하여 그 의사를 자주적으로 결정함에 대하여, 재단법인은 법인설립자의 의사에 의하여 정하여진 대로 활동하며 의사결정기관을 갖지 않는다. ④ 사단법인에는 비영리사단법인과 영리사단법인이 있는 데 대하여, 재단법인은 언제나 비영리법인이다(제32조). ⑤ 이외에도 사단법인과 재단법인은 설립행위·정관변경·의사기관·해산사유 등에 있어서 다른 점이 많다. ⑥ 사립학교 등 특정사업에 관해서는 법률이 재단법인에 대하여만 사업자자격을 인정한다(대판 1994. 3. 22, 93다60625).

(1) 사단법인

사단법인은 다수의 사람들이 모여 공동목적의 사업을 하기 위하여 결합한 인적 단체로서 설립등기에 의해 법인격을 취득한 것을 말한다. 사단법인의 핵심은 「구성원의 단체설립의사」와 「사단법인의 목적」이다. 학술단체, 문화단체, 직능단체 등이 사단법인에 속한다.

① 구성원의 단체설립의사 : 사단법인의 설립은 구성원의 의사표시를 요소로 하는 법률행위이다. 단체설립의사 없는 단체는 존재할 수 없다. 법인설립에 관한 준칙주의(제31조)·허가주의(제32조)·등기주의(제33조)에 의해 설립의 자유가 제한된다.

② 단체고유의 목적 : 사단법인은 단체고유의 목적을 달성하기 위해서 활동하는 한에서만 구성원과 분리된 독립된 인격으로 인정

된다. 이사가 법인의 기관으로서 행위한 것이라고 인정받기 위해서는 그 행위가 법인의 목적범위 내이어야 한다.

③ 정관의 작성 : 사단법인의 구성원은 「정관작성의 자유」를 가지며, 정관의 작성 및 변경은 단체설립의사에 기초하여 행해진다. 정관은 단체의 내부적 규범으로서 조직내부법에 해당한다. 정관이 없는 경우에는 민법규정(임의규정)이 적용된다.

(2) 재단법인

재단법인이란 설립자가 출연한 재산을 기초로 설립목적을 달성하기 위해 활동하는 사업체이다. 설립자의 설립의사와 기본재산이 재단의 중심을 이룬다. 설립목적에 따라 지속적으로 사업을 하기 때문에, 사단법인에 비하여 목적 · 활동 · 기관 · 재산이 고정적이다. 학교법인, 장학사업체가 재단법인에 해당한다.

① 설립의사 : 재단법인은 설립자의 설립의사에 기하여 설립된다. 설립의사는 재단법인을 성립시키는 외에 법인의 목적 · 기관을 형성하는 효과를 갖는다. 재단의 목적은 설립자가 정하는데, 설립자는 재산의 출연과 함께 정관을 작성할 권한을 갖는다. 정관의 변경은 설립의사에 의해 작성된 정관에서 그 변경방법을 정한 때에만 가능하므로 그 변경에도 설립자의 의사가 미친다고 할 수 있다(제45조 1항). 단 설립 후 사정변경으로 불가피한 때에는 정관의 변경이 허용된다.

② 기본재산 : 기본재산은 재단의 설립 · 존속에 필수적 요건이다. 기본재산은 설립자의 출연에 의하여 조성된다. 재단의 기본재산은 설립자의 개인재산과 엄격히 분리되므로, 설립자는 일단 재단에 출연한 재산을 개인용도로 사용하거나 개인재산으로 유출할 수 없다. 기본재산의 변경은 정관의 변경을 초래하기 때문에 주무부장관

의 허가를 받아야 하고 따라서 이미 기본재산으로 되어 있는 재산을 처분하는 행위는 물론, 새로이 기본재산으로 편입하는 행위도 주무장관의 허가가 있어야만 유효하다(대판 1982. 9. 28, 82다카499).

③ 사 업 체 : 재단은 「재산을 필수적 요소로 하는 사업체」이다. 재단을 「재산의 집단」이라고 보는 입장은 생각도 행동도 할 수 없는 재산에 대하여 인격을 인정하는 결과가 되어 법이념에 맞지 않는다.

④ 대표기관 : 재단법인에는 대표기관은 있지만, 의사결정기관(총회)은 없다. 설립자의 설립의사가 모든 재단 사업의 기초가 되며 구체적 실행을 위한 결정은 이사회에 위임되어 있다. 재단법인의 이사 · 이사회 · 대표권에 관해서는 그 성질에 반하지 않는 한 사단법인에서와 같은 법리가 적용된다.

3. 사법인과 공법인

사법인(私法人)은 사적 자치에 의해 당사자가 자발적으로 설립하여 자율적으로 운영하고 또한 자진하여 해산할 수 있는 법인이다. 반면에 공법인(公法人)은 법률에 근거를 두고 설정 · 조직되며, 이사선임 · 운영 등에 국가가 관여하는 법인이다. 양자의 구별실익으로서는, ① 법인과 관련된 분쟁에 관해 민법이 적용될 것인가 공법이 적용될 것인가를 정하는 기준이 된다. ② 분쟁해결의 절차를 민사소송에 의할 것인가 행정소송에 의할 것인가를 정하는 기준이 된다. ③ 불법행위에 관해 민법을 적용할 것인가 국가배상법을 적용할 것인가를 정하는 기준이 된다.

4. 영리법인과 비영리법인

비영리법인은 학술·종교·자선·기예·사교 기타 영리 아닌 사업을 목적으로 하는 사단 또는 재단을 말한다(제32조). 어떤 단체가 영리성을 띠는가는 단체의 주관적 목적과 객관적 활동의 두 측면을 종합적으로 고려하여 판단되어야 한다. 민법의 적용을 받는 단체는 원칙적으로 비영리사업을 목적으로 하는 사단 및 재단이다. 예외적으로 「영리를 목적으로 하는 사단」도 법인이 될 수 있다(제32조, 제39조). 「영리를 목적으로 하는 재단」은 법인격취득이 불가능하다. 비영리법인 중에 「공익법인의 설립운영에 관한 법률」이 적용되는 공익법인이 있다(동법 제2조, 제4조).

5. 사단과 조합

민법은 사단과 조합을 엄중히 분리한다. 사단은 구성원이 만든 독립의 조직체로서 등기에 의해 법인이 되면 구성원과 별개의 법적 주체가 탄생하게 되며, 이에 관해 민법총칙에서 규율한다. 조합은 단순한 구성원의 집합체로서 모든 행위를 전원이 참가하여 전원의 이름으로 하며, 이에 관해 채권각론에서 계약의 유형으로서 규율한다.

① 개념의 차이 : 사단은 다수의 사람들이 모여 공동목적의 사업을 하기 위하여 결합한 인적 단체이며, 설립등기에 의해 법인격을 취득하면 사단법인이 되고 그렇지 않으면 「법인 아닌 사단」으로 남는다. 반면에 조합은 여러 명의 조합원이 서로 출자하여 공동사업을 경영할 것을 약정함에 의하여 생기는 조합원 사이의 법률관계이다(제703조 이하). 사단과 조합의 구별은 단체의 명칭에 의하여 정해지

는 것이 아니라 그 실질에 의하여 구분된다. 예를 들어 노동조합·협동조합과 같이 특별법에 의하여 성립되는 단체는 명칭에 불구하고 사단이다. 상법의 합명회사는 법인으로 등기되지만 실질은 조합이다.

② 단체성의 유무 : 사단은 단체성이 강하다. 사단이 성립되면 개인의사와 구별되는 단체의사(정관으로 표현됨)에 따라 활동한다. 사원의 변경은 단체의 동일성을 해하지 않는다. 법인이 아닌 사단도 단체성을 갖는다. 규약에 근거하여 의사결정기관 및 집행기관(대표자)을 두는 등 조직을 갖추고, 다수결의 원칙에 의해 업무집행방법이 정해지며, 구성원의 가입·탈퇴에 관계 없이 단체 자체가 존속되고, 단체로서의 주요사항이 확정되어 있는 경우에는 비법인사단이다(대판 1999. 6. 25, 97누20854).

반면에 조합은 조합원간의 채권관계에 불과하여 대외적으로 조합원들의 집합에 불과하다. 조합과 조합원은 서로 불가분의 관계에 있으므로 조합원의 변경은 조합의 변경을 초래한다.

③ 권리의 귀속 : 사단은 단체 자신의 명의로 물건을 소유하고 권리의무를 취득하며, 기관의 행위로서 타인과 계약을 맺는 등 법률행위의 당사자가 될 수 있다. 대표기관이 직무에 관하여 저지른 가해행위는 사단의 불법행위로 되어 사단이 피해자에 대하여 손해배상의무를 진다. 이러한 사단의 권리의무는 그 구성원의 것과는 엄연히 구별되어 단체의 자산이나 부채는 모두 단체 자신에 속한다. 구성원은 단체의 자산으로부터 배당을 받을 뿐이고 단체의 채무를 이행할 책임을 지지 않는다. 사단은 민사소송법상 소송당사자능력도 인정된다. 「법인 아닌 사단」도 등기하지 않았다는 점에 차이가 있을 뿐 실질은 사단법인과 거의 같으므로 그와 유사한 법적 지위가 인정된다. 법인 아닌 사단은 그 명의로 부동산등기를 할 수 있으며 그 소

유는 총유가 되고 민사소송의 당사자능력도 갖는다.

반면에 조합에는 법인격이 부여되지 않으므로 조합 스스로 권리를 취득하지 못하며 조합 자체의 행위도 인정되지 않는다. 조합은 대외적으로 조합명의의 재산이 인정되지 않으며, 조합의 법률행위나 불법행위라는 것이 없으며, 조합의 이름으로 민사소송을 수행할 수 없다. 조합재산은 전 조합원의 명의로 등기되어야 하며 조합채무는 조합원이 분할 또는 연대하여 부담하고 소송에서는 전 조합원이 소송당사자가 되어야 한다.

④ 활 동 : 사단은 기관에 의하여 행동하고 그 법률효과도 단체 자체에게 발생하며 구성원은 총회를 통하여 단체의 운영에 참가한다. 사단은 스스로 정관에 정해진 목적을 가지며 그 목적범위 내에서 활동해야 한다는 제약을 받는다.

반면에 조합에서는 대외적 업무를 조합원전원의 이름으로 행하여야 한다. 각 조합원은 상호간에 출자의무를 부담하고 공동으로 업무를 집행함이 원칙이며, 그 밖에 조합에 불리한 행위를 하지 않을 성실의무를 부담한다. 조합원의 개성은 스스로의 의사결정이나 업무집행을 통하여 강하게 표현되므로 조합원의 개성을 초월한 단체목적은 존재하지 않는다.

⑤ 해 산 : 사단의 해산사유는 목적의 달성 또는 달성불능, 구성원이 한 사람도 없게 된 경우 등이다. 사단의 재산이 채무를 완제하기에 부족하더라도 구성원이 개인적으로 책임을 지지 않으며, 완제 후 잔여재산이 있어도 구성원에 분배되지 않음이 원칙이다(제80조 참조). 조합은 그 특성상 조합원이 한 사람만 남으면 해산된다. 조합해산시 남은 재산은 각 조합원의 출자가액에 비례하여 분배되며(제724조 2항) 부족한 경우에도 마찬가지이다.

리갈마인드 강화훈련

인격 (人格, personality)

철학적인 관점에서 인격이란 어떤 사람을 지적, 감성적, 정치적, 도덕적 성품과 자질을 지니는 존재로 볼 때 사용하는 표현이다. 이러한 성품과 자질은 사회적으로 제약되지만 개인적인 특성을 드러내므로, 그 사람만의 독특한 것으로 다른 이들에게서는 찾아 볼 수 없다. 인간은 추상적인 존재가 아니라 "사회적인 관계들의 총체"이기 때문에, 인격은 그가 속한 사회적, 정치적, 문화적 배경과 관련을 갖는다.

법적인 측면에서 인격이란 개인이 독립된 존재로서 권리와 의무의 주체가 되고 스스로 자신을 보호하고 분쟁의 당사자가 될 자격을 말한다. 사람(자연인)은 신분, 연령, 국적에 관계 없이 인격체로 존중받는다. 법적 인격개념에서 특이한 것은 사단과 재단 같은 단체에 대하여도 자연인과 유사한 법인격을 인정하는 점에 있다.

실재론 (實在論, realism)

인식하는 주관으로부터 독립하여 객관적, 실재적으로 현존하는 인식 객체를 가정하는 현대철학의 인식론적 학설이다. 실재론의 옹호자로서는 하르트만(E. von Hartmann) 등이 있다.

법인실재설에서 말하는 '실재'란 다수의 사람들이 조직을 만들어 구성원과 별개의 사회적 가치를 갖게 되는 것을 의미한다.

추리논증훈련

- 인권과 인격

1. 인격과 인권은 어떻게 다른가?

인권(人權, human rights)이란 인간이 기본적으로 갖는 권리이며, 어떤 사회 내에서 개별 시민이 갖는 법적 지위와 국가에 대한 관계가 반영되는 개념이다. 인권은 헌법 및 국제연합의 협약에 의해 명문으로 선언된다.

2. 단체에 대하여 법인격을 부여하는 것은 단체의 활동영역을 확장하는 효과는 가져오지만 개인의 활동영역을 위축시키는 결과를 초래하지는 않는가?

단체는 여러 사람이 모여서 이루어진 것이므로 단체의 활동영역이 확장된다는 것은 개인의 활동가능성이 향상되는 것이라고 볼 수 있다는 입장에 대하여 어떻게 생각하는가?

16

법인 아닌 사단과 재단

1. 법인 아닌 사단

법인 아닌 사단이란 실질적으로는 사단이지만 법인으로서 설립등기를 하지 않았기 때문에 법인격이 부여되지 않는 단체를 말한다. 등기가 되었는가 아닌가의 차이가 있을 뿐 실체는 사단법인과 같다. 법인 아닌 사단이 관청의 허가를 얻어 설립등기를 하면 사단법인으로 된다.

(1) 단체의 실체

법인 아닌 단체의 요건은 '단체로서의 실체를 갖추고 있을 것'이다. 단체의 실체를 나타내는 요소는 ① 다수의 구성원이 공동의 목적을 위하여 단체를 구성하였을 것, ② 단체의 명칭이 있을 것, ③ 대표의 방법, 총회의 운영, 재산의 관리 기타 사단의 중요한 사항이 정관으로 정해져 있을 것, ④ 단체의 기관 등 조직이 존재할 것(사원총회, 이사 등), ⑤ 구성원이 변경되더라도 단체의 동일성에 영향을 주지 않을 것, ⑥ 대외적으로 단체의 이름으로 활동할 것 등이다. 다만 관청의 허가 및 설립등기라는 형식적 요건을 갖추지 못하였어야 한다. 허가를 신청했으나 받지 못한 경우도 있고 관청의 감독을 꺼려하여 허가를 원하지 않은 경우도 있다.

(2) 제한적 권리능력

법인 아닌 단체라고 해서 권리능력이 완전히 부인되지는 않으며 제한적으로 권리능력이 부여된다. ① 정관으로 정한 목적의 범위 내에서 권리와 의무의 주체가 된다. ② 대표기관의 행위로 매매・임대차 등 계약을 체결한다. ③ 부동산을 단체의 명의로 등기하여 소유할 수 있다(부등 제30조 1항). ④ 대표기관의 직무에 관한 불법행위에 대해서 손해배상책임을 진다. ⑤ 민사소송에서 당사자능력을 갖는다(민소 제52조).

(3) 법인규정의 유추적용

법인 아닌 사단은 사단법인의 실질을 가지고 있으므로 사단법인에 관한 규정이 유추적용된다. 법인의 기관(대판 1997. 7. 4, 97다549), 이사의 대표권 및 행위, 법인의 해산(대판 1992. 10. 9, 92다23087)에 관한 민법규정이 법인 아닌 사단의 성격에 적합하게 유추되어 적용된다.

(4) 총　　유

법인 아닌 사단의 물건의 소유는 사원이 집합체로서 총유(總有)한다(제275조 1항). 물건 이외의 재산권은 사원의 준총유로 된다(제278조). 총유는 공유, 합유와 더불어 공동소유의 일종이다. 총유의 특성으로서 ① 사원은 지분권을 갖지 못한다. 사원은 단체소유물건에 대한 권리를 갖지만 이는 독자적인 지분권으로 인정되지 못하고 사원으로서의 지위와 운명을 함께 한다. 총유물에 관한 사원의 권리의무는 사원의 지위를 취득·상실함으로써 취득·상실된다(제277조). 사원은 그 물건에 관한 지분권이나 분할청구권을 갖지 않는다(대판 1969. 4. 22, 68다757). ② 각 사원은 정관 기타 규약에 따라 총유물을 사용·수익할 수 있다(제276조 2항). ③ 소유의 주체는 개개인이 아닌 '사원의 집합체'이다. 사단법인이 재산을 소유하는 것과 실질적으로 다르지 않지만, 법적인 소유형태는 구분된다. ④ 총유물의 관리 및 처분은 사원총회의 결의에 의한다(제276조 1항). 재산의 처분행위에는 전원의 합의가 있어야 한다. ⑤ 법인 아닌 사단이 지는 채무는 사단의 총유재산으로만 책임지고, 정관에 다른 규정(예: 부담금규정)이 없는 한 사원의 개인재산으로 책임지지 않는다. 채무부담행위(보증채무 포함)는 총회의 결의가 없더라도 무효는 아니다(대판(전합) 2007. 4. 19, 2004다60072·60089). ⑥ 총유재산에 관한 소송은 사단의 구성원 전원이 당사자가 되어야 한다(필요적 공동소송, 대판(전합) 2005. 9. 15, 2004다44971).

(5) 법인 아닌 사단의 해산

법인 아닌 사단은 총회의 해산결의에 의해 소멸한다. 구성원이 탈퇴나 제명 등으로 없어지거나 기타의 사유로 단체성을 상실하는 경우에 소멸한다. 다만 법인 아닌 사단의 구성원이 없어졌더라도 곧 소멸하여 소송상의 당사자능력을 상실하지는 않으며, 청산사무가 완료되어야 비로소 당사자능력이 소멸한다(대판 1992. 10. 9, 92다23087).

(6) 판례에 나타난 법인 아닌 사단

1) 종　　중

① 종중(宗中)은 종중으로서 등기하면 법인으로 되고, 등기되지 않은 종중은 법인 아닌 사단에 해당한다(대판 1983. 4. 12, 83도195). ② 종중이란 공동선조의 분묘수호와 제사 및 종원 상호간의 친목 등을 목적

으로 하여 구성되는 자연발생적인 종족집단이므로, 성별의 구별 없이 성년이 되면 당연히 그 구성원이 된다고 보는 것이 조리에 합당하다(대판(전합) 2005. 7. 21, 2002다1178). ③ 종중규약의 개정으로 여성의 종중원 자격과 종중총회에서의 의결권을 제한할 수 없다(대판 2007. 9. 6, 2007다34982). ④ 법인 아닌 종중도 그 명의로 소유권을 취득할 수 있다(부등 제30조). 종중이 소유하는 부동산은 단체명의로 등기할 수 있음에도 종가의 자손이나 기타 종원의 명의로 등기되는 경우가 많은데, 이 경우 종중의 재산이 종원에게 명의신탁된 것으로 본다. 판례는 종중의 시효취득(제245조)을 인정하고 있으며 실질과세주의에 따라 종중을 과세단위로 보고 있다.

2) 사　　찰

사찰이나 종단은 법인 아닌 사단인 경우가 많다. 대한불교조계종은 그 산하의 사찰과 승려 및 신도로써 구성되는 비법인사단으로서의 법적 성격을 가진다. 위 종단에 소속된 사찰은 그 구성분자로서 종단의 자치법규인 종헌, 종법 등의 적용을 받아 자율적인 주지임명권 등을 상실하고 위 종단이 그 권한 등을 행사하게 되어 있다. 그러나 사찰도 독립된 단체로서의 실체를 가지는 경우에는 독자적인 권리능력과 당사자능력을 가질 수 있다(대결 1992. 1. 23, 91마581).

3) 교　　회

교회는 기독교의 교도들이 신교의 목적으로 구성한 단체로서 법인 아닌 사단이다(대판 1962. 7. 12, 62다133). 법인 아닌 사단의 구성원들의 집단적 탈퇴로써 사단이 2개로 분열되고 분열되기 전 사단의 재산이 분열된 각 사단들의 구성원들에게 각각 총유적으로 귀속되는 결과를 초래하는 형태의 법인 아닌 사단의 분열은 허용되지 않는다. 따라서 일부 교인들이 교회를 탈퇴하여 그 교회 교인으로서의 지위를 상실하게 되면 종전 교회의 총유 재산의 관리처분에 관한 의결에 참가할 수 있는 지위나 그 재산에 대한 사용·수익권을 상실하고, 종전 교회의 재산은 그 교회에 소속된 잔존 교인들의 총유로 귀속됨이 원칙이다. 다만, 소속 교단에서의 탈퇴 내지 소속 교단의 변경은 사단법인 정관변경에 준하여 의결권을 가진 교인 2/3 이상의 찬성에 의한 결의를 필요로 하고, 그 결의요건을 갖추어 소속 교단을 탈퇴하거나 다른 교단으로 변경한 경우에 종전 교회의 실체는 이와 같이 교단을 탈퇴한 교회로서 존속하고 종전 교회 재산은 위 탈퇴한 교회 소속 교인들의 총유로 귀속된다(대판(전합) 2006. 4. 20, 2004다37775).

4) 지역단체

부락주민을 구성원으로 하여 고유목적을 가지고 의사결정기관과 집행기관인 대표자를 두어 독자적인 활동을 하는 사회조직체인 자연부락(대판 1993. 3. 9, 92다9532)은 법인 아닌 사단이다. 부락민들의 총유재산인 임야에 관한 소송은 비법인사단인 부락 자체의 명의로 하거나 또는 부락민 전원이 당사자가 되어 할 수 있다(필요적 공동소송). 리(里)의 행정구역 내에 거주하는 주민들이 주민의 공동편의와 공동복지를 위하여 주민 전부를 구성원으로 한 공동체를 구성하고 재산을 공부상 리의 이름으로 소유해 온 경우에, 이 공동체는 「비법인사단」이고 그 재산은 리주민의 총유에 속한다(대판 1995. 9. 29, 95다3205. 리가 지방자치단체 소속기관이라도 읍·면·군의 소유가 아님).

5) 기　타

아파트입주자단체도 법인 아닌 사단으로 인정된다(대판 1991. 4. 23, 91다4478). 제중, 보중, 친목회, 채권자로 구성된 청산위원회, 주택재건축위원회도 권리능력 없는 사단 또는 재단으로 인정된다. 그러나 농지위원회, 학교, 흥농계 등은 법인 아닌 사단이 아니다.

2. 법인 아닌 재단

재단법인의 실체(목적재산과 사업체)는 존재하지만 설립등기가 되어 있지 않은 경우 법인 아닌 재단이다. 육영회, 유치원, 종교재단, 종단소속사찰(대판 1999. 9. 3, 98다13600) 등이 있다. 학교는 법인 아닌 재단으로 운영될 수 없다(대판 1978. 8. 23, 76다1478).

(1) 설 립

법인 아닌 재단의 설립은 설립자의 단독행위로서 하며, 이에 관하여는 증여·유증의 규정이 준용된다(제47조). 내부관계에 관하여는 재단법인의 규정이 유추적용된다. 법인 아닌 재단도 등기능력(부등 제30조), 소송당사자능력(민소 제52조)을 가지며 그 명칭·명예·신용 등을 보호받는다.

(2) 재산귀속

법인 아닌 재단은 부동산을 자기의 명의로 등기함으로써 재단소유를 인정받는다. 재단 명의로 예금이 가능하며, 고유번호를 받아 사업을 하는 경우에 세금은 재단에 부과된다. 재단의 이사가 재단을 대표하여 재단명의로 계약함으로써 채권·채무를 재단이 직접 취득한다.

사례연습 〈권리능력 없는 사단〉

◦ 문 제 ◦

A는 종중의 부동산을 자기명의로 등기하고 관리하던 종손이다. 그 종중은 종원이 약 50명이며 성문의 규약을 만들지 않았다. A는 개인용으로 돈이 필요하여 종원들 몰래 B에게 매도하기로 매매계약을 체결하였다. 후에 이 사실을 알게 된 종원들이 회의를 열고 그 매매계약을 무효라고 선언하고 B에게 그 사실을 통지하였다. 종중, A 그리고 B의 세 사람 사이에 어떤 법률관계가 생기는가?

해 답

(1) 종중의 법적 지위 : 이 사례의 종중은 「법인 아닌 사단」에 해당한다. 종중의 운영 및 종중재산의 관리 · 치분에 관한 불문의 규범은 비록 정관 기타의 규약으로 성문화된 것이 아니라도 규약으로서의 효력을 갖는다. 판례는 "종중에는 반드시 성문의 규약이 있어야 하는 것은 아니고, 구성원의 수가 소수라고 하여 종중이 성립할 수 없는 것은 아니다"라고 한다(대판 1991. 11. 26, 91다31661).

(2) 법인 아닌 사단의 부동산소유 : 법인 아닌 사단이 소유하는 부동산은 구성원의 총유이다(제275조 1항). 총유물의 관리 · 처분은 사원총회의 결의에 의하고, 각 사원은 정관 기타의 규약에 좇아 총유물을 사용 · 수익할 수 있다(제276조). 이 사례에서 종중은 법인 아닌 사단에 해당하므로, 그 소유의 부동산은 종원의 총유에 속한다.

(3) 매매계약의 효력 : 종중의 부동산을 처분하기 위하여는 종원총회의 결의에 따라야 한다. 이 사례에서 A는 종원총회의 결의를 거치지 않고 몰래 부동산을 처분하였으므로 그 매매계약은 처분권 없는 자의 법률행위가 된다.

이 계약으로 인하여 종중은 아무 채무를 부담하지 않는다. 종중은 매매계약의 당사자가 아니며, A에게 그 부동산을 매매하도록 권한을 위임한 일도 없기 때문이다. 결국 종중은 매수인 B에 대하여 소유권이전의무를 지지 않는다.

다만 그 매매계약은 A라는 개인과 B 사이의 계약으로서는 유효하다. A는 타인소유의 부동산을 매도하기로 하는 계약을 체결하였으므로 민법 제569조의 「타인의 권리의 매매」에 해당하여 개인적인 채무를 지게 된다. A는 B에게 부동산의 소유권이전의무를 이행하지 못하게 되는 경우에 채무불이행으로 인한 손해배상의무를 진다.

추리논증훈련

- 관청의 간섭

1. 단체를 구성한 사람들이 관청의 간섭을 받고 싶지 않아 허가절차 및 등기절차를 밟지 않는 태도는 법적으로 비난받아야 하는가?

   단체활동의 자유를 인정하려면 법인설립에서의 허가제를 철폐해야 한다는 주장이 있는데 어떻게 생각하는가?

2. 조상을 섬기기 위해 후손들이 만든 종중, 종교모임을 갖기 위해 마련한 종교단체들이 그 목적범위를 초과하는 막대한 재산을 축적하거나 영리활동을 하는 것을 제한해야 한다는 주장이 있는데, 이에 대하여 어떻게 생각하는가?

   학교, 사회복지시설 등의 공익사업체가 종중이나 종교단체와 분리된 독립법인으로 되는 것이 바람직하다고 보는가?

17

법인의 설립

1. 사단법인의 설립

(1) 준칙주의 · 허가주의

법인은 법률의 규정요건을 충족하여야 성립한다는 준칙주의(제31조), 주무관청의 허가를 얻어야 법인격을 취득한다는 허가주의(제32조)가 채택되어 있다. 법인의 존립목적, 기관 기타 중요한 사항은 반드시 외부에 공시되어야 한다. 거래상대방 보호를 위한 공시는 종류가 한정되며 일정한 규격이 요구된다(전형의 강제, 법인법정주의).

(2) 설립중의 사단

법인의 설립과정에 있어서 발기인이 단체의 설립을 계획하여 설립등기를 하기까지는 「설립준비단체」 또는 「설립중의 사단」으로서 활동하게 된다. 설립중의 법인의 행위에 대하여 설립 후의 법인이 책임을 지는 범위는 「그 법인의 설립 자체를 위한 행위」로 한정된다(대판 1965. 4. 13, 64다1940).

(3) 설립행위

2인 이상의 설립자가 단체의 기본규칙을 정하여 이를 서면에 기재하고 기명날인하는 것(정관작성)이 설립행위의 실질적 요건이며, 설립허가신청과 등기신청은 설립행위의 형식적 요건이다. ① 설립자 1인의 의사표시의 하자나 흠결은 나머지 당사자들에 의한 단체설립을 방해하지 않는다. ② 단체설립을 원하는 당사자들 상호간의 이해관계는 그다지 첨예하게 대립하지 않으므로 자기계약과 쌍방대리가 허용된다(민법 제124조의 적용배제). ③ 허위표시를 무효로 하는 제108조가 사단법인설립행위에도 적용될 것인가 하는 점에 대해서는 긍정설과 부정설이 대립한다. 단체설립의사 없이 허위표시를 바탕으로 형식만 갖춘 경우 설립행위를 무효로 하는 것이 타당하다고 생각한다. ④ 단체설립 후에 설립행위의 무효·취소사유가 발견된 경우에 그 흠결이 중대하지 않은 때에는 소급효를 제한한다(조합·고용·단체설립에서 소급효제한의 특칙).

설립행위의 성격에 관해서는 학설이 대립한다.

가) 합동행위설 사단법인의 설립행위는 계약이나 단독행위가 아닌 별개의 법률행위라고 보아 합동행위라고 부르는 견해이다. ① 설립행위는 설립자 전원이 합동하여 법인설립이라는 목적에 협력하는 것이므로 각 설립자에 있어서 동일한 의의를 가지며, 따라서 상호간에 채권·채무를 발생시키는 것을 목적으로 하는 계약과 다르다고 한다. ② 설립행위는 협동한 단독행위와 비슷하지만 설립행위는 2인 이상의 설립자의 합동을 필요로 하며 우연히 여러 단독행위가 협동하게 된 경우와 다른 협동성을 갖는다고 한다. ③ 합동행위의 개념을 인정하면 민법상 의사표시규정 및 자기계약·쌍방대리를

금지하는 제124조는 단체설립행위에 적용이 없게 되는 실익이 있다고 한다.

나) 계 약 설　　법인의 설립행위를 설립자간의 계약으로서 파악하는 견해이다. 계약의 성질은 '단체설립의 효과를 목적으로 하는 다자간 계약'이라고 본다. ① 법인의 설립행위는 단체를 창설하고 구성원으로 가입하는 데 관한 의사의 합치이다. 쌍방계약과 약간 다른 성질이 있더라도 이는 다자간 계약에서 오는 것이다. ② 계약은 사적자치를 합리적으로 실현할 수 있는 제도이므로, 설립행위도 계약으로 파악해 계약법의 원칙을 적용시켜야 한다. ③ 설립행위에 단체성의 측면을 끌어들여 법률행위의 원칙을 왜곡시켜서는 안된다. 계약법의 원칙에서 이탈하여 궤를 달리하는 합동행위의 개념을 증설하는 것은 부당하다. ④ 합동행위설은 의사표시에 관한 제108조와 대리에 관한 제124조가 단체설립행위에 적용되지 않는다는 점 때문에 합동행위를 인정할 실익이 있다고 하는데, 계약설을 취하더라도 무효·취소 및 자기계약·쌍방대리의 금지의 제도목적에서 동일한 결론이 도출되므로 반드시 합동행위설을 취할 실익은 없다.

(4) 정관의 작성

정관작성은 사단법인 설립의 필수적 요건이다. 정관은 단체활동의 근거가 되는 기본규범이므로 설립을 위해 서면으로 작성된 정관이 반드시 마련되어야 한다. 정관은 등기를 통하여 공시된다. ① 정관의 작성 : 사단법인의 설립자는 법정기재사항과 임의적 기재사항을 포함한 정관을 작성하여 기명날인해야 한다(제40조). ② 정관의 해석 : 계약해석의 방법이 아니라 자치법규해석의 방법으로 한다(대판 2000. 11. 24, 99다12437). 모든 사람에게 통일적으로 해석되어야 한다(통일적 해석의 원칙). ② 정관의 변경 : 사단법인은 설립 후 정관변경이 가능하다. 정관변경을 금지한 규정은 전 사원의 동의를 얻어 변경할 수 있다. 정관의 변경은 법인이 동일성을 유지하면서 사업목적, 기본재산, 조직 등 법인에 관한 사항을 변경하는 것을 의미한다. 법인의 동일성을 상실할 정도로 본질적인 변경은 정관변경이 아니라 새로운 법인의 설립으로 본다. 정관변경의 요건은, 총사원 3분의 2 이상의 동의가 있을 것(예외 : 정수에 관하여 정관에 다른 규정이 있을 때)과 정관의 변경에 관하여 주무관청의 허가를 얻을 것(제42조)이다. 변경사항이 등기사항인 경우에는 변경등기를 하여야 제 3 자에게 대항할 수 있다.

(5) 관청의 허가

사단의 설립에는 주무관청의 허가를 얻어야 한다(제32조). 허가 여부는 행정관청의 자유재량에 속하며, 허가를 얻지 못하더라도 행정소송의 대상이 되지 않는다(대판 1979. 12. 26, 79누248). 법인은 주무관청의 행정감독과 법원의 감독을 받는다. ① 주무관청은 법인의 업무를 검사 · 감독하며(제37조), 설립허가를 취소할 수 있다(제38조). 감사는 주무관청에 대해 보고의무를 진다(제67조 3호, 총회에 보고해도 됨). ② 법원은 법인의 해산과 청산을 검사 · 감독하며(제95조), 직권 또는 이해관계인이나 검사의 청구에 의하여 청산인을 선임 또는 해임할 수 있다(제83조, 제84조).

(6) 설립등기

법인은 그 주된 사무소의 소재지에서 설립등기를 함으로써 성립한다(제33조). 설립등기는 법인설립의 효력요건이다. 법인의 등기에는 ① 설립등기(제49조), ② 분사무소의 설치 및 사무소이전에 관한 등기(제50조), ③ 변경등기(제52조), ④ 해산등기(제85조)의 네 종류가 있다. 법인설립등기는 주무관청으로부터 설립허가를 받은 후(허가서의 도착일로부터 기산) 3주 내에 주된 사무소의 소재지에서 해야 한다(제49조 1항).

등기사항은 ① 목적, ② 명칭, ③ 사무소, ④ 설립허가의 연월일, ⑤ 존립시기나 해산사유를 정한 때에는 그 시기 또는 사유, ⑥ 자산의 총액, ⑦ 출자의 방법을 정한 때에는 그 방법, ⑧ 이사의 성명·주소, ⑨ 이사의 대표권을 제한한 때에는 그 제한 등이다(동조 제 2 항). 설립 이외에 등기할 사유로서는 분사무소의 설치(제500조), 사무소의 이전(제51조), 등기사항의 내용변경(제52조)이며 이들 사항은 등기하지 않으면 제 3 자에게 대항할 수 없고(제54조 1항), 등기내용은 법원이 지체없이 공고해야 한다(동조 제 2 항).

2. 재단법인의 설립

(1) 설립행위

재단법인의 설립은 법률행위(생전행위 또는 사인행위)로서 한다. 재단법인의 설립행위의 핵심은 출연행위인데 그 성격에 관해서는 단독행위설과 계약설이 대립한다. 재단의 설립자는 1인이든 다수이든 상관없다. 설립자는 ① 정관을 작성하고, ② 재단의 기초가 될 재산을 출연하고, ③ 주무관청으로부터 법인설립의 허가를 받아, ④ 법인설립의 등기를 경료하여야 한다.

(2) 재산의 출연

재단법인의 설립자는 일정한 재산을 출연하여야 한다(제43조 전단). 출연하는 재산은 금전·채권·물권 기타 재산권이다. 출연은 설립시 1회로 행해지거나 분할양도 또는 계속적 양도의 형태로 이루어진다. 기본재산은 재단법인의 목적수행에 기초가 되는 재산이다. 기본재산의 처분으로 재단법인의 실체가 변경될 우려가 있으므로 그 처분에 관청의 허가가 필요하다.

1) 생전처분에 의한 출연

가) 출연행위의 성격 단독행위설과 계약설이 대립한다.

출연행위는 「상대방 없는 단독행위」이며 설립자가 여러 명인 경우에는 단독행위의 경합이 이루어진다는 견해가 다수설이다(단독행위설). 반면에 출연행위는 설립자가 그의 재산권을 재단에 양도하는 법률행위인데, 이러한 양도행위는 양도인(설립자)과 양수인(장래 설립될 재단) 사이의 계약으로 이루어지는 것이 원칙이라는 계약설도 주장된다. 생전처분으로 재단법인을 설립하는 때에는 증여에 관한 규정이 준용되는 것(제47조 1항)은 출연행위가 계약의 성격을 띠기 때문이라고 한다.

설립자가 재단에 출연하는 경우에 ① 설립자의 장래 설립될 재단법인에 재산을 내놓겠다는 의사표시로 구성되는 출연행위, ② 재단법인의 설립등기, ③ 설립자로부터 법인 명의로 권리이전절차(소유권이전등기 등)의 과정을 거치게 된다.

나) 재산의 귀속시기 생전처분으로 재단법인을 설립하는 때에는 출연재산은 법인이 성립된 때로부터 법인의 재산이 된다(제48조 1항). 그러나 부동산소유권의 이전시기에 관하여는 소유권이전등기시(설)와 법인설립시(설)로 견해가 대립한다. 민법 제48조 제1항과 부동산물권변동에 관한 원칙(제185조, 제186조) 사이의 조화로운 해석이 어렵기 때문이다. 판례는 내부관계에서는 제48조를 적용하여 법인설립시에 재산이 귀속하고, 외부관계에서는 제186조를 적용하여 제3자에 대항하는 것은 부동산 등기가 있는 때부터라고 한다(대판(전합) 1979. 12. 11, 78다481).

2) 유언에 의한 새난설립

유언으로 재단법인을 설립하는 때에는 출연재산은 유언의 효력이 발생한 때로부터 법인의 재산이 된다(제48조 2항). 유언으로 재단법인을 설립하는 때에 유증에 관한 규정이 준용된다(제47조 2항). 설립행위 및 출연행위는 유언의 방식(제1065조)을 갖추어야 효력이 있다. 재단법인의 설립등기가 행해졌더라도 그 재산은 유언자가 사망한 때에 재단에 이전된다(제1073조 1항). 유증을 받을 자는 유언자의 사망 후에 유증을 승인 또는 포기할 수 있으나(제1074조 1항), 유증재산에 기해 재단이 설립되는 경우에는 설립등기와 동시에 승인의 의사를 한 것으로 의제된다.

(3) 정관의 작성과 변경

재단법인의 설립자는 정관을 작성하여 기명날인해야 한다(제43조). 정관의 기재사항은 ① 목적, ② 명칭, ③ 사무소의 소재지, ④ 자산에 관한 규정, ⑤ 이사의 임면에 관한 규정이다(제43조 후단). 재단법인의 설립자가 그 명칭, 사무소 소재지 또는 이사임면의 방법을 정하지 아니하고 사망한 때에는 이해관계인 또는 검사의 청구에 의하여 법원이 이를 정한다(제44조). 재단법인의 정관은 변경이 극히 제한된다. 정관의 변경방법이 명시된 경우에 가능하고 변경방법이 명시되지 않은 경우에는 목적달성이 불가능한 경우 또는 법인명칭이나 사무소를 바꾸는 경우에 한하여 변경가능하다(제45조, 제46조). 재단법인은 설립자나 이사가 주무관청의 허가를 얻어 정관변경을 하며(제46조), 설립자가 정관에서 그 변경방법을 정하고 있는 때에는 그 방법에 따라야 한다(제45조).

리갈마인드 강화훈련

소외 (疎外, estrangement)
소외란 사회 속에서 인간이 맹목적이고 제멋대로인 제도의 힘에 내맡겨지는 경우를 말한다. 인간이 만들어 낸 제도가 오히려 인간 위에 군림하는 낯선 힘이 되어 인간을 지배하는 경우가 종종 있다. 그 밖에 잘못 사용되는 공권력은 인간을 소외시킨다.

현대의 법은 소시민의 소외를 최소화하기 위해 노력한다. 법치주의라든가 법의 정당한 집행이라는 명목하에 사회적 약자의 인권이나 생활이익이 짓밟혀서는 안 된다. 법의 집행의 그늘에서 생길 수 있는 소시민의 소외를 구제할 장치가 마련되어야 한다.

추리논증훈련

- 정의로운 단체

1. 만약 당신이 친구들과 함께 사회정의를 구현하기 위한 단체를 결성하려 한다면 어떤 과정을 거쳐서 설립해야 할까?

   당신이 혼자 활동하는 경우와 친구들과 단체를 만들어 함께 활동하는 것은 어떤 차이가 있을까?

2. 어떤 단체 속에는 자칫 불순한 목적을 가지고 단체를 이용하거나, 자질이 부족하여 단체의 이름을 더럽히는 사람이 섞여 있을 수 있다. 단체가 이런 구성원으로부터 입는 피해를 최소화하기 위하여 취할 수 있는 조치는 무엇인가?

18

법인의 기관

법인은 자연인의 도움을 얻어 의사를 결정하고 이에 따른 행동을 할 수밖에 없다. 자연인으로 구성된 기관이 한 행위는 법인의 행위로 간주된다. 기관 없는 법인은 존재할 수 없다(일시적 공백은 임시이사로 보충).

법인의 기관에는 사원총회 · 이사 · 감사의 세 가지가 있다. 사원총회는 의사결정기관으로서 사원이 있는 사단법인에게만 있다. 이사는 외부적으로는 대표기관이며, 내부적으로는 필수적 집행기관으로서 사단법인 · 재단법인 모두에 있다. 감사는 이사의 감독기관으로서 임의기관이다.

1. 사원총회

사원총회는 사단법인의 최고의 의결기관이다. 사원총회는 사단법인의 필수적 기관이므로 정관의 규정에 의하여 이를 폐지할 수 없다. 사단법인의 모든 사원은 사원총회에 참가하여 결의할 자격을 갖는다.

1) 총회의 소집

사원총회에는 매년 1회 이상 열리는 「통상총회」(제69조)와 필요한 때에 소집되는 「임시총회」(제70조)가 있다. 총회의 소집은 일주일 전에 회의의 목적사항을 기재한 통지를 발하고 기타 정관에 정한 방법에 의하여야 한다(제71조). 공동대표 중 1인이 단독소집한 총회의 결의도 유효하다(대판 1999. 5. 25, 99다10363).

2) 총회의 권한

사원총회는 정관으로 이사 기타의 임원에게 위임한 사항을 제외하고는 법인의 사무의 전부에 관하여 결의권을 가진다(제68조). 총회는 의결기관이지 집행기관은 아니므로 내부적인 업무집행권이나 대외적인 대표권은 갖지 않는다. 그리고 정관의 변경(제42조) 및 임의해산(제77조 2항)은 총회의 전권사항이므로 정관에 의하여서 이 권한을 박탈하지 못한다.

3) 총회의 결의

정관에 다른 정함이 없는 한 총회는 소집통지에서 기재한 사항에 대하여만 결의할 수 있다(제72조). 총회의 결의는 법률이나 정관에 다른 규정이 없으면 사원과반수의 출석과 출석사원의 결의권의 과반수로써 한다(제75조).

4) 사원의 고유권

사원의 고유권이란 사원이 사원자격에 기하여 사단에 대하여 가지는 권리 중에서 그 사원의 동의 없이는 정관의 규정 또는 총회의 결의에 의하여서도 제한하거나 박탈할 수 없는 권리를 말한다.

① 결 의 권 : 각 사원은 그의 사원자격에 기초한 고유권으로서 결의권을 가지며 이 결의권은 원칙적으로 평등하며(제73조 1항), 결의

권평등의 원칙은 사원의 고유권을 박탈하지 않는 범위 내에서만 정관으로 변경할 수 있다(제73조 3항). 법인과 어느 사원 사이의 계약(기타 관련사항)에 관하여 의결하는 때에는 그 사원은 결의권의 행사가 금지된다(제74조).

② 총회소집권 : 사원은 총사원의 5분의 1 이상이 회의의 목적사항을 제시하여 임시총회의 소집을 청구할 수 있는 권한을 갖는다(제70조 3항).

③ 사원권의 양도 및 상속은 원칙적으로 금지되지만(제56조는 임의규정) 정관에 의해 허용할 수 있다(대판 1992. 4. 14, 91다26850).

2. 이 사

이사는 내부적으로 법인의 사무를 집행하는 업무집행기관이며, 동시에 대외적으로 법인을 대표하는 대표기관이다.

1) 선 임

자연인만이 이사가 될 수 있다. 이사의 수는 정관으로 정하며 보통 2인 이상의 다수가 선출되어 이사회를 구성하며 상한은 없다. 이사의 성명·주소는 등기해야 한다(제49조 2항). 이사의 임면방법은 반드시 정관에서 정해야 한다(제40조 5호, 제43조). 법인이 이사를 선임하는 것은 실질적으로 법인·이사간의 위임계약에 유사하므로 위임에 관한 규정이 유추적용된다(대판 1970. 9. 17, 70다1256).

2) 해임·퇴임·사임

이사의 해임 및 퇴임은 정관에 따라 행한다. 정관에 규정이 없는 경우에는 위임의 규정이 유추적용된다(대판 1972. 4. 11, 72누86). 이사의 해임·퇴임·개임이 있으면 3주 내에 변경등기를 해야 하며(제52조), 변경등기를 하지 아니하면 제3자에게 대항할 수 없다(제54조 1항). 해임·퇴임한 이사라도 후임자가 결정되기까지 일정범위의 사무처리를 할 의무를 진다(대판 2000. 1. 28, 98다26187). 이사를 사임하는 행위는 상대방 있는 단독행위로서 그 의사표시가 상대방에게 도달한 때에 효력을 발생하고, 그 후에는 일방적으로 철회할 수 없다(대판 1993. 9. 14, 93다28799).

3) 이 사 회

이사가 여러 명인 경우에 정관에 다른 규정이 없으면 법인의 업무집행은 이사의 과반수로써 결정하는데(제58조 2항), 이를 위한 이사들의 의결기관이 이사회이다. 이사회의 소집·결의 등에 관해서 정관에 특별한 규정이 없으면 사원총회의 규정(제71조 내지 제76조)이 유추적용된다.

4) 임시이사

법인이 설립된 후에 이사가 없게 되거나 결원이 있는 경우에 이로 인하여 손해가 생길 우려가 있는 때에는 법원은 이해관계인이나 검사의 청구에 의하여 한시적으로 이사의 업무를 수행할 임시이사를 선임하여야 한다(제63조).

5) 특별대리인

법인과 이사의 이익이 상반되는 사항에 관하여는 이사가 대표권을 갖지 않는다. 이 경우에 임시이사의 선임절차에 따라 법원이 특별대리인을 선임한다(제64조). 특별대리인은 그에게 주어진 임무에 한하여 이사와 동일한 권한을 갖는다.

3. 감 사

법인은 정관 또는 총회의 결의로 감사를 둘 수 있다(제66조). 감사는 임의기관이다(등기사항이 아님) 감사가 여러 명인 경우에 각지 단독으로 업무를 행할 수 있다.

감사의 직무는 ① 법인의 재산상황을 감독하는 일, ② 이사의 사무집행의 상황을 감독하는 일, ③ 재산상황 또는 사무집행에 관하여 부정·불비한 것을 발견한 때 이를 총회 또는 주무관청에 보고하는 일, ④ 그 보고를 위하여 총회를 소집하는 일, ⑤ 그 밖에 정관에 의해 감사의 권한에 속하는 일 등이다(제67조).

사례연습 〈법인의 행위〉

◎ 문 제 ◎

재단법인의 이사 A는 임의로 재단법인인 사립학교의 기본재산에 해당하는 부동산을 B에게 매도하기로 하는 매매계약을 체결하였다. 이 때 A는 마치 자기가 재단법인으로부터 대표권을 수여받은 것처럼 행세하여 재단법인의 명의로 계약서를 작성하고 그 직인을 찍었다. A는 B로부터 매매대금의 50%를 받은 후 소유권이전등기를 하지 않고 B로 하여금 그 부동산에 건물을 짓도록 허용하였다. 후에 재단법인의 대표이사가 이 사실을 알고 B에게 건축중지 및 그 부동산에서 철거할 것을 청구하였다. B는 이 청구에 응해야 하는가?

해 답

(1) 대표권의 존부 : 재단법인의 이사 A가 이 사례의 부동산을 매도하는 계약을 체결함에 있어서 재단법인으로부터 대표권을 수여받았는가가 문제된다. 기본재산의 처분행위는 법인의 업무 중 중요한 행위에 해당하므로 이사회의 결의를 거쳐서 대표권이 수여되는 것으로 해석된다. 이 사례에서 이사 A는 이사회의 결의를 거치지 않고 독단적으로 매매계약을 체결하였으므로, A의 행위는 비록 재단법인의 명의와 직인을 사용했더라도 재단법인의 행위로 볼 수 없다.

(2) **재단법인의 기본재산의 처분행위 :** 특히 사립학교의 기본재산을 처분하는 법률행위에 관하여는 행정적인 규제가 행해진다. 판례는 "재단법인의 기본재산처분은 정관변경을 요하는 것이므로 주무관청의 허가가 없으면 그 처분의 채권행위도 무효가 된다"는 취지로 판시한 바 있다(대판 1974. 6. 11, 73다1975). 이 사례에서 A와 B 사이의 매매계약은 재단법인에 대한 관계에서는 아무 효력이 없다.

(3) **재단법인의 물권적 청구권 등의 행사 :** 재단법인은 그 소유의 부동산을 정당한 권리 없이 점유하는 B에 대하여 토지의 명도 및 건물의 철거를 청구할 권리를 갖는다. 이러한 재단법인의 청구는 그 소유권에 기한 물권적 청구권의 성격을 갖는다. B는 재단법인의 청구에 응해야 한다. 그 밖에 재단법인은 B가 그 부동산을 사용하여 얻은 사용이익의 부당이득반환청구도 할 수 있다.

(4) **A와 B 사이의 법률관계 :** A는 재단법인의 명의를 모용하여 매매계약을 체결하였으므로 B에 대한 관계에서 불법행위로 인한 손해배상의무를 진다. B는 A에 대하여 그 개인재산으로부터 손해배상해 줄 것을 청구할 수 있다. 건물신축비용, 철거비용 등은 이 손해배상의 범위에 포함될 것이다.

B가 A에게 지급한 매매대금의 50% 상당액은 부당이득반환청구의 대상이 된다. A가 이 돈을 착복할 경우에는 A에 대하여 반환청구할 수 있고, 만약 재단법인이 이 돈을 보유하고 있는 경우에는 재단법인에 대하여 부당이득반환청구할 수 있다.

(5) **무권대표행위의 추인 :** 재단법인은 A가 독단적으로 한 매매계약을 재단에 이익이 되는 것으로 평가하여 그것을 추인함으로써 재단법인의 행위로 전환시킬 수 있다. A와 B 사이의 매매계약은 원래 재단법인에 대하여는 무효이지만, 재단법인의 이사회의 결의를 거쳐 추인을 하게 되면 재단법인의 법률행위로서 인정된다.

재단법인이 행한 매매계약으로 인정된 후에는 법률의 규정에 따라 기본재산 처분행위에 관한 주무관청의 허가를 얻어 그 매매계약을 유효로 할 수 있고, 이에 기해 소유권이전등기를 경료함으로써 B는 그 부동산의 소유권을 취득할 수 있다. 이 경우 매매대금은 재단법인에게 귀속되어야 한다.

추리논증훈련

• 독단적인 행동

1. 대표이사가 이사회의 의견을 경시하거나 임원이 사원들의 의견을 무시하고 제멋대로 행동하는 경우가 종종 있다. 이런 독단적인 행태를 막기 위해 어떤 장치를 해 둘 수 있는가?

   사원총회에서 구성원의 의견을 무시하는 임원에 대하여 탄핵을 결의하는 것에 대하여 어떻게 생각하는가?

2. 재단의 이사장이 사리사욕을 위하여 재단의 재산을 빼돌려 은닉하는 것을 막기 위하여 어떤 장치를 마련해야 할까?

   정관으로 이사장의 권한을 좁게 제한하여 놓는다면 원만한 재단운영에 방해를 받게 되지 않을까?

19 법인의 행위

1. 권리능력의 제한

법인은 자연인과 같은 완전한 권리능력을 갖지는 못하며, 제한된 범위 내에서만 권리능력을 인정받는다. 법인은 법률의 규정에 좇아 정관으로 정한 목적의 범위 내에서 권리와 의무의 주체가 된다(제34조).

(1) 권리종류의 제한

법인은 원칙적으로 물권・채권・지적소유권과 같은 재산권만을 취득할 수 있으며, 친족권이나 상속권과 같은 가족법상의 권리는 취득할 수 없다. 상속권은 재산과 밀접한 관계를 갖지만 민법은 상속인을 자연인에 한정하고 있으므로(제1000조 내지 제1004조 참조), 법인은 상속권을 가질 수 없다. 다만 포괄유증을 받음으로써 상속과 동일한 효과를 거둘 수는 있다.

(2) 법률에 의한 제한

법인의 권리능력은 법률에 의하여 제한할 수 있다. 청산법인 및 청산회사의 권리능력은 「청산의 목적범위 내」로 한정되며(제81조; 상법 제245조), 파산회사의 권리능력은 「파산의 목적범위 내」로 한정된다(채무자 회생 및 파산에 관한 법률 제328조). 회사는 다른 회사의 무한책임 사원이 되지 못한다(상법 제173조). 특별법에 기초하여 설립된 법인은 대개 그 법률에서 사업목적을 제한하는 경우가 많다(예: 사립 제16조, 제28조). 이러한 사업목적의 제한은 법인의 권리능력 자체를 제한하는 경우보다는 법인에 대한 행정감독의 준거로서 작용하는 경우가 많다.

(3) 목적에 의한 제한

법인은 정관으로 정한 목적의 범위 내에서 권리와 의무의 주체가 된다(제34조). 이사의 대표권은 목적범위 내로 제한된다.

목적의 범위는 정관의 문구보다 넓게 해석되어 목적에 위배되지 않는 재산적 권리의무를 모두 포괄한다(광의설). 목적범위는 정관에 명시적으로 열거된 것에 한정되지 않고, 목적을 한정한 취지, 법인의 종류(사단, 재단), 법인의 성격(비영리성) 등을 고려하여 그 목적을 수행함에 직접 또는 간접적으로 관련된 사업으로 확대된다. 어떤 행위가 목적수행에 필요한지의 여부는 법인의 내부적 시각에서가 아니라 법인과 거래하는 상대방의 시각에서 판단된다. 목적수행에 필요한지의 여부는 행위의 객관적 성질에 따라 추상적으로 판단되며, 행위자의 주관적·구체적 의사에 따라 판단되지 않는다(대판 1987. 12. 8, 86다카1230). 목적수행에의 필요성은 현실적 필요성이 아니라 객관적·추상적으로 판단된다. 주식회사의 대표이사가 그 대표권의 범위 내에서 한 행위는 설사 그 대표이사가 회사의 영리목적과 관계없이 자기 또는 제3자의 이익을 도모할 목적으로 그 권한을 남용한 것이라 할지라도 일응 회사의 행위로서 유효하다. 다만 그 행위의 상대방이 그와 같은 사정을 알았던 경우에는 그로 인하여 취득한 권리를 회사에 대하여 주장하는 것이 신의칙에 반하므로 회사는 상대방의 악의를 입증하여 그 행위의 효과를 부인할 수 있을 뿐이다(대판 1987. 10. 13, 86다카1522).

2. 대표행위

법인은 법인격을 갖는 주체로서 스스로 권리를 취득하기 위하여 법률행위를 할 수 있다. 법인의 행위는 그 대표기관(이사 등)인 자연인을 통해 이루어지는데 이를 가리켜 대표행위라고 한다.

(1) 대표행위의 성질

법인의 행위를 어떻게 파악할 것인가는 법인본질론과 직접 관련이 있다. ① 법인의제설에 의하면 법인의 행위란 자연적으로는 없고, 본질적으로는 대리인과 동일한 대표기관의 행위를 통하여 법인에게 효과가 귀속하는 것을 인정받을 뿐이라고 본다. 즉 대표와 대리는 본질적으로 유사하다고 본다. ② 법인실재설에 의하면 법인을 대표하는 기관의 행위는 대리의 경우와는 달리 본질적으로 법인 자체의 행위라고 한다. 대표와 대리는 개념상 구분되며 약간의 유사성을 존중하여 대리규정이 대표에 준용되는 것이라고 한다.

법인은 사원총회(의사결정기관)와 이사(대표기관) 등 법률행위를 할 수 있는 조직을 갖추고 있다. 자연인에게 필요한 미성년자, 정신박약자를 위한 행위무능력제도는 법인에게는 적합하지 않다(법인은 권리능력의 범위 내에서 행위능력을 갖는다는 설명도 있음). 이사가 법인의 목적범위 내에서 행위하여야 할 의무는 「법인의 권리능력」 및 「이사의 대표권의 범위」에 관한 문제이지 행위능력의 문제는 아니다.

(2) 대표와 대리

대표와 대리는 개념적으로 구분되지만 다음과 같은 면에서 유사하다. 민법은 대리에 관한 규정을 대표에 준용한다(제59조 2항). ① 3면관계 내지 이와 유사한 관계가 생긴다. ② 현명주의가 적용된다. ③ 권한(대표권 내지 대리권)범위 내의 행위만이 법인 내지 본인에 대해 효력이 발생한다. ④ 신뢰보호제도로서 표현대리 · 표현대표가 인정된다. ⑤ 법인 대표기관인 임의대리인에 복대리의 법리가 적용된다.

(3) 대 표 권

정관에 따라 선임된 이사는 법인의 내부적 및 대외적 업무집행권한을 갖는다. 이사가 법인으로부터 수여받은 대표권에 관하여는 다음과 같은 범위의 제한이 있다.

1) 제한의 요건

① 성질상의 제한 : 법인은 자연인만이 향유하는 가족법상의 권리의무를 취득할 수 없으므로, 대표행위로서 할 수 있는 행위는 채권 · 물권 · 지적소유권 등에 관한 재산법적 법률행위에 한정된다.

② 법인의 목적범위로 인한 제한 : 이사의 대표권은 정관으로 정한 목적범위 내로 한정된다. 법인의 존재의의는 그 정관으로 정한 목적을 수행하기 위한 것이므로 법인이 이사에게 부여하는 대표권도 그 범위 내에서 가능하다. 목적범위를 벗어난 행위에는 표현대리의 규정이 준용된다.

③ 총회의 의결 : 총회는 법인이 누구와 어떤 내용의 계약을 체결할 것인가 등을 결정할 권한을 가진다(제59조 1항). 총회가 구체적인 사항을 정하지 않고 이사에게 그 결정을 일임하는 경우에는 이사가

스스로의 판단에 따라 위임받은 사항을 처리할 권한을 갖는다.

④ 정관에 정한 행사요건 : 목적범위 내의 행위에 대하여도 정관에 별도의 규정을 두어서 대표행위의 방법·절차 등을 제한할 수 있다(제59조 1항 단서). 대표권의 제한은 정관에 기재하지 않으면 효력이 없으며(제41조), 등기하지 않으면 제 3 자에게 대항할 수 없다(제60조).

⑤ 이익상반행위의 금지 : 법인과 이사의 이익이 상반되는 사항에 관해서는 이사는 대표행위를 할 수 없으며, 법원이 이해관계인이나 검사의 청구에 의하여 선임한 특별대리인이 법인을 대표한다(제64조).

⑥ 대표권제한의 등기 : 이사의 대표권에 대한 제한은 등기하지 아니하면 제 3 자에게 대항하지 못한다(제60조). 「제 3 자」는 그의 선의·악의를 불문하고 모든 제 3 자를 말한다(무제한설). 반면에 대항할 수 없는 제 3 자의 범위를 보호할 가치가 있는 선의의 제 3 자에 한정하는 견해도 있다(제한설).

판례는 "등기가 되어 있지 않는 한, 악의의 제 3 자에게도 대항할 수 없다(대판 1975. 4. 22, 74다410; 대판 1987. 11. 24, 86다카2484)"고 하여 무제한설을 취한다. 재단법인의 대표자가 그 법인의 채무를 부담하는 계약을 함에 있어서 이사회의 결의를 거쳐 「노회」와 설립자의 승인을 얻고 주무관청의 인가를 받도록 정관에 규정되어 있다면, 그와 같은 규정은 법인대표권의 제한에 관한 규정으로서 이러한 제한은 등기하지 아니하면 제 3 자에게 대항할 수 없다. 법인은 등기하지 않은 정관의 규정에 관하여 선의냐 악의냐에 관계없이 제 3 자에 대하여 대항할 수 없다(대판 1992. 2. 14, 91다24564).

2) 표현대표

이사가 대표권 없이 한 법률행위라도 상대방이 그 유효를 믿을만한 정당한 이유가 있는 경우에는 표현대표로서 법인에게 효과가 발생한다. 표현대표는 표현대리에 있어서와 같이 대표권수여의 표시에 의한 표현대표(제125조 준용), 권한을 넘은 표현대표(제126조 준용), 대표권소멸 후의 표현대표(제129조 준용)의 세 가지가 인정되며, 그 요건과 효과는 표현대리에 관한 법리가 준용된다(제59조 2항).

3) 대표권남용

주식회사의 대표이사가 그 대표권의 범위 내에서 한 행위는 그가 회사의 영리목적과 관계없이 자기 또는 제3자의 이익을 도모할 목적으로 그 권한을 남용한 경우에도 회사의 행위로서 유효하다. 다만 그 행위의 상대방이 대표이사의 진의를 알았거나 알 수 있었을 때에는 회사에 대하여 무효이다(대판 1997. 8. 29, 97다18059). 상대방의 악의에 대한 입증책임은 회사측에서 진다(대판 1987. 10. 13, 86다카1522).

(4) 이사의 대표행위

이사는 법인의 사무에 관하여 외부적인 법률관계에서 각자 법인을 대표한다(제59조 1항).

① 단독대표의 원칙 : 이사는 단독으로 법인을 대표함을 원칙으로 한다(이사가 1인이든 수인이든). 정관으로 일정한 사항에 관해서는 모든 이사가 공동으로 대표할 수 있음을 정할 수 있는데, 이것은 대표권의 제한이므로 등기해야 제3자에게 대항할 수 있다(제60조).

② 대표의 방식 : 대표의 방식에 관하여는 대리에 관한 규정이 준용된다(제59조 2항). 현명주의에 따라 이사가 법인을 대표함에 있어서는 대리행위에 있어서와 동일하게 법인을 위한 것임을 표시하여야 한다(제115조).

③ 대표기관의 대리 : 이사는 정관 또는 총회의 결의로서 금지하지 않은 사항에 한하여 타인으로 하여금 특정한 행위를 대리하게 할

수 있다(제62조). 이사가 특정한 행위에 관하여 대리인을 선임하는 경우에 그 대리인은 대표기관을 대리하게 되며, 이것은 복대리와 유사한 법률관계를 발생시킨다. 이사는 이 대리인의 선임·감독에 관하여 법인에 대하여 책임을 진다(제121조).

(5) 대표행위에 대한 이사의 책임

① 이사의 선관의무 : 이사는 선량한 관리자의 주의로서 그 직무를 수행할 의무를 진다(제61조). 예를 들면 법인의 부동산을 상당한 이유 없이 시가보다 매우 싼 가격으로 매도하는 행위, 이사의 개인적인 목적을 위해 법인의 부동산을 담보로 제공하는 행위, 법인의 자금을 이사의 개인용도에 사용하는 행위 등은 선관의무위반이다.

② 이사의 손해배상책임 : 이사가 선관의무에 어긋나는 행위를 하여 법인에게 손해를 입힌 경우에는 이사가 법인에 대하여 손해배상의무를 지며, 이사가 여러 명인 경우에는 모든 이사가 연대하여 손해배상의무를 진다(제65조).

③ 무권대표의 책임 : 이사가 대표권이 없이 대표행위를 한 경우에 법인(사원총회)의 추인을 얻지 못한 때에는 무권대리인의 경우와 같이 상대방의 선택에 좇아 이사 개인의 재산으로부터 계약의 이행 또는 손해배상의 책임을 진다(제135조 1항).

3. 법인의 불법행위

법인이 대표기관 등을 통해서 활동을 하는 과정에서 타인에게 손해를 가한 경우에, 직접 불법행위를 한 개인 이외에 법인도 그 불법행위로 인한 손해배상책임을 진다.

(1) 법인책임

법인은 이사 기타 대표자가 그 직무에 관하여 타인에게 가한 손해를 배상할 책임이 있으며, 이사 기타 대표자는 이로 인하여 자기의 손해배상책임을 면하지 못한다(제35조 1항). 이렇게 법인이 그의 대표기관의 가해행위에 대해 책임을 지는 것을 보통 「기업책임」이라고 부른다. 이러한 책임은 법인격을 갖춘 경우에 한해서 인정될 것이 아니라 실질적인 단체활동(특히 영업활동)으로 인한 가해가 있는 경우에 일반적으로 인정되어야 한다.

대표기관의 특정한 행위가 매개되지 않고 법인이 그 활동상 가해행위를 하였다고 인정되어야 할 경우도 있다. 예를 들면 법인 소유의 공작물이 붕괴되어 법인이 공작물책임(제758조)을 져야 하는 경우, 제조한 물건에 결함이 있어 소비자에게 피해를 야기시킨 데 대하여 법인이 제조물책임을 져야 할 경우, 법인소유의 공장이 환경오염을 야기한 경우, 법인이 소유하는 자동차가 사고를 일으켜 법인이 자동차운행자로서 책임을 지는 경우(자손 제 3 조)가 그러하다. 이러한 경우에는 민법 제35조 제 1 항에 의해서가 아니라 제750조에 의해 직접 법인의 불법행위가 인정된다.

(2) 법인책임과 사용자책임

법인책임은 종종 사용자가 피용자의 사무집행에 관한 가해행위에 대하여 책임을 지는 사용자책임과 비교된다(제756조). 그러나 양 책임은 다음의 점에서 차이를 갖는다. ① 법인책임의 경우 대표관계가 존재할 뿐 사용자·피용자관계는 존재하지 않는다. ② 법인은 이사의 선임·감독에 충분한 주의를 다했음을 이유로 면책될 여지가 없다. ③ 대표기관의 행위에 대한 법인의 불법행위책임은 직접 법인에 귀속된다.

(3) 대표기관의 행위

대표기관의 행위는 법인의 불법행위로 간주된다. ① 대표기관에는 이사 및 기타 대표자로서 임시이사(제63조)·특별대리인(제64조)·청산인(제82조, 제83조)이 포함된다. 아예 대표권이 없는 이사의 행위는 법인의 불법행위로 되지 않는다(대판 2006. 12. 23, 2003다30159). 이사가 당해 행위에 관하여 대표권이 있을 것이 반드시 요구되지는 않는다. ② 대표기관이 아닌 기관(사원총회, 감사 등)의 행위에 관하여도 법인의 불법행위가 성립한다(반대설 있음). ③ 이사가 선임한 대리인의 가해행위에 대하여 법인책임이 발생한다. 이 때 적용규정으로서 민법 제35조 제 1 항을 적용하는 법인책임설과 민법 제756조를 적용하는 사용자책임설이 대립한다. 대표와 대리는 그 행위의 효과가 법인에게 귀속한다는 점에서 유사하므로, 양자를 엄격히 구별할 필요가 없이 법인책임으로 처리하는 것이 타당하다. ④ 법인격 없는 사단도 단체의 이름으로 활동하는 기관을 갖고 있는 이상 그 기관의 가해행위에 대하여 불법행위책임을 진다(제35조 1항 유추적용).

(4) 직무관련성

대표기관이「직무에 관하여」타인에게 손해를 가한 행위만이 법인의 불법행위로 간주되어 법인의 손해배상책임을 발생시킨다.

외형이론에 따라 이 직무관련성은「외부에서 객관적으로 볼 때 직무수행이라고 여겨지는 것」으로 해석되며, 법인과 대표기관 사이의 내부적인 직무수행관계를 의미하는 것은 아니다. 외형이론은 학설과 판례에 의하여 채택되고 있으며, 그 내용은 사용자책임의 요건으로서「사무집행관련성」과 유사하다.

① 행위의 외형상 그 대표기관의 직무에 속하는 행위는 대표기관의 개인적인 의도와 관계없이 직무관련성이 인정되며, 그 행위가 부정·부당하게 행해졌거나 혹은 대표자의 사적인 이익을 위한 행위라도 같다(대판 1969. 8. 26, 68다2320). 다만 피해자가 대표자의 행위가 직무행위에 해당하지 않음을 알았거나 중대한 과실로 알지 못한 때에는 법인에게 손해배상책임을 물을 수 없다(대판 2003. 7. 25, 2002다27088). ② 직무행위와 적당한 견련관계가 있음으로 인해 사회통념상 법인의 행위라고 여겨지는 행위도 직무관련성이 인정된다. ③ 대표기관과 행위한 상대방이 공모하였거나 상대방이 악의인 경우에는 법인의 책임이 발생하지 않는다. 이러한 상대방은 법인의 행위가 아니라는 것을 알았으므로 피해자라고 볼 수 없기 때문이다. ④ 법인이 대표기관의 행위로 인하여 이득을 얻었을 것은 요건이 아니다. ⑤ 민법 제35조의 '이사 기타 대표자'는 법인의 대표기관만을 의미하므로 대표권이 없는 이사의 행위로 인한 법인의 불법행위는 성립하지 않는다(대판 2005. 12. 23, 2003다30159).

(5) 불법행위 책임요건

법인책임이 발생하기 위해서는 불법행위에 관한 일반적 요건이 갖추어져 있어야 한다. 제35조 제1항은 불법행위책임의 일반규정인 제750조를 전제로 하는 규정이기 때문이다. 즉 ① 대표기관의 행위로 피해자가 손해를 입었을 것, ② 대표기관의 고의 또는 과실이 있을 것, ③ 가해행위가 위법한 것일 것, ④ 가해와 손해간에 인과관계가 있을 것 등이다.

(6) 기관의 책임

① 이사의 책임 : 이사, 기타 대표자는 자기의 가해행위에 대하

여 법인책임이 발생하는가에 관계없이 손해배상책임을 진다. 이 때 이사의 행위는 불법행위책임의 요건을 갖추어야 하며 그 발생근거는 민법 제750조 이하이다. 법인의 불법행위가 성립하지 않는 경우에는 그 대표기관만이 피해자에 대하여 손해배상의무를 진다.

② 공동불법행위 : 법인의 불법행위가 성립하는 경우에는 가해행위를 한 이사 등은 법인과 공동불법행위의 관계에 놓인다. 공동불법행위자인 법인과 이사는 연대하여 그 손해를 배상할 책임이 있다(제760조 1항). 여기의 연대책임은 부진정연대채무의 성질을 띤다. 피해자는 법인과 대표기관에 대하여 선택적으로 또는 동시에 손해배상을 청구할 수 있다.

③ 사원의 책임 : 법인의 목적범위 외의 행위에 의한 불법행위는 그 사항의 결의에 찬성한 사원과 이사, 그리고 그것을 집행한 이사 기타의 대표자가 연대하여 배상해야 한다(제35조 2항). 즉 목적범위 이외의 사항에 관하여는 의사결정기관인 사원도 책임의 주체에 포함된다.

④ 법인의 구상권 : 법인이 피해자에게 배상하면, 법인은 기관개인에 대하여 구상권을 행사할 수 있다(제65조). 이것은 기관이 법인에 대하여 지고 있는 직무수행에 있어서의 선량한 관리자의 주의의무를 게을리 한 과실에 기인한 내부적 책임이다.

(7) 법인의 불법행위와 표현대표의 관계

법인의 대표기관이 소정의 절차를 거치지 않고 법률행위를 하여 대표권 없는 법률행위로서 무효가 될 경우에, 상대방은 불법행위(제35조)에 기한 손해배상청구를 해야 할 것인지 표현대표로서 법률행위의 유효를 주장할 것인지(제126조) 선택할 수 있다(어느 한 쪽을 우선해야 한다는 견해도 주장됨, 제35조우선적용설, 표현대표우선적용설 등).

판례는 상호신용금고의 대표이사가 고객으로부터 돈을 받아 예탁금으로 입금처리하지 않고 개인적인 용도로 차용하면서 외관상 신용금고의 차입금으로 처리하는 것으로 가장한 경우에, 이는 대표이사의 개인적 차용행위일 뿐 신용금고의 차용행위로서는 무효이며(대표권 부정, 표현대표 부정), 다만 신용금고는 대표이사가 직무범위 내에서 행한 불법행위로 고객에게 입힌 손해를 배상할 책임(제35조의 법인 책임)을 진다고 하였다(대판 1990. 3. 23, 89다카555). 이 판례는 표현대표의 여부를 먼저 검토하여 그 대표행위를 무효로 판단한 후 제35조의 법인의 불법행위책임을 인정하였다.

학교법인을 대표하는 이사장이라 하더라도 이사회의 심의, 결정을 거쳐야 하는 법인재산의 처분 등에 관하여는 법률상 그 권한이 제한되어 이사회의 심의, 결정 없이는 이를 대리하여 결정할 권한이 없으므로, 이사장이 한 학교법인의 기본재산처분행위에 관하여는 제126조의 표현대리에 관한 규정이 준용되지 않는다(대판 1983. 12. 27, 83다518).

(8) 법인의 불법행위와 대표권남용의 관계

법인의 대표기관이 대표권을 남용한 법률행위를 하여 상대방에게 손해를 입힌 경우에, 표현대표로서 그 법률행위의 유효를 주장하거나(제126조) 법인의 불법행위책임을 물어 손해배상을 청구할 수 있다(제35조). 판례는 정관에 정한 절차를 위반한 법률행위를 유효로 인정한 바 있다. 민법상의 사단법인에 있어서는 비록 그 재산이 중요하고 유일한 것이라 하여도 그 처분에 있어 사원총회의 결의를 필요로 하는 것은 아니고, 정관에 그와 같은 취지의 기재가 있다 하여도 그것은 내부문제에 불과하다(대판 1975. 4. 22, 74다410). 불법행위책임을 물은 경우로서는, 행위의 외형상 법인의 대표자의 직무행위라고 인정할 수 있는 것이라면 설사 그것이 대표자 개인의 사리를 도모하기 위한 것이었거나 혹은 법령의 규정에 위배된 것이었다 하더라도 직무에 관한 행위에 해당한다(대판 1969. 8. 26, 68다2320). 다만 피해자가 대표기관의 행위가 직무권한 내에 해당하지 않음을 알았거나 중과실로 알지 못한 때에는 법인에게 불법행위책임을 물을 수 없다(대판 2004. 3. 26, 2003다340450).

4. 법인격부인론

이사가 회사의 법인격을 남용하여 사욕을 채우거나 거래질서를 해치는 경우에 그러한 회사의 법인격은 부인되어야 한다는 법리가 각국에서 발전하였다(독일의 「투시이론」, 영미법상의 법인격부인의 법리 등). 우리나라의 학설과 판례도 일정한 한계 내에서 법인격부인의 법리를 인정한다. 그 실정법적 근거로서 민법 제 2 조의 신의칙과 상법 제171조 제 1 항의 "회사는 법인으로 한다"는 것을 든다. 판례는 "회사가 법률의 적용을 회피하기 위하여 실제 소유자인 관리회사와 별개의 법인격을 가지는 회사라고 주장하는 것은 신의성실의 원칙위반이거나 법인격을 남용하는 것으로서 허용되어서는 안 된다"고 한다(대판 1988. 11. 22, 87다카1671). 기존회사의 채권자는 두 회사 어느 쪽에 대해서도 채무의 이행을 청구할 수 있다(대판 2004. 11. 12, 2002다66892). 친자회사의 경우에는 자회사의 법인격이 모회사에 대한 법률 적용을 회피하기 위한 수단으로 사용되었거나 채무면탈이라는 위법한 목적 달성을 위하여 회사제도를 남용하는 등의 주관적 의도 또는 목적이 인정되어야 한다(대판 2006. 8. 25, 2004다26119). 개인이 회사를 설립하였다 하더라도 새로 설립한 회사에 있어 지배적 지위에 있지 않는 한, 개인의 채권자는 법인격 남용을 이유로 개인에 대한 채무의 이행을 회사에 청구할 수 없다(대판 2008. 8. 21, 2006다62829).

사례연습 〈법인의 불법행위 능〉

◎ 문 제 ◎

어떤 대학동창회의 이사 A는 동창회(사단법인)의 대표이사의 자격으로 다음과 같은 행위를 하였다. 각각의 경우에 그 법률효과는 어떠한가?

(1) A는 동창회소유의 건물을 음식점을 하는 B에게 1년간 임대하고 보증금으로 5천만원을 받아 동창회통장에 입금하지 않고 개인용도로 사용하였다. 원래 동창회의 이사회에서는 그 장소를 월세로 임대할 것을 결의하였는데, A가 독단적으로 채권적 전세로 임대한 것이었다. B는 그 건물에 입주하여 음식점영업을 하다가 계약기간이 만료되자 동창회에 대하여 보증금반환을 청구하였다.

(2) A는 동창회건물을 예식장으로 임대하겠다는 신문광고를 보고 온 임차희망자 B, C, D로부터 이사회에 얘기하여 일을 잘 성사시켜 주겠다며 각각 1천만원씩을 교제비로 받아 개인용도로 사용하였다. 후에 그 장소는 E가 임차하게 되었다.

해 답

이 사례문제에서 (1)은 계약상의 급부의무가 문제되는 것이므로 대표행위에 의한 임대차계약의 성립여부가 쟁점이 되는 반면에, (2)에서는 임대차계약의 성립은 불가능하고 손해를 배상받거나 투자한 돈을 회수하는 것이 목적이므로 불법행위책임이나 부당이득반환청구가 문제된다.

(1) **월권대표행위** : 이사 A가 이사회로부터 위임받은 권한은 그 장소를 월세로 임대하는 것이었다. 그럼에도 불구하고 A가 채권적 전세로 임대한 것은 「권한을 넘은 표현대표행위」(제126조, 제59조 2항)에 해당한다. 동창회는 임차인 B에 대한 관계에서는 5천만원의 보증금반환의무를 진다. 동창회는 A에 대하여 횡령한 5천만원에 대

하여 이자를 붙여 반환할 것을 부당이득반환청구권에 기해 청구할 수 있다.

(2) **불법행위책임** : 이사 A가 임차희망자들로부터 교제비 명목으로 돈을 받아 착복한 것은 일종의 사기행위에 해당하며 이는 불법행위책임을 발생시킨다. 그러므로 B, C, D는 각각 A에 대하여 불법행위에 기한 손해배상청구를 할 수 있다. 그 밖에 부당이득반환청구도 가능하다. 만약 B, C, D가 그 이사의 행위가 법인의 행위라고 믿을 만한 객관적 사정이 있었으면 법인도 불법행위책임을 질 것이다. 그러나 통상 교제비는 법인에게 주는 것이 아니라 이사 개인에게 주는 것이라고 이해되므로, 이 사례에서는 법인의 책임은 발생하지 않는다고 해석된다.

추리논증훈련

- 공익의 진정한 뜻

1. 공익법인을 자칭하면서 사용한 주사기, 피 묻은 붕대 등 유해폐기물을 방치하는 병원이 있다면 어떤 조치를 취하여야 할까? 만약 벌칙을 가한다면 누구에게 제재를 가하여야 할 것인가?

2. 자신을 위해서라면 절대 법에 어긋나는 행동을 하지 않는 사람이라도 조직을 위해서라면 불법한 행동을 마다하지 않는 충성을 바치는 사람이 있다. 이런 사람의 성격에 대하여 어떤 평가를 내릴 것인가?

20

법인의 해산

1. 법인의 해산제도

법인은 해산의 절차를 거쳐 권리능력을 상실하게 된다. 해산이란 법인이 본래의 목적에 따른 활동을 중지하고 그 법률관계를 청산하기 위한 절차로 들어가는 것을 말하며, 이로 인해 즉시 법인격이 소멸되지는 않는다. 해산한 법인은 청산의 목적범위 내에서만 권리·의무를 가지며(제81조), 청산이 완료되면 법인격이 소멸하게 된다. 법인은 해산에 의해 청산의 목적범위에 한정하여 활동하는 청산법인으로 변신하게 된다. 청산법인은 본래의 법인의 변형된 형태일 뿐이므로 종래 법인과 동일성을 유지한다.

2. 해산의 사유

(1) 사단법인의 해산사유

사단법인의 해산사유는 다음과 같다. ① 존립기간의 만료 : 사단법인에서 존립시기를 정하는 때에는 그 시기를 정관의 필요적 기재사항으로서 규정해야 한다(제40조 7호). ② 법인은 목적달성 또는 목적불능으로 소멸한다. ③ 파 산 : 법인이 채무를 완제하지 못하게 된 때에는 이사가 지체없이 파산신청을 해야 한다(제79조). 법인의 재산이 모든 채무를 변제하기에 부족한 경우에는 파산신청을 해야 할 의무가 이사에게 발생함이 원칙이며, 이사가 이를 게을리 했을 때에는 불법행위책임(제35조)을 지게 되며 과태료(제97조 6호)에 처해지게 된다. 이는 채권자의 공평한 만족을 위한 것이다. ④ 설립허가의 취소 : 법인이 목적 이외의 사업을 하거나 설립허가의 조건에 위반하거나 기타 공익을 해하는 행위를 한 때에는 주무관청은 그 허가를 취소할 수 있다(제38조). 이 허가취소는 장래에 대하여 허가의 효력을 부인하는 행정법적 효력이 있으며 취소 전에 한 법인의 사법적 행위에는 영향을 미치지 않는다. ⑤ 사원이 없게 된 때 : 사단법인은 사원을 필수적 구성요소로 하므로 사원이 사망·해임·탈퇴 등의 사유로 한 명도 없게 되면 사단법인은 해산하게 된다(한 명이 남더라도 해산사유는 아님). ⑥ 총회의 결의 : 사원총회는 그 결의에 의하여 사단법인을 해산할 것을 결정할 권한이 있다(기한부·조건부 해산결의는 제 3 자를 해할 염려가 있으므로 무효임). 해산결의를 위한 정족수는 정관에 다른 규정이 없는 한 총사원의 4분의 3 이상의 동의가 있어야 한다(제78조). ⑦ 기타 정관에서 정한 해산사유 : 사단법인의 해산사유를 정하는 때에는 그 사유를 정관의 필요적 기재사항으로서 규정해야 한다(제40조 7호).

(2) 재단법인의 해산사유

재단법인의 해산사유는 다음과 같다. ① 재산의 부재 : 재단법인은 그 기초를 재산에 두고 있으므로 재단의 재산이 고갈되거나 채무가 재산보다 초과하면 법인을 해산하거나 파산신청(제79조)을 하여야 한다. ② 존립기간의 만료(제77조), ③ 법인의 목적달성 또는 목적불능

(제77조), ④ 설립허가의 취소(제77조), ⑤ 기타 정관에서 정한 해산사유(제77조) 등이 있다.

3. 법인의 청산

(1) 해산의 결정

법인의 청산이란 청산인이 해산한 법인의 사무를 종결짓고, 채권을 추심하고 채무를 변제하며, 잔여재산을 정리하는 절차를 말한다. 법인에 대해 파산선고가 내려지면 파산법의 파산절차에 따라 청산이 행해지고(제79조, 제93조) 그렇지 않은 경우에는 민법에 따른 청산이 행해진다(청산절차규정은 강행규정). 법인의 해산 및 청산은 법원이 검사·감독한다(제95조).

(2) 청산법인

해산한 법인은 청산의 목적범위 내에서만 권리가 있고 의무를 부담한다(제81조). 이와 같이 청산의 목적범위 내에서만 존립하는 조직을 청산법인이라고 한다. 청산의 목적범위란 청산인의 직무에 관한 내용인데 그것은 ① 현존사무의 종결, ② 채권의 추심 및 채무의 변제, ③ 잔여재산의 인도이다(제87조 1항). 청산인은 이 직무를 행하기 위하여 필요한 모든 행위를 할 수 있다(제87조 2항). 청산법인이나 청산인이 청산목적범위 외의 행위를 한 경우에 그 행위는 무효이다(대판 1980. 4. 8, 79다2036).

(3) 청 산 인

법인이 해산한 때에는 파산의 경우를 제하고는 이사가 청산인이 된다(제82조 전문). 그러나 정관 또는 총회의 결의로 달리 정한 바가 있으면 그에 의한다(제82조 후문). 이에 의하여도 청산인이 될 자가 없거나 청산인의 결원으로 인하여 손해가 생길 염려가 있는 때에는 법원은 직권 또는 이해관계인이나 검사의 청구에 의하여 청산인을 선임할 수 있다(제83조). 또한 중요한 사유가 있는 때에는 법원은 직권 또는 이해관계인이나 검사의 청구에 의하여 청산인을 해임할 수 있다(제84조).

(4) 해산등기 · 해산신고

청산인은 파산의 경우를 제하고는 그 취임 후 3주간 내에 해산의 사유 및 연 · 월 · 일, 청산인의 성명 및 주소와 청산인의 대표권을 제한한 때에는 그 제한을 주된 사무소 및 분사무소 소재지에서 등기하여야 하며(제85조 1항), 이 사항을 주무관청에 신고하여야 한다(제86조). 청산종결등기가 경료되었어도 청산사무가 종결하지 않은 경우에는 청산법인으로 존속된다(대판 1980. 4. 8, 79다2036).

(5) 채권의 신고와 변제

청산인은 법인의 채권자에 대하여 일정한 기간 내에 그 채권을 신고할 것을 최고해야 하며(제88조 1항), 청산인이 알고 있는 채권자에 대하여는 각각 그 채권신고를 최고해야 한다(제89조 전문). 채권자가 신고기간 내에 신고하지 않으면 청산으로부터 제외될 수 있다(제88조 2항). 단 청산인이 알고 있는 채권자는 청산으로부터 제외하지 못한다(제89조 후문).

청산인은 신고한 채권자에게 그 신고기간이 경과한 후에 그 채권액에 상응하는 변제를 한다. 신고기간이 경과하기 전에 변제기가 도래한 채권이 있더라도 그에 대해 변제하지 못하지만, 실제 변제할 때까지의 지연배상은 해야 한다(제90조). 청산중의 법인은 변제기에 이르지 않은 채권에 대하여도 변제할 수 있다(제91조 1항). 조건 있는 채권, 가액이 불확정한 채권 등은 법원이 선임한 감정인의 평가에 의하여 변제해야 한다(제91조 2항). 신고한 채권을 변제하고 남는 재산이 있으면 청산으로부터 제외된 채권자에게 변제할 수 있다(제92조). 이 경우에도 잔여재산을 귀속권리자에게 인도한 후에는 채권자는 변제를 청구할 수 없다.

(6) 잔여재산의 인도

법인의 채무를 변제하고 남는 재산은 귀속권자에게 인도한다. 사단법인의 경우에 사원이 당연히 귀속권자가 되는 것이 아니며, 재단법인의 경우에 설립자 또는 출자자가 당연히 재산을 환수하는 것이 아니다. 그 재산의 귀속은 다음의 순서로 정해진다. 첫째, 해산한 법인의 재산은 정관에서 지정한 자에게 귀속한다(제80조 1항). 둘째, 정관으로 귀속권자를 지정하지 아니하거나 이를 지정하는 방법을 정하지 아니한 때에는 이사 또는 청산인은 주무관청의 허가를 얻어 그 법인의 목적에 유사한 목적을 위하여 그 재산을 처분할 수 있다(제80조 2항 본문). 이 경우 사단법인에 있어서는 총회의 결의가 있어야 한다(제80조 2항 단서). 셋째, 이사나 청산인이 처분하지 않은 재산은 국고에 귀속한다(제80조 3항).

(7) 청산종결의 등기 · 신고

청산이 모두 끝난 때에는 청산인이 3주일 이내에 이를 등기하고 주무관청에 신고해야 한다(제94조).

리갈마인드 강화훈련

조직 (組織, organization)

조직이란 일반적인 의미로는 '한 체계의 구성 요소들이 일정한 구조에 따라 배열된 질서'를 가리킨다. 그 질서를 이루는 데에는 관념적 체계나 사회적 체계가 중요한 작용을 할 수 있다.

좁은 의미의 '조직'이란 구성원이나 기관 등의 구성 요소가 공동으로 특수한 목표의 실현에 기여하는 내적 구조를 이루고 있는 것을 말한다.

추리논증훈련

- 조직의 수명

1. 어떤 사회적 조사에 의하면 대부분의 조직이 약 50년 정도의 활동기간을 가진 후 쇠퇴하게 된다고 한다. 단체의 활동상황에 따라 청년기, 장년기, 노년기가 있다면 각각 어떤 특징을 보이게 될 것인가?

2. 한국인들은 단체에의 가입도 쉽게 결정하고 탈퇴도 쉽게 결정하며, 단체의 이합집산도 자주 일어난다고 한다. 당신은 이렇게 단체활동에 변화가 큰 것을 한국인의 장점에 해당한다고 생각하는가? 아니면 한국에 유서 깊은 단체가 적다는 점에서 단점으로 받아들이는가?

4장

물 건

21

권리의 객체로서의 물건

사권(私權)은 그 주체가 사람이고 객체는「물건」또는「타인의 행위」이다. 권리란 일정한 이익을 누릴 수 있는 법적 지위를 의미하는데(권리법력설), 여기서의 이익에는 재산상의 이익(재화 · 용역), 생활이익(쾌적한 환경, 프라이버시), 가족적 이익 등이 포함된다.

1. 물건의 법적 의미

어떤 사물이 민법상 물건으로 인정된다는 것은「민법상 권리의 객체로 인정된다」는 것을 의미한다. 권리의 객체로 인정되어야 소유할 수 있고, 매매할 수 있으며, 타인의 침해를 배제할 수 있다.

(1) 유체물 또는 무체물

물건은 "유체물 및 전기 기타 관리할 수 있는 자연력"이다(제98조). 물건은 유체물과 무체물로 분류된다. 유체물은 형체를 가지는 물건을 말하고 무체물은 형체가 없는 것을 말한다. 정보, 컴퓨터 프로그램파일은 물건이 아니다(대판 1999. 2. 24, 98도3140 참조).

(2) 관리가능성

관리가능성은 유체물과 무체물에 공통된 요건이다. 따라서 유체물이라 하더라도 관리가능성이 없으면 사권의 객체가 될 수 없다. 여기서 관리가능성이란 배타적 지배가 가능하다는 의미이다. 배타적 지배의 존부는 사회관념에 비추어 결정될 수밖에 없다.

(3) 독립성 · 현존성

물권의 객체로 되는 물건은 현존해야 하며 다른 것들로부터 독립하여 존재해야 한다. ① 특정성의 전제 : 물권의 객체는 특정성을 가져야 하는데, 독립성은 그 특정성의 전제가 된다. 특정이란 당사자의 의사에 의해「그것으로 지정되는 것」을 의미한다. ② 독립성 · 현존성의 판단 : 독립성의 유무는 사회상식 또는 거래관념에 의해 결정된다. ③ 물건의 일부 : 물건의 일부에 대하여 채권은 성립할 수 있으나 물권은 성립하지 못한다. 물권은 직접지배를 내용으로 하는 권리이기 때문에, 물권의 객체는 반드시 하나의 독립한 물건이어야 한다는 원칙, 즉「일물일권주의」가 있다. ④ 물건의 집합 : 물권의 객체는 원칙적으로 한 개의 물건이어야 하지만, 저당권(공장재단정당)이나 양도담보(집합물양도담보)와 같은 담보물권은 여러 개의 물건의 집단에 대하여도 설정될 수 있다. ⑤ 유동적 집합물 : 물권은 특정된 물건에 대하여 인정됨이 원칙이지만, 수량이 증감하는 집합물에 대하여 물권이 인정되는 경우가 있다. 농장에서 사육하는 가축의 떼에 대하여는 집합물로서의 동일성을 해치지 않는 범위에서 유동집합물 양도담보권이 성립한다(대판 2004. 11. 12, 2004다22858).

2. 사람 및 신체에 대한 권리의 금지

살아있는 사람은 물건과 달리 소유·매매 등 권리의 객체가 되지 않는다. 다만 친권의 행사로서 친권자가 유괴범에 대해 유아(幼兒)의 인도를 목적으로 하는 경우 유아인도청구권의 객체가 된다. 사람의 노동력은 권리의 객체가 된다.

사람의 신체의 일부분은 권리의 객체로 다루어지지 않음이 원칙이다. 주물·종물과 같은 물건에 관한 규정은 살아 있는 사람의 신체나 그 일부분에 관하여는 적용되지 않는다. 인체로부터 분리된 모발·치아·혈액은 물건으로 취급된다. 인체에 부착된 의치·의안·의수·의족·가발 등은 신체에 고착되어 있는 동안은 물건으로 취급되지 않지만 신체로부터 분리되면 물건으로 취급된다.

장기 기타 인체의 일부를 분리하여 타인에게 양도하는 계약은 사회질서에 어긋나지 않는 한 유효하다(수혈, 심장이식).

시체·유골은 유족에게 권리가 있다. 타인이 시체를 점유하고 있는 경우에 상속인은 소유물반환청구권(제213조)에 준하여 그 인도를 청구할 수 있다. 다만 유족이라도 시체를 함부로 처분할 수 없으며 가족회의의 결정에 따라야 하는 등 권리행사에 「관습법상 제한」이 따른다.

리갈마인드 강화훈련

디지털 정보

정보화사회에서 디지털 정보는 새로운 권리의 객체로서 중요한 역할을 담당한다. 디지털 정보의 특성은 다음과 같다.

1) 유형매체의 불필요 : 디지털정보는 물리적·유형적(tangible) 매체를 필요로 하지 않는다. 정보는 인간의 정신적 산물인 지식 또는 사실이며 본래 형태가 없지만, 종래에는 정보를 책과 같은 유형적 매체에 담아 보존하거나 양도했다. 그러나 디지털 정보는 유형의 매체를 필요로 하지 않으며 정보 그 자체의 이전이 다운로드에 의해 가능하다.

2) 복제가능성 : 디지털 정보는 무제한적 복제가능성을 갖는다. 디지털로 된 컴퓨터 파일은 손쉽게 대량으로 복제될 수 있을 뿐 아니라, 복제가 수없이 반복되더라도 디지털의 품질에 손상을 입지 않는다. 디지털의 복제는 양적·질적 한계가 존재하지 않는다.

3) 노동의 산물 : 정보는 정보로서의 가치를 갖도록 만들어 낸 사람의 노동의 결과물이다. 이러한 관점에서 디지털 정보는 노동력의 전자적 변형으로서 다루어진다.

추리논증훈련

- 장기의 매매

1. 법적으로 장기의 매매는 금지되지만, 실제로 사람의 장기를 매매하는 행위는 주위에서 종종 발견된다. 장기를 매매하도록 허용하면 장기를 필요로 하는 사람이 쉽게 구할 수 있을 것이라는 반론도 있다. 장기를 얻기 위해 대기자리스트에 이름을 올려놓고 기다리는 중증환자들의 가슴은 초조함으로 타는 듯하다. 이렇게 사회적 필요가 있음에도 불구하고 장기매매를 금지하는 이유는 무엇일까?

2. 물건이 형태를 갖는가에 따라 유체물과 무체물로 구분하는데, 사실 유체물·무체물의 구분은 상대적이다. 무체물을 소유하는 자는 타인의 침해로부터 형체 없는 그것을 어떻게 방어할 수 있는가? 무체물의 예를 들고 그 지배·방어방법에 대해 설명하시오.

22 물건의 분류

1. 부동산과 동산

(1) 동산 · 부동산의 구별

동산과 부동산은 법률상 다르게 취급되는 경우가 많다.

① 공시방법 : 부동산과 동산은 공시방법을 달리한다. 부동산은 정착되어 있으므로 등기에 의하여 공시할 수 있으나, 동산은 동적이므로 점유에 의하여 공시하게 된다(제186조, 제188조, 제329조, 제356조). 그러나 선박 · 자동차 · 항공기 · 중기는 동산이지만 등기 또는 등록에 의해 공시된다.

② 공신의 원칙 : 동산거래에서는 공신의 원칙을 인정하여(제249조) 무권리자로부터 권리를 취득할 수 있게 한 데 반하여, 부동산거래에서는 이를 인정치 아니하여 부동산의 진정한 소유자를 보호한다.

③ 제한물권의 허용범위 : 민법상 용익물권(지상권 · 지역권 · 전세권을 총칭하는 말이다)은 부동산에 관하여만 인정되고 동산에는 인정되지 않는다. 담보물권에 있어서는 저당권은 부동산에만, 질권은 동산에만 인정된다.

④ 시효취득의 요건 : 동산과 부동산은 시효취득의 요건이 다르다(제245조, 제246조). 부동산의 시효취득에는 「10년의 등기부취득시효」와 「20년의 점유취득시효」의 두 종류가 있는 데에 반하여, 동산은 부동산의 경우보다는 짧게 5년 또는 10년의 점유로 시효취득한다.

⑤ 소유권의 취득사유 : 무주물선점(제252조)이나 부합(제256조, 제257조)의 요건은 부동산과 동산이 다르다.

⑥ 재판관할 : 민사소송에서 부동산에만 재판관할에 대한 특별규정이 있고(민소 제20조), 동산에는 규정이 없다.

⑦ 강제집행 : 강제집행의 절차와 방법도 부동산·동산에 따라 크게 다르다(민집 제78조, 제188조).

(2) 부 동 산

토지와 그 정착물은 부동산이다(제99조 1항).

1) 토 지

토지란 일정한 지면과 이 지면의 상·하(즉 공중과 지하)를 말한다(제212조). 토지의 상·하에 공작물을 소유하기 위한 권리로서 구분지상권이 있다(제289조의2). 토지의 구성물(암석·토사·지하수 등)은 토지의 일부분이다. ① 미채굴의 광물은 「국가의 배타적인 채굴·취득허가권의 객체」이므로 이 범위 내에서 토지소유권의 행사가 제한된다(광업 제4조). ② 바다에 관하여는 어업권이 인정되긴 하지만 사소유권은 인정되지 않으며(수산 제23조 이하), 공유수면매립법에 따른 이용권은 인정될 수 있다. 하천에 관하여서도 사소유권은 인정되지 않고 이용권만이 인정된다(하천 제2조, 제33조). ③ 도로에 관하여는 사적 소유권이 인정될 수 있으며, 도로에 대한 저당권의 설정도 가능하다. 다만 그 권리의 행사는 일정한 범위로 제한된다(도로 제3조 참조). ④ 「1필의 토지의 일부」는 분필의 절차를 완료하기 전에는 양도, 제한물권의 설정, 시효취득의 대상이 되지 않는다. 그러나 용익물권의 설정에 관하여는 예외가 있다(부등 제136조, 제137조, 제139조 참조).

2) 건　　물

건물은 토지로부터 완전히 독립한 별개의 부동산이다. 따로 건물등기부가 있으므로 토지와 별도로 등기하여야 물권변동의 효력이 생긴다(제186조).

1동의 건물의 일부는 독립하여 소유권의 객체로 될 수 있다. 이렇게 건물의 독립된 일부에 대한 소유권을 「구분소유권」(제215조)이라고 한다(집합건물의 소유 및 관리에 관한 법률 참조). 1동의 건물의 일부에 대하여 전세권을 설정할 수 있다(부등 제139조 2항).

3) 수　　목

나무는 토지로부터 분리되면 동산이지만, 분리되지 않은 상태에서는 토지의 일부이다. 그러나 「입목에 관한 법률」(1973, 법률 제2484호)에 의하여 소유권보존등기를 한 「수목의 집단」은 독립한 부동산으로 취급되므로 소유권·저당권의 객체가 된다(입목 제3조 1항). 입목에 관한 법률의 적용을 받지 않는 수목의 집단은 관습법상의 '명인방법'(明認方法)으로 권리의 공시가 가능하다.

4) 농 작 물

토지에서 경작·재배되는 각종의 농작물은 원래 토지의 일부이다. 그러나 정당한 권원에 의거하여 타인의 토지에서 경작·재배하면 그 농작물은 토지에 「부합」하지 않고 토지로부터 독립한 별개의 부동산으로 취급된다(제256조). 아무 권원 없이 타인의 토지에서 경작·재배한 경우라도 농작물의 소유권은 명인방법을 갖추지 않았더라도 경작자에게 있다(대판 1963. 2. 21, 62다913 등).

(3) 동　　산

부동산 이외의 물건은 모두 동산이다(제99조 2항). ① 정착물이 아닌 토지의 부착물도 동산이다(이동가능한 공중전화박스, 가식재한 수목). ② 전기 기타 관리할 수 있는 자연력은 동산으로 취급된다. ③ 선박·자동차·항공기·일정한 중기 등은 동산이지만 법률상 부동산과 같이 취급된다. ④ 무기명채권은 동산이 아니다(제523조 내지 제525조). 무기명채권이라 함은 상품권·승차권·입장권·무기명국채 등과 같이 특정의 채권자를 지정하지 않고서 채권증서의 정당한 소지자에게 변제하여야 할 증권적 채권을 말한다. 무기명채권의 경우에 채권은 증권에 화체되고 채권의 성립·존속·행사 등에 있어서 증권의 소지가 요건으로 된다.

(4) 금　　전

금전은 법률상 동산과 별도로 취급된다. 금전은 선의취득의 요건을 갖출 필요도 없이 점유하기만 하면 소유권이 인정되므로, 금전의 점유를 잃은 자는 채권적인 반환청구권만을 가질 뿐이다(예컨대 부당이득반환청구권).

2. 주물과 종물

중심이 되는 물건을 주물(主物)이라 하고, 보조적인 물건을 종물(從物)이라고 한다. 종물이란 물건의 소유자가 그 물건의 일상적 사용을 위해 부속한 물건(식당의 식탁, 교실의 책상)으로서 그 소유자가 동일한 경우를 말한다(제100조 1항).

(1) 종　　물

종물의 요건은 다음과 같다. ① 주물의 상용에 제공되는 것, ② 주물에 부속되어 있는 것, ③ 종물은 독립한 물건이 될 수 있을 것, ④ 주물과 종물이 동일한 소유자에게 속할 것. 종물은 다른 약정이 없는 한 주물의 처분에 따른다(제100조 2항, 임의규정). 주물 위에 저당권이 설정된 경우에 그 저당권의 효력은 저당권설정 당시의 종물은 물론 설정 후의 종물에 대하여도 미친다(제358조). 부동산의 상용에 공하여진 물건이 부동산 소유자가 아닌 사람의 소유인 때에는 종물이라고 할 수 없으므로 저당권의 효력이 미칠 수 없어 낙찰자가 소유권을 취득할 수 없다(대판 2008. 5. 8, 2007다36933 · 36940). ⑤ 단 제3자의 권리를 해하지 않는 한 다른 소유자에게 속하는 물건도 종물이 될 수 있다(제100조 1항의 확장해석). 주물이 처분된 경우에 종물의 소유자가 동의 또는 추인하거나, 종물이 동산인 경우에 상대방이 선의취득의 요건을 갖추면 종물의 소유권을 취득하게 된다(대판 2002. 2. 5, 2000다38527).

(2) 종된 권리

주된 권리와 종된 권리 상호간에도 주물 · 종물의 법리는 준용된다. 예를 들어 건물이 양도되면 그 건물의 존립을 위한 대지의 임차권 및 지상권도 따르는 것이 원칙이고, 원본채권이 양도되면 그 기본적 이자채권도 따라서 이전함이 원칙이다. 당사자는 이와 다른 약정을 할 수 있다.

저당권의 효력이 저당부동산에 부합된 물건과 종물에 미친다는 민법 제358조 본문을 유추하여 보면 건물에 대한 저당권의 효력은 그 건물에 종된 권리인 건물의 소유를 목적으로 하는 지상권에도 미치게 되므로, 저당권의 실행으로 건물의 소유권을 취득한 경락인은 그 지상권도 등기없이 취득하며, 경락인이 건물을 제 3 자에게 양도한 때에도 민법 제100조 제 2 항의 유추적용에 의하여 건물과 함께 종된 권리인 지상권도 양도하기로 한 것으로 본다(대판 1996. 4. 26, 95다52864). 건물에 대한 저당권이 실행되어 경락인이 건물의 소유권을 취득한 때에는 건물의 소유를 목적으로 한 토지의 임차권도 함께 경락인에게 이전된다(대판 1993. 4. 13, 92다24950).

3. 원물과 과실

물건으로부터 생기는 수익을 과실(果實)이라고 하고, 과실을 생기게 하는 물건을 원물(元物)이라고 한다. 과실은 물건으로부터 생기는 이익이므로 「권리의 과실」(주식의 배당금, 특허권의 사용료)은 여기의 과실에 해당하지 않는다. 과실에는 천연과실과 법정과실이 있다.

(1) 천연과실

물건의 용법에 의하여 수취하는 산출물을 천연과실이라고 한다(제101조 1항). 천연과실은 그 원물로부터 분리하는 때에 이를 수취할 권리자에게 속한다(제102조 1항). 수취할 권리자는 원물의 소유자인 것이 원칙이다(제211조 참조). 그러나 물건의 점유를 수반하는 권리를 갖는 자가 과실수취권을 갖는 경우도 많다. 선의의 점유자(제201조), 지상권자(제279조), 전세권자(제303조), 유치권자(제323조), 질권자(제343조), 저당권자(제359조), 매도인(제587조), 사용차주(제609조), 임차인(제618조)은 과실수취권을 갖는다. 미분리의 천연과실은 「관습법상의 명인방법」을 갖추는 때에는 독립성이 인정되어 타인의 소유권의 객체로 된다.

(2) 법정과실

물건의 사용가치로 받은 금전 기타의 물건을 법정과실이라고 한다. 금전의 법정과실에는 금전소비대차에 따른 이자, 임대차에 따른 차임(집세 · 지료) 등이 있다. 법정과실은 수취할 권리의 존속기간에 비례하여 정해진다(제102조 2항).

리갈마인드 강화훈련

목적물의 특정

물건은 권리의 객체가 되기 위해서 반드시 특정되어야 하는 것은 아니다. 종류로만 지정된 물건(종류물)도 채권의 객체가 될 수 있다. 다만 소유권 등 물권의 객체가 되려면 특정물이어야 한다. 배타적 권리라든가 우선변제권 같은 강한 권리는 특정된 물건에 대하여만 인정된다. 인생에 있어서도 한 가지 목표에 집중할 때 성공가능성이 높은 법이다. 동시에 여러 가지를 시도하는 것은 힘의 집중이 안 되고 리스크도 높아진다.

1) 소유권의 객체는 특정물이어야 한다. 소유권의 본질은 배타적 지배에 있는데 특정되어야 타인의 영향력을 배제하고 혼자서 지배할 수 있게 된다.

2) 특정되어야 우선권이 인정된다. 담보물권은 담보물로부터 우선해서 변제받는 것을 목적으로 한다. 민사집행에서의 채권자평등의 원칙을 깨고 다른 채권자를 젖힐 수 있는 막강한 우선변제권이 인정되기 위해서는 목적물이 하나 또는 수개의 물건에 특정되어야 한다.

반면에 인적담보(보증채권)는 채무자의 모든 재산에 대해 집행할 수 있지만 어떤 물건에 대해서도 우선변제권이 인정되지 않는다. 양자를 대비해 보면 목적물을 여러 개 흩어 놓는 것보다 가치가 큰 한

개의 목적물에 집중하여 우선권을 얻어내는 것이 더 유용함을 알 수 있다.

3) 특정되려면 먼저 현존해야 한다. 건물은 신축되어 건물로서의 실체를 갖추어야 소유권의 객체가 되며, 보존등기가 완료되어야 저당권의 객체가 된다. 장래 제작될 물건에 대하여 매매계약을 체결할 수는 있지만 소유권을 이전받을 수는 없다.

4) 특정된 물건에는 멸실 및 이행불능의 위험이 따른다. 채권의 목적물을 미리 특정해 두면 이행기까지 화재 등으로 목적물이 멸실하는 경우에 다른 물건으로 대체되지 않으므로 그 위험(급부위험)을 채권자가 떠안게 된다. 이와 같이 채무이행에서의 '위험'이 발생하기 위해서는 목적물이 특정되어 있을 것이 논리적 전제로 된다.

추리논증훈련

- 경품의 유혹

1. 어떤 백화점에서 컴퓨터를 사면 고가의 경품을 주겠다고 광고하여 그 광고를 믿고 컴퓨터를 구입하였으나 광고한 경품을 주지 않은 경우에, 소비자는 어떻게 대응할 것인가?

   광고된 경품을 받기는 하였으나 그것이 질이 낮은 제품이거나 하자 있는 경우에 제대로 보상을 받기 어려운 때가 많다. 아예 경품을 붙여 주는 대신 물건값을 깎아달라고 요구해 보면 어떨까?

2. 우리 민법은 토지와 건물을 각각 별개의 부동산으로 본다. 그러나 주택, 특히 아파트의 거래실태를 살펴보면 건물의 면적을 중요시할 뿐 대지의 면적은 가볍게 취급하는 경우가 많다. 그런 이유로 간혹 아파트분양업자가 대지의 면적을 최초의 분양광고에서 보다 작게 양도해 주더라도 입주자는 모르고 넘어 가는 경우가 생긴다. 이렇게 대지면적을 속이는 경우에 어떻게 대처할 수 있을까?

5장

법률행위 개설

23

법률행위의 개념

법률행위는 「의사표시를 중심요소로 하는 사법상의 법률요건」으로서 「행위자의 의사에 상응하는 법률효과가 인정되는 적법행위」이다. 법률행위개념은 실용성은 적지만 법적 사고(legal mind)의 근간을 이룬다.

1. 법률행위개념의 역사

법률행위개념은 19세기 사비니(Savigny)가 근대자연법학의 영향을 받아 단독행위와 계약의 종(種)개념으로서 의사표시와 법률행위의 개념을 창안한 데에서 비롯된다. 로마법에는 매매·임대차 등의 개별적인 계약유형이 존재하였을 뿐이며, 법률행위라는 추상적 개념은 없었다.

법률행위개념을 민법에 명문으로 규정하는 대표적 국가는 독일이다(판덱텐체계). 프랑스민법을 비롯한 로마법계와 영미법계에서는 법률행위개념을 사용하지 않는다. 스위스민법은 법률행위에 관한 통일적 규정을 두지 않고 의사표시규정을 개별적으로 둘 뿐이다. 일본민법은 독일민법 제1초안에 따라 법률행위개념을 기본개념으로 삼아 제정되었다.

우리 민법은 독일의 법률행위개념을 수용하였다. 이로써 개인의 의사표시를 존중하는 사적자치가 구현되었을 뿐 아니라, 법적 개념이 전문화되고 체계화되는 장점을 갖게 되었다. 반면에 일반인이 이해하기 어렵고 쟁점별로 하나의 법률문제를 집약해서 처리하지 못하며, 표시된 의사만을 중시하다보니 그 동기를 이루는 「거래에 이르게 된 진정한 의도」가 경시된다는 단점이 있다.

2. 법률요건과 법률효과

당사자는 법률행위를 함으로써 자신의 의욕(意慾)에 상응하는 법률효과를 부여받는다. 법률행위는 법률요건에 해당한다. 법률행위의 효과로서 당사자는 원하는 권리를 취득하고 자기가 약속한 것을 이행해야 할 법적 의무를 지게 된다. 다만 당사자의 의욕이 사회질서에 어긋나는 것인 때에는 유효한 법률행위가 되지 못하며 의욕에 상응하는 법률효과가 발생하지 않는다.

사법상의 법률효과는 대개 「당사자간의 권리와 의무의 발생 · 변경 · 소멸」로 나타난다. 이러한 법률효과를 생기게 하는 원인을 법률요건이라고 한다. 법률요건의 대표적인 것이 법률행위이고 그 밖에 불법행위 · 부당이득 · 사무관리 · 준법률행위 · 사건 등이 있다. 법률요건을 구성하는 개개의 사실을 법률사실이라고 부르기도 한다. 민사문제는 법률요건에 상응하는 법률효과를 분석함으로써 그 해결책을 찾는다.

3. 법률행위의 구속력

법률행위를 할 것인가 말 것인가는 당사자의 자유에 맡겨져 있지만, 일단 행위를 하고 나면 법적 구속력이 부여된다. 법적 구속력이 부여되면 당사자는 임의로 철회하지 못하고 약속한 의무를 이행해야 한다. 의무를 이행하지 않으면 채무불이행책임을 지며 강제집행을 당할 수 있다.

예를 들어 A가 자기 집을 B에게 5억원에 팔기로 합의했다고 하자. A는 집을 팔기를 원했기 때문에 매매계약을 체결했고, 거래상대방을 B로 선택했으며, 가격도 자유롭게 결정했다. B의 입장에서도 자발적인 결정이라는 점에서는 A와 같다. 법은 A와 B가 집을 5억원에 팔고 사기로 합의한 것을 존중하여 그 합의를 매매계약으로서 인정한다. 계약이 체결된 것이 확실하면 A는 자기의 약속에 따라 B에게 집의 소유권을 양도할 채무를 지며 B는 A에게 약속한 5억원의 대금을 지급할 채무를 진다. 만약 계약이 성립한 후에 B가 시세보다 비싸게 샀다든가, 자금사정이 여의치 못하다는 등의 이유로 계약한 것을 후회하더라도 일단 계약이 체결된 후에는 계약을 철회할 수 없다. 계약에 대해서 법적 구속력이 부여되기 때문이다. 만약 B가 채무를 이행하지 않으면 법원의 강제집행을 당하게 될 수 있다.

4. 의사표시와 법률행위의 관계

의사표시는 표의자가 상대방을 향하여 자기의 법적 의도를 표현하는 것이다. 의사표시는 법률행위를 구성하는 핵심적 법률사실로서 법률행위보다 하위개념이다. 법률행위는 그 의사표시를 포함하여 양당사자 사이에 형성되는 법률관계를 포괄적으로 가리킨다. 계약에 있어서는 양자의 차이가 확연히 드러나는데, 청약과 승낙은 각각 하나의 의사표시로서 양자가 합하여 하나의 법률행위를 이룬다. 단독행위는 하나의 의사표시만으로 이루어지지만, 법률행위로서 성립하기 위해서는 별도의 요건을 필요로 하는 경우도 있다.

법률행위는 의사표시 이외의 구성요소를 갖는 경우가 많다. ① 미성년자의 법률행위에 있어서 법정대리인의 동의, ② 동산소유권의 양도에서 물건의 인도(인도를 법률행위 이외의 요건으로 보는 반대설 있음: 물권법 참조), ③ 어음행위에 있어서 배서 및 증서의 교부, ④ 혼인에 있어서 혼인신고, ⑤ 유언에 있어서 유언자 사망 등이 그 예이다.

5. 호의행위와 법률행위의 차이

법률행위는 법적 의무 등을 발생시킨다는 점에서 그렇지 않은 일상적 호의행위와 구별된다. 법적 의무에 한해서만 그 이행을 소송에 의해서 청구할 수 있고(소구력), 이를 기초로 강제집행할 수 있는(강제집행력) 등의 법적 구속력을 갖는다.

친구가 우정에 기해 「결혼식에 참석해서 사진을 찍어 주겠다」라고 약속했더라도(호의행위), 그 약속이 도의적 차원에 머무는 것이라면 법률행위가 되지 않는다. 그러나 예식장의 사진사가 같은 약속을 했다면 그것은 의사표시로 인정되어 결혼사진촬영을 위한 도급계약을 성립시킨다. 만약 사진사가 오지 않았다면 그는 채무불이행으로 인한 손해배상의무를 지게 된다.

6. 불법행위와 법률행위의 차이

인간의 행위 중에서 법적으로 의미를 갖는 것을 「법적 행위」라고 하며, 이에는 적법행위와 위법행위가 있다. 적법행위의 대표적인 예가 법률행위이고, 위법행위의 대표적인 예가 불법행위이다. 법률행위에 대해서는 행위자가 의도한 효과를 부여하는 반면에, 불법행위에 대해서는 행위자의 의사에 관계없이 손해배상책임을 부담시킨다. 즉 전자는 의사의 효과인 데 반하여, 후자는 법률규정의 효과(법정채권관계)이다.

 리갈마인드 강화훈련

주의의무

의무(義務)란 사회 내지 한 집단 내의 인간의 위치와 책임으로부터 생겨나는 의식 및 행동에 대한 요청을 일반화한 윤리학적 개념이다. 우리는 개인으로서 정치 · 경제 · 사회 · 문화 · 가족 등 삶의 여러 영역에서 구체적인 의무를 진다. 의무는 때로는 개인으로 하여금 사회 내지 집단에 활동적으로 참여할 것을 요구한다.

사적 거래의 영역에서 개인은 자기의 결정에 의하지 않고는 개인적 의무(채무)를 지지 않음을 원칙으로 삼는다. 누구도 타인에게 채무를 지라고 강요할 수 없다. 채무를 지겠다는 개인의 결정은 법률행위로서 이루어진다. 법률행위의 핵심은 스스로 채무를 부담하겠다는 자율적인 의사의 표시에 있다.

사회생활상의 의무는 개인의 결정과 관계없이 부과된다. 자기 집 앞의 눈을 치울 의무, 극장 관객의 피난경로를 마련해 둘 의무, 약품의 부작용을 정확히 경고해 줄 의무 등 사회가 요구하는 주의의무는 다양하며, 요구되는 주의의 정도도 점차 높아지고 있다.

추리논증훈련

- 강요의 불편함

1. 버스에 상인이 올라타서 모든 승객에게 상품을 한 개씩 주고 나서는 구매를 강요하는 경우에 승객으로서 불쾌하게 느낀 경험이 있을 것이다. 이와 유사한 상품권유로 불쾌했던 경험을 이야기하고 불쾌했던 이유를 말해 보시오.

2. 우리나라의 보험상품 판매는 친척, 친구 등 보험모집인의 인적 연계망을 활용한 강제적 권유에 의존하는 비율이 높다. 이러한 방식의 상품판매가 사회에 미치는 해악을 분석해 보시오.

3. 오랜만에 전화를 걸어온 친구랑 만나서 즐겁게 이야기를 나누던 중 그 친구가 다단계 판매원으로서 상품을 구입해 달라고 애원하기에 이르렀다. 이런 경우 당신이 느끼는 갈등을 묘사해 보시오.

24

법률행위의 종류

1. 단독행위와 계약

(1) 단독행위

법률관계의 당사자 중 한 사람의 일방적인 의사표시만으로 권리변동을 가져오는 법률행위를 단독행위라고 한다. 단독행위의 요건은 ① 하나의 의사표시가 존재할 것, ② 그 의사표시에서 의욕한 권리변동이 그 법률효과로서 부여될 것이다.

1) 단독행위의 법정주의

단독행위는 법률에 정해진 유형만이 제한적으로 허용된다. 사법상의 권리·의무발생은 계약에 의함이 원칙이고 단독행위는 예외적으로 허용된다. 일방당사자의 의사표시만으로 권리변동을 가져오는 단독행위를 함부로 허용하면 타인의 이익을 해칠 우려가 있기 때문이다.

당사자는 새로운 유형의 단독행위를 창설할 수 없다. 그러나 계약에 관련된 해제권·해지권·상계권(형성권)은 당사자의 합의로 부여할 수 있다. 단독행위로 얻을 수 있는 효과는 이해당사자 사이의 계약으로도 얻을 수 있다(해제합의, 상계합의 등).

2) 단독행위의 종류

단독행위에는 「법률관계의 발생에 관한 단독행위」와 「법률관계의 소멸에 관한 단독행위」가 있는데, 전자가 본래적 의미의 단독행위이다. 법률관계의 발생에 관한 단독행위에는 「수권행위」(대리권수요행위)나 「유언」이 있고, 법률관계의 소멸에 관한 단독행위에는 「권리의 포기」와 「형성권의 행사」(해제권, 취소권의 행사)가 있다.

3) 상대방 있는 단독행위

단독행위를 구성하는 의사표시가 특정의 상대방에게 도달할 것을 필요로 하는 경우에 「상대방 있는 단독행위」라고 한다. 동의·채무면제·상계·추인·취소·해제·해지는 상대방 있는 단독행위로서 의사표시가 상대방에게 도달하는 때에 효력을 발생한다(제111조). 상대방이란 그 단독행위로 권리에 직접적인 영향을 받게 되는 타인을 말한다. 채무의 면제에 있어서 단독행위자는 채권자이고 상대방은 채무자이다. 상대방 있는 단독행위는 의사표시가 상대방에게 도달되는 때에 효력을 갖는다.

「상대방 없는 단독행위」인 유언이나 소유권의 포기 등의 경우에는 특정인에 대한 의사표시의 도달을 요건으로 하지 않는다.

4) 조건·기한의 금지

취소·해제·권리포기·수권행위·상계 등 타인의 권리에 직접효과를 미치는 단독행위에는 조건·기한을 붙일 수 없다. 상계의 의사표시에 조건 또는 기한을 붙일 수 없다는 명문규정이 있는데(제493조 1항) 이 취지가 다른 단독행위의 경우에도 유추적용된다. 다만, 유언에는 정지조건을 붙이는 것이 허용된다(제1073조 2항).

(2) 계 약

계약이란 법률관계의 당사자가 권리의 변동에 관하여 합의를 함으로써 법적 구속력을 발생시키는 행위를 말한다. 계약당사자는 각자가 계약에서 합의한 바에 따라 권리와 의무를 취득한다.

1) 계약의 개념

계약(광의의 계약)에는 채권계약, 물권적 합의(물권계약이라고도 함), 가족법상 합의, 기타의 권리발생을 위한 합의 등이 있다. 흔히 계약이라고 하면 채권계약(협의의 계약)을 가리킨다. 민법 제 3 편 제 2 장에서 규정하는 계약(제527조~제733조)은 채권적 계약에 관한 것이며, 다른 계약에도 그 성질에 부합하는 범위에서 유추적용된다.

2) 계약의 종류

계약에 참여하여 자기의 의사를 표시하는 당사자의 수 및 그 표시방법에 따라 다음과 같이 분류된다. ① 쌍방계약 : 두 개의 대립하는 의사표시의 합치에 의하여 성립하는 법률행위를 쌍방계약이라고 한다. 쌍방계약은 당사자 상호간에 청약과 승낙을 교환하는 등의 방법으로 성립한다. 두 당사자가 각각 표의자이며 동시에 의사표시의 상대방이 되는 상호적인 행위이다. ② 다자간계약 : 세 명 이상의 사람이 공동의 법률관계에 참가하기 위한 합의를 하는 경우를 다자간계약이라고 한다. 3인 이상이 조합을 결성하는 경우가 이에 해당한다. 상속재산의 협의분할은 공동상속인간의 일종의 계약(다자간계약)으로서 공동상속인 전원이 참여해야 하고, 일부상속인만으로 한 협의분할은 무효이다(대판 1995. 4. 7, 93다54736). ③ 합동행위 : 사단법인의 설립행위는 다자간계약으로 보는 견해와 합동행위로 보는 견해가 대립한다(법인설립 참조).

2. 부담행위와 처분행위

법률행위는 그 효과에 따라 채무를 부담시키는 부담행위(채권행위)와 권리주체의 변동을 가져오는 처분행위(물권행위)로 구분된다.

(1) 부담행위

부담행위란 당사자 사이에 채권과 채무를 발생시키는 법률행위를 말하며 채권행위라고도 한다. 부담행위의 대표적인 예는 계약이다. 쌍무계약에서는 양당사자가 채무를 부담하고, 편무계약에서는 한 당사자만이 채무를 부담한다. 부담행위에 의하여 채권관계가 발생한다. 채권관계란 채무부담과 채권취득의 상호적 법률관계이다. 부담행위는 권리를 이전시키지 않으므로 처분권이 필요 없다.

(2) 처분행위

처분행위란 그 효과로서 직접 물권·채권 기타 재산권의 귀속주체를 변경시키거나 내용을 변경시키거나 또는 소멸시키는 행위를 가리킨다.

1) 채무이행과 처분행위

처분행위는 부담행위의 이행을 위하여 행하여진다(매매계약과 소유권양도행위). 처분행위로 당사자가 원하는 물권변동이나 기타 권리처분의 효과가 바로 생긴다. 그러나 부담행위는 장래 채무자에 의한 이행으로서의 처분행위를 필요로 한다.

대표적인 처분행위는 물권변동을 가져오는 물권행위(제186조)이다. 채권양도(제449조), 채무면제(제506조)는 채권에 관련한 법률행위이지만 채권의 귀속에 직접적인 변동을 가져오므로 처분행위이다(준물권행위라고도 함).

2) 처 분 권

처분행위는 권리에 대한 처분권을 갖고 있는 자(소유자)가 한 경우에만 유효하다. 처분권 없는 자의 양도・포기・제한물권설정 등의 처분행위는 무효이다. 처분권의 제한을 받는 자의 처분행위는 「잠정적 유효의 불완전한 효과」를 발생시킨다. 예외적으로 거래상대방을 보호하기 위하여 무권리자의 처분에 대하여 선의취득을 인정하는 경우가 있다(제249조).

처분권 없는 자의 행위는 처분권자의 추인이 있으면 유효한 것으로 전환될 수 있다. 무권리자가 부동산을 매도하여 소유권이전등기를 경료해 준 경우에, 진정한 권리자(소유자)는 무권리처분자에 대하여 그 무권리처분의 추인을 전제로 하여 그가 받은 매매대금을 부당이득으로서 반환청구할 수 있다(대판 1992. 9. 8, 92다15550).

3) 처분권부여

권리자가 제 3 자에게 처분권을 부여하는 행위를 처분권부여(권한부여)라고 한다. 권한부여를 받은 자는 자기의 이름으로 법률행위를 하여 타인의 권리를 처분할 수 있다(대리와 다름). 타인에게 처분권을 부여한 권리자 자신도 처분권을 갖는다(권리양도와 다름). 판례는 권한부여에 관하여 타인권리의 매매(제569조)와 대리(제114조)의 규정을 유추적용한다(대판 1981. 1. 13, 79다2151).

3. 요식행위・불요식행위

법률행위, 그 중에서도 특히 계약의 체결에 관해 '방식의 자유'가 지배한다. 예외적으로 서식, 서명날인 등 방식이 요구되는 경우가 있다(유언 등).

일정한 방식에 따라 행하여져야 효력이 인정되는 법률행위를 요식행위라고 한다. 법률행위와 방식의 결합 정도에 따라 다음과 같이 분류된다. ① 본체적 방식 : 법률행위와 방식이 일체를 이루고 있어 방식이 없으면 법률행위가 존재한다고 할 수 없다(어음 · 수표행위). ② 부가적 방식 : 법률행위는 자체의 요건으로 성립하고 방식을 갖춤으로써 효력이 발생한다(부동산물권변동에서의 등기). ③ 선택적 방식 : 법정방식을 취하지 않아도 법률행위로서 유효하게 성립하지만, 법정방식을 취한 경우에는 특별한 효과가 추가된다(서면에 의한 증여는 해제가 제한됨). ④ 서면작성의무의 부과 : 할부판매계약 · 방문판매계약에서는 사업자에게 계약서의 작성 · 교부의무가 부과된다(할부 제4조; 방문판매 제7조).

4. 유인행위 · 무인행위

(1) 유인의 원칙

처분행위(물권행위 등)의 전제조건으로서 부담행위(채권행위 등)의 유효한 성립이 요구됨을 가리켜 유인(有因)의 원칙이라고 한다. 원인행위를 처분행위의 조건으로 삼는 것이 사회통념이다. 처분행위에 무인성(無因性)을 부여하려면 법률규정이나 관습법이 필요하다(반대설 있음). 어떤 법률행위의 효력이 그 원인된 법률행위의 존부 또는 효력 유무에 의하여 영향을 받는 경우 이 법률행위를 유인(有因)행위라고 하고, 그렇지 않은 경우를 무인(無因)행위라고 한다.

예를 들면 자전거를 10만원에 매매하기로 계약하고 매도인이 그 자전거의 소유권을 매수인에게 넘겨주었는데 후에 매도인이 착오를 이유로 매매계약을 취소한 경우에, 그 자전거의 양도행위(물권적 합의)는 무효로 되고 소유권은 매도인에게 복귀한다. 매도인이 매수인에게 물건을 양도한 이유는 유효한 매매계약을 기초로 매매대금을 받기 위한 것이며 매매가 무효라면 자기물건을 매수인에게 줄 아무 이유가 없게 되기 때문이다. 그 밖에 법인의 설립행위가 유효한 것을 전제로 법인에 출자하는 행위 사이에도 이와 유사한 조건관계가 발생한다.

(2) 무인행위

민법상 무인(無因)행위는 다음과 같다. ① 지시채권의 양도에는 무인성이 인정된다(제513조~제515조). ② 경 개 : 당사자가 채무의 중요한 부분을 변경하는 계약을 하면 그 효과로서 구채무가 소멸되고 신채무가 발생한다(제500조). ③ 물권행위의 무인성을 인정할 것인가의 여부에 관해서는 유인설과 무인설이 대립하는데 다수설과 판례는 유인설을 취한다(물권법 참조).

5. 생전행위 · 사인행위

유언(제1073조)과 사인증여(제562조)와 같이 행위자의 사망으로 법률행위의 효력이 발생하는 법률행위를 사인행위(사후행위라고도 함)라고 한다. 행위자의 사망을 조건으로 하지 않는 보통의 법률행위를 특히 사인행위와 구별하여 부를 때 생전행위라고 한다.

리갈마인드 강화훈련

예측 (豫測, prognosis)

예측이란 지금까지 알려지지 않았지만 실재적인 가능성 또는 현실성을 가지고 있는 사태의 내용, 방향, 범위, 관계에 대하여 과학적인 토대 위에서 행하는 진술을 가리킨다. 예지(豫知), 예견, 예언과 가까운 개념이다.

법은 국민에게 예측가능성을 부여한다. "무엇을 갖추면 어떤 법적 효과가 생긴다." "무엇을 하지 않으면 어떤 제재가 부과된다." 사람들은 법이 부여한 예측가능성을 고려하여 규범에 적합하게 행동하며, 타인들이 자신의 예측에 맞게 행동하기를 기대한다. 그러므로 어떤 사람이 예측에 어긋나는 행동을 하였을 때에는 그 사람에 대한 비난가능성이 생긴다.

추리논증훈련

- 선택의 협소함

1. 바다에 빠져 위태로웠던 생명을 구해준 어떤 수영선수에게 자기의 모든 재산을 상속해 주려고 유언을 작성해 둔 할머니가 있었다. 유언장을 작성한 후 할머니는 그 수영선수가 생명을 구조한 것이 아니라 인근에 있던 어부가 구조했다는 사실을 알게 되었다. 익사위험 사고에서 일 년이나 지난 현재 할머니는 사건 당시의 고마운 마음이 거의 사라졌기 때문에 누구에게도 재산을 상속해 주고 싶지 않게 되었다. 당신은 이러한 할머니의 심경변화에 대하여 어떻게 생각하는가?

2. 어떤 부자에게 오직 한 명뿐인 아들이 바다에 빠져 죽었다. 그 부자는 아들이 수영을 할 줄 알았더라면 익사하지 않았을 것이라고 생각하고 아들에게 수영을 가르치지 않은 학교를 원망했다. 그 부자는 어떤 학교에 기부금을 내면서 반드시 모든 학생들이 수영을 잘 할 때까지 가르칠 것을 조건으로 삼았다. 그 학교에는 물을 무서워해 수영 배우기를 거부하는 학생이 몇 명 있었다. 그 부자는 학교장에게 그 학생들을 퇴학시키든지 아니면 자기가 기부한 돈을 반환하라고 요구한다. 당신이 학교장이라면 어떻게 하겠는가?

25 법률행위의 요건

1. 법률요건과 법률사실

법률사실은 법률요건을 구성하는 개개의 사실이다. 법률요건은 보통 다수의 사실로 성립한다. 어떤 법률효과가 생기기 위해서는 그 전제로서 법률이 요구하는 요건을 충족해야 하며 그것을 점검하기 위해서는 법률사실이 갖추어졌는가를 조사한다. 예를 들어 부동산의 소유권을 이전하기 위해서는 양도행위와 등기를 해야 하고, 아버지에게 양육비를 청구하기 위해서는 부자관계가 확인되어야 한다.

2. 성립요건과 효력요건

법률행위를 논리적으로 분석해 보면, 법률행위로서 「성립」하여 존재하여야 하고, 또한 「유효」하여야 한다. 법률행위가 성립하기 위한 요건을 법률행위의 「성립요건」이라고 부르고, 성립한 법률행위가 유효하기 위한 요건을 「효력요건」이라고 부른다.

성립요건과 효력요건의 구별은 민사소송에서 입증책임과 관련하여 의의를 갖는다. 법률요건분류설(반대설 있음)에 따르면 성립요건은 법률행위의 효과를 주장하는 당사자가 입증책임을 지고, 효력요건의 부존재는 법률행위의 무효를 주장하는 당사자가 부담한다.

3. 성립요건의 종류

(1) 일반적 성립요건

법률행위의 성립을 위하여 일반적으로 요구되는 요건은 다음과 같다. ① 당사자의 존재 및 특정가능성 : 법률행위에는 그 주체로서 당사자가 존재해야 하며 그가 누구인지 객관적으로 식별할 수 있어야 한다. ② 목적의 존재 및 확정가능성 : 법률행위에는 '당사자가 무엇을 원하는가' 하는 행위의 목적이 존재해야 하며 그 내용이 식별가능해야 한다. ③ 의사표시의 발송·도달 및 그 내용의 확정가능성 : 의사의 표시로 볼 수 있는 행위가 있어야 법률행위가 성립한다. 의사표시가 있다고 하기 위해서는 표의자가 일정한 내용의 의사를 발송하고 상대방에게 도달되어야 하며(제111조, 법문상으로는 의사표시의 도달이 효력요건인 듯하나, 성립요건으로 보는 것이 타당하다), 또한 의사표시의 의미가 상대방에게 전달될 수 있을 정도로 명확해야 한다.

(2) 특별성립요건

한정된 법률행위에 관하여만 요구되는 성립요건을 특별성립요건이라고 한다. ① 법인은 주무관청에 설립등기를 함으로써 성립한다(제33조). ② 어음채무가 성립하기 위해서는 어음용지에 서명날인한 발행행위가 필요하다. 또한 지시채권의 양도행위는 그 증서에 배서하여 양수인에게 교부하여야 한다.

4. 효력요건의 종류

(1) 일반적 효력요건

어떤 법률행위라도 효력을 발생하기 위해서 반드시 필요한 요건을 일반적 효력요건이라고 한다. 법률행위는 성립요건을 갖춘 것만으로 외견상 유효하게 성립한 것처럼 보이지만, 효력요건을 갖추지 않으면 효력을 발생하지 않는다.

① 당사자의 권리능력 · 행위능력 : 법률행위의 주체가 권리능력을 갖지 않는 경우에는(죽은 사람 명의의 계약) 그 행위는 무효이다(제3조). 행위주체가 행위능력을 갖추지 않은 미성년자 · 한정치산자 · 금치산자인 경우에는 법률의 규정에 따라 취소할 수 있다(제5조, 제10조, 제13조). 의사표시의 수령능력은 행위능력과 같이 취급된다(제112조).

② 목적의 실현가능성 · 사회적 타당성 · 적법성 : 법률행위의 목적은 그 성립시에 실현가능성이 있어야 한다(목적의 확정가능성은 성립요건의 문제이다). 또한 법률행위의 목적은 선량한 풍속 기타 사회질서에 위반하지 않아야 하며(제103조), 현저히 불공정한 것이어서는 안 된다(제104조). 반사회적 행위 및 불공정행위는 무효이다. 강행법규, 형벌법규 기타 금지법규에 위반하는 행위는 반사회적 행위로서 무효가 될 수 있다. 단 법정책적으로 법률행위의 효력을 인정하는 경우도 있다.

③ 의사표시의 완전성 : 의사표시는 표의자가 진정으로 의도한 것과 표시된 효과의사가 일치하는 완전한 것이어야 한다. 불완전한 의사표시의 효과가 무엇인가에 대하여는 제107조 내지 제110조에서 유효 · 무효 · 취소가능한 것으로 규정한다.

(2) 특별효력요건

법률의 규정 또는 특약에 의해 일정한 법률행위에만 요구되는 효력요건을 말한다. 민법상 특별효력요건으로는 ① 비영리법인설립에 관한 주무관청의 허가(제32조), ② 대리행위에서 대리권의 존재(제114조 내지 제136조), ③ 조건부 또는 기한부 법률행위에서 조건의 성취 또는 기한의 도래(제147조 내지 제154조), ④ 유언에 있어서 유언자의 사망(제1073조), ⑤ 유증에 있어서 유증자의 사망시까지 수증자의 생존(제1089조) 등이 있다. 특별법상 특별효력요건으로는 재단법인·사립학교 기본재산처분에 관한 주무관청의 허가, 농지매매에서 소재지관서의 증명, 외국인의 국내토지소유권취득에 대한 주무관청의 허가 등이 있다.

(3) 공시방법

부동산에 관한 물권변동을 목적으로 하는 법률행위는 등기하여야 그 효력이 생기며(제186조), 동산에 관한 물권의 양도는 인도가 있어야 효력이 발생한다(제188조 1항). 혼인과 입양은 가족관계의 등록 등에 관한 법률에 따라 신고함으로써 효력이 발생한다(제812조, 제878조).

> **리갈마인드 강화훈련**
>
> **연역적 방법** (演繹的 方法, deductive method)
> 연역적 방법은 논리적 도출(→ 연역)을 매개로 과학적 이론들을 구성하거나 해당 이론 내부에서 새로운 인식을 획득하는 방법을 말한다. 연역적 방법의 적용에는 해당 영역에서 이루어진 높은 단계의 이론적 인식이 전제된다.
>
> 법학은 연역적 방법을 통해 분쟁이 되는 사례의 해결에 도달하려고 한다. 기본 개념과 법칙을 정식화함으로써 이론적 인식의 단계를 구축하고, 이것을 토대로 한 논리적 추론을 통해 결론을 도출한다.

추리논증훈련

• 심경의 변화

1. 두 사람이 넓은 면적의 부동산거래를 하기 위하여 오랜 기간 협상을 한 후 의견의 접근에 도달하여 계약서를 작성하기로 하였다. 중개인이 방금 전 협상한 내용을 종이에 적고 두 사람의 사인을 받으려 했다. 한 사람은 계약서에 사인했으나 다른 한 사람은 그 사이 심경의 변화를 일으켜 계약체결을 피하려고 아무 말 없이 집으로 돌아갔다. 아직 계약서가 완성되지 않았으니 계약은 아예 성립요건조차 갖추지 않은 것이다. 사인한 사람은 이제라도 상대방이 돌아와서 사인해 주기만 기다리고 있다.

   당신은 사인 직전 심경의 변화를 일으킨 사람이 사회적으로 비난받아 마땅하다고 생각하는가?

2. 어떤 사람이 급히 목돈이 필요하여 사채업자에게 돈을 꾸면서 인감도장을 사흘 동안 맡겨두었다. 사채업자는 그 인감도장으로 허위의 서류를 작성하여 채무자의 이름으로 두 배 금액의 은행대출을 받았다. 그 후 채무자는 사채업자에게 꾼 돈에 이자를 붙여 다 갚았다. 그런데 은행으로부터 대출금을 갚으라는 독촉장이 보내졌다. 채무자는 은행에 대하여 그 대출이 자기와는 아무 상관이 없음을 주장하고 있지만 자신의 인감도장이 찍혀져 있어서 매우 난처한 입장에 빠지게 되었다.

   이런 경우에 채무자의 경솔함을 비난할 것인가 아니면 채무자의 억울함을 옹호할 것인가?

26

반사회적 법률행위

1. 법률행위의 목적과 반사회성

(1) 법률행위의 반사회성

법률행위에 의해 발생시키려는 법률효과를 법률행위의 목적이라고 한다. 의사표시의 해석을 통해 당사자의 목적을 밝혀낸다. 사적자치의 원칙에 따라 개인은 법률행위의 목적을 자유롭게 합의할 수 있다.

선량한 풍속 기타 사회질서에 위반한 사항을 내용으로 하는 법률행위는 무효이다(제103조). 법률행위는 법질서가 추구하는 가치관에 어긋나지 않아야 한다. 어떤 법률행위를 「무효로 한다」는 것은 가치판단의 문제이다. 예를 들어 총기를 매매하는 법률행위를 합법적으로 할 것인가 반사회적 행위로 할 것인가는 사회적 가치판단 및 정책의 문제이다.

(1) 반사회적 행위의 요건

법률행위가 무효로 되는 경우는 ① 외견상 법률행위가 행해졌고(계약서 작성 등), ② 법률행위의 내용이 선량한 풍속 기타 사회질서에 위반하는(반사회적) 사항을 포함하는 때이다. ③ 법률행위시에 반사회적 사항이 명백히 표시된 경우에 한하지는 않는다(동기의 불법성과 관련됨).

민법 제103조는 「선량한 풍속 기타 사회질서」를 가치판단기준으로서 제시한다. 선량한 풍속과 사회질서는 서로 보완하는 개념으로, 양자를 일괄하여 사회적 타당성이라 한다. 「선량한 풍속 기타 사회질서」라는 윤리규범은 국가와 시대에 따라 다를 수 있다(개념의 상대성). 그 판단에 있어서는 법률행위의 제반사정 및 성격을 객관적으로 살펴야 하며 당사자의 주관적 의도에 구애될 필요는 없다.

「선량한 풍속 기타 사회질서」는 불확정개념이므로 법률(강행규정)·관습법·판례·학설에 의해 구체화되어야 정확하게 적용될 수 있다. 구체화되지 않으면 권력기관이 불확정개념을 정의롭지 못한 목적으로 원용하는 「일반조항으로의 도피」 현상을 막지 못한다.

2. 동기의 불법성

매매계약에서 목적물의 소유권이전이나 대금지급 등 법률행위의 내용은 반사회성을 띠지 않지만, 그 계약의 기초가 되는 동기가 법질서에 어긋나는 것인 때에 그 계약은 무효로 되는가가 「동기의 불법성」(동기의 반사회성)의 문제로서 논의된다(도박자금을 마련하기 위하여 돈을 빌리는 경우 등). 보험사고를 가장하여 보험금을 취득할 목적으로 한 생명보험계약은 반사회적 행위로서 무효이다(대판 2000. 2. 11, 99다49064).

(1) 동기불법의 요건

동기의 불법성은 어떤 요건하에 법률행위를 무효로 하는가에 관하여 학설이 대립한다. ① 표시설 : 동기는 표시된 때에 한하여 법률행위의 내용을 이루므로 불법의 동기가 표시된 경우에 한하여 법률행위가 무효로 된다는 견해이다. 불법의 동기가 표시되지 않은 경우에는 그 법률행위의 효력에 영향을 미칠 수 없다고 한다. ② 인식설 : 불법의 동기가 표시된 경우는 물론이고 표시되지 않았더라도 상대방이 그 동기를 알았거나 또는 알 수 있었을 때에도 법률행위가 반사회성을 띠게 되어 무효라는 견해이다. ③ 객관설 : 불법성을 띤 동기가 표시되었는가, 인식되었는가에 직접 관계없이 동기를 포함하여 법률행위의 반사회성을 객관적으로 판단하는 견해이다. 동기가 표시된 경우 외에 통상의 주의를 다하였다면 상대방이 알 수 있었던 경우와 양당사자가 동일한 동기를 가진 경우에 법률행위는 반사회성을 띤다고 한다.

판례는 변화하고 있다. 종래에는 표시설을 취한 판결이 많은 편이었다. 1970년대에 부정축재처리법을 회피할 의도로 행해진 소유권이전행위는 동기만 사회질서에 반하므로 무효가 아니라고 판시하면서 "법률행위가 선량한 풍속 기타 사회질서에 위반한 사항을 그 내용으로 한 것이 아니고 단지 법률행위의 연유·동기 혹은 수단으로 한 것에 불과한 것은 이로써 법률행위를 무효로 할 수 없다(대판 1972. 10. 31, 72다1271)"고 함으로써 표시설을 취하는 듯하였다. 그 후 "표시되거나 상대방에게 알려진 법률행위의 동기가 반사회적인 경우에 그 법률행위는 무효이다(대판 1984. 12. 11, 84다카1402; 대판 2001. 2. 9, 99다38613)"라고 하여 인식설을 취하는 듯하였다.

다른 한편 "대통령의 지시를 받아 국제그룹의 해체방침을 결정한 재무부장관이 주거래은행에 이를 통보하여 이 은행으로 하여금 이를 추진하게 한 일련의 행위들이 통상의 행정지도의 한계를 넘어서는 권력적 사실행위로서 헌법재판소에 의하여 위헌결정이 선고된 바 있다 하더라도 주식의 매매를 목적으로 하는 이 사건 법률행위가 그 목적인 권리의무의 내용 자체나 그 조건이나 대가관계 또는 부실화된 국제그룹의 정상화라는 표시된 법률행위의 동기에 있어서 민법 제103조의 선량한 풍속 기타 사회질서에 위반한 것이라고 할 수 없다(대판 1996. 4. 26, 94다34432)"고 한 적이 있다.

(2) 동기의 불법성과 동기의 착오

동기의 불법성과 동기의 착오는 법률행위의 유발요인이지만 핵심내용이 되지 못하고 주변적 요소에 머문다는 점에서 유사성을 갖는다. 그러나 양자는 본질 및 법적용에 있어서 다음의 차이를 갖는다. ① 동기불법은 법률행위의 사회적 타당성의 문제로 다루어지지만, 동기착오는 의사표시의 불완전성의 문제로 다루어진다. ② 동기불법은 법률행위 전체에 대한 비난가능성의 시각에서 다루어지지만, 동기착오는 표의자의 과오를 상대방이 받아들일 것인가의 시각에서 다루어진다. ③ 동기불법은 법률행위의 무효로 되지만(제103조), 동기착오는 법률행위의 취소를 가능케 한다(제109조). ④ 동기불법의 무효는 누구에게나 주장할 수 있는 절대적 효과가 생기는 반면, 동기착오의 취소는 선의의 제3자에게 대항할 수 없는 상대적 효과에 그친다.

(3) 조건 · 강요의 반사회성

법률행위의 내용 자체는 반사회적이 아니어도 이를 강제하거나 조건이 붙거나 또는 금전적 대가가 결부됨으로써 사회질서에 위반하여 무효로 되는 경우가 있다. ① 당사자의 자유로운 선택에 맡겨져야 할 행위가 상대방에 대한 의무로 변함으로써 반사회성을 띠는 경우(종교 · 국적의 변경계약), ② 어떤 행위를 계약상 의무로 할 수 있지만, 그 구속이 금전 등의 이익과 결합됨으로써 반사회성을 띠는 경우가 있다.

구체적인 사례로서 ① 소송에서의 증언을 조건으로 금전을 약속한 경우에 그 증언사례금약정은 무효이다. 증인은 법률에 의하여 증언거부권이 인정되지 않는 한 진실을 진술할 의무가 있으므로, 의무이행의 조건으로 통상적 용인수준을 초과하는 급부를 받기로 하는 약정은 증인에게 부당하게 이익을 부여하는 것이므로, 그 약정은 반사회질서적인 금전적 대가가 결부된 이유로 무효로 된다(대판 1994. 3. 11, 93다40522; 대판 1999. 4. 13, 98다52483). 수사기관에서 허위진술을 해주는 대가로 작성된 각서에 기한 급부약정은 무효이다(대판 2001. 4. 24, 2000다71999).

② 변호사의 성공사례금약정은 과다한 경우에 무효이다. 독일판례는 의뢰인이 변호사에 대하여 당해 소송절차에서 승소할 경우 약정보수에 부가하여 성공사례금을 지급하기로 하는 약정은 선량한 풍속에 반하여 무효라는 입장을 확고히 했다. 우리 판례는 성공보수약정의 유효성은 인정하면서 과다한 성공보수약정의 경우에 상당한 범위로 그 효력범위를 축소한다(대판 1992. 3. 31, 91다29804).

③ 자기의 자녀를 타인에게 입양시키는 대가로 거액의 사례금을 받기로 하는 입양동의계약, 살아 있는 장기를 제공하는 대가로 사례금을 약속하는 장기매매계약 등은 그 계약목적 자체가 불법인 것은 아니지만 그것이 금전과 대가관계에 놓인다는 점에서 계약의 반사회성이 인정된다.

3. 반사회적 행위의 유형

(1) 범죄행위를 목적으로 하는 계약

계약의 내용이 범죄행위를 포함하는 경우에 그 계약은 사회질서에 위반된다. 범죄행위는 형사법규에 저촉되는 행위에 한정되지 않는다(대판 1972. 10. 31, 72다1455). 그보다 넓게 사회윤리에 비추어 범죄로서 인식되는 것을 포함한다. 밀수품의 매매계약을 무효로 하는 것과 밀수업자를 처벌하는 것은 별개의 문제이다. 도박자금에 제공할 목적으로 금전의 대차를 한 때에는 그 대차계약은 반사회적 법률행위로 무효이다(대판 1973. 5. 22, 72다2249).

당초부터 오로지 보험사고를 가장하거나 그 정도를 과장하여 보험금을 취득할 목적으로 체결한 생명보험계약이나 다수의 보험계약 체결은 사회질서에 위배되는 법률행위로서 무효이다(대판 2000. 2. 11, 99다49064). 계약체결의 동기가 탈세목적인 경우에 그 위장행위에 해당하는 계약이 절세의 범주를 벗어난 때에는 반사회적 행위로서 무효이다. 국토의 계획 및 이용에 관한 법률, 부동산 실권리자명의 등기에 관한 법률 등 특별법에서 탈세목적의 등기지연, 미등기전매, 명의신탁 등을 무효로 한다.

(2) 거래질서에 어긋나는 계약

거래질서에 어긋나는 계약이 반사회적 행위로서 무효로 되는 경우가 있다. 거래질서에 어긋나는 행위는 대개 특별법의 강행규정이나 폭리행위(제104조)에 의해 규율되며 제103조의 적용을 받는 경우는 많지 않다.

1) 가명거래

금융실명제 및 부동산실명등기에 관한 법적 규제가 행해지면서 가명거래는 반사회성을 띠게 되었다. 가명거래란 거래의 실질적 주체가 거래의 결과 취득한 재산(부동산소유권, 예금채권, 주식 등) 및 채무를 타인의 명의 또는 허위의 명의로 두는 것을 말한다. 가명거래는 거래의 실질적 주체와 취득재산의 명의인이 다르다는 점이 특색인데,

불법한 목적으로 행해지는 경우가 많으며, 형벌·행정벌을 부과하는 이외에 사법적 효력을 부인함으로써 규제하는 경우가 증가하고 있다. 부동산의 명의신탁은 무효이며, 타인명의의 금융거래도 경우에 따라 자금주의 권리행사가 부인된다.

2) 횡령·배임에 가담하는 거래

계약당사자가 거래의 목적물이 절취·횡령된 장물인 것을 알고 계약한 경우에 그 계약은 거래질서에 어긋나는 것으로서 무효이다. 부동산의 명의수탁자가 실질소유자 몰래 처분하는 경우 취득인이 명의수탁자의 범죄적인 처분행위에 적극 가담했다면 그 처분행위는 반사회적 행위로서 무효이다. 적극가담행위란 수탁자가 단순히 등기명의만 가질 뿐 처분권한이 없는 줄을 잘 알면서 수탁자에게 실소유권자 몰래 수닥재산을 불법저분하도록 적극적으로 요청하는 행위를 의미한다(대판 1992. 3. 31, 92다1148). 을이 갑과 특약점계약을 맺고 물품을 외상공급받아 판매해 오던 중 사업실패로 파산상태에 있으면서 부도를 내기 사흘 전에 다시 물품을 외상으로 공급받아 그 다음날 점포 내에 있는 물품 전부를 그 사정을 잘 알고 있는 병에게 양도담보의 목적물로 제공하여 그 소유권을 양도한 경우에, 을의 갑에 대한 물품의 주문 및 수령행위는 변제의 의사와 능력이 없는 상태에서의 재물편취행위이고, 병 역시 을의 불법행위에 적극 가담하여 장물인 위 편취물품을 취득하였으므로 을과 병 사이의 양도담보계약은 사회질서위반으로 무효이다(대판 1989. 10. 13, 88다카19415). 양도담보권자와 담보부동산의 취득자(갑)가 통모하여 시가(2,000만원)의 절반에도 못미치는 가격(750만원)으로 가공인물(을)의 명의로 매수하였다가 그 취득자(갑)의 매부에게 전매한 경우에, 취득자(갑)는 양도담보권자의 배임행위에 적극 가담하였으므로 양자간의 매매계약은 반사회적인 법률행위로서 무효이다(대판 1984. 6. 12, 82다카672).

3) 부동산 이중양도의 반사회성

부동산의 이중매매는 「횡령·배임에 가담하는 거래」에 해당하는 경우에 한해서 무효이다. ① 제 2 매매계약의 무효 : 부동산의 이중매매란 매도인이 제 1 매수인과 매매계약을 체결한 후 제 2 매수인과 동일목적물에 관하여 매매계약을 체결하고 소유권이전등기는 제 2 매수인의 앞으로 경료함으로써 제 1 매수인의 채권의 만족을 해치는 행위를 말한다.

판례는 부동산의 이중양도가 부동산투기를 조장하고 거래질서를 해친다고 보아 일정한 요건 아래 제 2 의 매매계약이 무효라는 입장을 취해 왔다. 즉 이중매도인의 배임행위에 적극 가담하여 매수한 매매행위는 사회정의관념에 위배된 반사회적인 법률행위로서 무효라는 판결을 반복하였다(대판 1969. 11. 25, 66다1565 등 다수판례).

② 무효로 되는 요건 : 제 2 의 매매계약이 무효로 되는 요건으로서 「제 2 매수인이 매도인의 배임행위에 적극적으로 가담했을 것」이 요구된다. 적극적 가담행위란 제 2 매수인이 다른 사람에게 매매목적물이 매도된 것을 안다는 것만으로는 부족하고 적어도 그 매도사실을 알고도 매도를 요청하여 매매계약에 이르는 정도가 된 경우를 말한다(대판 1981. 12. 22, 81다카197; 대판 1994. 3. 11, 93다55289). 그리고 제 1 매수인이 등기를 경료하지 않아 소유권은 취득하지 못했지만 매도인에게 대금을 지불하고 점유를 이전받아 「사실상 소유자」의 지위에 있어야 한다.

4) 사행계약

정당한 노력이나 대가 없이 요행에 의해 이득을 얻을 것을 목적으로 하는 계약을 사행(射倖)계약이라고 하는데, 사행계약은 거래질서를 해치므로 원칙적으로 무효이다. 다만 사회질서를 해치지 않을 정도의 경미한 사행계약은 유효하다.

5) 기타 거래질서에 어긋나는 계약

① 상대방의 권리를 박탈하는 계약 : 상대방이 헌법·법률·관습법에 의하여 보유하는 권리를 스스로 포기하도록 하거나 박탈하는 계약은 비록 합의의 형식을 취하더라도 무효로 될 수 있다. ② 과도한 의무를 부과하는 계약 : 계약상대방에게 과도한 법적 의무를 부과하는 계약은 사회질서에 반하여 무효로 될 수 있다. 금전 소비대차계약시의 이자 약정이 당사자의 경제력 차이로 인해 그 이율이 당시의 경제적·사회적 여건에 비추어 사회통념상 허용되는 한도를 초과하여 현저하게 고율로 정하여졌다면, 허용 한도를 초과하는 부분의 이자 약정은 선량한 풍속 기타 사회질서에 위반한 것으로 무효로 될 수 있다(대판(전합) 2007. 2. 15, 2004다50426). ③ 과도한 영업자유제한 : 상대방의 경제활동의 자유를 지나치게 제한하는 계약은 거래질서에 어긋나는 것으로서 무효로 될 수 있다(상당한 기간을 초과한 경업금지계약, 전속계약 등). ④ 생존의 기초가 되는 재산의 처분행위 : 임금·퇴직금·연금을 전부양도하는 계약과 같이 생존의 기초가 되는 재산을 처분하는 계약은 무효로 될 수 있다. 이러한 계약의 효력을 인정한다면 처분자의 생존이 위태롭게 되기 때문이다.

(3) 가족적 윤리에 반하는 계약

가족적 윤리에 반하는 계약은 비록 가족법에서 명문으로 금지하는 사항에 해당하지 않더라도 무효로 될 수 있다. 가족적 윤리는 사회의 변화에 따라서 변화하는 추세에 있으므로 그의 반사회성을 판단함에 이를 고려해야 한다. 최근 가족법의 쟁점이 되는 것은 타인의 수정란을 받아 임신과 출산을 대행해 주는「대리모계약」, 법률상 혼인은 하지만 이혼시 재산분할을 청구하지 않으며 배우자의 사망시 상속을 받지 않겠다는「결혼 전 재산권포기각서」 등이다.

어떤 일이 있어도 이혼하지 아니하겠다는 각서를 써 주었다 하더라도 그와 같은 의사표시는 신분행위의 의사결정을 구속하여 공서양속에 위반되므로 무효이다(대판 1969. 8. 19, 69므18). 혼인관계가 존속중인 사실을 알면서 남의 첩이 되어 부첩행위를 계속한 경우에, 본처의 사전승인이 있었더라도 장래의 부첩관계의 사전승인은 선량한 풍속에 위배되는 행위이므로 본처에 대하여 불법행위가 성립한다(대판 1967. 10. 6, 67다1134). 부첩관계를 해소하기로 하면서 남자가 첩이 그간 자기를 위하여 바친 노력과 비용 등 희생을 배상 내지 위자하고 또 장래의 생활대책을 마련해 주는 의미에서 금전의 지급을 약정하는 것은 공서양속에 반한다고 할 수 없다(대판 1980. 6. 24, 80다458).

(4) 단체적 윤리에 어긋나는 계약

단체의 정관이나 규약이 단체의 성질에 어긋나거나 구성원에게 부당한 의무를 부과하는 등 반사회성을 띤 경우에, 그러한 조항은 무효로 된다(일부무효). 재단의 경우에 그 설립취지에 어긋나는 정도의 재산의 처분행위도 무효이다.

단체와 그 구성원간의 단체규약은 국가사회의 존립에 필요한 질서와 선량한 풍속에 위반하지 않는 범위 내에서 허용되며 공서양속에 위배되면 무효이다(대판 1962. 3. 22, 4294민상715). 계원 공동의 이익을 위해 조직된 토지개량계가 수리비의 연체이자를 고율의 복리로 징수할 수 있도록 정한 규약은 공서양속에 위배되어 무효이다(대판 1963. 9. 26, 63다277). 사찰의 존재의의를 상실케 하는 사찰재산의 증여는 공서양속에 위반되는 무효의 행위이다(대판 1970. 3. 31, 69다2293).

시례연습 〈반사회석 법률행위〉

◎ 문 제 ◎

A는 교통사고로 검거되자 B(변호사를 사칭한 브로커)와 "구속되지 않게 사건을 처리해 줄테니 3백만원을 착수금으로 내고 불구속처리되면 1천만원을 추가로 낼 것"이라는 계약을 체결하고 착수금 3백만원을 지급하였다. A는 불구속입건되었고 B에게 사례금 1천만원을 주었다. 그 후 A는 친구로부터 그 돈을 줄 필요가 없었다는 조언을 받고 B에게 1천만원의 반환청구를 했다. A는 그 돈을 돌려받을 권리가 있는가?

해 답

(1) 법률행위의 반사회성 : A와 B 사이에 체결한 위임계약이 반사회적 법률행위에 해당하는가가 문제된다. 이 사례에서 B는 자신이 변호사가 아니면서 피의자의 불구속처리를 위하여 사건을 처리해 주겠다는 위임계약을 체결했다. 변호사가 아닌 자는 피의자를 도와주는 과정에서 관계공무원에게 금품·향응을 제공하는 등의 방법으로 부정한 청탁행위를 할 소지가 많으므로, 이러한 위임계약은 변호사법에 위반할 뿐 아니라 사회질서에 위반하는 것으로 보아야 할 것이다.

(2) 법률행위의 무효 : A와 B 사이의 계약은 변호사법의 「변호사 이외의 자의 법률사무위임금지의 원칙」에 어긋나는 법률행위에 해당한다. 변호사법에 위반한 계약의 효과가 사법적으로 무효인가를 판단하기 위하여는 그 규정이 효력규정인가 아니면 단속규정인가를 살펴보아야 한다. 변호사법 제90조 제 2 호의 규정은 효력규정에 해당하는 것이라 해석된다(대판 1987. 4. 28, 86다카1802 참조). 따라서 이 사례의 위임계약은 그 사법적 효력도 부인된다.

변호사법에 의하면(제90조 2호) 변호사가 아니면서 금품 등 이익을 받거나 받을 것을 약속하고 소송사건·비송사건·가사조정 또는 심판사건·행정심판 또는 심사의 청구나 이의신청, 수사사건 또는 조사사건 기타 법률사건에 관하여 감정·대리·중재·화해·청탁·법률상담 또는 법률관계문서작성 기타 법률사무를 취급하거나 이러한 행위를 알선한 자는 징역·벌금에 처해진다.

(3) **무효의 법률관계** : A와 B 사이의 위임계약은 무효이므로 A는 사례금지급의무를 지지 않고 B는 위임사무처리의무를 지지 않는다. 이 사례에서 A는 이미 자기의 3백만원의 채무를 이행하였으므로, 그 채무이행으로서 지급한 금전을 부당이득 반환청구할 수 있는가의 문제가 제기된다. 이 문제는 불법원인급여와 관련하여 해결해야 한다.

(4) **불법원인급여** : A가 B에게 사례금을 지급한 것은 A와 B 사이의 위임계약에 기초한 것이지만, 그 계약은 반사회적인 법률행위로서 무효인 것으로서 민법 제746조의 「불법의 원인으로 인하여 재산을 급여」한 경우에 해당하게 된다. 법률행위의 반사회성과 급여의 불법성이 상호 구별되는 개념인가에 관해서는 학설대립이 있다. 동일개념설과 불법개념축소설이 있으나, 동일개념설을 취하여 이 사례의 불법성을 인정하겠다.

다음 단계로 민법 제746조 단서의 "그러나 그 불법원인이 수익자에게만 있는 때에는 그러하지 아니하다"는 규정이 이 사례에 해당되는가를 검토해 보겠다. 이 사례에서 A는 B가 변호사가 아니라는 사실을 몰랐을 뿐 아니라 B의 변호사 사칭으로 인하여 변호사와 위임계약을 체결하는 것으로 믿었으므로 A에게는 불법원인이 없다고 판단된다. 불법원인은 수익자인 B에게만 존재했으므로, A는 B에 대하여 이미 지급한 착수금과 사례금의 부당이득반환을 청구할 권리가 있다(사기를 이유로 위임계약을 취소할 권리가 있는가의 문제는 여기서 언급하지 않겠다).

추리논증훈련

- 배신의 판단

1. 어떤 신입사원이 학창시절 계속해서 장학금을 준 회사에 입사하면서 '평생을 이 회사에서 일하겠습니다'라는 각서를 써 주었다. 5년 후 그 사원은 경쟁 회사로부터 월급을 두 배로 주겠다는 스카우트 제의를 받았다. 당신은 회사를 옮긴 그 사원을 비난하는가?

2. 이십 년간 유부남과 내연관계를 맺고 아이를 낳아 양육한 여인이 있었다. 그 여인은 아이가 스무 살이 되자 내연관계를 정리하기로 결심하고 남자에게 절교를 통고하였다. 그러자 남자는 아무 대답 없이 거금이 든 예금통장을 그녀의 이름으로 만들어 주었다. 1980년 판례는 부첩관계를 해소하면서 주는 돈은 선량한 풍속에 어긋나지 않는다고 하였다. 당신은 현재에도 이러한 판례의 입장이 유지되어야 한다고 생각하는가? 이 사례와 관련하여 입장을 밝히시오.

27 반사회적 법률행위의 무효

1. 규제법규의 종류

(1) 효력규정과 내용강제규정

강행규정은 법률행위의 효력발생에 관한 것(효력규정)과 계약의 내용에 관한 것(내용강제규정)으로 분류된다. ① 효력규정이란 강행규정 중에서 아예 법률행위의 효력을 부인하는 규정을 말한다. 법률행위를 무효로 하는 효력규정의 대표적인 예는 민법 제103조와 제104조이며 그 밖에 특별법에 많다. ② 내용강제규정이란 그 규정에 위반하더라도 법률행위는 유효하게 성립하지만 그 내용은 법률의 규정대로 수정되는 경우를 말한다. 규정의 내용이 법률행위 또는 기타 법률관계의 내용형성에 관한 것이고, 그 규정이 법률행위의 구체적 내용을 제시하고 강제하는 것인 때에 그 규정은 내용강제규정이다. "기간의 정함이 없거나 기간을 2년 미만으로 정한 임대차는 그 기간을 2년으로 본다"고 규정하고 있는 주택임대차보호법 제 4 조 제 1 항은 내용강제규정이다.

(2) 내용강제규정과 임의규정

내용강제규정과 임의규정의 차이는 계약의 내용에 관하여 당사자의 약정과 법규정이 서로 다른 경우에 무엇에 의해 결정될 것인가의 점에 있다. ① 내용강제규정은 강행규정의 일종으로서 「선량한 풍속 기타 사회질서에 관한 계약내용규정」을 말하며 법률행위의 당사자가 이 규정과 다른 의사표시를 하더라도 이 규정에 의한 내용으로 되는 것을 말한다. ② 임의규정은 「선량한 풍속 기타 사회질서에 관계없는 계약내용규정」으로서 법률행위의 당사자가 그 규정과 다른 의사표시를 한 때에는 그 의사에 따른 효력이 생기는 것을 말한다.

(3) 효력규정과 단속규정

효력규정과 단속규정은 법령에 위반한 법률행위의 사법상 효력에 차이를 가져온다. ① 효력규정이란 그 규정에 위반하는 법률행위는 사법상의 효력이 부인되는 경우(무효)를 가리킨다. 부동산중개업법에서 정한 중개수수료 한도를 초과하는 약정부분은 무효이다(대판(전합) 2007. 12. 20, 2005다32159). ② 단속규정이란 일정한 행위를 금지 또는 제한하지만 위반자에 대하여 과태료나 형벌을 부과할 뿐(행정법규 또는 형벌법규) 그 행위의 사법적 효력은 묵인하는 경우(유효)를 말한다. 어떤 금지규정이 효력규정인지 단속규정인지를 구별하는 표준은 없으며 각 법령의 취지에 비추어 구별한다. 행정법상의 금지법령의 경우에 이에 위반한 법률행위를 사법상 무효로 하는 명문규정 또는 특별한 사정이 없는 한 법률행위는 유효이다.

판례도 행정법상 금지규정(단속규정)에 위반한 법률행위의 사법적 효력을 가급적 인정하는 입장을 취한다. 판례가 법률행위의 유효를 인정한 예를 보면 다음과 같다. ① 외국환관리법상 규제의 대상인 행위(대판 1987. 2. 10, 86다카1288), ② 국토이용관리법상 신고의무에 위반한 행위(대판 1993. 5. 25, 93다296), ③ 건설업법상 도급한도액을 초과한 행위(대판 1994. 12. 2, 94다14728) 등이다.

2. 무효의 일반적 효과

(1) 무효의 법적 의미

법률행위의 무효는 일반적으로 다음과 같은 결과를 가져온다. ① 단독행위는 그 의사표시대로의 효과를 갖지 못하므로 단독행위가 없었던 것으로 된다. ② 계약이 무효라는 것은 계약이 없었던 상태와 같이 그 계약상 합의한 채무가 발생하지 않는다는 것을 의미한다. 이행되지 않는 급부(미이행급부)의 경우 계약당사자는 상대방에 대해 채무를 부담하지 않으며 상대방도 계약상의 채무의 이행을 청구할 수 없다. ③ 이행된 급부(기이행급부)의 경우에 당사자가 상대방에게 한 급부는 법률상 원인을 상실하게 되어 그 급부를 부당이득으로서 반환청구할 수 있다(제741조). ④ 기이행급부의 경우 그 급부가 불법원인급여에 해당하면 그의 반환을 청구할 수 없다(제746조). ⑤ 일방당사자만이 반사회성을 갖는 경우 그가 상대방에 대하여 계약의 무효로 인한 신뢰이익의 배상의무를 져야 할 경우도 있다(제535조 유추적용)(채권각론 참조).

(2) 불법원인급여

무효인 법률행위를 기초로 급부한 것은 「법률상 원인 없는 이득」이 되어 반환함이 원칙이지만(제741조), 반사회적 법률행위의 경우에는 원칙적으로 그 급부의 반환청구를 금지하고 다만 예외적으로 불법원인이 수익자에게만 있는 때에 반환청구를 허용한다(제746조). 불법원인급여의 반환청구금지는 불법원인에 가담한 급여자의 반환청구에 법이 협력하지 않겠다는 뜻이며, 수익자가 임의로 반환하는 것까지 금지하거나 그 반환한 것의 수령이 다시 부당이득이 되는 것은 아니다.

청탁교제비조로 급여한 금원은 불법원인급여로서 반환청구할 수 없다(대판 1991. 3. 22, 91다520). 당사자의 일방이 상대방에게 공무원의 직무에 관한 사항에 관하여 특별한 청탁을 하게 하고 그에 대한 보수로 돈을 지급할 것을 내용으로 한 약정은 사회질서에 반하는 무효의 계약이고, 따라서 민법 제746조에 의하여 그 대가의 반환을 청구할 수 없으며, 나아가 그 돈을 반환하여 주기로 한 약정도 결국 불법원인급여물의 반환을 구하는 범주에 속하는 것으로서 무효이고, 그 반환약정에 기하여 약속어음을 발행하였다 하더라도 채권자는 그 이행을 청구할 수 없다(대판 1995. 7. 14, 94다51994). 윤락행위를 유인·강요한 자가 윤락녀에게 제공한 금품은 불법원인급여로서 반환청구가 허용되지 않는다(대판 2004. 9. 3, 2004다27488).

근래에는 반사회적 행위로 인한 급부라 하더라도 그 반환청구를 허용할 필요가 있는 사례가 증가함에 따라 「반환청구금지의 축소」를 위한 논의가 활발하게 되었다. 제746조의 불법원인은 제103조의 반사회성과 일치하는 것인가 또는 서로 다른 개념인가 하는 의문이 제기된다. 제746조의 불법원인은 선량한 풍속 기타 사회질서에 위반하는 경우를 말하며, 단순히 법률의 금지에 어긋날 뿐인 경우는 이에 해당하지 않는다(대판 1983. 11. 22, 83다430).

① 선량한 풍속 기타 사회질서의 본질에 정면으로 위반한 경우에는 불법원인급여에 해당하여 반환청구할 수 없다. ② 강행법규위반에 관해서는 견해가 대립한다. 강행법규위반은 불법에 포함되지 않

는다는 견해가 있다(다수설). 반면에 강행규정위반의 경우 그 강행규정의 정책적 목적에 따라 반환금지 또는 반환허용의 경우로 구분될 수 있다는 견해가 주장된다. ③ 계약당사자의 불법성의 정도를 비교하거나 계약 전체의 불법성의 강도를 종합적으로 판단하여 볼 때, 급여자에게 불법성이 있더라도 수익자의 불법성이 더 큰 경우에는 제746조 단서를 적용하여 급여자의 반환청구를 긍정한다(불법비교설). 고율의 이자약정은 선량한 풍속 기타 사회질서에 위반하여 무효이며 그 이자약정에 기한 이자지급은 불법원인급여이지만, 불법의 원인이 수익자인 대주에게만 있거나 적어도 대주의 불법성이 차주의 불법성에 비하여 현저히 크므로 차주는 대주에게 이자의 반환을 청구할 수 있다(대판(전합) 2007. 2. 15, 2004다50426).

3. 무효의 제한

(1) 편면적 무효

약자보호를 위한 법령에 위반한 경우에 그 위반행위는 무효이지만 그 무효주장은 약자만 할 수 있는 경우를 편면적 무효라고 한다. 무효의 주장을 보호받을 필요가 있는 자만이 할 수 있도록 제한하는 것이다. 편면적 무효규정에 위반한 행위는 보호받는 당사자의 무효주장이 있을 때에 무효의 효과가 생기며, 그의 무효주장이 없는 경우 또는 그가 추인한 경우에는 유효로 된다.

민법 제652조는 「제627조 등의 규정에 위반하는 약정으로 임차인이나 전차인에게 불리한 것은 그 효력이 없다」고 규정하며, 약관규제법 제 3 조 제 4 항은 「사업자가 약관의 명시 · 설명의무의 규정에 위반하여 계약을 체결한 때에는 당해 약관을 계약의 내용으로 주장할 수 없다」고 규정한다(그 밖에 할부거래에 관한 법률 제13조 등). 주택임대차보호법 제4조 제1항은 임차인보호를 위한 규정이므로 임대차기간을 2년 미만으로 정한 임차인은 스스로 그 약정임대차기간이 만료되었다고 주장하고 그 주택에 관한 임의경매절차에서 임차보증금의 우선변제를 청구할 수 있다(대판 1995. 5. 26, 95다13258).

(2) 이행단계에 따른 무효화

경제적 사회질서에 위반한 행위의 경우에 무효화가 거래상의 신뢰를 해침으로써 그 부작용이 심각한 때에는 무효의 효과를 제한할 필요가 있다. 법령위반계약의 이행 전에는 이행청구를 할 수 없도록 하고 이행된 후에는 급부를 보유하도록 허용하는 이행단계별 효과를 모색하는 이행단계설, 이행청구는 배제하는 반면, 손해배상청구권은 인정하는 불완전유효설 등이 주장된다. 일단 계약이 이행된 이후에 행위의 불법성을 문제삼는 것은 당사자의 신뢰에 어긋나고 거래질서를 해치기 때문에 그 계약을 하자가 치유된 것으로 보아 유효한 것으로 간주하자는 것이다. 경제법규위반에도 불구하고 쌍무계약에 기해 급부와 반대급부가 모두 이행된 후에는 거래의 혼란을 우려하여 반환청구를 배제한다.

4. 탈법행위

(1) 무효의 원칙

어떤 법률행위가 효력규정에 직접 위반하지는 않지만, 그 규정이 금지하고 있는 실질적인 내용을 다른 수단으로 달성하려는 경우를 「효력규정을 회피하는 탈법행위」 또는 단순히 「탈법행위」라고 한다. 탈법행위는 정면으로 효력규정에 위반하는 것은 아니지만 규정의 정신에 반해 법률이 허용하지 않는 결과의 발생을 목적으로 하므로 무효로 됨이 원칙이다.

(2) 회피행위가 유효로 되는 경우

예외적으로 다음의 경우에는 효력규정의 회피행위라도 유효하다. ① 회피행위가 효력규정이 말하는 행위와 별개의 독자적 법률행위 유형을 이루고 그 행위가 사회적 타당성을 갖는 경우에는 유효하다 (예 : 동산의 양도담보). ② 효력규정이 법정의 형식을 갖춘 경우에 한해서 대외적 효력을 인정하려는 취지인 경우에, 그 회피행위는 당사자 사이에서 대내적 효력은 발생시키지만 대외적 효력은 갖지 못한다.

리갈마인드 강화훈련

사회적 이해관계 (social interests)
사회생활의 조건으로서 사회구성체의 요구와 지향의 총체를 말한다. 사회적 이해관계는 인간 행위의 동기와 추진력이 됨으로써 인간의 사회적 활동 전체의 방향과 목표를 규정한다.

인간의 이해관계 중에서 근본적인 것은 물질적 이해관계이다. 그러므로 사회적 이해관계는 경제적 관계와 직접적으로 연관되어 있다. 노동조건, 생활조건, 인격의 발전가능성 등이 경제적 이해관계와 밀접하게 연관된다.

민법은 인간의 개인적 이해관계의 조정을 목적으로 하지만, 개인적 이해관계는 사회적 이해관계와 밀접하게 연관되어 있다. 개인적 갈등을 원만히 해결하기 위해서는 그 전제가 되어 있는 사회적 이해관계를 파악하는 일이 필요하다.

추리논증훈련

• 복수와 협상

1. 농부 A는 자신의 경작지에 오염된 하수를 방출한 인근여관주인 B에 대하여 하수의 경로를 변경해 줄 것을 요구하였다. 그러나 B는 하수시설의 개·보수로 목돈이 들 것을 우려하여 A의 요청을 묵살하고 있었다. 그러자 A는 여관 객실의 창문 바로 옆에 천막을 치고 밤새도록 시끄러운 음악을 틀어 놓았다. B의 여관에 손님이 끊기게 되자 B는 A의 천막과 음향시설에 오물을 퍼부었다. 당신이 A와 B 사이에서 협상을 중재하려고 한다면 어떻게 이들을 설득하겠는가?

2. 아버지를 빚더미에 빠지게 하여 스스로 자살하게 만든 악덕 사채업자에게 복수를 하려는 아들이 있다. 고등학생인 아들은 복수의 방법으로 무술을 닦아서 사채업자를 혼내주고 무릎꿇고 빌게 만드는 방법, 그리고 도박 기술을 익혀 거금을 만들어서 그 사채업자에게 돈을 빌려주고 아버지에게 했던 것과 같은 방법으로 괴롭히는 방법 둘 중에 어떤 방법을 취할지 고민에 빠졌다. 당신은 그 아들에게 어떤 충고를 해 주겠는가?

28 불공정한 법률행위

민법 제104조에 의해 무효로 되는 「당사자의 궁박·경솔 또는 무경험으로 인하여 현저하게 공정을 잃은 법률행위」는 협의의 불공정한 법률행위이며, 이를 「폭리행위」라고도 부른다. 광의의 불공정법률행위는 제103조의 「반사회질서의 법률행위」와 제104조의 「폭리행위」를 포함하는 개념이다.

1. 법률행위의 불공정성

법률행위의 불공정성은 행위자의 궁박·경솔·무경험과 연관되어 판단되며, 이들과 분리하여 객관적인 재산상황이나 기타 불이익이 별도로 판단될 수는 없다. 불공정성의 판단에 있어서는 행위의 내용과 사정을 종합적으로 고려하여야 한다. 또한 행위자의 자율적 결정은 존중되어야 하므로 객관적으로 불리한 행위를 했다고 해서 반드시 불공정하다고는 할 수 없다.

2. 무효로 되는 요건

(1) 불공정이 문제되는 법률행위

① 쌍무·유상계약 : 불공정한 법률행위는 대개 매매와 같은 쌍무·유상계약에 있어서 문제된다. 유상계약에서는 급부와 반대급부의 불균형이 주로 문제되지만 불공정성은 이러한 불균형에 한정되지 않고 기타의 정당치 못한 사정이 있는 경우도 포함된다.

② 편무·무상계약 : 계약 중에서 증여와 같은 편무·무상계약에는 급부와 반대급부의 불균형의 문제가 생기지 않으므로 불공정법률행위가 되지 않는다는 견해(적용부정설), 무상계약이라도 부담부증여에서 부담이 과도한 때, 강박에 의해 기부라는 명목으로 재산을 뺏을 때 등의 경우에는 그를 무효로 해야 한다는 견해(적용긍정설)가 대립한다. 판례는 편무·무상계약에는 민법 제104조가 적용되지 않는다는 입장을 취한다. 기부행위와 같이 아무런 대가관계 없이 당사자 일방이 상대방에게 일방적인 급부를 하는 법률행위는 그 공정성 여부를 논의할 수 있는 성질의 법률행위가 아니다(대판 1993. 3. 23, 92다52238). 1980년 6월 말경 비상계엄 당시 국군보안사령부 정보처장이 언론통폐합조치의 일환으로 사인 소유의 방송사 주식을 강압적으로 국가에 증여하게 한 것은 수용에 해당되지 않으며, 증여는 공정성 여부를 논의할 수 있는 성질의 법률행위가 아니다(대판 1993. 10. 26, 93다6409).

③ 단독행위 : 경솔하게 소유권을 포기하는 경우, 궁박 등으로 계약을 취소하거나 채권을 포기한 경우에 불공정법률행위가 문제된다. 단독행위의 경우에도 제104조가 적용될 수 있다는 견해와 단독행위의 경우에는 그 요건·효과에 관하여 법률의 구속을 받으므로 불공정성이 생길 우려가 없다는 견해가 대립한다. 판례는 단독행위라도 채권의 포기행위에 대하여 제104조를 적용한다(대판 1992. 4. 14, 91다23660).

(2) 현저한 불이익

법률행위의 결과 현저하게 불이익한 상태가 초래되었어야 한다(객관적 요건). 당사자의 합의에 의한 주관적 등가성은 특별한 사정이 없는 한 존중되지만, 급부와 반대급부 사이에 현저히 큰 재산가치의 차이가 있는 경우에 이를 정당화하는 사정이 없는 한 불공정한 계약이라고 판단된다.

판례가 현저하게 불이익하다고 판단한 사례는 다음과 같다. 대물변제의 목적물인 부동산의 가격이 채권액의 3 내지 4배가 되는 대물변제계약(대판 1962. 2. 8, 4294민상773), 건물의 매도인이 건물철거소송의 패소확정에 의하여 건물을 철거당함으로써 생업을 중단하게 될 궁박한 상태에서 시가의 3분의 1에 미달하는 금액을 대금으로 하여 이루어진 건물의 매매(대판 1973. 5. 22, 73다231), 매매가격이 시가의 약 8분의 1 정도로 현저한 차이가 있고 매수인은 이 사건 부동산을 매수한 후 약 3개월 후에 매수가격의 4.5배 정도로 전매한 경우(대판 1977. 12. 13, 76다2179), 한국감정원의 감정가격의 30%에도 미치지 못하는 가격으로 토지를 매수하고, 계약금으로 매매대금의 3분의 1 이상을 지급하였으며, 매매계약 다음 날 중도금을 지급하여 계약금과 중도금을 합한 액수가 매매대금의 80%에 이르는 등 매매계약의 내용이 이례적인 경우(대판 1992. 2. 25, 91다40351), 1백만원 상당의 물품외상대금의 채권을 포기하는 경우(대판 1975. 5. 13, 75다92), 인체사고로 인한 손해배상금으로 사고 후 일주일밖에 되지 않은 때에 그 받을 수 있는 금액의 1/8도 안 되는 금액을 합의금으로 정하여 민·형사상 더 이상 문제삼지 않기로 하는 내용의 합의를 한 경우(대판 1979. 4. 10, 78다2457), 망인의 사망에 따른 손해배상금으로 지급받을 수 있는 금액보다 훨씬 적은 금액만을 지급받으면서 가해회사가 제시한 합의서에 날인한 경우(대판 1987.

5. 12, 86다카1824), 민사소송과 함께 형사고소를 하여 구속 및 거액의 손해배상 가능성이 있음을 내세워 위협함으로써 아무런 법적 소양이 없는 사람들로부터 시가 2억 2천만원 상당인 임야를 7억 5천만원을 받고 양도하기로 약정을 맺은 경우(대판 1995. 4. 11, 94다17000) 등이다.

(3) 궁박 · 경솔 또는 무경험

당사자의 궁박 · 경솔 또는 무경험과 행위 사이에 인과관계가 있어야 한다(주관적 요건). 경솔 · 무경험으로 인한 불공정한 법률행위는 동기의 착오로 인한 의사표시와 경합하는 경우가 많다.

1) 궁 박

몹시 가난하거나 기타의 사정으로 곤궁이 절박한 상태를 궁박하다고 한다. 경제적인 빈곤뿐 아니라 명예의 손상위기와 같은 정신적 곤궁도 포함한다. 판례는 궁박을 「급박한 곤궁」으로 이해한다(대판 1981. 12. 8, 80다2686). 곤궁이 절박한 상태에 있느냐는 당사자의 재산상태 및 그가 처한 상황을 고려하여 판단된다(대판 1981. 12. 8, 80다2683). 행위자와 가까운 제3자의 궁박으로 인하여 법률행위를 한 경우도 포함된다.

매도인이 부동산을 팔 당시 가친의 병이 위독하여 그 치료비 때문에 할 수 없이 처분하게 된 궁박한 사정을 매수인이 알고 있었고 매도인이 팔기를 꺼려하는 부분까지 매수인의 요구에 의하여 함께 팔지 않을 수 없었으며 매매목적물의 경계확정측량도 매수인이 일방적으로 하고 그 부동산가격도 지극히 저렴한 것이었다면, 그 매매는 제104조에 해당하는 불공정한 법률행위이다(대판 1968. 7. 30, 68다88). 궁박은 정신적 또는 심리적 원인에 기인할 수도 있으므로, 계와 관련된 고소에 따라 또 다시 삼청교육대에 갈지 모른다는 급박한 정신적 압박을 받고 있었으며, 고소를 취하시켜서 삼청교육대에 가는 것을 회피할 생각으로 경솔하게 청산합의에 응하여 금 1,000만원 이상의 채권을 포기한 것은 불공정한 법률행위에 해당한다(대판 1992. 4. 14, 91다23660).

2) 경 솔

경솔은 의사를 결정할 때에 그 행위의 결과에 관하여 보통 사람이 베푸는 사고를 하지 않는 심적 상태라고 해석된다(광의설). 반면에 선천적 경솔 또는 주위사정으로 피할 수 없었던 고려의 부족을 의미한다고 좁게 해석하는 견해도 있다(협의설). 판례는 광의설을 취한다. 공무원들이 재산가격조서를 작성할 때에 사유재산심의회의 결의에 의해 확정된 토지의 평당 단가 금 2,100원으로 기재하여야 할 것을 그 10배인 21,000원으로 오기한 것은 경솔로 인한 것이다(대판 1977. 5. 10, 76다2953).

3) 무 경 험

법률행위에 관하여 평균의 거래당사자가 가지는 식견이나 경험이 없는 상태를 무경험이라고 한다. 무경험과 법률행위의 사이에 인과관계가 있어야 하므로 무경험은 당해 법률행위와의 관계에서 판단된다. 무학문맹의 67세의 노파가 다른 생활대책도 강구함이 없이 유일한 생활근거인 가옥을 매도한 계약은 시가와 매매가액 사이에 현저한 차이가 있다면 무경험이 인정된다(대판 1979. 4. 10, 79다275).

4) 입증책임

궁박·경솔·무경험 등의 입증책임은 이러한 사정이 있음을 이유로 법률행위의 무효를 주장하는 자에게 있다(대판 1970. 11. 24, 70다2065). 급부와 반대급부 사이에 현저한 불균형이 있다고 하여 궁박·경솔·무경험이 추정되는 것은 아니다(대판 1969. 12. 30, 69다1873).

5) 편승의도의 요부

① 상대방이 궁박·경솔·무경험에 편승하여 이런 상태를 이용

하려는 의도가 있어야 한다는 견해(의도설), ② 편승의도는 필요하지 않지만 상대방이 궁박·경솔·무경험으로 인해 행위한다는 인식은 필요하다는 견해(인식설), ③ 편승의도나 편승인식은 요건이 아니라는 견해(불요설)가 대립한다.

판례는 의도설을 취한다. 피해당사자가 궁박·경솔 또는 무경험의 상태에 있었다고 하더라도 상대방에게 위와 같은 피해당사자측의 사정을 알면서 이를 이용하려는 의사, 즉 폭리행위의 악의가 없었다면 불공정한 법률행위는 성립하지 않는다고 한다. 가등기 및 본등기를 함에 있어 채무자를 궁박에 빠뜨려 이를 이용하려는 의도가 인정되지 않는 경우에, 그 소유권이전은 불공정한 법률행위에 해당하지 않는다(대판 1991. 7. 9, 91다5907).

(4) 불공정성의 판단

1) 대리의 경우

법률행위가 대리인에 의하여 행해진 경우에 궁박상태에 놓였는가의 판단은 본인을 기준으로 하지만(대판 1972. 4. 25, 71다2255), 경솔·무경험의 상태는 대리인에게 존재했어야 한다(대판 1992. 5. 26, 92다84). 대리의 경우 행위의 당사자에 관한 요건은 대리인을 기준으로 판단하고(제116조) 행위의 효과는 본인에게 귀속하기 때문이다(제114조). 단 특정한 법률행위를 위임한 경우에 대리인이 본인의 지시에 좇아 그 행위를 한 때에는 본인은 대리인의 경솔·무경험을 주장하지 못한다(제116조 2항 유추적용).

2) 기준시점

당사자에게 궁박·경솔·무경험이 있었는가를 판단하는 기준시점은 법률행위를 한 때이다. 현저한 불이익이 있었는가의 판단도 법률행위시를 기준으로 한다. 이행시에 그 현저한 불이익이 없어진 경우에, 신의칙에 비추어 무효주장이 허용되지 않을 수 있다.

3. 효 과

불공정한 법률행위는 무효이다(제104조). 법률행위의 전부가 무효로 되는 경우도 있고 불공정한 일부분만이 무효로 되는 경우도 있다(대판 1967. 9. 19, 67다1460). 법률행위에 기한 채무는 소멸하므로 아직 이행하지 않은 채무는 이행할 필요가 없고, 이미 이행한 채무는 부당이득반환을 청구할 수 있다(제103조의 무효에 관한 설명을 참조).

불공정한 법률행위에 있어서는 폭리를 취한 자에게만 불법성이 있고 상대방에게는 불법성이 없으므로, 불법원인급여에 관한 제746조의 단서가 적용되어 폭리를 취한 자에 대하여 이미 수령한 급부의 반환을 청구할 수 있다. 불공정한 법률행위가 쌍무계약인 경우 쌍방 채무가 모두 무효로 되지만, 하나의 채무에 대하여만 급부의 반환청구가 가능하다.

리갈마인드 강화훈련

목적

목적(目的)은 인간이 그의 행위와 특정한 수단을 통해 달성하려는 목표이다. 목적의 설정은 인간 활동이 지닌 특수성이다. 인간의 활동은 목적 지향적이며 동시에 합목적적이다.

목적은 어떤 목표를 그 실현 수단과 결부시켜 반영하는 개념이다. 목적은 목표와 마찬가지로 인간 활동이 얻어내고자 하는 결과를 관념적으로 미리 선취하는 것을 뜻하지만, 목적은 이 목표를 달성하기

위해 사용해야 할 수단, 활동, 조작 등과 결부되어 규정된다

법률행위에는 항상 목적이 있다. 인간이 경제생활 또는 가족생활에서 어떤 목적을 달성하기 위해 사용하는 수단이 법률행위인 것이다.

추리논증훈련

• 트릭을 이용한 행위

1. 어떤 상인이 상대방의 토지를 싸게 사기 위해 접근하면서 같이 술을 마시며 인간적으로 친한 사이가 된 이후에 자기의 목적을 밝혔다. 상대방은 접근한 목적을 듣고 나서 배신감을 토로하며 상인을 비열한 인간이라고 비난했다. 당신이 상인이라면 아예 처음부터 목적을 밝히고 사무직으로 접근하는 방법을 취했을 것인가?

2. 술에 취하면 자신이 가진 모든 것을 주위의 사람에게 선물하는 습관을 가진 사람이 있었다. 어떤 상인이 그에게 접근하여 술을 대접하여 취하게 만든 후 물건을 시가보다 세 배나 비싼 가격으로 판매하였다. 그는 술에서 깨어 난 후 상인을 막 욕하였다. 당신의 생각으로 상인은 어떤 잘못을 했다고 평가하는가?

3. 건강식품 판매상이 혼자서 쓸쓸히 사는 노인에게 접근하여 자식처럼 보살피며 신뢰를 얻은 후에 건강식품을 시가보다 훨씬 비싸게 사도록 유인하였다. 명절날 노인을 방문한 아들이 그 이야기를 듣고 판매상을 찾아와 그 물건값을 환불해 주기를 요구하였다. 당신은 아들의 행동을 어떻게 평가하는가?

29 법률행위의 해석

당사자의 의사표시 및 행위의 전 취지로부터 법률행위의 내용을 명확히 하여 어떤 법률효과가 부여되는지를 확정하는 규범적 작업을 법률행위의 해석이라고 한다. ① 우선적으로 당사자의 의사표시를 해석하고, ② 보충적으로 관습과 임의법규를 적용하며, ③ 강행법규 및 사회질서에 위반하지 않는지를 검토한다.

1. 법률행위해석과 법률의 해석

법률행위의 해석은 개인이 한 행위의 법적 효과를 확정짓는 작업으로서 구체성을 띤다. 법률행위해석에는 필수적으로 의사표시해석이 포함되지만(의사표시해석보다 포괄적 작업) 그 밖에 관습·임의법규 등 다른 요소가 포함되어 종합적·규범적인 평가를 하게 된다.

반면에 법률의 해석은 다수의 잠재적 사례를 염두에 두고 법규정의 의미를 탐구하는 작업으로서 보편성을 띤다. 모든 국민에 대한 관계에서 객관적이고 통일적인 해석결과를 도출해 내야 한다.

2. 신의성실의 원칙

계약당사자는 의사를 표시함에 있어 상대방의 정당한 이익을 고려할 신의칙상의 고려의무를 지므로, 이 의무에 따라 표의자의 의사표시를 상대방의 이익을 감안하여 해석해야 한다. 특히 약관(다수의 계약을 위해 사전 작성된 계약조건)은 신의성실의 원칙에 따라 공정하게 해석되어야 하며 고객에 따라 다르게 해석되어서는 아니 된다(약관 제5조 1항). 약관의 뜻이 명백하지 아니한 경우(불명확조항)에는 고객에게 유리하게 해석되어야 한다는 「작성자불이익의 원칙」이 있다(약관 제5조 2항).

3. 자연적 해석

자연적 해석이란 표현의 문자적·언어적 의미에 구속되지 않고 표의자가 부여한 의미를 추구하는 것을 말한다. 법이 당사자에게 그들의 생각과 다른 의미를 강요할 필요가 없는 경우에 자연적 해석이 행해진다. 내면적 의미를 탐구할 때에는 「표시 이외의 법률행위에 관계되는 사정」을 고려해야 한다.

4. 규범적 해석

상대방 있는 의사표시는 상대방의 입장에서 알게 된 외면적 의미를 객관적·규범적으로 탐구해야 하는데 이러한 해석방법을 가리켜 규범적 해석이라고 한다. 규범적 해석은 상대방의 표시행위에 대한 신뢰를 보호하기 위한 해석방법이다. 상대방의 입장에서 하는 해석작업에는 표의자나 상대방의 주관적인 의도보다는 정의와 형평의 시각에서 어떤 의미로 이해하는 것이 가장 바람직한 것인가를 모색하므로 규범판단이 개재하게 되고 따라서 규범적 해석이라고 부른다.

상대방의 인지가능성은 규범적 해석에서 중요한 요소이다. 표의자는 의사표시를 통해 상대방에게 자기의 의사를 전달하는 것이므로 내면적 의미보다 상대방에게 어떻게 전달되었는가 하는 점이 더 중요하다. 표시된 언어·행태 및 주위사정을 기초로 평균적인 상대방이 지득하였으리라고 여겨지는 객관적 의미를 탐구해야 한다. 이를 위해서 법률행위의 기초사정이 고려된다. 법률행위의 기초사정은 표의자의 주관적 의도와는 구별된다.

판례는 "계약서에 사용된 문자의 의미는 계약당사자가 기도하는 목적과 계약 당시의 제반사정을 참작하여 합리적으로 해석하여야 할 것"이라고 판시한 이래(대판 1960. 7. 7, 4292민상819) 다음과 같은 규범적 해석의 법리를 발전시켰다. ① 법률행위의 해석이란 당사자가 그 표시행위에 부여한 객관적 의미를 명백하게 확정하는 것이다. ② 계약서 등의 서면이 있는 경우에는 당사자의 내심적 의사의 여하에 관계없이 그 서면의 기재내용에 의거하여 해석해야 한다(반드시 문구에 구애받을 것은 아니지만). ③ 당사자가 표시한 문언에 의하여 그 객관적인 의미가 명확히 드러나지 않는 경우에는 그 문언의 내용과 그 법률행위가 이루어진 동기 및 경위, 당사자가 그 법률행위에 의하여 달성하려는 목적과 진정한 의사, 거래의 관행 등을 종합적으로 고려하여야 한다. ④ 법률행위의 해석은 사회정의와 형평의 이념에 맞도록 논리와 경험의 법칙 그리고 사회일반의 상식과 거래의 통념에 따라 합리적으로 해야 한다(대판 1992. 5. 26, 91다35571 등 다수판례). ⑤ 당사자 일방이 주장하는 계약내용이 상대방에게 중대한 책임을 부과하는 것인 때에는 그 내용을 더욱 엄격히 해석해야 한다(대판 2001. 1. 19, 2000다33607).

채권자 갑이 채무자 을로부터 금 36만원을 수령하면서 실제는 더 받을 금원이 있는 데도 영수증에 「총완결」이라는 문언을 부기한 경우에는 더 받을 금원을 탕감한 것이다(대판 1969. 7. 8, 69다563). 어떤 의무를 부담하는 내용의 기재가 있는 문서에 「최대 노력하겠습니다」라고 기재되어 있는 경우에, 특별한 사정이 없는 한 당사자가 위와 같은 문구를 기재한 객관적인 의미는 문면 그 자체로 볼 때 그러한 의무를 법적으로 부담할 수는 없지만 사정이 허락하는 한 그 이행을 사실상 하겠다는 취지로 해석함이 상당하다(대판 1994. 3. 25, 93다32668). 점포별로 업종을 정하여 분양한 상가내 점포의 수분양자의 지위를 양수한 자는 그 업종제한의 약정에 묵시적으로 동의하였다고 해석된다(대판 2004. 9. 24, 2004다20081).

5. 보충적 해석

법률행위의 내용에 관한 '약정의 공백'이 있어 이를 보충할 필요가 생긴 경우에 하는 해석방법을 보충적 해석이라고 한다. 자연적 해석과 규범적 해석에 의하여 법률행위가 성립된 것으로 확인된 후에 보충적 해석을 한다. 보충적 해석은 임의규정, 관습법, 조리로서 공백을 메우는 것이므로 실질적으로는 법적용에 해당한다.

1) 보충의 필요성

보충적 해석은 계약이 성립된 후에 당사자가 어떤 사항을 약정하지 않은 것이 판명된 경우에 공백을 보충하는 기능을 담당한다. 공백이 생기는 경우는 ① 당사자가 어떤 사항의 중요성을 간과하여 약정할 필요가 없다고 오판한 경우, ② 계약 당시 예상치 못한 사정이 생겨 기존의 합의사항만으로는 규율할 수 없게 된 경우, ③ 당해 사항에 관하여 약정이 있었으나 그 약정이 무효로 되어 그 부분의 공백이 생긴 경우, 특히 약관조항의 무효로 이러한 공백이 생기게 되는 경우가 종종 문제된다.

2) 보충방법

약정의 공백은 관습 및 임의규정에 의해 보충된다(제106조). 만약 강행규정위반으로 일부의 약정이 무효로 되었으며 그 강행규정이 일정한 보충내용을 지정하는 경우(내용강제규정)에는 그 규정내용대로 보충된다(제103조에 관하여 전술). 관습이나 법률규정이 없는 경우에는 조리에 의해 보충된다(제1조). 보충은 규범을 구체적 사례에 적용하는 작업이므로 구체적 타당성을 도모해야 한다. 합의사항 이외에 당사자의 의도, 계약체결시의 주위사정, 계약 후의 상황변화 등을 고려의 대상으로 삼아야 한다.

3) 법관의 계약보충권

보충적 해석과 관련하여「법관이 계약보충권을 갖는가」가 논의된다. 법관은 스스로 계약을 보충할 규범을 창조할 권한(법형성권)을 갖지 않지만, 소송사건에서 계약의 보충이 필요한 경우에 관습·법규·조리로부터 일반원칙을 발견하여 구체적인 사건에 적용할 의무를 갖는다.「법발견을 통한 계약보충권」을 가진다.

계약당사자 쌍방이 계약의 전제나 기초가 되는 사항에 관하여 같은 내용으로 착오를 하고 이로 인하여 그에 관한 구체적 약정을 하지 아니하였다면, 당사자가 그러한 착오가 없을 때에 약정하였을 것으로 보이는 내용으로 당사자의 의사를 보충하여 계약을 해석할 수 있다. 보충되는 당사자의 의사란 당사자의 실제 의사, 주관적 의사가 아니라 계약의 목적, 거래관행, 적용법규, 신의칙 등에 비추어 객관적으로 추인되는 정당한 이익조정 의사를 말한다(대판 2006. 11. 23, 2005다13288). 국가와 기부채납계약 체결시 쌍방이 부가가치세 부과대상이 아니라는 착오에 빠져 이에 관한 아무런 약정을 하지 않은 경우에, 국가가 부담하기로 하는 의사였다는 보충적 해석은 부정되었다.

그러나 판례는 매매가격과 같은 중요한 계약내용에 관해서는 보충권을 부정한다. 분양당사자가 합의한 분양가격의 결정기준에 의한 가격결정이 불가능한 경우에, 일방당사자는 새로운 가격합의없이 소유권이전등기의 이행을 청구할 수는 없으며, 법원은 이에 개입하여 계약해석의 범위를 넘어 판결로써 분양가격을 결정할 수는 없다(대판 1995. 9. 26, 95다18222).

6. 의사표시의 해석과 보충

(1) 의사표시의 해석

의사표시의 해석은 의사주의를 취하느냐 표시주의를 취하는가에 따라 그 방법이 달라진다. 의사주의에 의하면 해석의 대상은 표의자의 진의, 즉 내심의 의사가 되며, 그 방법은 표의자의 주관적인 의도를 탐구하는 쪽에 중점을 두게 된다. 표시주의에 의하면 표시행위가 해석의 대상이 되며, 그를 의사표시 수령자의 입장에서 객관적으로 해석하게 된다. 양자의 절충적인 입장이 바람직하다.

(2) 사실인 관습

사실인 관습이란 사람들이 상당한 기간 여러 번 반복하여 행함으로써 으레 그렇게 하리라고 기대되는 정도에 이르른 행위의 예를 말한다. 사실인 관습은 관습법과는 달리 내용이 규범성을 갖지 않거나 아직 법적 확신을 얻지 못한 것이다. 일정한 거래의 영역에서(은행거래 · 보험거래 등) 생성 · 변화하는 거래관행은 관습의 대표적 예이다.

1) 성 질

사실인 관습의 법적 성질에 관해서는 보충규범설과 의사해석기준설의 대립이 있다. 이러한 입장차이는 소송에서 사실인 관습이 법원측의 직권조사사항인가, 그리고 사실인 관습에 관해 무지의 항변을 할 수 있는가의 문제에 관하여 다른 결과를 가져온다. ① 보충규범설 : 사실인 관습을 임의법규에 준하는 규범으로 파악하고 당사자의 의사와 직접 관계없이 법률처럼 적용된다는 견해이다. ② 의사해석기준설 : 사실인 관습은 의사표시의 해석기준에 불과할 뿐 임의법규처럼 적용되는 것이 아니므로 이를 직권조사사항이라고 하기 어렵다는 견해이다. 이 견해에 의하면 관습은 독자적인 규범성을 갖지 못하고 당사자의 추단적 의사에 의해 의사표시의 내용으로 흡수된다.

판례는 "사실인 관습은 일상생활에 있어서의 일종의 경험칙에 속하고 경험칙은 일종의 법칙으로서 법관이 어떠한 경험칙의 유무를 판단함에 당사자의 주장이나 입증에 구애됨이 없이 직권에 의하여 판단할 수 있다(대판 1977. 4. 12, 76다1124)"고 함으로써 보충규범설을 취하였으나, 그 후 "사실인 관습은 법령으로서 효력이 없는 단순한 관행으로서 법률행위의 당사자의 의사를 보충함에 그치는 것이며, 당사자가 그 사실인 관습의 존재를 주장·입증해야 한다(대판 1983. 6. 14, 80다3231)"고 의사해석기준설을 취하였다.

2) 적용요건

사실인 관습이 적용되기 위한 요건은 다음과 같다. ① 관습이 존재할 것, ② 관습이 반사회성을 띠지 않을 것, ③ 당사자의 의사표시에 공백이 있을 것, ④ 서로 다른 관습이 수개 있는 경우의 표준이 되는 관습, ⑤ 당사자가 그 관습의 존재를 알고 있을 필요는 없다.

3) 관습법과 사실인 관습

제 1 조에 의하면 법적용의 순위는 법률(강행규정·임의규정), 관습법, 조리의 순서로 된다. 다른 한편 제106조에 의하면 당사자의 의사, 사

실인 관습, 임의법규의 순서가 된다. 이 두 규정을 문자 그대로 해석하면 사실인 관습은 임의법규에 우선하나 관습법은 임의법규의 하위에 서는 것 같은 결과로 되는데, 학설은 이와 같은 외견상의 모순을 해결하기 위하여 관습법과 사실인 관습에 관하여 다음과 같은 이론을 전개한다.

① 구 별 설 : 관습법과 사실인 관습은 그 성질·효력·적용범위가 상이하므로 구별하여야 한다는 견해가 다수설이다. 구별방법에 있어서는 학자마다 차이가 있다. 관습법을 강행법규적 성질을 가지는 것과 임의법규적 성질을 가지는 것으로 나누고, 전자를 관습법이라고 하고 후자를 사실인 관습이라고 이해하는 설명이 있다. 판례도 이 견해를 취한다(대판 1983. 6. 14, 80다3231). 관습법은 법규범성을 가지므로 법률행위에 「적용」됨에 반하여 사실인 관습은 당사자의 의사가 불분명한 경우에 한하여 불분명한 의사를 확정하는 의사표시의 해석기준에 불과하다는 설명도 있다.

② 동 일 설 : 관습법과 사실인 관습은 상호 엄격히 구별하기 힘들며 실질적으로 동일한 것이라고 파악하는 견해이다. 사적자치가 인정되는 영역에서는 사실인 관습과 관습법 모두 임의법규에 우선하여 해석의 기준이 되므로 양자를 구별할 실익이 없다고 하는 설명이 있다. 관습법과 사실인 관습은 구별할 수 있는 것이 아니고 양자가 모두 재판규범이며 법률문제에 속한다는 설명도 있다.

4) 민법 제106조와 제 1 조의 관계

민법 제 1 조의 「관습법」과 제106조의 「사실인 관습」 사이에는 다음의 차이가 있다. ① 제106조의 관습은 「법령 중의 선량한 풍속 기타 사회질서에 관계없는 규정과 다른 관습」으로서 당사자의 의사가 명확하지 아니한 때에 법률행위의 해석기준이 되는 것을 말한다. 이에 대하여 민법 제1조의 관습법은 「민사에 관하여 법률의 규정이 없으면 적용되는 것」으로서 법원의 일종을 말하는 것이다. ② 관습법은 모든 민사의 법률관계에 적용되는 반면, 사실인 관습은 법률행위에만 관계한다는 점에서 적용영역이 좁다. ③ 관습법에는 「강행법규와 임의법규」가 있을 수 있다. 그런데 사실인 관습은 「강행법규」에 위배되지 않는 것에 한하여 법률행위해석의 기준으로서 적용된다. ④ 보충규범설을 취할 경우에 관습법과 사실인 관습은 모두 규범성을 가지게 된다. 단 관습법은 민법의 모든 영역에 대하여 규범력을 가지는 반면, 관습은 법률행위의 영역에서만 규범력을 갖는다는 점에서 적용영역에 차이를 갖는다. 의사해석기준설을 취할 경우에는 특히 관습법과 사실인 관습의 차이를 크게 파악하게 된다. 관습법은 법이므로 법률행위에 「적용」됨에 반하여 사실인 관습은 당사자의 의사가 불분명한 경우에 한하여 불분명한 의사를 「확정」하는 자료로 됨에 불과하다고 본다. 또한 관습법은 법이므로 법원의 직권조사사항인 데 반하여, 사실인 관습은 당사자가 주장한 때에 한하여 조사할 수 있다고 한다.

관습법과 사실인 관습을 구별하지 않거나 구별의 실익이 없다는 견해도 주장된다. ① 사실인 관습도 사실상 규범성을 가지므로 관습법과 다르지 않다는 견해, ② 사실인 관습도 법률행위를 통해 재판규범으로 되므로 적용상 차이가 없다는 견해, ③ 사적자치가 적용되는 영역에서 사실인 관습은 임의규정에 우선하여 적용되는 재판규범이므로 법규범과 같다는 견해 등이 있다.

(3) 해석기준으로서의 임의규정

법령 중 선량한 풍속 기타 사회질서와 관계없는 규정을 임의규정이라고 한다. 임의규정은 당사자의 의사표시의 공백을 보충하여 법률행위의 내용을 완성하는 법률행위의 해석기준이다(법률적용설도 주장됨). 임의법규는 보충규정과 해석규정으로 나뉘며, 보충규정은 의사표시의 내용에 빠진 점이 있는 경우에 이를 보충하는 것인 데 대하여 해석규정은 의사표시가 있지만 그 의미가 불명료한 경우에 이를 일정한 의미로 해석하는 것이다.

7. 법률행위해석의 소송상 문제

(1) 법관의 판단

법률행위의 해석에 관한 분쟁은 법적 분쟁으로서 그 해석에 관한 최종적 판단은 법관이 하게 된다. 법관은 최종적 판단을 하기 위해 법률행위를 해석해야 할 필요가 있다고 판단되면 당사자가 제시한 증거자료에 기초하여 법률행위해석(규범판단)을 하게 된다. 이 때 판단의 주체는 법관이고, 당사자는 판단기초로서 계약서, 주위상황 등을 증거자료로서 제시한다.

법률행위의 해석은 그 문제만으로는 민사소송의 객체(소송상 청구)가 되지 못한다. 법률행위해석은 권리·의무를 확정하는 소송(확인의 소) 또는 그 의무의 이행을 구하는 소송(이행의 소) 등에서 판결이유를 구성하게 된다.

(2) 상고가능성

법률행위해석은 규범판단에 해당하므로 법관이 해석을 잘못한 것에 대한 불복은 법률문제로서 대법원에 상고할 수 있다.

사례연습 〈법률행위의 해석〉

◎ 문 제 ◎

A는 B백화점의 신용카드회원으로 가입하면서 카드를 발급받아 사용하고 있던 중 그 카드를 분실하였다. A가 B에게 그 카드의 분실신고를 하기 위해 전화를 걸자, B는 분실신고는 회원이 직접 사무실에 나와서 해야 한다고 했다. B는 회원가입서에 "회원권의 분실신고는 소정의 방식에 따라 해야 합니다"라고 쓰여진 부분(약관조항)을 읽어 주면서 「소정의 방식」이 회원의 직접출두신고를 의미하는 것이라고 주장하였다. A가 전화로 한 분실신고는 효과가 없는 것인가? 만약 전화로 분실신고를 한 때와 출석하여 분실신고를 한 때 사이에 제 3 자의 부정사용으로 인한 매출액이 생긴 경우에 그것은 누가 부담해야 하는가?

해 답

(1) 법률행위의 해석 : 법률행위의 해석은 자연적 해석, 규범적 해석 등의 방법에 의하여야 한다. 이 사례에서 회원가입서의 문언은 B백화점측이 작성한 것이지만, 그렇다고 하여 B의 의도만을 해석기준으로 삼는 것은 부당하며, 계약상대방이 그것을 어떻게 이해할 것인가를 염두에 두고 문언의 객관적인 의미를 탐구해야 한다(규범적 해석). 다만 이 사례에서는 약관조항의 문언이 문제되므로 일반적인 법률행위의 해석원칙 이외에 약관의 해석원칙도 참고해야 한다.

(2) 약관의 해석 : 약관의 뜻이 명백하지 아니한 경우에는 고객에게 유리하게 해석되어야 한다(약관 제 5 조 2항). 이 사례에서 B백화점 약관의 "회원권의 분실신고는 소정의 방식에 따라 해야 합니다"라는 표현은 그것만으로는 어떤 방식을 요구하는지 명백하지 않다. 만약 이에 이어서 분실신고의 방식은 회원이 직접 백화점사무실에 와서 접수시켜야 한다는 취지를 밝힌 경우에는 명백하지만, 그렇지 않은 경우에는 이 약관조항은 불명확조항에 해당하여 「작성자불이익의 원리」에 따라 해석되어야 한다. 고객의 입장에 서서 어떤 방식의

분실신고도 허용된다는 취지로 이 조항을 해석해야 할 것이다. 결국 A가 한 전화신고는 분실신고로서의 효력을 갖는다고 해석된다.

(3) **분실신고 후의 회원면책** : 신용카드회원의 분실신고가 접수된 후에 그 신용카드를 사용한 매출금에 대하여는 회원이 책임을 지지 않는 것이 원칙이다. 이 사례에서 A의 전화신고가 있은 후에 B는 그 카드로 인한 매출을 중지시켜야 함에도 불구하고 방치하여 제3자의 부정사용이 발생했다면 그 매출액은 B의 부담으로 하는 것이 타당하다. 따라서 A는 분실신고 후 제3자의 부정사용으로 인한 매출액에 대하여는 지급의무를 지지 않는다.

추리논증훈련

- 차별의 경계

1. 어떤 청년이 고급음식점에 갔는데 종업원이 빈 좌석이 없으니 삼십분 기다리라고 했다. 그 직후 어떤 옷 잘 입은 신사가 와서 자리가 있냐고 묻자 종업원은 곧 좌석으로 안내하였다. 청년은 그것을 보고 분개하여 종업원에게 항의하였다. 종업원은 옷 잘 입은 사람부터 좌석을 배정해 주라는 사장의 지시가 있었다고 하면서, 이 음식점은 개인 사업장이니 사업주 마음대로 해도 된다고 대답하였다. 당신은 그 종업원의 말에 어떤 문제가 있다고 생각하는가?

2. 어떤 청년이 상품을 구입하고 놀이동산의 자유이용권을 경품으로 받았다. 다음 일요일 그는 여자친구와 그 놀이동산에 가서 자유이용권을 제시하였으나 입장이 거절되었다. 종업원은 그 자유이용권의 구석에 경품으로 당첨된 것이라는 표시가 있는데, 놀이동산 운영 방침으로 일요일에는 공짜손님을 입장시키지 않는다고 했다. 당신이라면 놀이동산에 대하여 어떤 비난을 할 것인가?

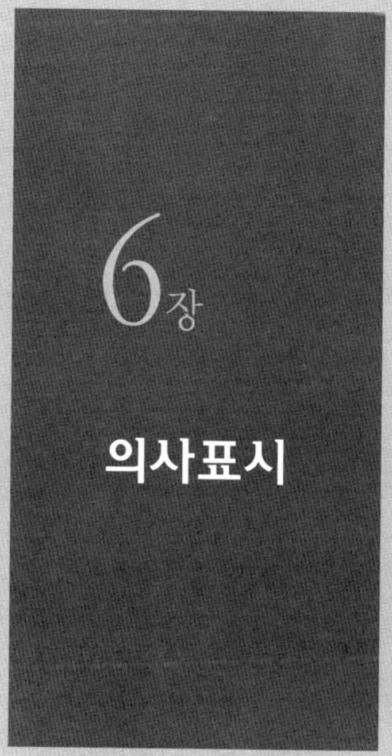

6장

의사표시

30

의사표시에 관한 이론

의사표시는 「표의자가 법률효과를 의욕하는 의사를 외부에 표현하는 것」을 말한다. 청약 · 승낙 같은 이사표시는 법률행위의 중심을 이룬다. 의사표시는 의사적 요소인 「효과의사」와 행위적 요소인 「표시행위」로 나뉜다. 최고 · 통지 · 동의는 관념의 표현으로서 준의사표시이며 의사표시가 아니다.

1. 의사주의와 표시주의

의사표시에 있어서 의사와 표시가 서로 일치하지 않는 경우가 있다. 즉 「표의자의 내심」과 「상대방이 표시행위로부터 이해한 효과의사」가 상충된 경우에 무엇을 기준으로 삼을지 논쟁이 있었다.

(1) 근대의 이론

근대 독일에서 발전한 의사주의와 표시주의는 근대민법의 입법에 영향을 미쳤다.

1) 의사주의

「표의자의 내심의 의사」가 의사표시의 핵이고 표시는 외피에 불과하다고 보는 이론이다. 의사주의에서는 효과의사를 표의자의 내심의 의사로 파악하며, 이와 다른 표시가 있더라도 내심의사와 일치하지 않으므로 의사표시가 존재하지 않거나 무효라고 본다.

2) 표시주의

의사표시의 본체는 상대방에게 표시된 것에서 찾아야 한다는 이론이다. 표의자에게 표시행위에 대응하는 내심의 의사가 존재하지 않는 경우에도 「표시행위로부터 추단되는 효과의사」가 존재하는 것으로 의제하여 표시행위대로 법률효과를 발생케 하려는 이론이다.

3) 효력주의

의사표시를 「효력표시」로 보는 이론이다. 의사와 표시의 이원적 구별을 배격하고, 「일체로서의 의사와 표시」가 의사표시의 요소라고 한다.

(2) 우리의 학설

현행민법의 의사표시규정들이 표시주의와 의사주의 중 어떤 입장을 취한 것이라고 볼 것인가(해석론)에 관하여 학설이 대립한다.

1) 절충적 표시주의

민법제정 후 우리나라의 다수설은 의사표시의 본체를 표시에서 찾음으로써 표시주의에 가까운 절충적 이론을 취해 왔다. 그 근거는 다음과 같다. ① 현행민법은 과거 의용민법(일제시대 민법)에 비해 표시주의의 입장에서 많은 수정을 가했다. ② 표의자의 의사는 상대방에게 표명되어 도달된 것에 한하여 의사표시로서 인정되어야 하며 그 해석도 상대방의 이해가능성을 기초로 해야 한다. ③ 표이자는 자기가 표시한 것에 대해 책임을 져야 하고 이 책임은 거래의 신뢰를 보호하여 거래생활을 원활하게 하는 데에 중요한 작용을 한다. ④ 법의 세계에서 중요한 것은 외부적인 행위로 드러난 의사이며, 인간의 내면적인 생각에 대해서는 법적 구속력이 부여될 수 없다.

2) 신의사주의

표시행위는 단순한 의사의 외피가 아니라「의사를 완성하는 것」이므로 의사주의가 기본적으로 타당하며, 부분적으로 자기책임의 원칙에 따라 상대방의 신뢰보호를 꾀하는 수정된 의사주의를 취해야 한다는 이론이다. ① 민법은 기본적으로 의사주의의 입장에서 제107조 이하를 규정하였다고 주장한다. ② 상대방의 신뢰 내지 거래안전의 보호는 사적 자치의 한 내용인 자기책임의 원칙(의사표시의 규범적 · 보충적 해석)에 의하여 돌볼 수 있으므로 구태여 표시주의에 집착할 필요가 없다고 한다.

3) 판례는 의사표시해석에서는「당사자의 내심적 의사에 관계없이 그 서면의 기재내용에 의하여 당사자가 그 표시행위에 부여한 객관적 의미를 찾을 것」을 원칙으로 한다(표시주의적 입장). 의사표시의 해석은 서면에 사용된 문구에 구애받을 것은 아니지만 어디까지나 당사자의 내심적 의사에 관계없이 그 서면의 기재내용에 의하여 당사자가 그 표시행위에 부여한 객관적 의미를 경험칙에 따라 합리적으로 해석해야 한다(대판 1990. 11. 13, 88다카15949; 대판 1991. 4. 9, 90다카16372 등). 계약당사자가 작성한 처분문서의 문언의 객관적 의미가 명확히 드러나지 않는 경우에, 당사자의 내심적 의사의 여하에 관계없이 논리와 경험의 법칙, 사회 일반의 상식 그리고 거래통념에 따라 계약내용을 합리적으로 해석해야 한다(이 때 계약의 동기 및 경위, 계약에 의해 달

성하려는 목적, 거래관행 등을 종합적으로 고려할 것). 특히 당사자 일방이 주장하는 계약내용이 상대방에게 중대한 책임을 부과하는 경우에는 그 문언의 내용을 엄격하게 해석해야 한다(대판 1993. 10. 26, 93다3103).

2. 의사표시의 구성요소

(1) 효과의사

의사표시 중 표의자가 의욕한 법률효과의 내용을 효과의사라고 한다. 표의자가 상대방에 대하여 한 의사표시의 내용적 요소에 해당한다. 표의자가 권리를 취득하고 채무를 부담하겠다는 등의 법률효과를 얻겠다는 내용이다.

표현된 의사와 내심의 의사 중 무엇을 효과의사로 파악할 것인가에 관하여 학설이 대립한다. ① 표시의사설 : 효과의사를 「표시상의 효과의사」와 「내심적 효과의사」로 구분하고, 의사표시의 요소가 되는 것은 내심적 효과의사가 아니라 표시상의 효과의사라는 견해이다. ② 내심의사설 : 사람의 의사에는 사물의 본성상 진의(내심)가 있어야 하므로, 존재하는 효과의사는 내심적 효과의사뿐이고 표시상의 효과의사는 존재하지 않는다는 견해이다.

(2) 표시행위

표의자가 효과의사를 상대방에 대하여 표시하는 행위가 표시행위이다. 의사표시는 표시행위가 있어야 완료된다. 외부에 표현되지 않은 표의자의 의사는 의사표시로서의 법적 효과를 가질 수 없다. 표시행위에는 표시의사(표시의식)가 포함되어 있어야 한다(표시의사를 의사표시의 별개의 요소로 보는 입장도 있음). 행위자가 표시행위를 한다고 의식하는 것을 표시의사라고 한다.

상대방 있는 의사표시는 특정의 상대방에 대하여 하는 것이 원칙이므로, 표시행위도 상대방에 대하여 하여야 한다. 그러나 다음의 예외가 있다. ① 의사표시의 수령권한 있는 자에 대한 표시행위는 상대방에게 도달된 것으로 간주된다. 대리인은 그 대리권의 범위에 속하는 법률행위에 관하여 수령권한이 있다. ② 제 3 자가 사자(使者)로서 상대방에게 표의자의 효과의사를 전달한 경우에는 상대방에 대한 의사표시로서 인정된다.

3. 의사표시의 모습

(1) 묵시적 의사표시

표의자의 효과의사가 언어나 문자 등에 의하여 분명히 표현된 경우를 명시적 의사표시라고 하는 반면에, 법률행위의 제반사정에 비추어 의사표시가 있었다고 인정되는 경우를 묵시적 의사표시라고 한다. 양자 사이에 법률효과의 차이는 없다.

묵시적 의사표시의 유형은 ① 거동에 의한 의사표시, ② 추단된 의사표시(포함적 의사표시라고도 함) 등의 모습을 띤다. 추단된 의사표시의 경우에는 표의자가 그 추단과 다른 의사를 가졌음을 주장・입증하여 추단에 따른 효과발생을 저지할 수 있다.

(2) 의제된 의사표시

표의자의 실제의사에 관계없이 일정한 사실에 의해 의사표시가 있는 것으로 간주되며 그 내용도 법률규정 등에 의해 일정한 것으로 의제되는 경우를 말한다. 묵시적 의사표시는 표의자가 자기의 의사를 묵시적으로 표현하는 것인 반면에, 의제된 의사표시는 표의자의 진의에 관계없이 일정한 사실에 기해 의사표시가 있은 것으로 의제된다는 점에 양자의 차이가 있다. 전자의 경우 착오를 주장하여 효력을 다툴 수 있으나, 후자의 경우는 그것이 불가능하다.

다음의 경우에는 일정한 의사표시가 있는 것으로 의제한다.

가) 의사실현에 의한 계약성립　청약자의 의사표시나 관습에 의하여 승낙의 통지가 필요하지 아니한 경우에는 계약은 승낙의 의사표시로 인정되는 사실이 있는 때(예 : 유상으로 제공된 급부를 수령하는 경우)에 성립한다(제532조).

나) 법정계약갱신　임대차기간이 만료한 후 임차인이 임차물의 사용·수익을 계속하는 경우에, 임대인이 상당한 기간 내에 이의를 하지 아니한 때에는 전(前)임대차와 동일한 조건으로 다시 임대차한 것으로 본다(제639조 1항 본문). 이는 제639조의 표제(묵시의 갱신)에도 불구하고, 의제된 의사표시의 일종에 불과하다.

다) 법정추인　취소할 수 있는 법률행위에 관하여 추인요건을 갖춘 후에 ① 전부나 일부의 이행, ② 이행의 청구, ③ 경개(更改), ④ 담보의 제공, ⑤ 취소할 수 있는 행위로 취득한 권리의 전부나 일부의 양도, ⑥ 강제집행 중의 하나의 사유가 있으면 이의를 보류하지 않은 한 추인한 것으로 간주된다(제145조). 즉 추인이라는 준의사표시가 의제되는 것이다.

라) 약관법의 의제금지　약관에 「일정한 작위 또는 부작위가 있을 때에 고객의 의사표시가 표명되거나 표명되지 아니한 것으로 보는 조항」이 있는 경우에 이 약관조항은 무효이므로(약관 제12조 1호), 이에 의하여 고객의 물건수령·침묵 기타의 행위를 의사표시로 간주하는 것은 허용되지 않는다(예외 있음. 약관 제12조 참조).

(3) 침　묵

침묵은 표의자가 전혀 의사표시를 하지 않았지만 주변사정에 의하여 일정한 의사표시를 한 것으로 인정되는 경우로서, 「의제된 의사표시」의 일종이라고 할 수 있다.

그 요건으로서는 침묵이 의사표시로 될 만한 특별한 사정이 있어야 한다. 특별사정이란 침묵을 의사표시로 평가하게 만드는 표의자와 상대방의 약정이나 관습·법률의 존재를 말한다. 침묵을 의사표시로 인정하는 데 있어서는 ① 의사표시의 존부판단의 문제, ② 내용확정의 문제라는 두 가지 문제가 발생한다.

당사자가 사전에 침묵에 대해 일정한 의미를 부여한 경우에 한해서 「약정에 의한 침묵의 의사표시」가 성립함이 원칙이다. 단, 상대방은 침묵을 의사표시로 간주한다는 일방적 의사표시를 할 수 없다. 청약에 대하여 이의를 제기하지 않으면 승낙한 것으로 하는 약정이 있었는데 청약수령자가 청약이 있음을 모르고 침묵한 경우에 이러한 침묵은 착오(표시의 착오)에 의한 의사표시에 해당한다.

다음의 경우에 법률은 침묵을 일정한 의사표시로 간주한다. ① 무능력자나 그의 법정대리인이 상대방의 추인여부확답의 최고를 받고 확답을 발하지 않은 때에는 무능력자의 법률행위를 추인한 것으로 본다(제15조 1항·2항). 이 때 최고를 받은 무능력자나 법정대리인의 침묵은 추인으로 간주된다. ② 상인이 상시 거래관계에 있는 자로부터 그 영업부류에 속한 계약의 청약을 받은 때에는 지체 없이 낙부의 통지를 발송해야 하며, 이를 해태한 때에는 승낙한 것으로 본다(상법 제53조).

4. 비정상적인 의사표시

의사표시에서 「표시행위에 나타난 효과의사」는 「표의자의 의도 및 동기」와 일치하는 것이 대부분이며, 이러한 경우를 정상적 의사표시라고 한다. 그러나 간혹 표의자의 의도와 의사표시가 일치하지 않는 경우가 생기는데 이러한 의사표시를 비정상적 의사표시라고 한다. 민법은 비정상적 의사표시로서 「진의 아닌 의사표시」(제107조), 「통정한 허위의 의사표시」(제108조), 「착오로 인한 의사표시」(제109조), 「사기·강박에 의한 의사표시」(제110조)의 네 가지 유형을 규정한다.

비정상적 의사표시에 대한 민법의 규정은 ①「자기책임의 원칙」을 기본으로 하며, ②「상대방의 관여도를 참작」하고, ③「제 3 자의 신뢰를 보호」한다는 기본 3 원칙에 입각하고 있다.

비진의표시와 허위표시에 관한 제107조와 제108조는 강행규정이다. 상대방이 인지가능한 비진의표시와 통정한 허위표시와 같이 무효로 되는 경우에 그것을 유효로 하는 사전합의는 허용될 수 없다. 취소할 수 있는 의사표시의 경우에는 무효의 경우와는 달리 민법규정과 다른 합의도 유효하다. 「취소권의 사전포기」가 사기·강박에 기한 것이거나 반사회적인 것 혹은 법률에 반하는 경우가 아닌 한(약관 제11조 1항 참조) 자유의사에 의한 포기를 부인할 이유가 없다.

5. 전자적 의사표시

법률행위의 효과의사가 컴퓨터에 의해 정리·형성되고 상대방에 대해 컴퓨터통신을 통하여 표시되는 경우를 「자동화된 의사표시」 또는 「전자적 의사표시」라고 부른다. ① 인간이 결정한 효과의사를 컴퓨터통신을 통하여 상대방에게 전달시킬 뿐인 경우에는 다른 통신수단을 이용한 의사표시와 크게 다름이 없다. 이 경우에는 원칙적으로 법률행위에 관한 일반원칙이 적용된다. ② 컴퓨터가 상대방의 청약을 분석하여 계약체결 여부를 자동적으로 결정하여 승낙의 의사표시를 발하는 등, 의사형성이 자동화된 프로그램에 의하여 이루어지는 경우에는 독자적인 법원리가 필요하다. 전자문서 및 전자상거래에 관하여는 특칙이 적용된다(전자거래기본법 제4조 등).

6. 준의사표시

준의사표시란 동의, 최고, 통지, 「의사가 포함된 사실행위」 등 법률행위의 성립요소인 의사표시는 아니지만 이와 유사한 성격을 갖는 것을 말한다. 준의사표시는 법정책적으로 부여되는 법률효과가 발생한다(표의자의 의사에 상응한 것이 아님)는 점에 특색이 있다.

준의사표시의 개념을 인정하는 실익은 민법 제107조 이하의 의사표시의 규정을 유추적용하는 데에 있다. ① 법률행위가 유효하기 위한 전제조건으로서 표의자의 행위능력(제5조 이하)과 상대방의 수령능력(제112조)을 필요로 한다는 점은 준의사표시에 유추적용된다. ② 의사표시의 도달을 효력발생요건으로 하는 제111조 및 공시송달에 관한 제113조도 준의사표시에 유추적용된다. ③ 반사회질서의 법률행위에 관한 제103조도 준의사표시(준법률행위)에 유추적용된다(반대설 있음). ④ 제107조 이하의 비진의표시, 통정한 허위표시, 착오, 사기·강박에 의한 의사표시에 관한 규정도 준의사표시에 그 성질이 허용하는 한 유추적용된다. ⑤ 대리의 규정도 준의사표시의 성질에 반하지 않는 한 유추적용된다.

리갈마인드 강화훈련

논거 (論據 ground, reason)

논거란 어떤 주장을 증명하기 위한 근거나 수단을 말한다. 법적 판단에서 중요한 것은 사회적·규범적으로 설득력이 있는 논거를 제시할 수 있어야 한다는 사실이다. 아무리 결론이 옳다 하더라도 그 논거가 빈약할 때에는 좋은 법적 해결책으로 인정되지 못한다.

논거를 대는 것은 한 명제에 대한 근거를 제시하는 것이다. 법적 해결책을 제시하기 위한 논거의 바탕에 깔린 것은 리갈마인드이다. 리갈마인드는 이해당사자에게 어떤 해결책이 옳다는 것을 설득할 근거이다.

추리논증훈련

• 비열한 권유

1. 어떤 식품회사가 경쟁회사를 비방하는 광고를 했다. "다른 회사의 식품에는 국제보건기구가 유해가능성을 주의 촉구한 화학물질 X가 들어있지만 우리는 그것을 첨가하지 않습니다." 경쟁회사가 이에 대응하여 광고하였다. "소비자 여러분 자기 제품이 좋다고 내세울 것이 하나도 없으면서 오로지 타제품을 비방하기만 하는 부도덕한 사업가를 신뢰하시겠습니까?"

   당신은 자기를 광고할 때 장점을 알리는 편인가 아니면 경쟁자의 단점을 지적하는 편인가? 어떤 쪽이 더 광고효과가 강하다고 생각하는가?

2. 어떤 사람이 뮤지컬에 인기 배우가 출연한다는 광고가 크게 붙어 있는 극장 앞에 줄을 서서 입장권을 구매하려고 기다리다가 차례가 왔다. 판매원이 물었다. "표가 두 장밖에 안 남았는데 사겠어요?" "네" "특석이라 일반석의 두 배 가격입니다." "그래도 주세요."

   그 관객이 극장에 들어가서 뮤지컬공연을 끝까지 다 보았지만 광고한 인기배우가 나오지 않았다. 관객은 속았다고 생각하고 판매원에게 항의했다. 그러자 판매원은 광고지의 맨 구석의 아주 작은 글씨를 가리키며 그 인기배우는 첫 날 한 번만 공연에 나온다고 쓰여 있고 그 날은 둘째 날이니 자기는 속이지 않았다고 했다. 당신이 그 관객이라면 자신이 속았다는 것을 어떤 논리로 주장할 것인가?

31

진의 아닌 의사표시

표의자가 진의 아님을 알고 진의와 다른 의사를 표시하는 경우 이를 「진의 아닌 의사표시」(비진의표시 · 심리유보)라고 한다. 표시행위가 자기의 진의와 다른 의미로 이해된다는 것을 스스로 알면서 한다는 「표의자의 의식」이 비진의표시의 특징이다. 계약과 같이 두 개 이상의 의사표시로 구성되는 법률행위에 있어서는 각각의 의사표시에 관하여 비진의표시가 문제된다.

1. 비진의표시의 개념

(1) 진의와 효과의사의 구별

효과의사와 진의는 별개의 것이다. 효과의사란 어떤 법률효과의 발생을 의욕한다고 표시하는 내용이며, 진의는 의사표시를 통해 실제로 추구하는 목적이다. 진의는 효과의사보다 더 깊은 마음속에 숨겨져 있다.

예를 들어 영어회화테이프를 팔기 위한 목적을 가졌으나 고객을 유인하기 위하여 영어강좌를 한다고 말하면서 강의교재로서 영어회

화테이프를 강매하고 강의는 거의 하지 않는 경우에, 진의는 테이프 판매이고 표시된 효과의사는 강의제공이다. 다른 예로 집세를 올릴 목적이 있을 뿐 임차인을 내보낼 의도는 없으면서 「집을 비워 달라」고 말하는 경우 진의는 차임인상이고 표시된 효과의사는 임대차의 해지이다. 상대방이 자기의 진의를 알 것으로 믿고 장난·농담·희언을 한 정도라면 비진의표시의 법률문제로는 되지 않는다(의사표시가 존재하지 않기 때문임).

만약 진의와 효과의사를 동일한 것으로 이해한다면 비진의표시는 효과의사 없는 의사표시가 될 것이다. 그러나 이는 내용 없는 표시행위를 인정하는 것으로서 개념상 모순이며, 효과의사는 존재하되 다만 진의와 일치하지 않을 뿐이라고 보는 것이 타당하다. 예를 들어 화가 지망생인 친구에게 격려조로 「장래 네 작품은 모두 내가 살께」라고 말한 경우에 이는 확정적인 법률효과를 원하는 행위가 아니라 희언(농담)에 불과하므로 효과의사가 존재하지 않는다. 그러나 경매에서 물건을 살 의도가 없으면서 단지 경매가를 높이기 위한 목적으로 호가하는 경우에는 매수의 진의는 없지만 외부에 표현된 것에 의해 효과의사 있는 표시행위로서 인정되므로 호가한 가격에 매매의 청약을 한 것이 된다.

(2) 착오표시 및 사기표시와 비진의표시의 구별

비진의표시는 진의와 다른 효과의사가 표시된다는 점에서 착오에 의한 의사표시 및 사기에 의한 의사표시와 유사하지만, 다음과 같은 차이가 있다. ① 착오에 의한 의사표시 중 대표적인 경우는 표의자가 진의와 효과의사 사이의 차이를 깨닫지 못한 때이다. 반면에 비진의표시는 표의자가 그 차이를 알고 한 경우를 말한다. ② 효과의 측면에서 볼 때 착오표시는 취소가능한 반면, 비진의표시는 무효로 되는 일정한 경우를 제외하고는 유효이다. ③ 사기·강박으로 인한 의사표시도 구조상으로는 착오표시와 유사하며 따라서 사기표시와 비진의표시의 차이점도 착오표시와 비진의표시의 차이점과 유사하다.

예를 들어 노인요양원을 설립할 의도가 없으면서 발기인을 모집하여 출자를 받은 경우에 그 설립행위는 비진의표시로서 원칙적으로 유효이므로 모집인은 그 자금으로 요양원을 설립할 의무를 진다. 출자금을 횡령하기 위하여 요양원설립을 사칭한 경우에는 사기에 해당하고 그에 응해서 발기인이 되기로 약정한 사람은 그 의사표시를 취소할 수 있다. 요양원은 재단법인으로만 할 수 있음에도 불구하고 사단법인으로 할 수 있다고 잘못 알아 법인설립을 추진한 경우에 모집인과 기타 출자자는 그 설립계약을 착오에 의한 것으로서 취소할 수 있다.

(3) 허위표시와 비진의표시의 구별

비진의표시와 허위표시는 표의자가 진의와 효과의사의 차이를 의식하고 있다는 점에 공통점이 있는 반면 표의자와 상대방이 통정하여 진의와 다른 가장의 효과의사에 기해 계약을 체결하는 경우에 성립한다는 점에서 비진의표시와 다르다. 허위표시에 의해 무효로 되는 것은 개개의 의사표시라기보다는 그것들로 구성된 법률행위이다.

어떤 사람이 이웃주택을 살 의도도 없으면서 그 집이 다른 사람에게 팔리는 것을 막기 위하여 다른 매입희망자보다 더 비싼 가격으로 자기가 사겠노라고 청약한 경우에, 그 청약은 비진의표시로서 원칙적으로 유효하다. 즉 이웃소유자가 승낙하면 매매계약이 그 가격에 체결되어 대금지급의무를 지게 된다. 반면에 주택의 소유자가 채무를 잔뜩 지고도 채권자의 강제집행을 면하기 위해서 이웃사람과 통정하여 그 주택을 파는 것처럼 매매계약서를 자성한 경우에 그 매매계약은 허위표시로서 무효이다.

〈비진의표시의 유형〉

<table>
<tr><td rowspan="3">의사표시의 모습</td><td rowspan="2">단독행위</td><td>상대방 있는 의사표시(대리권수여)</td></tr>
<tr><td>상대방 없는 의사표시(유언)</td></tr>
<tr><td>계약</td><td></td></tr>
<tr><td rowspan="2">표의자의 동기</td><td>상대방이 모를 것을 기대</td><td>심리유보</td></tr>
<tr><td>상대방이 알 것을 기대</td><td>허언</td></tr>
<tr><td rowspan="3">상대방의 인지</td><td>상대방이 안 경우</td><td></td></tr>
<tr><td rowspan="2">상대방이 모른 경우</td><td>인지가능성이 있는 경우</td></tr>
<tr><td>인지가능성이 없는 경우</td></tr>
</table>

2. 비진의표시가 무효로 되는 요건

(1) 비진의표시가 있을 것

표시에서 드러난 효과의사가 진의와 일치하지 않는 비진의표시가 있어야 한다. 제107조 제 2 항의 무효를 주장할 필요가 있을 때 표의자는 효과의사와 진의가 일치하지 않았음을 주장・입증하여야 한다.

어떤 표현이 비진의표시로서 인정되기 위해서는 다음의 요건을 갖추어야 한다. ① 「법률행위에 관한 의사표시」이어야 한다. ② 효과의사가 포함되어 있어야 하며, 그 효과의사는 확정성・가능성을 갖추어야 한다. ③ 표의자의 의식이 있었어야 한다. 표의자가 진의 아님을 알고 한 경우에 비진의표시가 성립한다. 효과의사와 진의가 일치하지 않음을 모르는 경우에는 착오에 의한 의사표시로 된다.

표의자가 의사표시의 내용을 진정으로 바라지는 아니하였더라도 그것을 최선이라고 판단하여 의사표시를 한 경우에(사직서 제출) 진의 아닌 의사표시가 아니다(대판 2001. 1. 19, 2000다51919). 계엄사령부의 종용에 의해 재산을 강제로 뺏긴다는 것이 표의자의 본심으로 잠재되어 있었다 하여도, 표의자가 의사결정을 박탈당하지 않은 상태에서(강박이 아님) 부동산의 증여의사표시를 한 이상 증여의 내심의 효과의사가 결여된 것이 아니다(대판 1993. 7. 16, 92다41528).

(2) 대리인을 기준으로 진의 판단

표의자가 대리인을 통하여 의사표시를 하는 경우에 진의와 효과의사의 합치 여부는 대리인을 기준으로 판단함이 원칙이다. ① 의사표시의 효력 : 대리인에 의한 비진의표시의 효력은 상대방의 인지가능성에 따라 유효가 되기도 하고 무효가 되기도 하는데, 유효인 경우 그 법률행위의 효력은 본인에게 귀속한다. ② 대리행위의 효력 : 대리행위가 유권대리로서 본인에게 효력을 발하기 위해서는 그것이 대리권의 범위 내에 속해야 한다. 본인과 통정하여 비진의표시를 한 경우는 유권대리가 된다. 반면에 대리인이 배임의 목적으로 본인의 이익에 어긋나는 단독의 비진의표시를 했다면 그것은 본인과의 관계에서 대리권의 남용 또는 무권대리의 문제를 발생시킨다. 진의 아닌 의사표시가 대리인에 의하여 이루어지고 그 대리인의 진의가 본인의 이익이나 의사에 반하여 자기 또는 제 3 자의 이익을 위한 배임적인 것임을 그 상대방이 알았거나 알았을 경우에, 민법 제107조 제 1 항 단서의 유추해석상 본인은 아무 책임을 지지 않는다(대판 1999. 3. 12, 97다22560).

(3) 상대방의 인지가능성

상대방이 표의자의 진의 아님을 알았거나(認知) 이를 알 수 있었을 경우(인지가능성)에는 무효로 한다(제107조 1항 단서).

가) 상 대 방 상대방이란 의사표시의 수령자를 말하므로 그의 인지가능성이 문제되며, 제 3 자의 인지가능성은 문제되지 않는다.

대리행위의 경우에는 본인이나 대리인 중의 어느 한 명에게 인지가능성이 있으면 비진의표시는 무효로 된다. 단, 무능력자의 법정대리행위의 경우는 대리인을 기준으로 한다.

나) 인지가능성 ① 표의자가 명시·묵시적으로 상대방에 이를 표시하거나, ② 제 3 자를 통해 상대방에게 전해지거나, ③ 기타 주위사정에 비추어 알 것이 기대되는 경우에 인정된다.

다) 판단의 기준시점 상대방이 「알았거나 알 수 있었는가」의 여부의 판단은 의사표시가 상대방에게 도달한 때를 기준으로 해야 하므로 도달시점과 같이 진입시에 인지가능성을 판단하는 견해가 있다(진입시설). 반면에 도달의 시점과는 별개로 인지가능성은 상대방이 그 의사표시를 안 때라고 하는 견해도 있다(요지시설).

라) 인지가능성의 입증책임 제107조 제 1 항 단서의 요건사실은 당해 의사표시의 무효를 주장하는 사람이 주장·입증하여야 한다. 대개의 경우 표의자가 무효주장을 할 것이지만, 예외적으로 상대방 기타 이해관계인이 주장할 실익이 있는 경우도 있다.

3. 비진의표시의 효과

(1) 유효인 경우

의사표시는 표의자가 진의 아님을 알고 한 것이라도 그 효력이 있다(제107조 본문). 약 58만원의 채권 중 36만원만을 변제받으면서 채권자가 수령증에 「총완결」이라는 문언을 부기하지 않으면 돈을 주지 않겠다고 하므로 궁박한 사정 아래 우선 돈을 받기 위하여 거짓

기재하였더라도, 상대방이 진의 아님을 몰랐다면 그 「총완결」의 의사표시는 유효하다(대판 1969. 7. 8, 69다563).

(2) 무효인 경우

비진의표시 중 상대방이 진의 아님을 알았거나 알 수 있었을 경우에는 그 의사표시가 무효로 된다. 의사표시의 무효는 법률행위의 전부 또는 일부무효를 초래한다. 단독행위의 경우에는 그 법률행위 전체가 무효로 되며, 계약의 경우 청약이나 승낙 중 어느 하나가 무효이면 계약은 체결되지 않았던 것으로 된다. 의사표시의 무효는 법률행위가 유효라고 믿고 거래한 승계인(선의의 제 3 자)에 대하여 대항하지 못한다(제107조 2항).

근로자가 사용자의 지시에 좇아 일괄하여 해직서를 작성·제출할 당시 그 해직서에 기하여 의원면직될지도 모른다는 점을 인식하였더라도 이것만으로 그 내심에 해직의 의사가 있다고 할 수 없다(대판 1991. 7. 12, 90다11554). 그러나 징계면직처분되는 것보다 의원면직처분을 받는 것이 최선이라고 판단하여 사직서를 제출한 경우에는 사직을 마음 속에서 바라지 않았더라도 비진의표시가 아니다(대판 2000. 4. 25, 99다34475).

(3) 신뢰이익의 배상

민법 제107조 제 1 항 단서에 의하여 비진의표시가 무효로 되는 경우 중에서 상대방이 선의이나 과실이 있었던 경우에, 표의자는 상대방의 신뢰이익의 침해에 대해 배상해야 한다(반대설 있음). 표의자가 비진의표시를 하였는데도 상대방이 이를 진의표시로 신뢰하여 손해를 입었다면 표의자는 불법행위책임(제750조) 또는 계약체결상의 과실책임(제535조의 유추적용)에 기하여 그 손해를 배상하여야 한다.

4. 제107조의 적용범위

(1) 법률행위

비진의표시에 관한 민법 제107조는 법률행위를 구성하는 의사표시에 적용된다. ① 계약을 구성하는 청약과 승낙의 의사표시는 제107조가 적용되는 대표적인 예이다. 단체설립행위에 관하여도 제107조가 적용된다. ② 단독행위의 의사표시에도 제107조가 적용된다. ③ 유언은 엄격한 형식을 요하는 행위로서 표의자의 사후에 효력을 발생하게 되므로 제107조가 적용될 여지가 없다. ④ 형성적 가족행위인 혼인 · 이혼 · 입양 · 인지 등의 의사표시는 진의를 중요시 여기므로 민법 제107조가 적용되지 않는다(제815조 1호, 제883조 1호 참조). ⑤ 가족적 재산행위인 부양, 재산분할 등의 의사표시에 관하여는 제107조가 적용된다. ⑥ 비진의표시에 관한 민법 제107조는 일반적으로 준의사표시(준법률행위)에 해당하는 통지 · 최고 · 동의에 준용된다.

(2) 적용되지 않는 경우

① 주식인수 및 어음행위 : 주식인수의 청약(상법 제302조 3항), 어음행위 등에는 민법 제107조가 적용되지 않는다. ② 소송행위 : 민법 제107조는 소송행위에 적용되지 않는다. ③ 공법행위 : 공법상의 의사표시에 관해서는 민법 제107조가 적용되지 않으므로, 진의와 다르더라도 유효함이 원칙이다.

사례연습 〈비진의표시〉

◎ 문 제 ◎

A는 B회사로부터 퇴직금의 중간정산을 받을 근로자는 사무처리를 위하여 사직서를 작성하여 경리과에 제출하라는 통지를 받았다. A는 퇴직할 생각이 전혀 없으면서 자녀의 결혼비용을 마련하기 위하여 퇴직금의 중간정산을 신청하기로 하고 사직서를 작성하여 경리과에 제출하였다. 그 직후 B회사는 경영이 부실하여 C회사에 인수합병되었다. C회사는 A의 사직서를 수리하고 퇴직금을 정산해 준 후 A의 업무를 박탈하였다.

A는 C에 대하여 사직서의 무효를 주장하고, 해고의 무효확인을 구하였다. A의 주장은 타당한가?

해 답

(1) 비진의표시의 상대방에 대한 효력 : A가 작성한 사직서는 진정으로 회사를 그만 둘 의사를 표시한 것이 아니라, 퇴직금중간정산을 위한 서식으로서 사직서를 쓴 데에 불과하므로 「사직의 진의가 없는 사직서」, 즉 비진의표시에 해당한다고 해석된다. 민법 제107조 제 1 항 본문은 표의자가 진의 아님을 알고 한 것이라도 유효하다는 원칙을 취하지만, 단서에서 "상대방이 표의자의 진의 아님을 알았거나 이를 알 수 있었을 경우에는 무효로 한다"고 규정한다. 이 사례에서 의사표시의 상대방은 B이며 B는 A의 진의 아님을 알았던 경우에 해당하므로 그 사직서는 A와 B 사이의 관계에서는 무효이다. 판례도 근로자의 사직서 제출행위는 중간퇴직금을 지급받기 위한 것이지 근로계약관계를 해지하려거나 근속연수를 제한하려는 내심의 의사에 기한 것이라고는 보기 어렵다고 하였다(대판 1993. 1. 15, 92다37673).

(2) 제 3 자에 대한 효력 : B회사를 인수한 C는 그 사직의 의사표시에 관해서 제 3 자의 위치에 있다고 볼 것인가, 그리고 그 제 3 자는

선의로 인정될 것인가가 문제된다. 민법 제107조 제 2 항에서는 "의사표시의 무효는 선의의 제 3 자에게 대항하지 못한다"고 규정한다. 사견으로는 C가 B회사의 권리와 의무를 포괄적으로 승계받고 영업도 양수받은 경우에, B의 근로자에 대한 관계에서 제 3 자의 위치에 있지 않다고 해석하겠다(영업양도와 근로자의 지위에 관하여 학설 대립 있음). 제 3 자는「당사자와 그 포괄승계인 이외의, 허위표시행위를 기초로 하여 별개의 법률원인에 의하여 이해관계를 맺는 자」로 제한적으로 해석된다(다수설). 판례도 기업은 동일하고 경영주체가 변경된 데에 불과한 경우에 근로관계는 새로운 경영주체에 승계되고 실질적인 근로관계는 그 중간퇴직(형식적 사직서제출)에 의해 단절되지 않고 계속되며, 그 중간퇴직은 통정허위표시로서 무효라고 하였다(대판 1991. 3. 22, 90다6543). 만약 C가 제 3 자의 위치에 있다고 인정하는 경우에는 B가 퇴직금중간정산의 목적으로 접수한 사직서에 내포된 A의 진의를 파악하지 못했는가(선의여부)가 판단되어야 할 것이다.

추리논증훈련

• 소통의 기술

1. 대인관계의 기술을 익힐 때 종종 "상대방의 말꼬리를 물고 늘어지지 말라"고 교육받는다. 상대방의 말꼬리를 무는 것이 왜 나쁜가? 친구와 대화하고 있을 때, 중요한 거래에 관한 협상을 하고 있을 때, 사회문제에 관하여 토론을 벌이고 있을 때 등의 사례에서 각각 어떤 결과가 야기될까?

2. 생활환경이 비슷한 사람들 사이에서는 잘못 표현된 언어로도 소통이 가능하다. 어떤 할머니가 택시에 타고 "전설의 고향으로 갑시다"라고 하니까 택시기사가 "할머니 예술의 전당말이지요?"라고 하여 할머니가 그렇다고 박수를 쳤다는 우스개이야기가 있다. 당신은 이 사례에서 택시기사가 어떻게 할머니의 의도를 정확히 집어 낼 수 있었다고 추측하는가? 당신은 이와 비슷한 사례를 경험한 적이 있는가?

32

통정한 허위표시

통정허위표시란 표의자가 상대방과 통정하여 마치 진정한 의사표시가 있은 것처럼 제3자에게 허위로 표시하는 경우 그 가장행위를 가리킨다. 통정이란 가장행위의 외관 작출에 관한 합의 또는 양해를 의미한다. 의사표시의 기본원칙에 비추어 볼 때 허위표시의 무효는 필연적인 것이다. 허위표시의 합의에는 그 표시에 의하여 생길 법률 효과를 의욕한다는 효과의사가 존재하지 않기 때문이다.

1. 통정허위표시의 개념

(1) 효과의사의 부재

허위표시는 표시상의 효과의사와 진의(내심의 효과의사)가 일치하지 않는 경우로서 통정한 비진의표시에 법률효과를 인정할 이유가 없기 때문에 무효로 된다. 법률효과가 발생하기 위해서는 실제로 관계변화를 원하는 실질적 의사가 필요하며 단지 형식적 요건을 갖추려는 의사만으로는 부족하다. 가장행위에는 법률행위의 외관을 갖추기 위한 합의만이 존재할 뿐 외관에 상응하는 효과의사는 존재하지 않는다.

예를 들어 위임사무를 처리하는 수임인(A)이 사무처리를 위해 비용을 많이 쓴 것처럼 위장하여 위임인(C)으로부터 돈을 받아 내기 위하여(수임인의 비용상환청구권)(제688조) 상인(B)과 통정하여 사지도 않은 물건을 산 것처럼 매매계약서를 작성한 경우에, A와 B 사이에는 물건의 매매를 위한 청약이나 승낙의 의사표시가 행해지지 않았고 따라서 매매계약은 체결되지 않았다. A는 B에 대하여 「당신의 물건을 삽시다」라고 의사표시한 적이 없고 단지 「C에 대한 관계에서 당신의 물건을 산 것처럼 가장합시다」라는 의도를 말하고 그에 대한 동의를 얻었을 뿐이다. A는 C에 대하여 A와 B 사이에 매매계약이 있었다는 허위표시를 했을 뿐이다.

(2) 허위표시의 유형

① 가장행위 : 당사자가 법률행위를 전혀 의욕하지 않으면서 외관으로만 법률행위를 하는 것처럼 보이게 하는 경우이다. 남편이 전 재산을 아내와 미성년의 아들에게 매매의 형식으로 소유권이전등기를 경료한 것은 제 3 자에 대한 손해배상채무를 면탈할 목적으로 한 가장된 매매계약이라고 추정된다(대판 1963. 11. 28, 63다493). 토지의 점유시효취득자에 대한 소유권이전등기의 의무를 면탈하기 위한 목적에서 이루어진 토지매매계약은 통정허위표시에 해당한다(대판 1984. 9. 25, 84다카641).

② 은닉행위의 은폐 : 외부에 드러난 것과 다른 법률행위를 하면서 그 은닉행위를 은폐하기 위해 허위표시를 하는 경우이다(예 : 증여세를 면탈하기 위하여 매매를 가장).

③ 타인명의의 행위 : 법률행위의 당사자로서 표시된 자가 실제 행위의 주체가 아닌 경우이다(차명거래, 부동산명의신탁 등). 동일인에 대

한 대출한도규정을 회피하기 위해 채무자가 채권자(상호신용금고)의 양해하에 제3자 명의만을 빌린 대출약정은 통정허위표시로서 무효이다(대판 1999. 3. 12, 98다48989).

④ 법률행위내용의 확대・축소 : 실제의 법률행위가 있었으나 외부적으로 그 행위의 내용을 확대 또는 축소하여 알리기 위하여 허위표시를 하는 경우이다(예 : 양도소득세를 덜 내기 위해 매매대금을 축소하여 계약서를 작성).

(3) 허위표시의 동기

허위표시를 하는 실제의 목적을 동기라고 하는데, 이 동기는 허위표시에 나타나지 않고 당사자의 심중에 숨겨져 있다는 점에서 은닉행위와 다르다. 허위표시가 행하여지는 동기는 다양하지만, 대부분 제3자를 기망하는 데 이용된다. 그러나 제3자를 기망하려는 의도의 존재는 허위표시의 요건이 아니며, 그러한 의도로 인해 허위표시가 추정되지 않는다.

판례 및 거래실태에 나타난 동기를 살펴보면 ① 반사회적 목적(뇌물수수 등)의 은폐, ② 타인자격(아파트 입주자격)의 은폐, ③ 제3자에 대한 부당한 청구(허위진단서 등), ④ 법정절차의 면탈, ⑤ 실제 당사자의 은폐(명의신탁 등), ⑥ 법적 효력의 강화(매매를 가장한 담보설정), ⑦ 강제집행의 면탈(이러한 경우를 사해행위라 하며 채권자취소권도 문제됨), ⑧ 과세의 회피, ⑨ 주택임대차 대항력의 이용(주보 제3조) 등이 있다.

(4) 은닉행위

허위표시가 다른 법률행위를 은폐하려는 목적으로 행해지는 경우에 당사자의 진정한 합의는 그 은폐된 행위를 향한 것이다. 허위표시의 배후에 은폐된 행위를 은닉행위라고 한다. 은닉행위의 존재는 외부에서 알기 어려우며 그것을 주장하는 사람이 입증해야 한다. 은닉행위에 관하여는 당사자의 진정한 합의가 있으므로 원칙적으로 유효한 법률행위로서 성립한다. 단 가장행위가 외부적으로 유효한 것처럼 취급되는 것을 조건으로(명시적 및 묵시적) 하여 은닉행위를 한 경우에는 그 조건이 성취되지 않음에 의하여 은닉행위도 효력을 상실한다. 또한 은닉행위가 민법 제103조의 반사회적 행위에 해당하는 경우에도 무효이다.

예를 들어 부모가 부동산을 자기자녀에게 증여하면서 증여세를 면탈하기 위하여 매매로 가장하여 소유권이전등기를 경료하려는 경우에, 매매계약은 「가장행위」이고 증여는 「은닉행위」에 해당한다. 이 경우 매매계약서는 허위표시이므로 매매계약의 효력을 갖지 못하고, 따라서 당사자에게 그에 기한 소유권이전청구권이나 대금지급청구권은 발생하지 않는다. 부모가 자녀에게 부동산을 양도할 의사가 있으므로, 은닉행위인 증여는 원칙적으로 유효하다. 그러나 만약 부모가 매매로서 가장하여 증여세를 면탈할 수 있을 것을 조건으로 증여하려 했다면 가장매매가 적발됨에 의하여 증여계약도 효력을 잃는다. 증여자의 의도가 불분명한 경우에는 전자, 즉 조건 없는 증여의 의사가 있다고 해석된다.

(5) 부분적 가장행위

실제의 법률행위가 있었으나 외부적으로 그 행위의 내용을 확대하여 알리기 위하여 허위표시를 하는 경우에 그 실제의 법률행위는 유효한가가 문제된다. 그 내용이 가분적이면 그 초과부분만을 일부무효로 한다(대판 1992. 12. 22, 91다35540). 전체의 가장행위의 효력은 다른 특약이 없는 한 실제합의의 부분으로 축소되어 유효한 법률행위가 된다고 해석한다(제137조와는 반대임). 불가분급부의 경우에는 일부만을 무효로 하기 어려우므로 가장행위는 전부무효로 된다.

(6) 간접대리

실제의 거래당사자를 밝히지 않고 대리인이 당사자로 나서서 법률행위를 하는 경우를 「간접대리」 또는 「허수아비행위」라고 부르기도 한다. 상대방과의 법률행위에 있어서 대리인으로서가 아니라 당사자로서 행위하는 점에서 대리와 다르다. 차명예금 및 명의신탁에서는 실제 당사자가 나서서 계약의 교섭 및 행위를 하면서 단지 계약서 · 예금증서 · 등기신청서 등에 제3자의 명의를 차용하는 것에 불과한 경우가 많은데, 이 경우는 실제 당사자가 배후에 숨어 있는 간접대리와 다르다.

간접대리의 법률행위는 원칙적으로 유효하며, 그 행위당사자를 위해 법률효과가 발생한다. 그 법률행위로 취득한 이익이 실제 배후의 위임인에게 귀속된다는 것만으로 이를 무효라 할 수는 없다. 계약당사자(수임인)는 그 법률행위에 기해 수령한 물건 · 금전 등을 위임계약의 이행으로서 위임인에게 이전한다.

간접대리가 금지되는 경우가 있다. ① 계약당사자의 자격이 제도적으로 제한된 경우, ② 실질적인 권리자를 은폐하는 것이 반사회적인 경우, ③ 계약의 성질상 당사자가 누구인가 하는 것이 중요한 의미를 갖는 경우(대체로 물건의 인도가 아닌 노무제공의무의 경우).

(7) 신탁행위

신탁자가 그의 권리를 일정한 경제적 목적의 수행을 위하여 수탁자에게 양도하는 형식을 취하고 수탁자는 그 목적의 범위 내에서만 그 양도받은 권리를 이용할 의무를 지는 신탁행위(또는 신탁적 양도행위)는 허위표시에 해당하지 않으며 반사회성 · 강행법규위반이 없는 한 유효하다.

부동산명의신탁은 부동산의 실질적 소유자가 그 등기명의를 타인의 이름으로 해두는 것으로서 이는 부동산 실권리자명의 등기에 관한 법률 제4조에 의해 무효이다(종중재산 등 예외인정). 신탁행위(신탁적 양도행위)가 일정한 목적을 위하여 소유권을 수탁자에게 이전시켜야겠다는 진정한 효과의사를 갖는 반면에, 명의신탁의 경우는 소유권이전행위의 배후에 실질적인 권리이전의 의사는 없이 단지 명의만을 이전하겠다는 의사로 행위한다는 점에서 다르다. 부동산 실권리자명의 등기에 관한 법률 제4조의 취지상 소유권이전에 필요한 의사는 실질적 양도의사라고 보아야 하므로 명의신탁약정은 실질적 효과의사가 없는 행위로서 통정허위표시에도 해당한다.

2. 무효로 되는 요건

(1) 법률행위에 관한 허위표시일 것

1) 계　　약

계약체결의 합의가 있은 것처럼 허위의 계약서를 작성하는 것이 대표적인 허위표시의 예이다. ① 물권적 합의는 허위표시의 대상이 되지 않는다. 허위표시의 대상이 되는 것은 매매 · 증여 · 소비대차 · 도급 등의 채권계약이다. 물권적 합의에서 진정한 물권변동의 의사가 있었는가는 채권행위에 의해서 판단되기 때문이다(물권행위의 유인설). ② 법인설립행위, 조합계약은 다수당사자의 계약으로서 허위표시의 대상이 된다.

2) 단독행위

취소 · 해제 · 상계와 같은 「상대방 있는 단독행위」는 종종 허위표시의 대상이 된다. 「상대방 없는 단독행위」(유언, 소유권 포기)에 관하여도 허위표시가 인정된다(반대설 있음). 이 경우에도 이익을 받을 자와 통정하는 일이 실제 발생하며, 만약 허위표시의 성립을 부정한다면 그 가장행위로 인한 결과를 원상회복토록 할 수 없기 때문이다.

3) 가족행위

혼인·입양과 같은 가족관계의 변동을 가져오는 형성적 가족행위에는 당사자의 진정한 의사가 중요시되어야 하므로, 선의의 제3자를 보호하는 제108조 제2항은 적용되지 않는다(재산적 가족행위에는 적용됨).

4) 적용제외

① 유가증권거래, 주식인수 등 요식행위는 원인행위로부터 절단하여 효력을 인정하므로 허위표시규정이 적용되지 않는다. ② 어음행위 같은 요식행위에는 적용되지 않는다. ③ 소송행위 및 공법행위에는 허위표시규정이 적용되지 않는다.

(2) 의사표시의 외양이 존재할 것

법률행위를 구성하기 위한 의사표시로서의 외양을 갖추어야 비로소 허위표시 여부가 문제된다. ① 의사표시라고 하기 위해서는 일정한 법률효과를 의욕하는 법률행위에 관한 것이어야 한다(비진의표시의 설명 참조). ② 외양에는 제한이 없지만 대개 문서에 의한 유형적인 행위외양을 갖추는 것이 보통이다. 제3자에 대하여 법률행위가 있었음을 알리는 것도 외양의 작출에 해당한다. ③ 의사표시가 아닌 기재사항을 당사자가 통정하여 허위기재한 경우(대항력을 갖춘 일자를 소급하여 가장하는 경우 등)는 허위표시는 아니지만 허위표시규정(제108조)이 유추적용될 수 있다.

(3) 효과의사가 결여될 것

외양에 의해 표시된 법률효과를 당사자가 실제로 의욕하지 않았어야 한다. 효과의사는 표의자가 상대방에 대하여 의사표시를 통해 법률효과를 의욕하는 것인데, 허위표시에서는 의사표시의 당사자 사이에 그러한 의욕이 없으므로 효과의사가 존재하지 않는다고 본다. 위에 설명한 간접대리, 신탁행위, 축소기재는 그에 상응하는 효과의사가 있으므로 허위표시가 아니다.

(4) 표의자와 상대방의 통정이 있을 것

허위표시의 통정은 표의자의 인식과 상대방의 양해라는 두 가지 요소를 갖추어야 비로소 인정된다(대판 1974. 2. 26, 72다1805). 표의자의 인식만 있고 상대방의 양해가 없는 경우는 비진의표시에 해당한다. ① 표의자의 인식 : 표의자가 그 의사표시가 효과의사 없는 허위의 것임을 알고 외양을 만들어야 한다. 표의자가 그것을 인식하지 못한 경우는 착오에 해당한다. ② 상대방의 양해 : 허위의 의사표시 외양을 만드는 데에 상대방의 양해가 있어야 한다. 상대방이 그 외양이 실제로 그에 상응하는 효력을 갖지 않음을 인식하고 그러한 외양조작에 동의하는 경우가 이에 해당한다. 이를 「무효의 합의」 또는 「가장의 합의」라고도 한다. ③ 가장행위의 미수 : 단독행위의 경우에 표의자가 통정을 시도했으나 상대방의 양해가 없는 경우 가장행위는 미수에 그치게 된다(이 경우 비진의표시로 됨).

(5) 입증책임

표의자는 자기가 한 의사표시가 허위표시가 아닌 유효한 의사표시라는 것을 주장할 것이고, 그를 인정받기 위해서는 「법률행위에 관한 것임」 및 「의사표시로서의 외양이 존재함」을 증명해야 한다. ① 무효주장자의 증명사항 : 그 의사표시의 무효를 주장하는 자(대개 허위표시로 불이익을 입게 되는 자)는 허위표시의 다른 요건, 즉 「효과의사가 결여되었음」 및 「표의자와 상대방이 통정하였음」을 모두 증명해야 한다. 판례는 간접사실 및 보조사실이 증명되면 허위표시를 인정한다. ② 선의 또는 악의의 입증 : 선의의 제 3 자로서 의사표시의 유효를 주장하는 경우에도 이것을 증명하는 것으로 충분하며, 자신의 선의를 적극적으로 증명해야 하는 것은 아니다.

3. 통정허위표시의 효과

(1) 무효의 원칙

1) 무효의 의미

허위의 의사표시 및 이에 기한 가장의 법률행위는 실체법상 무효이다(제108조 1항). 실체법상 무효란 처음부터 그 법률행위의 효과가 발생하지 않음을 의미한다. 그러나 실제로는 가장행위의 외형이 존재하는 동안 그것이 유효한 것처럼 다루어지며, 그 효력을 다투는 자가 허위표시임을 주장·입증한 때에 비로소 무효로 취급된다.

2) 채무의 소멸

무효인 의사표시 및 법률행위는 그에 상응하는 법률효과가 처음부터 성립하지 않음이 원칙이다. ① 계약당사자는 그 계약에 따른 채무를 이행할 필요가 없다. 매매계약서를 허위로 작성한 경우 당사자 사이에서 매매에 따른 소유권이전의무나 대금이전의무가 생기지 않는다. ② 취소·해제 등 단독행위의 경우에는 그로 인한 소멸의 효과가 생기지 않으며 법률행위는 그 가장행위가 있기 이전과 동일하게 존속한다. ③ 허위표시로서 가장의 계약서를 작성하는 외에 가장의 이행을 조작하는 경우(등기신청, 허위의 대금지급영수증 작성)에도 채무가 발생하지 않았으므로 채무이행도 없었다고 본다.

3) 부당이득반환청구

가장이행이 있은 경우에 그 급부한 물건이나 금전은 법률상 원인 없는 급여로서 부당이득반환청구의 대상이 된다(제741조). 허위표시 자체는 반사회성을 띠지 않으므로 허위표시에 의한 가장이행의 급부에 관한 부당이득반환청구는 금지되지 않는다(제746조의 불법원인급여에 해당하지 않음). 단 허위표시가 동시에 반사회성을 띠는 경우 불법원인급여로서 반환이 금지될 수 있다.

4) 무효의 범위

허위표시는 통정한 당사자 사이에서만 무효이다. 의사표시의 상대방이 여러 명인 경우에 그 중 한 명과 가장의 합의를 한 경우에 무효로 되는 것은 통정의 상대방과의 의사표시뿐이다.

(2) 선의의 제 3 자에 대한 대항불가

1) 제 3 자 신뢰보호

허위표시는 제 3 자에 대하여 무효이므로 당사자가 제 3 자에 대하여 그것의 유효를 주장할 수 없다. 허위표시의 당사자뿐만 아니라 그 누구도 허위표시의 무효로써 대항하지 못한다(대판 1996. 4. 26, 94다12074). 민법은 제 3 자의 신뢰보호를 위하여 상대적 무효를 제107조 제 2 항과 제108조 제 2 항에 규정하고 상대적 취소를 제109조 제 2 항, 제110조 제 3 항에 규정함으로써 거래의 안전을 도모한다. 이 규정들은 부동산등기에 공신력을 인정하지 않는 제도의 약점을 보충하고 「사실상 부동산등기의 공신력을 부여하는 기능」을 담당한다.

2) 보호받는 제 3 사

제108조 제 2 항에 의하여 보호받는 제 3 자는 「허위표시의 유효를 주장할 정당한 이익을 갖는 사람」에 한정된다. 당사자와 그 포괄승계인 이외의 허위표시행위를 기초로 하여 별개의 법률원인에 기하여 법률상의 이해관계를 맺는 자로 제한되며, 그 여부는 형식뿐 아니라 실질을 고려하여 판단한다. 가장매매의 매수인(가장양수인)으로부터 그 목적물을 매수한 제 3 양수인(전득자), 가장양수인에게 돈을 꾸어 주고 그 부동산에 저당권을 설정받은 채권자, 가장양수인으로부터 빌린 임차인, 가장매매의 대금채권을 양수한 채권양수인, 통정허위표시에 의한 채권을 가압류한 자(대판 2004. 5. 28, 2003다70041), 가장채무의 보증인이 보증채무를 이행한 경우(대판 2000. 7. 6, 99다51258), 가장채권에 기한 파산선고시 파산관재인(대판 2003. 6. 24, 2002다48214) 등이 이에 해당한다.

3) 선의의 의미

보호받는 제 3 자는 문제되는 법률행위의 외관이 허위표시라는 사실을 몰랐어야 한다. ① 그 법률행위가 유효라고 믿었어야 한다. 예를 들면 허위표시인줄은 몰랐으나 그것이 반사회적 행위임은 알았던 경우에는 보호받지 못한다. ② 선의는 제 3 자의 거래행위 당시에 존재해야 한다. ③ 제108조 제 2 항은 선의만을 요구하고 무과실은 요구하지 않으며, 허위표시의 외관은 제 3 자를 속이기 위해 만들어진 것이므로 무과실은 요건이 아니다. ④ 제 3 자가 선의를 증명할 필요가 없고 무효주장자가 인지(악의)를 증명해야 한다.

4) 제 3 자의 무효주장

선의의 제 3 자측에서도 무효주장을 할 수 있는가에 관해서는 학설이 대립한다.

① 허 용 설 : 선의의 제3자가 무효를 주장하는 것은 허용된다고 한다. 「대항하지 못한다」는 선의의 제3자로 하여금 무효를 주장하는 방법으로만 보호하려는 취지는 아니라고 한다. 첫째, 제3자는 대표적인 무효주장자이므로 그가 허위표시의 무효주장을 하여 자기의 이익을 지키고자 하는 것은 언제나 허용되어야 한다. 둘째, 허위표시에 의한 기망의 대상인 제3자는 선의인 것이 당연한데 선의의 제3자의 무효주장을 배제한다면 허위표시무효의 의미가 없게 된다. 셋째, 진실한 권리관계를 희생시키는 것은 제3자의 신뢰보호를 위하여 불가피한 경우에 한해서 인정되어야 한다.

② 불 가 설 : 선의의 제3자가 허위표시의 무효를 주장하는 것은 다음의 근거에서 허용되지 않는다는 견해이다. 첫째, 허위표시의 당사자와 법률행위를 한 선의의 제3자는 제108조 제2항에 의해 의도한 법률효과를 향유하는 것으로 그쳐야 하며, 둘째, 선의의 제3자라고 해서 그 법률행위의 결과가 자기에게 불리하면 허위표시의 무효를 주장하고 유리하면 유효를 주장하는 것은 불공평하다고 한다.

(3) 허위표시의 취소 및 철회

외관상 유효한 듯이 보이는 법률행위를 다른 무효원인에 의하여 무효로 주장할 수 있고, 다른 취소원인에 의하여 취소할 수 있으며, 또한 해제권의 행사에 의해 소멸시키는 것도 가능하다. 「허위표시에 의한 가장매매」를 채권자취소권에 의해 취소하고 원상회복을 구하는 것도 허용된다(무효와 취소의 이중효).

허위표시의 당사자는 합의에 의하여 그 허위표시를 철회할 수 있지만, 철회 전에 생긴 선의의 제3자에 대해서는 허위표시의 철회로 대항할 수 없다.

(4) 허위표시규정의 확대적용

1) 허위의 외관

허위의 외관을 믿고 거래한 선의의 제3자를 보호하기 위해 민법 제108조 제2항이 유추적용된다(반대설 있음). 그 외관은 권리자의 귀책사유에 의해 만들어진 경우에 한정된다. 을(대리인)이 갑(본인)으로부터 부동산담보권설정의 대리권만 수여받고 자기(을) 앞으로 소유권이전등기를 한 후 제3자(병)에게 등기를 해 준 경우에, 갑이 을 명의의 등기를 알면서 용인·방치하지 않은 때에는 제108조 제2항을 유추적용할 수 없다(대판 1991. 12. 27, 91다3208).

2) 공통의 착오표기

당사자가 공통으로 표시상의 착오에 빠져 실제로 합의된 사항을 표기하는 과정에서 잘못 기재한 경우를 「공통의 착오표기」(falsa demonstratio)라고 한다. 표시된 것에 관해서는 당사자의 효과의사가 없고, 그 표시와 다른 당사자의 진정한 합의가 있다는 점에서 가장행위 및 은닉행위와 유사한 상황이 전개되지만, 공통의 착오표기는 의사표시의 외양을 조작하려는 통정이 없으므로 허위표시가 아니다.

공통의 착오표기는 당사자 사이에서 그 진정한 합의대로의 법률효과가 발생한다(예: 만원으로 합의했으나 만달러로 오기된 경우에 만원으로 됨). 선의의 제3자보호를 위해 공통의 착오표기에 관해서 허위표시의 법리를 유추적용하는 견해가 있다. 즉 표시된 것은 허위표시에서와 같이 무효이지만 선의의 제3자에게 그 무효를 갖고 대항할 수 없으며, 은닉행위의 경우와 같이 당사자의 진정한 합의가 유효하다.

사례연습 〈통정한 허위표시〉

◦ 문 제 ◦

A(가장매도인)가 그의 채권자의 강제집행을 면탈하기 위해서 B(가장매수인)에게 부동산을 매도하는 허위매매계약서를 작성하고 소유권이전등기를 마친 후 C(전득자)가 B로부터 그 부동산을 매입하는 계약을 체결하였다.

(1) A와 B 사이의 허위표시가 밝혀지고 B에 대한 말소등기가 청구된 시점에 C는 아직 이전등기를 경료하지 않은 상태였다. 이 경우 C는 선의의 제 3 자로서 보호받을 수 있는가?

(2) C가 B에게 매매대금을 모두 지급하고 소유권이전등기를 경료한 후에 A로부터 자기가 그 부동산의 진정한 소유자이니 등기를 말소해 달라는 청구를 받은 경우에 C는 이에 응해야 하는가?

(3) C가 소유권이전등기를 경료한 후에 A와 B 사이의 허위표시를 알고 A의 채권자들을 도와 주기 위해서 그 무효를 주장하여 소유권이전등기를 말소해 주려 한다면 이것은 허용되는가?

해 답

(1) 통정한 허위표시 : A와 B 사이에 체결한 부동산의 매매계약은 통정한 허위표시로서 처음부터 무효이다. 비록 A로부터 B에게로 소유권이전등기가 행해졌다 하더라도 그 등기는 원인무효이며, 부동산의 소유권은 A에게 그대로 남아 있게 된다. 단 제 3 자가 선의로서 민법 제108조 제 2 항 등에 의해 보호받는 경우에는 A는 소유권을 상실하게 된다. B는 어떤 경우에도 부동산의 소유권을 취득하지 못한다.

(2) 보호받지 못하는 제 3 자 : 사례 (1)에서 C는 B와 부동산의 매매계약만을 체결했을 뿐 아직 소유권이전등기는 경료하지 않았다. C

가 아직 등기 전이면 A의 채권자가 허위표시무효를 주장하여(또는 채권자취소권을 행사하여, 제406조) B명의의 등기를 말소하여 A의 명의로 회복해 놓을 수 있다. 아직 채권자인 단계에서 C는 비록 선의라 하더라도 민법 제108조 제 2 항의 제 3 자에 해당하지 않으므로(제406조 1항 단서의 경우도 같음) A 및 그 채권자들의 등기말소청구를 막을 수 없다.

B는 부동산의 소유자가 아니면서 소유권을 양도해 주기로 하는 매매계약의 당사자가 되었으므로 타인소유물의 매도인으로서 담보책임을 지게 된다(제570조). 그 이후 C가 B로부터 소유권이전등기를 받게 되면 C는 보호받는 제 3 자가 되므로 사정은 달라지게 된다.

(3) 보호받는 제 3 자 : 사례 (2)에서처럼 C가 B로부터 등기이전을 받은 후에는 C는 민법 제108조 제 2 항의 선의의 제 3 자로서 보호받을 수 있으며, C는 그 부동산의 소유권을 취득한다. C의 소유권취득은 A의 채권자가 허위표시무효를 주장하더라도 영향받지 않는다(채권자취소권을 행사하는 경우에도 같음). 따라서 C로부터 다시 그 부동산을 매입한 매수인들은 모두 보호받을 수 있다. A가 C에게 자기가 그 부동산의 진정한 소유자이니 등기를 말소해 달라는 청구를 받은 경우에, C는 이상의 법리에 의해 그 부동산의 소유권을 가지고 있으므로 A의 청구에 응할 필요가 없다.

(4) 제 3 자의 무효주장의 허용 여부 : 선의의 제 3 자측에서도 무효주장을 할 수 있는가에 관해서는 허용설과 불가설이 대립하는데, 허용설에 찬동한다. ① 허용설에 의하면 C가 허위표시의 무효를 주장하여 자기명의로의 소유권이전등기를 말소해 줌과 동시에 이미 지급한 매매대금의 반환을 청구할 수 있다(부당이득반환청구권의 행사). ② 불가설에 의하면 C는 허위표시무효를 주장할 수 없으므로 A와 B가 그 무효를 주장하지 않는 한 C가 소유자로 된다.

사례연습 〈허위표시에 의한 소유권이전과 신뢰보호〉

◎ 문 제 ◎

A(가장매도인)가 그의 부동산을 B(가장매수인)에게 허위로 매도하고 이에 기하여 소유권이전등기가 경료된 후에 C(전득자)가 그 부동산을 B의 소유라고 믿고 매수하여 C의 명의로 소유권이전등기를 경료한 경우에 C는 그 부동산의 소유권을 취득하는가?

해 답

이 경우 물권변동의 법리에 의하면 C는 그 부동산의 소유권을 취득할 수 없다. A와 B간의 매매는 허위표시로서 무효이므로 B명의로 등기가 되었어도 소유권이 A에게서 B로 이전될 수 없다. B가 소유권을 갖지 않으므로 C는 무권리자로부터 권리를 승계취득할 수 없다. 등기에 공신력이 인정되지 않으므로 C의 등기신뢰는 보호되지 않으며 C는 소유권을 선의취득하지 못한다. 또한 C로부터 그 부동산을 산 D · E · F 등의 소유권취득도 불가능하게 되어 거래의 안전을 위협한다.

그러나 허위표시의 법리에 의하면 선의의 C는 보호받게 된다. A와 B간의 매매는 C에 대한 관계에서는 유효로 취급되어 마치 진정한 소유자인 B로부터 양수받은 것처럼 그 소유권을 취득하게 된다. 그 결과 C로부터 부동산소유권을 양수받은 D · E · F의 신뢰도 보호된다(물권변동의 법리와 비교하시오).

추리논증훈련

• 불의에 대한 제재

1. 회사의 경리사원이 회사 돈을 빼돌리고 나서 구입하지도 않은 물품을 시가의 세 배 가격으로 구입한 것처럼 허위장부를 작성하고 거래처와 매매계약서도 작성해서 각각 한 장씩 보관하였다. 그 후 거래처의 직원교체가 있었다. 새로 온 담당자가 매매계약서는 있으나 물품이 인도되지 않은 것을 발견하고 해당물품을 경리사원에게 배달시키고 대금을 청구하였다. 당신이 경리사원이라면 이 문제를 어떻게 수습하겠는가?

2. 사장은 자기가 새로 채용한 직원이 거짓말을 밥 먹듯이 하는 사람이라는 것을 뒤늦게 발견하였다. 사장은 직원이 거짓말을 하는 현장을 포착하여 이를 빌미로 그를 해고하려고 계획하였다. 어느 날 직원이 거래처와 큰 규모의 계약을 체결하였다고 보고하였다. 사장이 거래처에 확인을 해 보니 계약을 위한 교섭은 있었지만 아직 아무 것도 결정된 바 없다는 답변이 있었다. 사장은 직원을 다그쳐서 계약체결보고가 거짓말이라는 자백을 받아내어 그를 해고할 것인지, 아니면 혹시 계약체결을 성사시킬지 모르니 좋은 결과가 생길 때까지 기다릴 것인지 고민하게 되었다. 당신이라면 어떤 행동을 취하겠는가?

33
착오에 의한 의사표시

민법은 제109조에서 「착오에 관한 취소주의」를 취하고 있다. ① 착오는 법률행위의 내용의 중요부분에 관한 것이어야 한다. ② 취소의 요건으로서 표의자측의 사정만을 고려한다. ③ 신뢰보호 및 거래의 안전이 당사자의 착오주장보다 우선한다. 착오로 인한 의사표시의 취소는 선의의 제 3 자에게 대항하지 못한다(제109조 2항).

1. 착오의 의의와 유형

(1) 착오표시의 개념

착오에 의한 의사표시(착오표시)는 표시상의 효과의사와 진의(또는 내심적 효과의사)가 일치하지 않고 그 불일치를 표의자가 모르고 하는 의사표시이다. 표의자는 의사표시를 할 당시에 착오에 빠진 사실을 모르고 자기의 진의를 표시하려는 의도로 의사표시를 한다. 그 의사표시를 수령하는 상대방도 표의자가 착오에 빠져서 의사표시를 한다는 사실을 모르는 것이 보통이다. 그 의사표시의 불완전성이 노출되는 것은 표의자가 자신의 착오를 깨달은 후 그 사실을 상대방에게 통지하고 취소권을 행사하는 때이다.

가) 표시의사 없는 표시 「표시의사 없는 표시」도 착오에 의한 의사표시로 취급된다. 이는 표시의 착오(오기 · 오담)와 유사하다. 오기의 경우 표시행위에 상응하는 효과의사가 인정되므로 일단 의사표시의 존재가 인정된다(규범적 해석).

나) 착오와 비진의표시의 구별 착오표시와 비진의표시는 진의와 표시된 효과의사가 다르다는 점에서 공통점을 갖는다. 반면에 양자의 차이점은 ① 착오표시는 표의자가 진의와 효과의사의 차이를 모르는 경우이다. 반면에 비진의표시는 표의자가 진의와 효과의사간에 차이가 있음을 인식하고 의사표시를 하는 경우이다. 비진의표시에서 상대방이 그 차이를 알리라고 기대하고 하는 희언(농담)의 경우는 착오표시와 완연히 구별된다. 그러나 상대방의 인지를 기대하지 않은 비진의표시(심리유보라고도 함)는 상대방의 입장에서 볼 때에는 착오표시와 뚜렷이 구별되지 않으며, 효과도 일단 유효라는 점에서 유사하다. ② 착오표시에서는 표의자의 과실 여부가 그 효력을 좌우하는 데에 반하여 비진의표시에서는 상대방의 인지가능성이 효력을 좌우한다. ③ 착오표시의 효과는 일단 유효이고 사후에 착오자가 취소권을 갖게 된다. 반면에 비진의표시는 법정의 요건에 따라 법률행위의 유효 또는 무효가 결정된다.

(2) 표시의 착오

진의와 효과의사의 불일치가 생긴 이유가 「표시하려고 의도한 내용」과 「실제 표시된 내용」이 다른 데에서 기인하는 경우를 표시상의 착오라고 한다(매도인이 청약서에 매매가격을 65만원으로 기재하려 했으나 오기하여 56만원으로 기재하는 경우). 서면을 이해하지 못하고 기명날인한 표시상의 착오는 제 3 자의 기망행위에 의한 것이라도 사기법리가 아닌 착오법리만이 적용된다(대판 2005. 5. 27, 2004다43824).

신원보증서류에 서명날인한다는 착각에 빠진 상태로 연대보증의 서면에 서명날인한 경우, 이는 강학상 기명날인의 착오(또는 서명의 착오), 즉 이른바 표시상의 착오에 해당하므로, 이런 착오가 제 3 자의 기망행위에 의한 것이라도 사기에 의한 의사표시에 관한 법리인 민법 제110조 제 2 항의 규정을 적용할 것이 아니라, 착오에 의한 의사표시에 관한 법리만을 적용하여 취소권 행사의 가부를 가려야 한다(대판 2005. 5. 27, 2004다43824).

가) 표시착오의 유형 표시의 착오는 다음과 같은 모습으로 나타난다. ① 오기 · 오담과 같이 표의자의 표시과정에 실수가 있는 경우이다. ② 표의자가 의사표시를 위하여 사용한 보조자(비서 · 직원 · 대변인 등)나 보조기계의 실수로 진의와 다른 표시를 한 경우를 「표시기관의 착오」 또는 「사자의 착오」라고 한다(이러한 착오는 표의자 자신의 착오에 준해서 처리된다). ③ 표의자의 의사를 독립된 타인(중개인)을 통하여 표시하는 경우에 전달자가 실수로 표의자의 의사와 다른 것을 표시했다면 「전달의 착오」가 생긴다(전달의 착오도 표의자 자신의 착오에 준하여 취소를 허용하는 것이 타당하다). ④ 대리인이 본인의 뜻과 다른 의사표시를 한 경우에는 「본인의 의사에 어긋나는 대리행위」가 생길 뿐이며, 대리행위 자체에는 착오가 없다. 대리인이 실수로 자신의 의사를 잘못 표시한 경우에 대리행위의 표시의 착오가 생긴다.

나) 공통의 착오표기와의 구별 공통의 착오표기(falsa demonstratio)는 잘못된 표기가 있으나 그 의미는 표의자와 상대방이 모두 진의대로 이해하는 경우로서 공통으로 이해한 의미대로(표시된 대로가 아님) 법률효과가 발생한다. 이는 표기된 대로 법률효과가 생기는 착오표시와는 구별된다.

부동산의 매매계약에 있어 쌍방당사자가 모두 특정의 갑 토지를 계약의 목적물로 삼았으나 그 목적물의 지번 등에 관하여 착오를 일으켜 계약을 체결함에 있어서는 계약서상 그 목적물을 갑 토지와는 별개인 을 토지로 표시하였다 하여도, 갑 토지에 관하여 이를 매매의 목적물로 한다는 쌍방당사자의 의사합치가 있은 이상 그 매매계약은 갑 토지에 관하여 성립한 것으로 보아야 하고 을 토지에 관하여 매매계약이 체결된 것으로 보아서는 안 될 것이며, 만일 을 토지에 관하여 그 매매계약을 원인으로 하여 매수인 명의로 소유권이전등기가 경료되었다면 이는 원인 없이 경료된 것으로서 무효이다(대판 1996. 8. 20, 96다19581).

(3) 내용의 착오

표의자가 표시하는 내용을 잘못 이해하는 것을 내용의 착오라고 말한다. 내용의 착오는 다음의 유형으로 분류된다.

가) 의미의 착오 표의자가 의사표시에 사용하는 용어의 의미를 잘못 이해한 경우를 의미의 착오라고 하며 내용의 착오의 대표적인 예이다(예 : 홍콩 달러와 미국 달러가 동일한 가치가 있는 것으로 오신하고 홍콩 100달러를 미국 100달러로 표시하는 경우). 표시의 착오는 표의자가 의욕하지 않은 표시수단을 사용한 경우인 반면, 의미의 착오는 의욕한 표시수단의 의미를 잘못 이해하는 것이다. 양자는 그 법률효과가 동일하므로 구별할 실익이 적다.

나) 상대방의 착오 상대방(또는 이해당사자)의 동일성을 잘못 안 경우를 「상대방의 동일성에 관한 착오」라고 한다(예 : 김씨에게 승낙한다는 것이 박씨에게 승낙의 편지를 보낸 경우). 갑이 채무자란이 백지로 된 근저당권설정계약서를 제시받고 그 채무자가 을인 것으로 알고 근저당권설정자로 서명날인을 하였는데 그 후 채무자가 병으로 되어 근저당권설정등기가 경료된 경우, 이와 같은 채무자의 동일성에 관한 착오

는 법률행위 내용의 중요부분에 관한 착오에 해당한다(대판 1995. 12. 22, 95다37080).

다) 계산의 착오 매매대금이나 공사대금을 계산하는 과정에서 실수가 있는 경우를 「계산착오」라고 한다. 표의자가 계산의 기초를 표시하지 않고 단지 총액만 표시한 경우에는 동기의 착오로, 계산의 기초를 표시한 경우에는 계약의 내용을 이루는 경우이므로 내용의 착오로 본다.

라) 서명의 착오 표의자가 문서에 서명하면서 그 문서내용을 잘 읽지 않고 구두로 협상한 대로 기재된 것이라고 오해하고 서명날인한 경우를 「서명날인의 착오」라고 한다. 신원보증서류에 서명날인한다는 착각에 빠진 상태로 연대보증의 서면에 서명날인한 경우가 이에 해당한다(대판 2005. 5. 27, 2004다43824). 계약의 양당사자가 구두합의와 서면계약서가 같은 내용이라고 잘못 알고 서명한 경우는 「공통의 착오」로서 구두합의대로 효력이 발생한다. 상대방은 구두합의와 문서의 상이점을 알고 있고 표의자만이 그 상이점을 모른 채 구두합의대로일 것이라고 생각하고 서명날인한 경우에는 내용의 착오로 된다.

(4) 성질의 착오

목적물이나 사람이 표의자가 생각하였던 성질을 가지지 않은 경우, 또는 그의 특성을 잘못 안 경우를 성질의 착오라고 한다. 도금반지를 순금반지라고 생각한 경우, 정규직으로 채용하는 줄 알았는데 임시직으로 채용하는 경우, 상대방이 재산 및 신용이 든든한 것으로 믿고 돈을 꾸어 주었는데 그렇지 못한 경우 등이 이에 해당한다. 성질의 착오는 표의자가 생각했던 물건 혹은 사람과 실제의 물건 혹은 사람이 합치하는 점에서 양자가 불일치하는 동일성착오와 구별된다.

성질의 착오에 대해서는 동기의 착오라는 견해(다수설, 판례)와 내용의 착오라는 견해가 대립한다. 판례는 고층아파트의 건축이 가능한 것으로 알고 토지를 매입하였으나 보안상 이유로 건축이 불가능한 경우에, 의사표시의 동기에 착오가 있었음을 이유로 표의자가 이를 취소하기 위하여는 그 동기가 상대방에 표시되고 의사표시내용의 중요부분의 착오일 것을 요구한다(대판 1990. 5. 22, 90다카7026).

(5) 동기의 착오

가) 동기착오의 개념 의사표시의 동기란 「효과의사를 형성하게 된 사정」 또는 「법률행위로서 도모하려는 경제적 · 사회적 목적」을 말하며, 그 동기가 잘못된 상황판단에 기초해 이루어진 경우에 동기의 착오가 있다고 한다. 효과의사나 진의라는 개념이 주로 법률효과의 발생을 위한 것인 반면, 동기는 법률보다 근원적인 실제의 목적을 가리키는 것이다.

A가 B에게 텔레비전을 30만원씩 200대를 파는 매매계약을 체결한 경우에 A의 동기는 도매상으로부터의 구입가 및 기타비용을 제외한 순이익(한 대당 3만원)이라는 「경제적 이득」을 얻는 것이고, B의 동기는 회사기숙사의 직원으로 하여금 텔레비전시청으로 정보와 오락 등 「생활의 편리」를 얻도록 하는 것이다. A는 30만원에 매도하기로 결심하는 당시에 그 물건의 도매가격이 20만원, 점포의 차임과 인건비 등을 합친 제반비용이 7만원이 들 것이라고 예상하였다. 그러나 매매계약 직후 알아 본 도매상 가격은 23만원이었고 기타비용도 예상보다 초과하여 원가가 32만원이나 들어 최소한 35만원씩은 받아야 되겠다는 계산결과가 나왔다면 A에게 동기의 착오가 있는 것이다. 다른 한편 B의 구입동기가 지난번 노사간 단체협약에 각 방의 텔레비전구입이 명기되어 있다고 착각한 데에 기인하였는데 그 부분은 당시 포함시키지 않기로 하였음을 후에 알았다면 B에게 동

기의 착오가 있다.

나) 취소가능여부 동기의 착오를 이유로 의사표시를 취소할 수 있는가. 이 문제는 동기의 착오가 민법 제109조 제 1 항의 「법률행위의 내용의 중요부분의 착오」에 해당할 수 있는가의 해석문제이다. 다음의 학설이 대립된다.

① 동기표시설 : 동기의 착오만을 이유로 해서는 의사표시를 취소할 수 없으나, 동기가 표시되어 상대방이 알고 있는 경우에는 의사표시의 내용이 되므로 동기의 착오를 이유로 취소할 수 있다는 견해이다. 동기표시설은 동기의 착오의 문제를 동기의 불법(제104조)과 동일하게 취급한다. 동기표시설은 표의자 본인의 보호와 거래의 안전을 조화시킬 수 있다는 것을 근거로 든다.

② 동기포함설 : 동기의 표시 여부에 관계없이 중요부분에 관한 동기착오는 제109조에 의하여 취소할 수 있다는 견해이다. 단, 동기포함설을 취하는 학자 중에는 취소권의 발생요건으로서 「상대방이 그 동기를 인식할 수 있었을 것」을 요구하는 경우가 있다. 의사결정의 동기와 결정된 의사내용을 준별하는 것은 의사표시의 심리적 과정을 기초로 한 것인데 이러한 심리과정은 법적 의미를 갖지 않으므로 효과의사는 사적자치의 원칙에 따라 당사자가 의욕한 것으로서 파악해야 한다.

③ 동기제외설 : 동기의 착오는 비록 동기가 표시되어 상대방이 알고 있더라도 제109조에 의하여 고려되지 않아야 한다는 견해이다. 동기제외설은 동기제외의 적용범위를 매매와 같은 유상계약으로 한정하고 증여와 같은 무상계약에서는 동기착오에 의한 취소권을 인정한다.

④ 제109조 유추적용설 : 거래에 있어서 중요한 동기의 착오는 실질적으로 내용의 착오와 같은 가치를 가진다는 이유로 이에 한해

제109조를 유추적용하는 견해이다.

판례는 동기표시설을 원칙으로 하지만 동기포함설을 취하기도 한다. 즉 동기의 표시를 언제나 요구하지는 않으며, 동기가 계약체결에 미치는 중요성의 정도 및 표의자의 중과실에 의해 취소 여부를 결정하는 입장을 취한다. 특히 상대방에 의해 착오가 유발되거나 제공된 경우에는 취소를 긍정한다. 법률행위를 취소하려면 그 동기를 당해 의사표시의 내용으로 삼을 것을 상대방에게 표시하고 의사표시의 해석상 법률행위의 내용으로 되어 있다고 인정되면 충분하고 당사자들 사이에 별도로 그 동기를 의사표시의 내용으로 삼기로 하는 합의까지 이루어질 필요는 없지만, 그 법률행위의 내용의 착오는 보통 일반인이 표의자의 입장에 섰더라면 그와 같은 의사표시를 하지 아니하였으리라고 여겨질 정도로 그 착오가 중요한 부분에 관한 것이어야 한다(대판 1998. 2. 10, 97다44737). 창원시(피고)가 부지조성사업을 시행하면서 개발제한구역에 포함되지 않아 사업시행토지에 편입되지 않는 토지 일부(잔여지)가 있다는 사실 및 잔여지는 소유자의 매수청구가 있어야 협의매수할 수 있다는 사실을 알리지 않은 사례에서 판결은 "원고들은 이 같은 동기의 착오가 없었더라면 잔여지에 대한 협의매수에 응하지 않았을 것이고 그 동기는 협의매수에 있어 내용의 중요부분을 이루므로 취소할 수 있다"고 하였다(대판 1993. 8. 13, 93다5871). 금융기관이 신용보증기금에게 보증대상기업의 거래관계를 확인하는 거래상황확인서를 발급함에 있어서 실제 연체가 있었음에도 불구하고 아무런 연체가 없는 것처럼 기재하여 이 기금이 그 거래상황확인서를 믿고 신용보증을 하게 되었다면 신용보증에 있어 보증 대상기업의 신용유무는 위 기금의 보증에 관한 의사표시의 중요한 결정동기를 이루는 것인 만큼 위 기금이 보증 제한기업에 해당하는 기업을 금융기관의 잘못된 통보내용에 따라 보증 제한기업이 아닌 것으로 오신하고 신용보증을 한 것이고 위 기금의 그와 같은 동기에 관한 착오는 위 신용보증행위의 중요부분에 관한 행위이다(대판 1992. 2. 25, 91다38419).

다) 쌍방의 공통된 동기의 착오 양당사자가 동일한 동기의 착오를 하고 의사표시를 한 것을 쌍방의 공통된 동기의 착오라고 한다. 이는 동기의 착오에 해당하지만 쌍방이 그것이 진실하다는 것을 당연한 전제로 했기 때문에 그 동기를 법률행위의 내용으로 포함시킬 여지가 있다. 이는 법률행위의 해석에 관한 문제이기도 하다. 보충적 해석을 통해, 만약 그러한 착오가 없었더라면 당사자가 약정하였으리라는 가정적 의사를 찾아내어 계약내용을 수정한다. 이런 방법으로 해결되지 않을 때에 착오를 이유로 한 계약의 취소를 허용한다(반대설 있음).

매도인(원고)에게 부과될 양도소득세액(약 5억원)을 매수인(피고은행)이 부담할 것을 특약하고 매매계약을 체결한 경우에, 그 세금액에 관하여 매도인과 매수인이 동일한 착오에 빠져 있었고, 정확한 세금액을 알았더라면 그 매매계약을 체결하지 않았거나 그 내용의 계약을 체결하지 않았을 것이 명백하다는 이유로 매도인이 계약을 취소한 것은 정당하다(대판 1994. 6. 10, 93다24810).

(6) 법률의 착오

표의자가 자기의 의사표시의 법률효과에 관하여 잘못된 이해를 하고 의사표시를 하는 경우를 말하며, 「법률효과의 착오」라고도 한다. ① 법률의 착오가 「동기의 착오」에 관한 것일 때에는 동기착오의 효과와 관련한 이론대립이 여기에도 해당하게 된다. ② 법률의 착오가 법률행위내용에 관한 것일 때에는 「내용의 착오」로서 다루어진다.

2. 취소권의 발생요건

(1) 법률행위를 구성하는 의사표시가 있을 것

① 착오의 대상이 되는 것은 보통 채권행위(매매계약 등)이다. ② 물권적 합의에 관해서만 채권행위와 별도로 착오가 생길 수 있으나 보통 채권행위의 착오와 공통된다. ③ 법인설립행위, 조합계약과 같은 다수당사자의 계약에서도 착오의 문제가 생긴다. 이 경우 착오로 인한 취소의 효과에 관하여는 소급효제한의 법리가 적용된다. ④ 재단법인에 대한 출연행위(대판 1999. 7. 9, 98다9045) 등 단독행위에 관해서도 착오로 인한 취소가 인정된다(허위표시의 설명 참조).

가족행위에 관하여도 다른 특칙이 있거나 가족법의 기본이념에 위반하지 않는 한 착오로 인한 취소가 인정된다. 혼인・입양 등 형성적 가족행위에 관해서 가족법에 특칙이 있는 경우에는 총칙의 제109조가 적용되지 않는다(제816조 등). 이러한 특칙이 없는 경우에 제109조가 적용된다는 견해(이은영)와 가족법상 행위에는 당사자의 의사가 절대적 의미를 가지므로 무효로 된다는 견해(김용한, 이영준)가 대립된다.

공법상의 행위에 관하여는 원래 민법의 규정이 적용되지 않지만 행정주체가 사인과 유사한 지위에서 거래하는 경우에는 착오에 관한 민법규정이 유추적용된다.

(2) 의사표시가 착오로 인하여 행해질 것

착오표시는 표의자가 의사표시 당시에 진의와 표시상의 효과의사 사이의 불일치를 알지 못하고 한 의사표시를 말한다.

(3) 법률행위내용의 중요부분에 착오가 존재할 것

1) 착오의 대상

법률행위내용의 중요부분의 착오란 「그 의사표시에 의해 하려는 법률행위의 중요한 내용과 관련하여 착오를 일으킨 것」을 말한다. 착오의 대상은 「의사표시에 의하여 달성하려던 법률효과」의 중요한 부분에 착오가 있는 것을 의미한다. 그 법률효과의 의욕은 일반인이 갖는 정도의 것이면 되고, 반드시 법적 지식을 요구하는 것은 아니다. 법률효과를 진정으로 원하지 않았다는 착오의 주장은 법률행위의 취소라는 효과로 연결되므로 착오의 중요성도 그 법률효과와 관련하여 판단되어야 한다.

2) 착오의 중요성

착오가 중요하다는 것은 만약 계약 당시 정확한 사정을 알았더라면 계약을 체결하지 않았거나 다른 내용의 계약을 체결하였으리라는 「착오와 계약체결의 인과관계」와 밀접한 관계를 갖는다.

착오의 중요성에 대한 판단기준을 무엇으로 삼을 것인가에 관해서는 이론이 대립한다. ① 이중기준설 : 「표의자의 주관적 의도」와 「일반인의 객관적 기준」의 두 가지 판단기준에 의하여 중요성을 판단하는 견해이다. ② 객관설 : 중요성에 대한 판단은 법률행위의 여러 사정을 고려하여 객관적으로 해야 한다는 견해이다.

예를 들어 A는 바닷가의 단골 여관방을 예약(전화에 의한 계약)하면서 101호실을 사용할 것을 약정하였으나, A가 여관에 도착해 보니 자기가 작년에 숙박했던 해안가 방은 102호실로 방번호가 바뀌었고 101호실은 내륙 쪽으로 창이 있는 방이라는 것을 알게 된 경우에, A는 자기에게는 바다를 관찰하는 일이 매우 중요한 일이라고 주장하고 착오를 이유로 계약을 취소하려 한다고 가정하자. 바다의 관찰이 A의 취미인 경우에 A에게는 주관적인 착오의 중요성이 있지만 B나 일반인에게는 계약을 취소할 정도로 중요한 사정은 아니라고 판단된다. 이 경우 객관설에 따라 취소를 허용하지 않는 것이 타당하다. 다른 한편 A가 바다를 관찰하는 임무를 띠고 그 곳에 출장을 온 것이라면 일반인이 판단하기에도 착오의 중요성이 인정될 수 있을 것이다. 이 때에는 주관적 의도와 객관적 기준이 일치하게 되는데, 일관성 있게 객관설에 따라 취소를 허용하는 것이 타당하다.

3) 판　　례

착오가 법률행위내용의 중요부분에 있다고 하기 위하여는 표의자에 의하여 추구된 목적을 고려하여 합리적으로 판단하여 볼 때 표시와 의사의 불일치가 객관적으로 현저하여야 하고, 만일 그 착오로 인하여 표의자가 무슨 경제적인 불이익을 입은 것이 아니라고 한다면 이를 법률행위 내용의 중요부분의 착오라 할 수 없다(대판 1999. 2. 23, 98다47924). 법률행위의 내용의 중요부분에 착오가 있는가의 여부는 각 행위에 관한 주관적·객관적 표준에 기초해 구체적 사정에 따라 가려져야 할 것이고 추상적·일률적으로 정할 수 없으며, 토지매매에서 시가에 관한 착오는 동기의 착오에 불과하고 중요부분의 착오가 아니다(대판 1985. 4. 23, 84다890).

착오의 중요성과 관련한 판례 중에는 부동산매매에 관한 것이 가장 많다. ① 부동산의 소유권취득과 관련한 착오는 중요성이 인정된다. 토지가 공용수용되어 장차 소유권을 상실하게 될 것을 모르고 매입한 경우에 중요부분의 착오로서 취소가 인정된다(대판 1978. 7. 11, 78다719). 귀속재산이 아닌 토지를 귀속재산으로 잘못 알고 국가에 증여한 것은 중요부분의 착오이다. ② 토지의 현황에 관한 착오로서 매수인이 경작이 가능한 농지로 알고 매수했는데 실제로는 대부분이 하천부지인 경우는 매매계약의 중요부분의 착오이다(대판 1974. 4. 23, 74다54; 대판 1968. 3. 26, 67다2160). ③ 토지면적이 예상보다 부족한 경우는 착오의 중요성이 부인된다(대판 1969. 5. 13, 69다196). 이 경우 담보책임을 물을 수 있다(제574조). ④ 토지의 매도인(소유자)이 누구인가는 중요부분에 관한 착오가 아니다(대판 1946. 10. 25, 4279민상47). 토지의 소유자가 매도인 이외의 타인이라는 사실도 중요부분의 착오가 아니다(제569조 참조)(대판 1959. 9. 24, 4290민상627). ⑤ 부동산의 시가를 알지 못해 대금책정을 잘못한 경우에는 착오의 중요성이 부정된다(대판 1955. 7. 7, 4288민상66; 대판 1991. 2. 12, 90다17927). 토지현황을 알지 못해 시가보다 싼 값으로 매도한 경우도 중요성이 부인된다(대판 1984. 4. 10, 81다239). ⑥ 부동산 매수시에 그 부동산을 담보로 대출하여 잔금을 마련하기로 하고 매도인이 협조하기로 약속했으나 관계규정상 대출이 허용되지 않는 경우에 그 잔금지급계획은 매매계약의 중요부분이 아니므로 취소할 수 없다(대판 1996. 3. 26, 93다55487).

(4) 표의자의 중과실이 없을 것

중과실이란 일반인이 통상 기울이는 주의를 게을리했을 뿐 아니라 그 게을리한 정도(해태 정도)가 심각한 상태를 말한다. 중과실의 판단은 법률행위의 종류 등 기타 사정에 비추어 객관적으로 판단되어야 한다. 표의자의 직업 등 개인사정이 당해 거래에 영향을 주는 경우(예 : 예금거래에서 은행원의 착오)에는 그것도 고려해야 한다. 판례는 민법 제109조 제 1 항 단서에서 규정하는 「중대한 과실」은 표의자의 직업, 행위의 종류, 목적 등에 비추어 보통 요구되는 주의를 현저하게 결여한 것을 말한다고 한다(대판 1992. 11. 24, 92다25830). 공장설립목적으로 토지매매를 하는 경우 매수인이 그 토지상에 설립하고자 하는 공장의 설립가능 여부를 관할구청에 알아보아야 할 주의의무를 부담하며, 매수인이 이러한 주의의무를 다하지 아니한 채 계약을 체결하였다면 중대한 과실이 있다고 할 것이므로 착오를 이유로 취소를 할 수 없다(대판 1993. 6. 29, 92다38881).

상대방이 표의자의 착오를 알면서 이를 이용한 경우에는 표의자의 중과실이 있더라도 취소권을 부여해야 한다. 악의의 상대방이 표의자의 중과실을 주장하는 것은 신의성실의 원칙에 배치된다고 한다. 중과실의 입증책임은 의사표시의 상대방이 부담한다.

(5) 상대방의 인식가능성의 문제

민법 제109조 제 1 항이 규정하는 요건 외에 상대방에게 착오표시의 인식가능성이 있어야 하는가에 관해서는 학설이 대립한다. ① 적극설 : 「표의자가 착오를 일으킨 것을 상대방이 인식 또는 예견할 수 있어야 한다는 것」을 요건으로 하는 견해이다. ② 소극설 : 상대방의 인식가능성은 착오취소에서 고려할 필요가 없다는 견해이다(대판 1954. 12. 9, 4286민상149). 만약 적극설을 취하여 상대방이 인식가능한 경우에만 착오주장을 허용하면 착오에 의한 취소를 사실상 봉쇄하는 결과로 된다고 비판한다.

(6) 취소가 금지되는 경우가 아닐 것

취소가 금지되는 경우는 다음과 같다. ① 취소권배제의 약정 : 계약당사자 사이에 착오를 이유로 하여 취소할 수 없음을 약정한 경우에는 민법 제109조는 적용이 배제된다(제109조는 임의규정). ② 화해계약의 특칙 : 화해계약은 착오를 이유로 하여 취소하지 못한다(제733조 본문). 그러나 화해당사자의 자격 또는 화해의 목적인 분쟁 이외의 사항에 착오가 있는 때에는 그러하지 아니하다(제733조 단서). 그러나 화해 당시에는 예상할 수 없었던 후유장해가 생긴 경우에는 그 부분에 관해서는 화해계약이 없었던 것으로 되어 추가의 손해배상액을 청구할 수 있다. ③ 혼인과 입양 등 가족법상 행위에 관하여는 특칙이 있다(제816조, 제884조).

(7) 담보책임과의 관계

착오로 인한 의사표시가 매매계약, 기타 유상계약에 해당하는 경우에는 착오규정(제109조)과 담보책임규정(제569조 이하)의 경합이 생길 수 있다. 매수인이 목적물에 권리의 흠결이나 물건의 하자가 있는 것을 모르고 구입한 경우에 이러한 경합의 문제가 생긴다. ① 경합부정설 : 양자가 경합할 경우에 일반규정인 착오로 인한 취소는 배제하고 특칙이라는 이유로 담보책임만 인정하는 견해이다. ② 경합긍정설 : 하자담보책임과 착오는 그 요건과 효과가 다르므로 두 가지 요건에 모두 해당될 때에 권리자는 양자를 경합적으로 행사할 수 있다는 견해이다.

3. 효 과

(1) 취소권의 행사

표의자의 취소권은 법률의 규정(제109조 1항)에 의하여 발생하는 형성권이다. 취소권의 행사는 착오의 표의자가 상대방에 대해 취소의 의사를 표시하는 방법으로 한다. 법률행위의 일부분에 대한 취소(일부취소)도 가능하다(대판 1998. 2. 10, 97다44737).

취소에 의하여 무효로 되는 것은 법률행위이며 계약에서도 취소는 개별적인 의사표시에 향해진 것이 아니라 그것을 구성요소로 하는 계약 자체를 대상으로 한다. 취소에 의하여 효력을 잃는 것은 청약 또는 승낙이 아니라 계약 자체이다. 표의자는 계약을 폐기할 수는 있지만 수정하거나 다른 내용의 법률행위로 바꿀 수는 없다.

(2) 취소의 효과

가) 소급적 실효 착오를 이유로 법률행위가 취소되면 그 법률행위는 처음부터 효력을 발생하지 않았던 것처럼 취급된다. 취소는 일단 유효하게 성립한 법률행위를 소급적으로 효력을 상실시키는 제도이다.

취소의 가능성이 있는 법률행위는 유동적(잠정적) 유효이며, 취소권행사에 의해서 처음부터 무효였던 것처럼 취급된다. 즉 취소권행사 후에 법률행위는 확정적으로 효력을 상실한다. 취소권소멸 등의 사유로 취소권행사가 없다는 것이 확실해지면 법률행위는 확정적으로 유효하게 된다. 또한 선의의 제3자가 착오 있는 법률행위를 기초로 다른 법률관계를 형성하면 취소가능성이 소멸하므로 법률행위는 확정적으로 유효하게 된다.

나) 채무소멸과 부당이득반환 법률행위에 의하여 발생한 채권과 채무는 취소에 의하여 소급적으로 소멸한다. 미이행채무는 후속문제를 남기지 않고 소멸한다. 기이행채무는 취소 후에 급부의 반환이라는 문제를 남긴다. 급부 후에 채무가 소급적으로 소멸한 경우에 그 급부는 「법률상 원인 없는 이득」이 되어, 종전의 채무자에게 부당이득반환청구권이 생긴다(제741조).

다) 물권의 복귀 채권행위가 취소로 인하여 실효되면 물권행위도 따라서 실효되므로(물권행위의 유인설) 소유권은 매도인에게로 취소와 동시에 자동적으로 복귀하게 된다. 다만 「외관만 남은 등기」는 소유자의 청구에 의해 말소되고, 점유는 소유권에 기한 물권적 청구권에 의해서 매도인에게 반환된다(물권법에서 상술함).

라) 소급효의 제한 계약이 이미 이행된 경우에 그 급부가 노무

인 때에는 반환이 불가능하다. 특히 고용·도급·조합에서와 같은 계속적 계약에 관하여는 「소급효제한의 법리」가 적용되어 취소는 「장래 이행기가 도래하는 급부에 대하여만 법률행위를 실효시킨다」는 예외가 인정되어야 한다.

(3) 선의의 제 3 자에 대한 대항불가

착오에 의한 의사표시의 취소는 선의의 제 3 자에게 대항하지 못한다(제109조 2항).

가) 제 3 자　취소대상의 법률행위의 당사자가 아닌 사람으로서 그 법률행위를 기초로 새로운 법률관계를 맺은 사람이 제 3 자에 해당한다. 착오자의 상대방으로부터 그 물건을 구입한 전득자·임차인·저당권자 등이다. 취소가 있기 전에 법률관계를 맺은 사람뿐 아니라 취소 후 법률행위의 외관(등기·점유 등)을 제거하기 전에 법률관계를 맺은 사람도 선의의 제 3 자에 포함된다.

나) 선　의　제 3 자는 착오자가 만든 법률행위의 외관을 신뢰하였어야 한다. 즉 착오 있는 의사표시가 법률행위로 성립하여 제 3 자에 대한 공시방법 등의 외관을 갖추어야 한다. 이러한 외관에는 동산의 인도, 부동산의 등기, 법인설립의 등기, 채권양도의 통지, 임차권의 대항요건, 대리권수여의 위임장교부 등이 해당한다. 또한 제 3 자도 법적으로 보호받을 수 있는 대항력 있는 권리를 취득했어야 함이 원칙이다. 선의는 제 3 자가 상대방과 법률관계를 맺던 시점에 존재했어야 한다. 제 3 자의 선의는 추정된다.

다) 대항하지 못한다　대항하지 못한다는 뜻은 취소권자가 선의의 제 3 자에 대한 관계에서는 「착오 있는 법률행위를 취소함으로써 제 3 자의 권리기반을 소멸시킬 수 없다」는 것을 의미한다.

(4) 계약체결상의 과실책임

가) 책임의 발생 착오자의 취소로 상대방은 예측하지 않은 불이익을 입게 되므로, 취소권자는 취소와 더불어 상대방의 신뢰이익을 배상하는 것이 이익형평을 이루게 된다(독일민법은 착오취소에 따른 신뢰이익의 배상책임을 명문으로 규정한다). 착오취소의 경우 표의자는 상대방이 완전히 유효한 의사표시라고 믿었기 때문에 입은 손해(신뢰이익)를 배상할 의무를 져야 한다. 즉 취소로 인하여 상대방에게 신뢰이익의 침해가 발생한 경우에 「계약체결상의 과실책임의 법리」에 따라 그 손해를 배상받을 수 있다는 것이다(반대설 있음). 제535조는 불능계약의 경우만을 규정하나 그 규정의 취지는 「계약체결행위가 있어 그를 신뢰한 상대방이 뜻밖의 계약좌절로 말미암아 손해를 입은 경우 그것을 전보시켜 주는 것」에 있다. 불능계약과 착오취소는 상대방의 보호필요성이 유사하므로 제535조는 착오취소의 경우에 유추적용된다.

전문건설공제조합이 계약보증서를 발행하면서 조합원이 수급할 공사의 실제 도급금액을 확인하지 않은 과실이 있더라도 민법 제109조에서 중과실 없는 착오취소를 허용하는 이상, 그 착오를 이유로 보증계약을 취소한 것이 위법하지는 않다(대판 1997. 8. 22, 97다13023)고 하여 손해배상책임을 부정한 판례가 있다.

나) 상대방의 신뢰손해 계약체결을 위해 지출한 비용(여비 · 서류작성 · 공증비 등), 감정비용, 담보제공비용 등이 신뢰손해에 포함된다. 취소 전에 상대방이 가졌던 거래기회의 상실(기회비용)도 상당인과관계의 범위 내에서 인정될 수 있다. 신뢰손해는 그 금액이 이행이익을 초과할 수 없고, 만약 초과하는 경우에는 이행이익의 한도로 감축된다(제535조 1항).

사례연습 〈착오에 의한 의사표시〉

◎ 문 제 ◎

A(매도인)와 B(매수인)는 골동품을 1천만원에 팔기로 매매계약을 체결하면서 계약금으로 1백만원을 주고받았다. A는 중개인의 설명대로 그 골동품이 조선시대의 것이라고 믿고 그 물건을 그 가격에 매도하기로 결정하였으나, 계약 후 전문가의 감정의견을 받아 보니 고려시대의 물건으로서 거래가격도 매우 높다(5천만원)는 사실을 알게 되었다. A는 아직 잔금도 받지 않고 물건도 인도하지 않은 상태이므로 B에게 착오로 인한 취소의 의사를 표시하고 백만원을 돌려주려 하였다. 그러나 B는 그 골동품은 이미 C에게 팔기로 매매계약을 체결한 상태이니 취소할 수 없다고 항변한다. A · B · C의 법률관계는?

해 답

(1) **내용의 착오** : 이 사례의 매매계약에서 체결 당시 A는 매매의 목적물에 관하여 잘못 알고 있었는데, 이는 착오의 유형 중 「내용의 착오」라고 볼 수 있다. 목적물의 특성을 잘못 안 경우를 「성질의 착오」라고도 하는데 이는 큰 범주에서 내용의 착오에 해당한다. 내용의 착오는 민법 제109조 제1항에서 말하는 「법률행위의 내용에 관한 착오」에 해당함은 의심이 없으므로, 다음 단계로 이 사례에서 목적물의 성질이 「내용의 중요부분」을 이루는가가 검토되어야 한다.

(2) **착오의 중요성** : 착오의 중요성을 판단하는 기준에 관해서는 이중기준설과 객관설이 대립한다. 판례는 과거 이중기준설을 취했으나 최근 객관설을 취한다. 이 사례를 객관설에 비추어 분석해 보면, 매매목적물이 조선시대의 것이냐 고려시대의 것이냐 그리고 목적물의 시가가 1천만원이냐, 5천만원이냐의 차이는 법률행위내용의 중요부분에 관한 착오에 해당한다고 해석된다.

(3) **법률행위의 취소** : A가 B에게 이 매매계약을 취소한 것은 정당한 취소권의 행사로서 계약을 소급적으로 소멸시키는 효과를 가져

온다. 따라서 A는 B에 대하여 목적물의 인도의무를 지지 않는다. 이 사례에서 A는 아직 골농품을 인도하지 않았으므로 그 인도의무를 면하는 것으로 끝나고, B로부터 물건의 반환청구를 할 필요는 없다.

(4) **제 3 자에 대한 효력** : A는 이 매매계약의 취소를 가지고 제 3 자인 C에게 대항할 수 있는가 하는 것이 문제로 남는다. 민법 제109조 제 2 항은 "의사표시의 취소는 선의의 제 3 자에게 대항하지 못한다"고 하는데, C가 여기서 말하는 제 3 자에 속하는가는 의문이다. C는 보호받아야 할 제 3 자가 아니고, 착오취소로 불이익을 감수해야 할 상대방(B)의 연장선상에 있을 뿐이라고 해석된다. A의 B에 대한 매매계약의 취소는 C에게도 영향을 미쳐 C는 골동품을 취득할 가능성을 잃게 된다. C는 자기가 선의의 제 3 자라고 항변하여 그 취소의 효과를 막을 수 없다.

만약 A가 B에게 이미 골동품을 인도하였고 A가 그 물건을 되찾아가기 전에 B가 C에게 그 물건을 인도한 경우라면, C는 제109조 제 2 항에 의해 보호받는 동시에 동산의 선의취득에 관한 제249조에 의하여서도 보호받을 수 있다(양 규정은 요건이 약간 다르다).

추리논증훈련

- 무지와 망각의 악용

1. 인터넷뱅킹의 아이디와 패스워드를 자주 잊는 건망증환자가 그것을 적은 쪽지를 동생에게 맡겨 두었다. 동생은 갑작스런 사업실패로 급히 돈이 필요하였다. 동생은 형의 집에 놀러와 그 아이디와 패스워드를 이용해 5천만원을 계좌이체해서 빼갔다. 형은 동생의 사업실패 소식을 듣고 동생에게 자기의 계좌에서 5천만원을 뽑아 가라고 집에 불렀다. 동생은 아무 말 없이 계좌이체를 하는 척 시늉을 하고 나서 돌아갔다. 동생은 집에 돌아가 형이 자기의 잘못을 알고 용서해 준 것인지 아닌지 고민에 잠겼다. 당신이 동생이라면 어떤 쪽으로 결론을 내겠는가?

2. 제약회사가 치명적 혈관질환에 특효가 있는 신약을 개발하였다. 신약은 5년간의 임상실험을 거쳐야 시판될 수 있다. 임상실험의 윤리규정은 실험대상자에게 자신이 어떤 실험에 이용되고 있는지를 정확히 알리고 실험에 자발적으로 임하도록 요구한다. 그러나 이런 조건에서는 쉽게 실험대상자를 찾을 수 없었다. 연구자는 조급한 마음에 병원에 진료를 위해 온 그 혈관질환 환자들에게 실험 사실을 알리지 않고 신약을 소화제인 것처럼 위장하여 투약하였다. 환자들은 복용 후 부작용 없이 병세가 호전되었다. 당신은 그 연구자가 윤리규정을 어긴 나쁜 사람이라고 비난하는가?.

34

사기 · 강박에 의한 의사표시

사기 · 강박에 의한 의사표시는 취소할 수 있다(제110조). 사기나 강박을 한 자가 누구냐에 따라 취소권발생의 요건이 달라진다. 상대방에 의한 사기 · 강박의 경우는 그 사실을 증명하면 곧 취소할 수 있으나, 제 3 자인 경우에는 상대방이 그 사실을 알았거나 알 수 있었을 경우에 한하여 취소할 수 있다(제110조 2항). 의사표시의 취소는 선의의 제 3 자에게 대항하지 못한다(제110조 3항).

1. 의사형성의 하자

(1) 사기 · 강박

표의자가 상대방이나 제 3 자의 속임수에 빠져 판단을 그르친 결과 하게 된 의사표시를 「사기에 의한 의사표시」라고 하고, 표의자가 상대방이나 제 3 자의 해악의 고지에 의해 유발된 공포심에서 그 해악을 피하기 위하여 한 의사표시를 「강박에 의한 의사표시」라고 한다. 이들은 표의자가 자신의 자유로운 판단에 의하지 않고 상대방이나 제 3 자의 부당한 간섭에 의하여 효과의사를 형성함으로써 그 의사표시가 불완전성을 띠게 된 의사형성의 하자에 해당한다.

(2) 사기와 착오의 차이

착오는 표의자의 내부에 형성된 진의와 표시된 효과의사 사이에 불일치가 있는 경우이다. 반면에 사기에서는 중점이 「효과의사의 하자 있는 형성」에 놓여진다. 사기는 진의의 형성에 관여하기 때문에 착오에서와 같은 진의와 효과의사의 불일치가 없는 것이 원칙이다.

신원보증서류에 서명한다는 착각에 빠진 상태로 연대보증의 서면에 날인한 경우, 이는 서명의 착오 또는 표시상의 착오에 해당하므로, 그 착오가 제3자의 기망행위에 의한 것이라도 사기에 관한 의사표시규정(제110조 2항)이 아니라 착오에 의한 의사표시규정(제109조)만을 적용하여 취소권행사의 가부를 가린다(대판 2005. 5. 27, 2004다43824).

(3) 강박과 비진의표시 · 허위표시의 차이

강박 · 비진의표시 · 허위표시는 「진의 아닌 효과의사가 의식적으로 표시된다」는 점에서 공통성을 갖는다. 강박표시는 상대방이나 제3자의 강박(해악의 고지 등)에 의하여 효과의사가 형성되는 반면, 비진의표시는 어떤 과정에 의하여 진의와 효과의사가 다르게 되었는가를 묻지 않는다. 허위표시는 표의자와 상대방이 통정하여 효과의사 없이 외양만을 가장하는 행위라는 점에서 효과의사가 있는 강박표시와 구별된다. 효과면에서 비진의표시는 원칙적으로 유효이고 허위표시는 무효인 반면, 강박에 의한 의사표시는 취소가능하다.

2. 취소권의 발생요건

(1) 법률행위를 구성하는 의사표시가 있을 것

계약을 구성하는 청약 또는 승낙의 의사표시가 사기 · 강박으로 인한 것인 때에 그 계약을 취소할 수 있다. ① 사기 · 강박의 대상이 되는 것은 채권행위(매매계약 등)이며 물권적 합의에 관해서만 채권행위와 별도로 사기 · 강박이 생기는 경우는 없다. ② 법인설립행위, 조합계약과 같은 다수당사자의 계약에서도 사기 · 강박의 문제가 생긴다. 이 경우 취소의 효과에 관하여는 소급효제한의 법리가 적용된다. ③ 단독행위에 관해서도 사기 · 강박으로 인한 취소가 인정된다. ④ 최고 · 통지와 같은 준의사표시에도 제110조가 유추적용된다.

가족행위에 관하여도 다른 특칙이 있거나 가족법의 기본이념에 위반하지 않는 한 사기 · 강박으로 인한 취소가 인정된다. 사기 또는 강박으로 인하여 혼인의 의사표시를 한 때에 법원에 그 취소를 청구할 수 있다(제816조). 입양의 취소에 관해서도 제884조 이하의 특칙이 있다. 특칙이 없는 경우에는 가족행위에 대해서도 제110조가 적용된다(반대설 있음).

공법행위 중에서 행정주체가 사인과 유사한 지위에서 거래하는 경우에는 사기 · 강박에 관한 민법규정이 유추적용된다.

소송행위에는 제110조가 적용되지 않는다.

(2) 사기행위 또는 강박행위가 있었을 것

1) 사기행위

사기행위(기망행위)란 허위의 사실을 고지하는 등 기망의 방법에 의하여 표의자의 비이성적인 판단을 유도하여 의사표시를 하게 하는 것을 말한다. 사기행위는 타인의 자유로운 의사결정을 방해하는 것으로서 위법행위에 해당한다. 형법에서 사기행위를 범죄행위로서 처벌하는 것(형법 제347조)과 민법상 취소의 요건인 사기행위는 개념상 별개이다. 사기취소제도는 의사결정의 자유를 보호하는 데에 있으므로 기망행위에 이득을 취할 동기가 있을 것은 요건이 아니다.

가) 기망 등의 행위 사기는 적극적 행위(작위)로 행해지는 경우도 있고 소극적 행위(부작위)로 행해지는 경우도 있다. ① 사기는 허위사실을 고지함에 의해 행해지는 경우가 대부분이다(금의 순도를 진실과 다르게 표시하는 것, 중고자동차의 주행거리를 조작하여 감소시키는 것). ② 상대방의 착오에 편승하는 소극적 행위도 경고의무의 위반 등 일정한 요건 아래에서 사기로 된다(유명제품으로 착각하도록 유사한 포장용기를 사용하는 것). ③ 침묵은 고지의무의 위반 등 일정한 상황이 갖추어져 있을 때 사기로 된다. 리스물건 공급자와 리스이용자 사이에 미리 결정된 매매가격이 이례적으로 고가이고 리스회사가 공급자로부터 이를 고지받지 못한 경우에, 리스회사는「부작위에 의한 기망」을 이유로 리스물건 공급계약을 취소할 수 있다(대판 1997. 11. 28, 97다26098). 고지의무의 대상은 법령의 규정뿐 아니라 계약상 · 관습상 또는 조리상의 일반원칙에 의하여도 인정될 수 있으며, 아파트 단지 인근 쓰레기 매립장 건설예정은 신의칙상 분양회사가 분양계약자들에게 고지하여야 할 대상이다(대판 2006. 10. 12, 2004다48515).

나) 허 위 성 사기가 성립되기 위해서는 객관적 허위사실을 고지해야 한다. 부분적인 진실만을 말하고 다른 부분은 은폐함으로써 전체적으로 진실과 어긋난 상황을 전달하는「진실의 은폐」는 허위성을 띠는 것으로 간주된다. 판례는 기망행위로 인한 불법행위책임과 관련하여 "대형백화점의 변칙세일에 대하여 물품구매동기에서 중요한 요소인 가격조건에 관하여 구체적인 사실을 신의성실의무에 비추어 비난받을 정도의 방법으로 허위고지한 경우이므로, 위법한

기망행위에 해당한다"고 하여 소비자의 손해배상청구를 인용하였다 (대판 1993. 8. 13, 92다52655).

다) 고의 · 과실 · 위법성 고의 또는 과실이 있으면 사기행위가 인정된다. 민법은 채무불이행책임 · 불법행위책임 등 전반에 걸쳐 고의와 과실을 동등하게 취급하고 있으므로 특히 사기행위의 취소에 관해서만 과실을 배제할 이유가 없다(고의를 요구하는 반대설 있음). 상호신용금고의 기획감사실 과장이 기망행위에 가담하여 근저당권설정자에게 대출금의 직접 지급을 약속하면서 근저당권설정계약 체결을 권유한 후 그 대출금을 편취한 경우, 위 금고는 피용자의 사기 사실을 알지 못한 데 과실이 있으므로 근저당권설정자는 그 근저당권설정계약을 취소할 수 있다(대판 1998. 1. 23, 96다41496).

어떤 경우에 고의를 인정할 것인가에 관해서는 학설이 대립한다. ① 이단계설 : 「표의자를 기망하여 착오에 빠지게 하려는 고의」와 다시 「그 착오에 기하여 표의자로 하여금 의사표시를 하게 하려는 고의」의 2단계 고의가 필요하다는 견해이다. ② 삼단계설 : 고의는 「사기행위」, 「착오의 야기」 및 「이에 기한 의사표시」에 관한 3단계의 고의가 각각 존재하여야 한다는 견해이다.

과실은 행위자가 주의의무에 위반함으로써 표의자의 비이성적 판단을 유발하게 되는 경우에 성립한다. 주의의무에는 진실표시의무 · 고지의무 · 경고의무 · 진실광고의무 등이 있는데 대개 사업자나 전문가에게 부과된다.

사기가 인정되기 위해서는 기망행위가 위법하다고 판단되는 것이어야 한다(이설 없음).

2) 강박행위

강박행위란 강박자가 표의자에게 해악을 고지하는 등의 방법으로 의사결정을 강요하여 의사표시를 하게 하는 행위이다. 중요한 것은 의사결정을 강요했다는 점이며, 해악의 고지가 거래관념상 부적당해야 한다(대판 2000. 3. 23, 99다64049).

가) 위협 등의 행위　강박행위자가 표의자에 대하여 폭행 · 위협 기타 공포심을 조장하는 행위를 했어야 한다. 그 행위는 폭언 · 협박장 등 적극적 행위로 하는 이외에 소극적 행위로도 가능하다. 근래에는 상대방에게 경제적 불이익을 예고하는 경우도 「경제적 강박」으로서 인정된다. 변호사(피고)의 잘못으로 패소하였고 항소기간도 도과하게 되었다는 이유로 그의 사무실에서 농성하고 대통령을 비롯한 관계요로에 그의 비행을 진정하겠다는 등 공갈과 협박으로 변호사의 업무수행을 방해하므로 손해배상금조로 약속어음을 발행한 경우에 강박에 의한 의사표시로서 이를 취소할 수 있다(대판 1972. 1. 31, 71다1688).

나) 강 압 성　표의자에게 강압적인 효과를 초래해야 강박이 성립된다. 강압적 효과란 표의자로 하여금 위압감을 느껴 자유로운 의사결정을 방해할 정도에 이르는 것으로 충분하다.

다) 강박행위자의 영향력　강박행위자가 고지한 해악은 표의자가 의사표시를 거부할 경우 현실화될 가능성이 있는 것이어야 한다.

라) 고　　의　강박행위는 사기와는 달리 강박자의 고의에 의해서만 성립하며 과실에 의한 강박은 그 본성상 인정되지 않는다. 강박이 인정되기 위해서 ① 위협행위를 하려는 의도, ② 그 행위에 의하여 피강박자에게 강압의 효과를 일으키려는 의도, ③ 피강박자로 하여금 위압감에 기하여 일정한 의사표시를 하도록 하겠다는 의도의 3단계가 필요하다.

마) 위 법 성　강박행위가 위법한 것이어야 한다. 이행청구, 해지권행사, 민사소송의 제기 등 정당한 권리행사를 예고하는 것만으로

는 위법성이 없다(예 : 배상액에 합의하지 않으면 교통사고를 신고하겠다고 위협하는 경우). ① 수단에 의한 위법성, ② 목적에 의한 위법성, ③ 수단과 목적의 결합에 의한 위법성의 셋으로 위법성판단의 사례를 분류할 수 있다.

거래관념에 비추어 해악의 고지로서 추구하는 이익이 정당하지 않거나, 해악고지가 이익달성 수단으로 적절치 않거나 또는 그 해악의 내용이 법질서에 위배된 경우에 강박행위는 위법성을 띤다(대판 2000. 3. 23, 99다64049). 주주가 주식매각의 종용을 거부한다는 의사를 명백하게 표시하였음에도 불구하고 행정주체가 집요하게 위협적인 언동을 함으로써 그 매각을 강요한 것은 위법한 강박행위에 해당한다(대판 1994. 12. 13, 93다49482. 국제그룹사건).

(3) 사기 · 강박과 의사표시 사이에 인과관계가 있을 것

사기 · 강박과 의사표시 사이에 인과관계가 있었는가는 표의자의 여러 사정을 고려하여 객관적으로 판단되어야 한다(객관설). ① 표의자가 한 의사표시는 비이성적이라고 판단되는 것이어야 한다. ② 표의자의 의사표시는 사기 · 강박으로 인하여 유발되어야 한다. ③ 표의자가 한 의사표시의 내용이 사기자나 강박자가 의도한 내용의 것이어야 한다. ④ 사기 · 강박이 있었으나 그 영향력이 미미하여 의사표시의 중요내용을 좌우하지 않은 경우에는 인과관계가 부정된다.

(4) 제 3 자의 사기 · 강박행위의 경우

상대방 있는 의사표시에 관하여 제 3 자가 사기나 강박을 행한 경우에는 상대방이 그 사실을 알았거나 알 수 있었을 경우에 한하여 그 의사표시를 취소할 수 있다(제110조 2항).

가) 제3자의 행위　제3자는 기망행위를 한 자와 상대방 사이의 관계가 상대방이 그 기망행위에 대하여 자신의 행위와 마찬가지로 책임을 져야 할 정도로 밀접한 경우를 말한다. 상대방의 대리인 등 상대방과 동일시 할 수 있는 자의 사기나 강박은 제3자의 사기 · 강박에 해당하지 아니한다. 제3자를 사주하거나 방조하여 사기 · 강박을 한 경우에도 자신이 직접 한 것과 같이 취급된다(제760조 3항 참조).

나) 상대방의 인식가능성　제3자의 사기 · 강박의 경우에 상대방이 그 사실을 알았거나 알 수 있었을 경우에 한하여 취소할 수 있다(제110조 2항). 제3자를 위한 계약(제539조)에 있어서와 같이 표의자와 상대방간의 계약으로 제3수익자가 직접 권리를 취득하는 경우에는 그 제3수익자도 상대방과 같이 취급해야 한다. 상대방의 대리인과 법률행위를 한 경우에 행위 및 인식가능성의 요건은 대리인 및 상대방 양자를 기준으로 판단해야 한다.

3. 효　과

사기 · 강박으로 인한 취소는 착오로 인한 취소와 효과면에서 거의 같다.

(1) 취소권의 행사

취소권의 행사는 상대방에 대한 취소의 의사표시로서 한다. 표의자는 취소권을 행사하여 법률행위를 소급적으로 소멸시킬 수 있다. 취소권의 행사에는 3년(추인할 수 있는 때부터) 또는 10년(법률행위시부터)의 제척기간이 있다(제146조).

(2) 취소의 효과

취소는 소급효를 갖는다. 취소의 대상은 계약 · 단독행위이며, 소급적으로 소멸하는 것은 계약상의 채권채무 · 물권변동 등의 법률효과이다. 이미 채무가 이행된 때에는 그 급부에 대한 부당이득반환청구권이 발생한다. 이미 소유권이 이전한 때에는 취소에 의해 소유권이 복귀하며 물권적 청구권에 의하여 점유를 회복할 수 있다. 고용 · 도급 · 조합 · 법인설립 등의 경우에 원상회복이 적당치 않은 경우에는 취소의 소급효가 제한된다.

(3) 선의의 제 3 자보호

사기 · 강박을 이유로 한 의사표시의 취소는 선의의 제 3 자에게 대항하지 못한다(제110조 3항). ① 제 3 자는 취소대상의 법률행위의 당사자가 아닌 사람으로서 그 법률행위를 기초로 새로운 법률관계를 맺은 사람만을 의미한다. 그 법률관계는 단순한 채권관계가 아닌 대항력 있는 법률관계(물권의 취득 등)이어야 한다. ② 선의란 사기 · 강박의 의사표시를 완전히 유효한 것으로 신뢰한 경우, 즉 공시방법 등 권리의 외관을 신뢰한 경우를 말한다. 제 3 자의 법률행위 당시에 권리외관이 존재해 있어야 한다. 제 3 자의 선의는 추정된다. 부동산양도인이 양수인으로부터의 권리취득자(제 3 자)에 대하여 사기에 의한 의사표시의 취소를 주장하려면 제 3 자의 악의를 입증할 필요가 있다(대판 1970. 11. 24, 70다2155). ③ 「대항하지 못한다」는 취소권자가 선의의 제 3 자에 대한 관계에서는 「사기 · 강박의 법률행위를 취소함으로써 제 3 자의 권리기반을 소멸시킬 수 없다」는 의미이다.

리갈마인드 강화훈련

논리적 모순 (論理的 矛盾, logical contradiction)

논리적 모순은 어떤 명제에 연이어 그 명제의 부정이 행해질 때 나타난다. 어떤 이론에 논리적 모순이 생기는 이유는 그 이론에 일관된 사고를 불가능하게 하는 명제가 있기 때문이다.

논리적으로 모순이 있는 이론은 법적 논거로 사용될 수 없다. 사람들은 논리적으로 모순이 없을 때에 정당하다고 믿는다. 사람들을 설득하기 위해서는 논리적 일관성을 갖는 이론과 행동을 취해야 한다. 이해관계에 따라 논리를 바꾸는 태도는 불신을 조장한다. 상대방의 억지 논리를 깨고 자신의 주장을 관철하는 가장 좋은 방법은 상대방의 논리적 모순을 명확히 집어내는 것이다.

추리논증훈련

- 이해당사자의 배제

1. 마을의 뒷산에 나무가 베어지고 골프장을 설치하기 위한 공사가 한창이다. 마을사람들은 공사현장에 가서 마을숲의 보존을 위해 골프장설치에 반대하는 데모를 벌였다. 같은 마을사람인 현장소장이 데모하는 사람 중에 골프를 즐겨하는 친구가 있는 것을 보고 그에게 가서 "골프를 즐겨하는 네가 골프장 설치를 반대하는 것은 말이 안 된다"고 하며 집으로 돌려보내려 했다. 그랬더니 그 친구가 "그럼 너는 왜 지난 번 우리 동네에 장례식장이 들어서는 것을 반대하는 데모에는 같이 갔었냐? 넌 죽지 않냐?"하고 반문했다. 두 친구의 논쟁에 대해 당신은 어떻게 생각하는가?

2. 자신은 동성애자가 아니면서 동성애자의 인권을 위해 문화운동을 벌이는 청년이 있다. "동성애의 연인도 술집에서 다른 손님과 같은 대우를 받고 싶다"는 캠페인을 벌이고 있던 중에 그의 여자친구와 마주쳤다. 그녀는 말했다. "당신이 하고 많은 주제 중에서 동성애라는 주제로 캠페인을 벌이는 이유를 세 가지만 말해주세요. 내가 당신이 설명하는 세 가지를 납득할 수 있으면 당신과 계속 사귀고 그렇지 못하면 절교하겠어요." 만약 당신이라면 어떤 설명을 하겠는가?

35

의사표시의 효력발생시기와 수령능력

1. 도달의 원칙

(1) 원 칙

상대방 있는 의사표시는 그 통지가 상대방에 도달한 때로부터 그 효력이 생기는 것이 원칙이다(제111조). ① 의사표시는 반드시 상대방에게 도달하여야 성립한다. 상대방 있는 의사표시의 경우에 도달이 없으면 상대방에 대한 관계에서 의사표시의 법적 존재를 인정할 수 없다. ② 의사표시의 효력발생시점은 도달시이다. 의사표시는 성립과 동시에 효력을 발생하는 것이 원칙이다. ③ 약정으로 의사표시의 효력발생시기를 도달시로 하지 아니하고 통지를 발송한 때로 정하는 것은 허용된다.

그 적용범위에 관해서는 격지자나 대화자에 관계없이 언제나 도달주의의 원칙에 따라야 된다는 견해, 격지자간에만 도달주의에 따르고 대화자간의 의사표시는 독자적인 법리에 따라 규율해야 한다는 견해가 대립한다. 상대방 있는 공법행위에 관하여도 특별규정이 있거나 그 행위의 성질에 반하지 않는 경우에는 민법 제111조의 도달의 원칙이 적용된다.

(2) 예　　외

도달의 원칙에 대하여는 「격지자간 계약의 성립」에서 예외가 인정된다. 격지자간의 계약은 승낙의 통지를 발송한 때에 성립한다든가(제531조), 연착한 승낙과 관련된 특수한 효과(제528조) 등이 그러하다. 이러한 특별규정이 있는 법률관계에는 민법 제111조의 적용이 제한된다. 발송주의가 채택된 격지자간의 계약에 있어서는 「의사표시가 상대방에게 도달할 것」은 의사표시의 성립요건이며 다만 그 효력발생시기가 소급하여 발송시로 간주될 뿐이다.

2. 의사표시의 통지

(1) 통　　지

표의자가 의사표시를 상대방에게 발송하는 행위를 통지라고 한다. 통지와 도달의 분리는 격지자 사이에서 생기며 대화자 사이에서는 통지와 도달이 동시에 행해진다. 민법 제111조의 도달은 그 전제로서 통지를 필요로 한다. 통지란 표의자가 그의 효과의사를 상대방에게 표시하기 위해 글이나 기타 다른 수단을 사용하는 것을 말한다.

예를 들어 계약의 청약에 대한 승낙의 서신을 완성한 후 재고하기 위하여 책상 위에 놓아 둔 것을 그의 처가 남편이 발송하는 것을 잊어버렸다고 생각하고 이를 발송한 때에 의사표시가 성립하는가가 문제된다. 이 경우에 의사표시의 통지가 존재하지 않으므로 상대방이 그 편지를 받았더라도 의사표시가 성립하지 않는다. 다만 표의자가 후에 이를 알고 지체없이 이의하지 않은 경우에는, 그 의사표시의 통지에 추인한 것으로 보아 흠결이 치유된다.

(2) 효　　력

통지를 발한 후 도달하기까지의 사이에 의사표시는 아직 효력을 발생하지는 않지만 도달과 동시에 효력을 발생하게 될 가능성을 갖고 있다. 다만 표의자는 의사표시의 통지 후 도달 전에 그 의사표시를 철회할 수 있다. 통지가 상대방에게 도달되면 그 의사표시는 효력을 발생한다.

3. 의사표시의 도달

(1) 도달의 요건

도달을 확인하기 위해서는 등기우편으로 발송되어야 하며, 통상우편의 방법으로 발송되었다는 사실만으로는 상당기간 내에 도달하였다고 인정하기에 부족하다(대판 1993. 5. 11, 92다2530). 그러나 우편물이 등기취급의 방법으로 발송된 경우 반송되는 등의 특별한 사정이 없는 한 그 무렵 수취인에게 배달되었다고 본다(대판 2007. 12. 27, 2007다51758).

도달은 사회관념상 상대방이 통지의 내용을 알 수 있는 객관적 상태에 놓여졌을 때를 지칭하고, 그 통지를 상대방이 현실적으로 수령하였거나 그 통지의 내용을 알았을 것까지는 필요하지 않다(대판 1983. 8. 23, 82다카439).

어떤 정도에 이르러야 의사표시가 도달되었다고 판단할 것인가에 관해 학설이 대립한다. ① 요지설 : 의사표시의 도달은 「상대방 영역의 진입」 외에 「상대방이 요지(了知)할 수 있는 상태에 있을 것」을 요건으로 한다는 견해이다. 요지설에 의하면 의사표시가 상대방의 영역에 진입하는 것만으로 부족하고 상대방이 의사표시의 내용을 알 수 있는 상태를 요한다. 판례도 이 견해를 취한다(대판 1960. 12. 15, 4293민상455). ② 진입설 : 의사표시의 도달은 객관적으로 「상대방의 영역 내에 진입」했는지 여부에 의하여 판단하는 견해이다. 의사표시의 효력발생시점을 결정하는 「도달」은 객관적으로 명확하게 판단할 수 있어야 하므로 「상대방의 영역 내의 진입」을 기준으로 할 것을 주장한다.

상대방이 의사표시의 내용을 알 수 있었는가 여부는 기한 내에 도착하였는가와 관련하여 고찰된다. 예를 들어 계약체결을 위한 승낙기간의 마지막 날 승낙의 서신이 상대방의 사서함에 투입되었는데 상대방이 이 서신을 사서함으로부터 회수하는 데에 하루가 걸리는 경우에, 요지설에 의하면 그 서신에 의한 의사표시는 기간 내에 도달하지 않은 것으로 되는 반면에 진입설에 의하면 도달된 것으로 된다.

(2) 효　　과

가) 의사표시의 효력발생　의사표시는 도달에 의하여 완전히 성립하게 되며, 그 의사표시에서 의욕한 법률효과가 발생하게 된다. 의사표시의 불착 또는 연착은 표의자의 불이익으로 된다. 상대방 있는 단독행위는 다른 특별요건이 없으면 그 의사표시의 도달로 효력을 발생한다. 계약의 성립시기에 관해서는 발송주의의 특칙이 적용된다(제531조).

나) 의사표시의 철회　표의자는 발신 후 도달 전에 그 의사표시를 철회할 수 있다. 철회는 늦어도 발신한 의사표시와 동시에 도달하여야 한다(독일민법 제130조 1항 후단은 이 취지를 명문으로 규정한다).

다) 발신 후 사정변경　발신 후 표의자가 사망하거나 행위능력을

상실하더라도 도달의 효력에 영향을 미치지 않는다(제111조 2항). 사망의 경우에 그 의사표시의 효과는 상속인에게 승계되며, 행위능력상실의 경우에는 표의자에게 의사표시의 효력이 발생하고 능력상실 이후의 법률관계는 법정대리인의 대리에 의해 처리된다. 대리권이 소멸한 경우도 이와 동일하게 취급된다.

4. 의사표시의 공시송달

(1) 요 건

표의자가 과실 없이 의사표시의 상대방을 알지 못하는 경우 또는 의사표시 상대방의 주소를 알지 못하는 경우에는 민사소송법의 공시송달의 방법에 의하여 의사표시를 도달하게 할 수 있다(제113조; 민소 제194조). 공시송달은 법원서기관 또는 서기가 송달할 서류를 보관하고, 그 사유를 법원게시판에 게시하는 등의 방법으로써 한다(민소 제195조).

(2) 효 과

공시송달에 의한 의사표시는 게시한 날로부터 2주일이 경과한 때에 상대방에 도달한 것으로 간주한다. 다만 동일당사자에 대한 그 후의 공시송달은 게시한 다음 날부터 효력이 생긴다(민소 제196조 1항).

5. 의사표시의 수령능력

의사표시가 도달로서 유효하게 성립하기 위해서는 그 수령인이 행위능력을 갖고 있어야 한다. 행위무능력자는 법률행위에 관해서 뿐 아니라 의사표시의 수령에 관해서도 능력이 제한된다. 의사표시를 받은 상대방이 무능력자인 경우에는 표의자는 그 의사표시로써 대항하지 못한다(제112조 본문). 그러나 법정대리인이 그 사실을 안 후에는 그러하지 아니하다(제112조 단서).

무능력자에 대한 의사표시와 관련하여 ① 의사표시의 효력을 주장하지 못하는 사람은 표의자이다. 무능력자가 의사표시의 효력을 주장하는 것은 허용된다. ② 무능력자의 법정대리인이 의사표시의 도달을 안 후에는 그 의사표시가 무능력자측에 충분히 이해되었다고 간주되므로 표의자가 그 의사표시의 효력을 주장할 수 있다(제112조 단서). ③ 미성년자나 한정치산자에게 일정한 범위에서 법정대리인의 동의 없이 법률행위를 하는 것이 허용되는 경우에, 그 범위 내의 법률행위에 관한 의사표시의 수령능력도 인정된다. ④ 의사표시의 상대방이 금치산자는 아니지만 의사표시 당시에 의식을 상실하였거나 심신상실에 있어 의사능력이 없었던 경우에, 의사표시의 효력은 발생하지 않는다.

리갈마인드 강화훈련

성질 (性質, property)

성질이란 객관적 실재의 한 대상 집합에 공통적이면서 이 집합을 다른 대상 집합으로부터 구별해 주는 그 어떤 것을 반영하는 철학적 개념이다. 성질은 상대적이다. 객관적 실재의 모든 대상들은 무한히 많은 성질들을 갖는데 이 성질들은 다른 대상들과의 상호 작용을 통해서 드러난다.

어떤 사람이 의사표시에서 한 사물을 지칭할 때, 그 진정한 의미는 특정한 성질을 가진 사물을 말하는 경우가 많다. 사물의 성질이 표시되지는 않았지만 전제조건으로 되어 있는 것이다. 상대방도 그 성질의 전제조건을 잘 이해하고 승낙했을 경우에는 양당사자 사이에 '의사의 합치'가 일어나게 된다. 그러나 상대방이 미처 그 성질에 관하여는 인식하지 못한 채 승낙한 때에는 '불완전한 합의'의 상황에 빠지게 된다.

추리논증훈련

- 판정의 오류

1. 실력이 비슷한 두 사람이 자전거 대회에 참석했다. 두 선수는 거의 같은 속도로 달려 결승지점에 가까이 다가갔다. 출발시 안내지도에는 결승지점이 바닷가에 있는 우체국이라고 동그라미 표시가 되어 있었다. A는 그 우체국을 향해 달려가 마당에 자전거를 세웠다. 그런데 아무리 기다려도 다른 선수들이 오지 않자 초조해져서 우체국 뒤로 돌아가 보았다. 그랬더니 바다를 바라보는 쪽의 마당에 선수 B와 다른 선수들이 입장해 있었다. A는 우체국 옆에 대기하고 있던 진행요원이 잠시 자리를 비운 사이에 결승지점의 안내를 받지 못한 것이었다. A는 대회운영자에게 가서 지도에 결승점이 우체국으로 표시되어 있다는 사실과 자기가 제일 먼저 결승점에 도달했음을 주장하였다. 당신이 대회운영자라면 어떻게 판정하겠는가?

2. 어느 섬마을에 케이블텔레비전이 들어왔다. 이전에는 난청지역이어서 텔레비전을 시청할 수 없었기 때문에 주민들은 케이블의 상륙을 매우 환영했다. 그런데 케이블을 설치하고 보니 방송프로그램이 KBS, EBS, 그리고 특정 종교방송국 이렇게 세 개뿐이었다. 주민들은 케이블회사가 다른 지역 사람들과 섬마을 사람들을 차별하는 것에 분개하여 항의하였으나, 케이블회사측은 지금 설치한 방송설비로는 세 종류의 방송프로그램을 전송할 수 있을 뿐이며 그것을 위해서 이미 막대한 비용이 들었다며 그 항의를 묵살했다. 그 세 개의 방송프로그램의 선정에는 어떤 문제가 있는가? 만약 당신이 케이블방송 운영자라면 어떤 방송프로그램 세 개를 선택하겠는가?

7장

대 리

36

법률행위의 대리

1. 대리제도

대리인이 본인을 대신하여 법률행위를 하면 본인이 직접 그 법률효과를 보유하게 되는 제도를 대리라고 한다. 대리인이 그 권한 내에서 본인을 위한 것임을 표시한 의사표시는 직접 본인에 대하여 효력이 생긴다(제114조 1항).

(1) 대리제도의 사회적 기능

대리제도는 사적자치의 기본정신에 입각한 것으로 개인의 능력을 보충해 주거나 확장하는 기능을 담당한다. ① 임의대리제도는 개인의 법률행위의 영역을 확장시키는 데에 목적이 있다. ② 법정대리제도는 무능력자의 부족한 행위능력을 보충하여 법률행위를 가능케 하는 것을 목적으로 한다.

예를 들어 A(본인)가 C(상대방)로부터 집을 매수함에 있어서 스스로 계약당사자로서 C의 앞에 나서지 않고 B(대리인)로 하여금 자기의 대리인임을 밝히고 매매계약을 체결토록 하는 경우에, B가 한 행위는 대리에 의한 법률행위가 된다. 매매계약의 체결행위를 실제로 하는 사람은 B와 C이지만 매매계약의 당사자는 A(매수인)와 C(매도인)가 되며 그 법률효과로서 A는 매수인으로서의 권리·의무를 취득한다. A는 C에 대하여 매매목적물의 인도청구권을 가지며 그 반대급부로서 A는 C에 대하여 매매대금의 지급의무를 진다. B는 계약체결의 행위를 대리할 뿐 계약당사자가 아니므로 설사 A가 대금을 지급하지 않더라도 자신이 직접 지급의무를 지지 않는다.

(2) 대리의 종류

가) 임의대리와 법정대리 임의대리란 본인이 수권행위를 통하여 대리인에게 대리권을 수여하고 대리인이 그 대리권에 기해 대리행위를 하는 경우를 말한다. 법정대리란 본인과 일정한 관계에 있는 자에게 법률의 규정에 따라 부여된 대리권에 기해 대리행위를 하는 경우를 말한다. 임의대리와 법정대리 사이에는 다음과 같은 차이가 있다. ① 임의대리에서는 본인이 대리권을 수여하고 그 범위도 정해주지만, 법정대리에서는 수권행위가 없이 법률규정에 따른 친족이나 법원의 선고에 의해 대리인이 정해지며 대리권의 범위도 법률 등에 의해 타율적으로 정해진다. ② 임의대리에는 그의 법적 원인이 되는 위임·도급·고용 등의 기초계약이 존재하지만, 법정대리에는 이러한 기초계약이 존재하지 않는다. ③ 임의대리인은 본인의 승낙이 있거나 부득이한 사유가 있는 때에만 복대리인을 선임할 수 있지만(제120조), 법정대리인은 자기책임하에 복대리인을 선임할 권한을 갖는다(제122조).

나) 능동대리와 수동대리 능동대리란 대리인이 상대방에게 능동적으로 의사표시를 하는 경우를 말하고, 수동대리란 상대방의 의사표시를 수령하는 경우를 말한다. 수동대리에는 그 성질이 허용하

는 한 능동대리의 규정이 준용된다(제114조 2항). 대리인은 특별한 사정이 없는 한 대리권의 범위에 속하는 능동대리행위와 수동대리행위를 모두 할 수 있다.

다) 개별대리와 포괄대리　대리권의 범위가 본인이 지정한 법률행위에 한정되는 경우를 개별대리라고 하고, 대리인이 일정한 영업범위에 속하는 여러 가지 법률행위를 할 권한을 갖는 경우를 포괄대리라고 한다. 포괄대리인으로서는 지배인(상법 제11조)이 있다.

(3) 대리의 허용영역

가) 허용되는 경우　① 법률행위 : 대리는 법률행위를 위해 고안된 제도이다. 의사표시는 대리인에 의해 발하거나 수령될 수 있다. 그러나 법률행위라도 대리를 금지하는 법률의 규정이 있거나 법률행위의 성질이 대리에 적합하지 아니한 때에는 대리가 허용되지 않는다(유언은 대리와 친하지 않음). ② 준의사표시 : 의사표시가 아닌 행위에 관하여는 대리가 허용되지 않으며 대행만이 가능한 것이 원칙이다. 그러나 통지·최고와 같은 준의사표시에 관해서는 의사표시의 규정이 유추적용된다.

나) 허용되지 않는 경우　① 사실행위 : 사실행위에 관하여는 비록 적법행위라도 대리가 허용되지 않고 대행만이 가능하다. 물건의 제작·수선·가공은 사실행위이므로 본인의 행위를 이행보조자를 통해 도움을 받는 데에 그친다. 소유권이전의 요건이 되는 물건의 인도도 사실행위로서 대리가 허용되지 않는다. ② 불법행위 : 불법행위의 대행은 대리의 문제로 되지 않는다. 불법행위의 경우에는 그 행위를 위탁한 자와 수행한 자 사이에 공동불법행위책임(제760조), 사용자책임(제756조) 등의 법률문제가 발생한다. 이사 기타 대표자의 직무상 불법행위에 대하여는 법인책임이 발생한다(제35조 1항).

(4) 효　　과

가) 본인에의 효과귀속　대리의 효과로서 법률행위의 효과가 본인에게 발생한다. 대리인은 그 법률행위의 효과를 직접 받지 않는다. 대리가 이런 효과를 발생시키기 위해서는 「대리행위의 요건」(의사표시와 현명) 및 「대리권의 요건」(수권행위의 유효성)의 두 가지 요건을 모두 충족시켜야 한다. 두 요건을 모두 충족시킨 경우에 유권대리(정상적인 대리)로서 본인에게 효력이 발생한다.

나) 대리의 3면관계　대리는 본인 · 대리인 · 상대방 사이에 각각의 법률관계를 발생시킨다. ① 대리인과 상대방의 대리행위 : 대리인은 본인을 위하여 상대방과 법률행위를 한다. 대리인은 계약인 경우 청약 · 승낙의 의사표시를 발하거나 수령하고, 단독행위의 경우 그 의사표시를 하거나 수령한다. ② 본인과 대리인의 수권행위 : 대리행위가 유효하기 위하여는 그 배후에 본인과 대리인 사이의 수권행위가 존재해야 한다. 대리인은 수권행위에 의해 수여받은 대리권에 기초하여 대리행위의 효과를 본인에게 귀속시킬 수 있다. 수권행위의 기초에는 위임 · 도급 · 고용 등의 기초계약이 존재하고 본인과 대리인은 이 기초계약에 따른 권리 · 의무를 갖는다. ③ 본인과 상대방의 계약관계 : 본인은 상대방에 대하여 계약당사자로서 권리와 의무를 취득한다. 매매계약인 경우 본인은 매수인으로서 소유권을 취득하거나 매도인으로서 소유권을 상실하게 된다. 대리행위가 계약이 아니고 단독행위인 경우에 그 단독행위의 효과도 본인과 상대방 사이에서 발생한다.

2. 대리에 유사한 제도

(1) 사　　자

본인이 이미 결정한 효과의사를 타인(피용자 등)을 통하여 상대방에게 통지하는 경우에 그 타인을 사자(使者)라고 하여 대리인과 구별한다.

가) 대리와 사자의 구분　사자의 판단기준을 본인과의 내부관계에서 찾을 것인가 또는 상대방과의 외부관계에서 찾을 것인가 하는 문제는 사자와 대리인을 구분하는 기준을 제시하는데, 이에 관해서 학설이 대립한다. ① 내부관계설 : 본인이 효과의사를 정하는 경우는 사자이고, 대리인이 정하는 경우는 대리라고 설명함으로써 내부관계에 의해 양자를 구분하는 견해이다(본인기준설이라고도 함). 상대방의 신뢰는 표현대리규정의 유추적용에 의한다. ② 외부관계설 : 사자와 대리인의 구별은 행위자와 상대방의 관계에 의하여 행해진다는 견해이다(상대방기준설이라고도 함). 사자가 상대방에 대하여 대리인으로서 행위한 경우에는 대리로 취급하여 표현대리규정을 적용하는 것이 상대방보호에 충실하다고 한다.

나) 종　　류　사자에는 ① 표시기관으로서의 사자, ② 전달기관으로서의 사자, ③ 수동사자(상대방의 의사표시를 수령하여 그것을 본인에게 전달해 주는 역할을 하는 사람)의 세 종류가 있다.

다) 사자와 대리인의 구별　사자와 대리인은 다음의 점에서 구별된다. ① 효과의사의 형성 : 사자는 표시수단(심부름꾼)으로서 사용될 뿐 스스로의 판단에 의해 효과의사를 형성하지 않는다. 대리인은 스스로 효과의사를 형성하여 상대방에게 표시함으로써 독자적인 의사표시를 한다는 점에서 사자와 다른 역할을 담당한다. ② 본인의 행위능력 : 사자는 본인이 형성한 효과의사를 표시・전달하는 자이므

로 이의 전제조건으로서 본인이 행위능력을 갖출 것이 요구된다. 대리인의 경우에는 본인이 행위능력을 갖지 않아도 된다(법정대리에 한정). ③ 사자의 권한과 대리권 : 사자로서 본인을 위하여 행동할 수 있는 권한을 사자권이라고 하여 대리권과 구별한다. 사자의 권한은 대리권과 성질을 달리하는 것이지만, 본인을 위하여 행위를 할 수 있는 법적 지위라는 점에서 유사하다. ④ 착 오 : 사자가 본인의 효과의사를 잘못 전달한 경우에는 「표시의 착오」로 다루어지며, 대리인이 본인의 의사와 다른 의사표시를 한 경우에는 착오의 문제가 생기지 않는다.

라) 대리규정의 유추적용 대리에 관한 규정은 사자의 성질에 반하지 않는 한 본인·사자·상대방 사이의 법률관계에 유추적용된다. 특히 거래의 안전을 위한 표현대리와 무권대리의 규정이 유용하다.

(2) 재산관리인

타인의 재산을 관리하는 업무를 수행할 권한을 갖는 사람을 재산관리인 또는 관재인이라고 한다. 관재인은 「재산관리의 권한을 갖는가」라는 측면에서 고찰한 것이고 대리인은 「법률행위의 대리권을 갖는가」라는 측면에서 고찰한 것이다(관점의 차이). 대부분의 관재인은 재산관리에 필요한 범위에서 대리권도 갖는다. ① 임의관재인 : 본인으로부터 재산관리에 관한 위임을 받아 본인의 재산을 관리하는 자를 말한다. ② 법정관재인 : 법률의 규정에 따라 친권자(제916조)·후견인(제932조, 제936조)은 재산관리권을 가지며, 부재자의 재산관리인(제22조)·상속재산관리인(제1023조) 등 법원에 의하여 선임된 자가 법정관재인이 된다.

(3) 간접대리

본인은 배후에 숨고 타인(간접대리인)을 법률행위의 전면에 내세움으로써 상대방은 그 타인과 법률행위를 하게 되고 그 법률효과도 그 타인에 대하여 발생하지만, 그 배후에서는 간접대리인 · 본인 사이의 내부관계(위임 · 고용 · 도급)에 따라 그 결실이 본인에게 이전되는 경우를 간접대리라고 한다.

가) 직접대리와 간접대리　간접대리와 구별하기 위하여 통상의 대리를 직접대리라고 부르기도 한다. 직접대리가 대리행위에 의해 본인 · 상대방간에 계약이 성립하는 것과 대조적으로 간접대리에서는 본인이 계약당사자로 되지 않고 간접대리인이 자기의 명의로 상대방과 계약을 체결한다.

나) 발생원인　① 본인이 위임계약으로 수임인에게 간접대리를 지시하고 그 수임인이 그에 따른 법률행위를 한 경우에 간접대리가 발생한다. 본인이 위임사무의 처리를 간접대리의 형식으로 할 것을 지시한 경우에, 그 수임인은 간접대리만을 할 수 있고 직접대리권은 갖지 않는다. ② 본인이 대리행위를 지시했으나 대리인이 현명을 하지 않아 본래 의도와 다르게 간접대리가 발생하는 경우도 있다. 현명이 없는 경우에 대리인의 의사표시는 자기를 위한 것으로 간주되며(제115조 본문), 이 경우 직접대리가 발생하지 않고 간접대리가 발생한다. ③ 상행위에 의해 간접대리가 발생하는 경우도 있다. 자기명의로써 타인의 계산으로 물건 또는 유가증권의 매매를 영업으로 하는 위탁매매업(상법 제101조), 자기의 명의로 물건운송의 주선을 영업으로 하는 운송주선업(상법 제114조)에서 간접대리가 발생한다. 그 밖에 여행알선업, 행사(이벤트)대행업 등에서 간접대리가 이용된다.

다) 효　과　간접대리에 의한 법률행위의 당사자는 간접대리인

이고 그 법률효과도 간접대리인에게 발생한다. 간접대리인이 계약에 따른 채권을 취득하고 채무도 진다(상법 제102조 참조). 매매계약의 경우에 간접대리인은 직접 매도인 또는 매수인이 되며 상대방에 대하여 목적물인도의무 또는 대급지급의무를 지고, 이의 불이행이 있으면 간접대리인에 대한 강제집행이 행해진다.

라) 본인과의 내부관계 간접대리인과 본인 사이에는 위임·고용·도급 등의 내부계약이 존재하며 그 계약에 의해 권리·의무가 간접대리인(수임인)으로부터 본인(위임인)에게 이전된다. ① 채무의 부담 : 간접대리인이 본인을 위하여 물건을 매수한 경우에 본인은 그 이행을 위하여 대금을 간접대리인에게 주어야 하고, 매도의 경우에는 본인이 매매계약의 목적물을 간접대리인에게 주어 그것을 상대방에게 양도하도록 배려해 주어야 한다. 그러나 본인이 이러한 채무를 이행하지 않더라도 상대방은 그 이행을 본인에게 직접 청구하거나 또는 강제집행할 수 없으며 간접대리인에게만 책임을 물을 수 있다. ② 이득·권리의 양도 : 수임인은 위임사무의 처리로 인하여 받은 금전·물건을 위임인에게 양도할 채무를 지며, 수임인의 명의로 취득한 권리는 위임인의 명의로 이전할 의무를 진다(제684조 1항·2항). 본인은 권리를 자기명의로 취득하지 못하고, 간접대리인에 대하여 권리이전청구권을 가질 뿐이다. 이 청구권은 간접대리인의 이행행위가 있어야 만족을 얻게 되며, 그 이행이 없는 때에 본인은 간접대리인에게 채무불이행책임을 물을 수 있다. ③ 보수청구권·비용선급청구권 : 보수의 약정이 있는 경우, 보수지급이 관습인 경우 또는 간접대리를 영업으로 하는 경우에, 수임인은 본인에 대하여 위임사무처리에 대한 대가를 청구할 권리를 갖는다(제686조 1항 참조). 위임사무에 드는 비용은 위임인이 미리 지급해야 하며(제687조), 그렇지 않아서 수임인이 지급한 경우에는 그 비용을 상환해 주어야 한다(제688조).

3. 대리의 본질

대리의 본질이 어디에 있는가에 관해서는 종래 학설이 대립해 왔다. 법률행위의 효과의사를 대리인의 대리의사에서 찾을 것인지, 아니면 본인의 의사표시(대리권수여)와 대리인의 대리의사를 종합하여 구성할 것인지 하는 것이 쟁점이 되었다(순수한 본인의사설은 주장되지 않음).

(1) 대리인행위설

대리인은 본인의 효과의사를 대리하는 것이 아니라 자기의 효과의사에 기하여 본인의 이름으로 법률행위를 행한다고 하는 견해이다(다수설). 대리인행위설의 골자는 다음과 같다. ① 대리는 「의사의 대리」가 아니라 「법률행위를 함에 있어서 대리」라고 한다. 대리행위의 법률효과가 본인에게 발생하는 근거는 대리적 효과의사(대리의사)라고 한다. ② 대리행위에 있어서 법률요건은 대리인에 의하여 실현되나 그 법률효과는 본인에게 「귀속」된다고 한다. ③ 대리인이 한 법률행위의 법률효과가 본인에게 귀속되는 이유는 법률행위를 하는 대리인의 법률효과가 그것을 의욕하고 나아가 민법 제114조 이하의 규정이 이러한 효과의사를 적법한 것으로 인정하여 그 효과의사대로 법률효과가 발생하도록 협력하기 때문이라고 한다. ④ 대리행위의 하자에 관한 규정(제116조 1항)은 민법이 대리인행위설을 취하고 있는 실정법적 근거라고 한다.

(2) 공동행위설

대리란 대리인의 행위일 뿐 아니라 본인의 의사가 함께 작용하는 것으로 보는 견해로서 그 세부적인 구성에 있어서 다음과 같이 나뉜다.

가) **통합요건설**　본인의 수권행위와 대리인의 대리행위가 적법한 대리를 위한 통합요건이 된다고 설명하는 견해이다. 대리권의 존재와 대리행위의 관계는 법정대리에서도 임의대리에서와 같이 통합요건을 이룬다고 함으로써 대리를 본인과 대리인의 공동행위로 파악한다.

나) **행위 · 규율의 분리론**　법률행위는 「규율의 측면」과 이 규율에 도달하기 위한 과정으로서 「행위의 측면」을 가지고 있다고 분석하고, 행위로서의 법률행위는 대리인의 것이고 규율로서의 법률행위는 본인의 것이라고 설명하는 견해이다. 행위로서의 법률행위는 대리인에 의하여 행하여지는 반면에 이러한 행위의 결과로서의 법률행위(즉 규율로서의 법률행위)는 대리인이 본인을 위하여 하는 행위임을 표시하였고 이렇게 행위하는 권한을 본인으로부터 부여받았으므로 본질적으로는 본인의 법률행위로 보아야 한다고 주장한다.

4. 대리행위의 하자

(1) 의사표시의 하자

가) **대리행위의 하자**　의사표시의 효력이 의사의 흠결 · 사기 · 강박 또는 어느 사정을 알았거나 과실로 알지 못한 것으로 인하여 영향을 받을 경우에 그 사실의 유무는 대리인을 표준하여 결정한다(제116조 1항).

나) **본인의 지시에 의한 대리행위**　특정한 법률행위를 위임한 경우에 대리인이 본인의 지시에 좇아 그 행위를 한 때에는 본인은 자기가 안 사정 또는 과실로 인하여 알지 못한 사정에 관하여 대리인의 부지를 주장하지 못한다(제116조 2항).

다) 대리인의 사기 · 강박행위 대리인이 대리행위를 하면서 상대방에게 사기 · 강박행위를 한 경우에, 대리인의 사기 · 강박은 본인의 이익을 위한 것이라고 간주되므로 제110조 제 1 항의 법률행위는 당사자의 사기 · 강박으로 되고 동조 제 2 항의 제 3 자의 것으로 취급되지 않는다.

(2) 대리인의 무능력

가) 임의대리인 대리행위가 유효하게 성립하기 위해서 필요한 것은 본인의 행위능력이지 대리인의 행위능력이 아니다. 대리인은 행위능력자임을 요하지 아니한다(제117조). 대리에 의한 계약체결에 의해 계약당사자로서 권리 · 의무를 취득하는 자는 본인이기 때문이다. 대리인은 자신의 무능력을 이유로 기초계약(위임 등)을 취소할 수 있다(제 5 조 2항).

나) 법정대리인 무능력자는 법정대리인의 자격이 없다. 무능력자는 스스로 친권을 행사하지 못하며 그의 친권자가 대신 친권을 행사한다(제910조). 다만 혼인한 미성년자는 성년자로 간주되므로 스스로 친권을 행사할 수 있다(제846조의2). 무능력자는 후견인(제937조), 친족회원(제964조) 또는 유언집행자(제1098조)가 될 수 없다.

리갈마인드 강화훈련

가치 (價値, value)

가치란 인간이 주변 세계를 정신적으로 자기화하는 측면을 표현하는 철학적 개념이다. 가치는 여론의 힘과 더불어 인간에게 사고와 행위의 가치기준 및 방향성을 제공한다. 사회생활 속에서 사람들은 '가치'를 통해 대상, 관계, 사회 상태, 행위 방식, 견해 등이 지닌 의미를 과학적 설명 이외의 방식으로 인식한다.

법의 세계는 인간의 행위에 대한 가치판단을 핵심으로 삼는다. 법률관계에 관한 가치판단을 '규범판단' 또는 '법적 판단'이라고 하며, 이는 증명을 필요로 하는 '사실의 발견'과 엄격히 구분된다. 예를 들어 A라는 사람이 B의 물건을 파손시켰는가 하는 것은 '사실의 발견'이고, 파손행위가 사실로 증명되었을 때 법관은 '그에게 과실이 있었음' 그리고 '그 행위에 위법성이 인정됨'을 규범적으로 판단하여 손해배상을 명하게 된다.

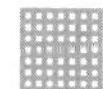

추리논증훈련

- 한계의 설정

1. 제약회사의 직원이 병원으로부터 의약품의 긴급한 배송을 부탁받고 약품을 배달하기 위해 자동차를 운전하고 있었다. 금요일 저녁이라서 도로는 매우 혼잡했고 목적지에 도달하려면 매우 오랜 시간이 걸릴 것으로 예상되었다. 직원은 교통법규를 준수하며 운전하다가는 환자의 생명도 위태롭고 단골고객(병원)도 놓치게 될 것이라고 판단하고, 버스전용차선을 이용하여 빨리 달리고자 하였다. 결국 직원은 교통경찰의 단속에 걸리고 말았다. 그러자 직원은 저기 병원구급차는 버스전용차선으로 가도 잡지 않으면서 왜 나만 단속하는 것이냐고 항의하면서 벌금고지서를 발부해도 좋으니 지금 병원으로 긴급구호 약품을 배달하러 가게 내버려 달라고 간청했다. 당신은 이 상황을 어떻게 바라보는가?

2. 직원이 상관의 긴급한 배송지시에 따라 운전을 하던 중에 속도위반으로 벌금고지서를 발부받았다. 직원은 그 벌금을 회사에서 부담해 주기를 희망했지만, 상관은 자기가 빨리 배송하라고 했지만 교통법규를 위반하라는 뜻으로 말한 것은 아니라고 하면서, 벌금은 직원이 개인적으로 지불하라고 말했다. 당신이 직원이라면 어떻게 하겠는가?

37 대리행위와 현명주의

대리인과 상대방 사이의 법률행위를 대리행위라고 한다. 행위를 하는 자는 대리인과 상대방이지만 그 효과로서 본인과 상대방 사이의 법률관계가 발생한다. 대리행위의 유효요건은 ① 대리인이 상대방과 법률행위를 할 것, ② 대리인이 상대방에게 본인을 위한 법률행위라는 점을 알리거나(현명) 상대방이 그 사실을 알 수 있었을 것, ③ 대리인이 그 법률행위에 관하여 본인으로부터 대리권을 수여받았을 것 등이다. 이 중에서 ②의 요건은 「현명의 원칙」 또는 「현명주의」로서 다루어진다.

1. 현명의 의의

대리인이 상대방과 법률행위를 함에 있어서 「자신이 대리인으로서 행위한다는 사실」과 「본인의 존재 및 성명」을 밝혀야 대리행위로서 유효한데, 이 두 사실을 밝히는 것을 현명이라고 부른다.

(1) 대리의사의 표시

대리인의 현명방법은 보통 「갑의 대리인 을」이라고 표시하는 것이다. 현명은 법률행위의 주체(계약당사자)가 누구인가를 상대방에게 밝히는 것으로서, 주체가 특정되거나 특정가능해야 그에게 법률효과가 귀속한다. 현명의 표시는 계약의 체결시에 행해져야 한다. 대리행위의 효과가 본인에게 발생하는 근거는 대리인의 대리적 효과의사(대리의사)이며 현명은 이 대리적 효과의사를 상대방에게 표시하는 의사표시이다(대리의사설 · 의사표시설. 반대설: 의사통지설).

예를 들어 A의 대리인 B가 상대방 C와 A소유 부동산을 매도하는 계약을 체결하는 경우를 생각해 보자. B는 매매계약 당시 자기가 그 부동산의 소유자가 아니고 그의 대리인이라는 사실을 밝혀야 통상의 매매계약(타인소유물매매가 아님, 제569조)이 성립할 것이다. 이 대리행위에서 중요한 것은 B가 A의 대리인이라는 점과 A가 그 부동산의 소유자라는 점이다. 따라서 이 경우에 본인성명의 현명은 필요하다. 이와 반대로 D의 대리인 E가 상대방 F로부터 부동산을 매수하는 경우를 생각해 보면, 상대방 F에게는 자기부동산을 적당한 값에 판다는 점이 중요하고 매수인이 D인가 E인가가 절대적으로 중요한 것은 아니다. E가 자기가 직접 사려는 것이 아니라 누군가의 대리인이라고 밝힌 경우에 상대방 F는 D이든 E이든 매매대금을 반드시 지급하기만 하면 만족한다. 이 경우 본인성명의 현명은 필수적이 아니다. 다만 F가 본인 D를 상대로 대금지급을 청구하려면 부동산매수인이 D이고 E는 대리인에 불과하다는 사실을 밝혀야 할 것이다. 실제사례에서는 이러한 번잡을 피하기 위해 매매계약 당시 계약금을 받고 채무불이행시 그 계약금을 몰수하는 것으로 그친다(제565조).

(2) 현명의 방법

현명은 의사표시의 통상적인 방법에 의하여 한다. 대리인(표의자)은 상대방에 대하여 대리의사와 본인성명을 표시한다.

가) 묵시적 현명 상대방이 대리인으로서 한 것임을 알았거나 알 수 있었을 때에는 대리로서의 효력이 생긴다(제115조 단서). 계약의 주위사정에 비추어 행위자가 특정인의 대리인이라는 사실을 상대방이 알 수 있었던 경우에 묵시적 현명이 인정된다.

나) 서명대리 대리인이 대리관계를 밝히지 않고 본인인 것처럼 계약서에 서명날인하는 경우를 서명대리라고 한다. 서명대리는 다음의 경우에 유효하다. ① 상대방의 인지가능성이 있는 경우 : 상대방이 서명날인한 사람이 특정인의 대리인이라는 사실을 계약의 주위사정에 비추어 알 수 있었던 경우에는 제115조 단서에 의해 대리가 유효하다. ② 서명대리의 거래관행이 있는 경우 : 거래의 종류에 따라서는 위임장을 제시하지 않고 본인의 인장을 지참하여 대리행위를 하는 것이 관행인 경우가 있는데 이 때 서명대리는 유효하다. 예금의 인출, 공모주식의 청약 등에서 이러한 관행을 찾아볼 수 있다. ③ 계약당사자의 개성이 중요하지 않은 거래 : 계약의 성질에 비추어 누가 계약당사자인가가 중요하지 않은 거래(대량거래, 신속거래, 현금거래 등)에서 서명대리는 유효하다.

다) 수동대리의 현명 대리인이 상대방으로부터 본인을 위한 의사표시를 수령하는 수동대리에 있어서도 현명이 있어야 본인에게 효력이 생긴다. 이 때 현명을 해야 하는 사람은 표의자(상대방)이다. 표의자는 그 의사표시가 누구를 향한 것인가(본인성명) 및 그의 대리인에게 수령시킨다는 수동적 대리의사를 표시해야 한다.

2. 현명이 불필요한 경우

가) 상 행 위 　상행위의 대리인이 본인을 위한 것임을 표시하지 않아도 그 행위는 본인에 대하여 효력이 있지만, 상대방이 본인을 위한 것임을 알지 못한 때에는 대리인에 대하여도 이행의 청구를 할 수 있다(상법 제48조).

나) 개성을 중시하지 않는 거래 　민사거래에 있어서 상대방의 개성을 중시하지 않는 거래에 현명원칙의 예외를 인정할 것인가에 관하여 견해의 대립이 있다. ① 민사의 대리관계에 현명을 하지 않는 대리를 인정해서는 안 된다는 견해가 있다. 현명되지 않은 본인에게 법률행위의 효과를 귀속시키는 것은 법률행위의 법리에 맞지 않으며, 거래요청에 부합하지도 않기 때문이다. ② 대리인 개인을 중시하지 않는 거래에 있어서는 현명주의의 예외를 인정하는 견해가 주장된다.

3. 현명의 효과

대리인이 그 권한 내에서 본인을 위한 것임을 표시한 의사표시는 직접 본인에 대하여 효력이 생긴다(제114조 1항). 대리인이 본인을 위한 것임을 표시하지 아니한 때에는 그 의사표시는 자기를 위한 것으로 본다(제115조 본문). 대리의 현명은 어떤 법률행위가 본인을 위한 것인지 대리인을 위한 것인지를 구분하는 권리귀속주체의 분기점이 된다. 다만 현명을 하지 않았더라도 상대방이 대리인으로서 한 것임을 알았거나 알 수 있었을 때에는 대리의 효과가 인정된다(제115조 단서).

가) 본인에의 효과 　대리인의 현명한 의사표시는 「직접 본인에게 대하여 효력이 생긴다」(제114조). 대리행위의 결과 본인이 법률행위의 당사자, 즉 계약당사자가 된다. 본인은 계약당사자로서 계약

에서 발생하는 채권·채무 기타의 부수적인 권리·권한·의무 등을 취득한다.

나) 대리인의 면책　대리인은 본인이 계약당사자의 지위를 취득하는 일에 매개자로서 관여할 뿐 스스로 아무런 권리나 의무를 취득하지 않는다. 다른 특약이 없는 한 대리인은 대리행위에 의해 체결하고자 한 계약이 무효·취소·해제되더라도 책임을 지지 않는다.

4. 현명 없는 경우의 법률관계

(1) 대리인을 위한 효과

대리인이 본인을 위한 것임을 표시하지 아니한 경우에는 그 의사표시는 자기를 위한 것으로 본다(제115조 본문). ① 현명이 없으면 본인에게 대리행위의 효과가 귀속하지 않는다. 본인을 위한 것임을 표시하지 않은 경우에, 상대방은 본인에 대하여 표현대리를 주장할 수 없다(대판 2001. 1. 19, 99다67598). ② 대리인과 상대방 사이에는 대리인 자신을 위한 계약이 성립한다. ③ 본인은 대리인과의 기초계약(위임 등)에 의하여 대리인에게 발생한 권리·의무를 자기에게 이전할 것을 청구할 수 있다. 수임인이 위임인을 위하여 자기의 명의로 취득한 권리는 위임인에게 이전해야 한다(제684조).

(2) 착오에 기한 취소

대리인은 자신을 위하여 행위할 의사가 없었다는 이유로 그 계약을 착오에 기해 취소할 수 있는가에 관하여 학설이 대립한다. ① 부정설 : 대리인은 착오를 주장하여 그 계약에서 빠져 나갈 수 없다는 견해이다. 제115조 제1항 본문은 「간주한다」로 표현하며, 이는 착오의 주장을 금지하여 상대방의 불이익을 방지하고 거래의 안전을 꾀하려는 규정이라고 한다. ② 긍정설 : 대리인은 대리행위의 착오를 이유로 계약을 취소할 수 있다고 하는 견해이다. 대리인 자신의 계약으로 성립한 것을 착오의 법리에 의해 취소하는 것은 제115조 제1항의 간주규정과는 별개차원의 법률문제라고 한다. 본인을 계약당사자로 하는 것인가 또는 대리인을 계약당사자로 하는 것인가는 「법률행위의 내용의 중요부분에 착오가 있는 때」에 해당하므로 표의자의 중과실이 없는 한 취소가 가능하다고 한다(제109조 1항).

(3) 간접대리의 효과발생

현명하지 않은 대리인은 간접대리인의 지위에 놓이게 된다. 즉 그 대리인은 스스로 계약에 따른 채권을 취득하고 채무도 진다. 그 대리인과 배후의 본인 사이에 존재하는 위임·고용·도급 등의 내부계약에 의해 대리인이 취득한 권리·의무를 본인에게 이전할 의무를 진다. 그 결과 본인은 간접적으로 권리를 취득하고 채무를 부담한다.

리갈마인드 강화훈련

행위 (行爲, conduct)
행위란 인간이 자신의 자연적·사회적 환경에 대해 가하는 의식적이고 목표지향적이며 합목적적인 작용을 말한다. 행위는 언제나 특정한 목표설정과 특정한 동기를 통해 한정된 조작으로 나타난다.

민법에서 인간의 행위는 적법행위와 위법행위로 구분된다. 적법행위 중에 대표적인 것은 '법률행위'이며, 위법행위 중 대표적인 것은 '불법행위'이다.

추리논증훈련

• 부적절한 청탁

1. 어떤 공무원이 오래간 만에 전화를 걸어 온 고교동창과 만나기로 약속한 음식점에 도착했다. 그가 음식점에 도착했더니 동창이 낯선 사람 한 명을 데리고 같이 와 있다가 그와 합석해도 되겠냐며 공무원의 양해를 구하였다. 공무원은 불쾌하였지만 면전에서 거절하기가 미안하여 합석을 승낙하였다. 식사 중 대화를 나누면서 공무원은 낯선 남자가 자기에게 청탁하고 싶은 것이 있어 고교동창을 이용한 것임을 눈치 채게 되었다. 당신이 공무원이라면 이런 자리에서 어떻게 행동하겠는가?

2. 지하철의 승객이 자기 앞에 서 있는 사람의 가방을 받아 무릎 위에 놓아 주었다. 승객은 책을 읽느라 그 사람에게 주의를 기울이지 못했다. 승객이 자신이 내릴 역에 도착하여 가방을 건네주려고 주위를 돌아보았으나 그 열차 칸에는 자신밖에 없었다. 승객은 엉겁결에 그 가방을 가지고 내렸고, 밤늦은 시간이라 승무원도 없고 맡길 곳도 없어 그 가방을 집으로 가지고 왔다. 다음 날 아침 경찰이 그 승객의 집에 찾아와 가방에 마약이 있음을 확인하고 승객에게 마약운반책의 누명을 씌웠다. 당신이 승객이라면 그 누명을 벗기 위해 어떤 노력을 기울이겠는가?

38

대리권과 수권행위

1. 대리권의 성격

대리권이란 「본인의 법률행위를 타인(대리인)이 대리할 수 있는 권한」 또는 「본인을 위하여 의사표시를 발송하거나 수령하고 그 법률효과를 본인에게 귀속시키는 법률상의 지위」를 말한다. 대리권은 대리인과 상대방 사이의 대리행위를 유효하게 하는 요건이 되며, 유효한 대리행위만이 본인과 상대방 사이의 계약을 성립시킬 수 있다. 대리권은 본인을 위하여 의사표시를 하거나 수령하여 본인에게 법률효과를 발생케 하는 법률상의 자격이다.

2. 대리권의 발생

(1) 임의대리권의 발생

임의대리에서 대리권은 수권행위(제128조)에 의하여 발생함이 원칙이다. 본인이 대리인에게 일정한 법률행위를 대리할 수 있는 권한을 부여하는 행위를 「대리권수여의 법률행위」 또는 「수권행위」라고 한다. 즉 수권행위는 대리권수여의 의사표시를 요소로 하는 법률행위로서 그 의사표시는 명시적 또는 묵시적, 구두 또는 서면 등 자유로운 방식으로 행할 수 있다.

(2) 법정대리권의 발생

법정대리인은 법률의 규정에 따라「친족관계」,「지정권자의 지정」,「법원의 선임」에 의하여 정해지므로, 법정대리권은 각각 친족관계 · 지정행위 · 선임행위에 의거해서 부여된다. ① 본인에 대하여 일정한 친족관계에 있는 자가 자동적으로 법정대리인이 되는 경우 : 친권자(제911조)와 후견인(제932조, 제933조)은 법률이 정하는 바에 따라 부모나 친족이 된다. ② 본인 아닌 지정권자가 특정인을 법정대리인으로 지정하는 경우 : 지정후견인(제931조)과 지정유언집행자(제1093조, 제1094조)가 그러하다. ③ 법원이 특정인을 법정대리인으로 선임하는 경우 : 부재자재산관리인(제23조)과 상속재산관리인(제1040조), 유언집행자(제1096조)가 그러하다.

3. 수권행위

(1) 단독행위

수권행위는 대리권의 수여를 목적으로 하는 법률행위이다. 수권행위는 대리권의 발생원인으로서 그 기초계약과 개념상 구별된다. 수권행위는 상대방의 수령을 요하는 단독행위라고 파악된다. 수권행위를 단독행위로 보는 것은 상대방의 무능력이나 의사표시의 하자 등에 영향을 받지 않도록 하여 거래안전을 꾀한다. 민법이 수권행위에 관하여 대리권의「부여」(제120조) ·「수여」(제128조 1문)라고 표현하고 있는 점, 그리고 민법 제117조가 대리인의 행위능력을 요구하지 않는 점 등은 수권행위가 단독행위임을 전제로 한다.

(2) 대리권과 기초계약의 분리

임의대리의 법률관계는 본인·대리인 사이의 기초계약으로부터 개념상 독립되어 고찰된다. 대리행위의 요건이 되는 대리권은 수권행위에 의해서 발생하고 이 수권행위는 그 원인이 된 기초계약과는 개념상 별개의 법률행위이다. 민법도 「법률행위에 의하여 수여된 대리권」과 「대리권수여의 원인이 된 법률관계」를 구별한다(제128조). 다만 양자를 조건관계로 파악할 것인가 또는 각각 별개의 것으로 파악할 것인가는 수권행위의 무인성을 인정할 것인가의 문제로 다루어진다.

기초계약은 본인과 대리인 사이에 그 계약에 따른 권리와 의무를 발생시키는 내부적 법률관계로서 그 계약의 당사자인 본인·대리인 사이에 의무를 성실히 이행했는가가 주로 문제된다. 기초계약의 대표적 유형은 위임(제680조)이고 그 밖에 고용(제655조)·도급(제646조)·조합(제703조)도 가능하다.

(3) 수권행위의 무인성 여부

「기초계약 없는 대리권을 인정할 것인가」, 즉 「기초계약에 대한 수권행위의 무인성을 인정할 것인가」에 관하여는 다음의 학설이 대립한다.

가) 유 인 설 기초계약이 무효·취소·해제·해지되면 수권행위도 효력을 상실하게 된다는 견해이다(다수설). ① 기초계약은 수권행위의 법적 원인이 되므로 기초계약이 유효하게 성립해야 수권행위도 유효한 성립상의 견련성을 갖는다고 본다. ② 위임과 대리는 실제 통합된 행위로 발생하거나 또는 대리가 위임의 일부분으로서

발생하는 경우가 대부분이므로 무인설에 의해 양자의 인과적 단절을 꾀하는 것은 바람직하지 않다. ③ 민법 제128조 전단이 "그 원인이 된 법률행위의 종료에 의하여 대리권은 소멸한다"고 규정한 것은 유인설을 취한 것이다.

나) 무 인 설 기초계약이 무효·취소·해제·해지되는 경우에도 수권행위는 유효하게 존속한다는 견해이다. 수권행위를 단독행위로 보는 한 이의 유효성은 원인계약의 효력에 의존하지 않는다고 하는 것이 앞뒤가 맞는다고 한다.

다) 수권행위이분설 수권행위를 내부적 수권행위와 외부적 수권행위로 나누어 전자는 유인성을 띠지만 후자는 무인성을 갖는다는 견해가 주장된다. 원인행위가 무효·취소되더라도 내부적 수권행위만 실효될 뿐이고 외부적 수권행위는 유효하므로 거래상대방은 표현대리법리에 의해 보호된다고 설명한다.

(4) 수권행위의 방식

수권행위는 본인이 대리인에 대하여 일방적 의사표시를 하는 것에 의하여 행한다. 그 의사표시는 구두로 하거나 서면으로 할 수 있는데, 서면으로 하는 수권의 의사표시를 보통 '위임장'이라고 부른다.

가) 묵시적 수권행위 수권행위는 묵시적 의사표시로 할 수 있다. 대리인이 본인의 대리인으로 행세하여 계약교섭을 하는 것을 본인이 알면서 이의를 하지 않고 방치하는 경우에 묵시적 수권이 있다고 해석된다. 판례는 인장의 교부는 대리권(기본대리권)을 부여한 것으로 본다(대판 1965. 3. 30, 65다44). 그러나 해외출장중 인장을 아버지에게 맡겼다는 사실만으로는 대리권을 수여했다고 볼 수 없고(대판 1964. 5. 26, 63다955), 부동산관리인에게 인감을 보관시켰다 하여 처분권을 부

여했다고 볼 수 없다고 한다(대판 1973. 6. 5, 72다2617). 부동산치분에 관한 소요서류를 교부하는 것은 특단의 사정이 없는 한 그 부동산의 처분에 관한 대리권을 준 것으로 해석한다(대판 1959. 7. 2, 4291민상329).

나) 위임장의 교부　본인이 대리인에게 위임장을 교부한 때에는 수권행위가 있다고 해석된다. 다음의 경우에는 대리인이 위임장을 갖고 있더라도 대리권의 존재 여부가 문제된다. ① 위임장교부가 있더라도 그 수권행위가 무효・취소된 경우에는 대리권은 발생하지 않음이 원칙이다. ② 그러나 본인이 착오・사기・강박을 이유로 위임장교부에 의한 수권행위를 취소하거나 그 수권행위가 통정허위표시 등을 이유로 무효인 경우에는 그 취소나 무효를 가지고 선의의 제3자에게 대항할 수 없으므로(제107조~제110조), 본인・상대방(선의인 경우)의 관계에서는 대리권이 발생한 것으로 다루어진다. ③ 본인이 위임장을 교부한 후에 수권을 철회 또는 종료시킨 경우에는 일단 위임장교부에 의해 발생한 대리권을 소멸시키는 행위를 한 것이 되며(제128조 후문), 이 소멸은 선의의 제3자에게 대항하지 못한다(제129조).

다) 백지위임장　본인이 위임장을 대리인에게 교부하면서 수권행위의 내용 중 전부 또는 일부를 기재하지 않고 보충할 수 있는 공란으로 남겨 두는 경우를 가리켜 백지위임장이라고 한다. 백지위임에는 ① 대리인의 성명을 공란으로 두는 경우, ② 대리권의 범위를 공란으로 두는 경우, ③ 대리인의 성명과 대리권의 범위를 모두 공란으로 두고 단지 본인의 서명날인만 있는 경우 등이 있다.

라) 요식행위의 경우　대리행위가 요식행위인 경우에도 수권행위는 자유로운 형태로 할 수 있다. 민법은 수권행위에 관하여 대리행위와 같은 방식을 요구하는 규정을 두지 않고 있다.

4. 대리권의 범위

(1) 범위결정요인

법정대리권의 범위는 법률의 규정에 의하여 정하여지고, 임의대리권의 범위는 수권행위에 의하여 정하여짐이 원칙이다. 단 상법상의 지배인은 임의대리인이지만 제 3 자로 하여금 대리권의 범위를 쉽게 알게 하기 위하여 그 대리권의 범위를 법률로 정한다(상법 제11조 1항). 법정대리권의 범위를 정하는 법률의 규정은 강행규정이다.

(2) 특정수권 · 포괄수권

임의대리권의 범위는 수권행위의 해석에 의해 확정된다. 특정수권의 경우에 대리권은 특정한 계약 또는 일정범위의 거래행위에 제한된다(예 : 상품판매에 한정). 포괄수권의 경우에 여러 가지 거래(예 : 상품판매와 자재구입 등)를 할 수 있는 대리권이 수여된다. 포괄수권의 경우에 일정한 종류의 계약이라든가 일정범위의 거래행위로 제한하는 등 그 한계를 설정할 수 있다(예 : 100만원 이하의 상품거래).

매매계약의 체결과 이행에 관하여 포괄적으로 대리권을 수여받은 대리인은 다른 특별한 사정이 없는 한 상대방에 대하여 약정된 매매대금의 지급기일을 연기해 줄 권한도 가진다(대판 1992. 4. 14, 91다43107). 오피스텔 분양사업자의 관리부장은 부분적 포괄대리권을 가진 상업사용인으로서 그 업무의 범위는 분양계약의 체결, 분양계약의 취소 · 해제 · 합의해제, 해제권유보의 약정체결, 재분양계약의 체결 등 일체의 분양거래행위를 포함한다(대판 1994. 10. 28, 94다22118).

(3) 권한을 정하지 않은 대리인

권한을 정하지 않은 대리인은 「보존행위」 및 「대리의 목적인 물건이나 권리의 성질을 변하지 아니하는 범위에서 그 이용 또는 개량하는 행위」만을 할 수 있다(제118조). 대리권의 범위가 수권행위에 의하여 정해지지 않거나 명료하지 않은 경우에 대리인은 보존행위 · 이용행위 · 개량행위 기타 재산관리행위만을 할 수 있고 처분행위는 할 수 없다. 법정대리인에게도 이와 유사한 제한이 부과된다(제25조 등).

가) 보존행위 보존행위는 임의대리권의 최소한의 내용이다. 보존행위란 대리행위의 목적인 물건이나 권리의 사용가치 또는 교환가치를 현 상태로 유지하여 그 가치의 감소를 방지하는 행위이다(물건의 수선을 위한 행위, 권리의 소멸시효의 중단, 미등기부동산의 등기).

나) 이용행위와 개량행위 ① 이용행위란 대리의 목적인 물건이나 권리를 사용 · 수익하는 행위이다(물건의 임대, 금전의 이자부소비대차, 권리의 대여 등). ② 개량행위란 물건이나 권리의 사용가치 또는 교환가치를 증가시키는 행위이다(무이자채권을 이자부채권으로 바꾸는 것, 이율이 높은 예금종목으로 전환하는 것 등). ③ 이용행위나 개량행위는 대리의 목적인 물건이나 권리의 성질을 변화시키지 않는 범위 내에서만 할 수 있다.

5. 대리권의 소멸

임의대리에 특유한 소멸사유로는 ① 기초계약의 종료, ② 수권행위의 철회가 있다. 임의대리와 법정대리에 공통된 소멸사유로는 ① 본인의 사망, ② 대리인의 사망 · 금치산 또는 파산, ③ 대리권의 포기 등이 있다. 대리권소멸 후의 대리행위는 무권대리가 됨이 원칙이지만, 제129조의 표현대리규정에 의하여 선의 · 무과실의 상대방에 대하여는 유권대리와 같은 효력을 발생시킨다.

(1) 임의대리 · 법정대리 공통의 소멸사유

가) 본인의 사망 본인의 사망으로 대리인의 대리권은 소멸한다. 그러나 다음의 예외가 인정된다. ① 급박한 사정에 의한 대리권 존속 : 본인의 사망 후 상속인의 사무처리가 가능한 시점 사이에 대리행위를 해야 할 급박한 사정이 있는 때에는 대리권은 존속하는 것으로 본다(제691조). ② 대리권존속의 의사표시 : 본인이 수권행위를 하면서 자기의 사망 후에도 그 위임사무를 계속할 것과 대리권이 존속함을 밝힌 경우에 이러한 본인의 의사표시가 상속인의 의사결정권을 박탈하는 결과가 되므로 그 의사표시는 효력이 없다. 본인 사망 후에 행해지는 대리행위는 상속인과 거래상대방 사이의 계약 등에 관한 것이므로 이에 관해서는 상속인의 의사가 지배한다. ③ 상행위의 대리권 : 상행위의 위임에 의한 대리권은 본인의 사망으로 소멸하지 않는다(상법 제50조).

나) 본인의 파산 당사자 일방의 파산으로 위임이 종료한다(제690조 전문). 본인의 파산으로 위임이 종료함과 더불어 대리권이 소멸하는가에 관하여는 소멸설과 존속설이 대립한다. 본인의 파산 후에 대리행위의 효력을 인정하여 본인에게 권리 · 의무를 발생시키는 것은 파산제도의 취지에 어긋나므로 본인의 처분권과 함께 그 대리권도 소멸시켜야 한다고 생각한다.

다) 대리인의 사망 대리인이 사망한 경우에는 대리권은 소멸하며, 그 상속인에게 대리권이 승계되지 않는다. 본인이 신임한 대상은 대리인에 한정되기 때문이다.

라) 대리인의 금치산 · 파산 대리인이 된 후에 금치산자가 된 경우는 본인의 대리인능력에 대한 신뢰가 깨졌다고 보아야 하므로 대리권을 소멸시킨다. 대리인이 파산한 경우에 대리권은 소멸된다고

해석된다.

마) 대리권의 포기 대리인은 자기의 대리권을 포기할 자유가 있다. 대리권의 포기는 본인에 대한 일방적 의사표시로 한다.

(2) 임의대리에 특유한 소멸사유

가) 기초계약의 종료 법률행위에 의하여 수여된 대리권은 그 원인된 법률관계의 종료에 의하여 소멸한다(제128조 전문). 대리권수여의 기초가 된 위임·고용·도급 등의 계약관계가 기간만료·해지 등의 사유로 종료하게 된 때에는 대리권도 소멸하게 된다. 위임계약은 각 당사자가 언제든지 해지할 수 있으나, 부득이한 사유 없이 상대방의 불리한 시기에 해지한 때에는 손해배상의무가 발생한다(제689조 2항).

나) 수권행위의 철회 본인은 기초계약의 종료 전이라도 수권행위를 철회함으로써 대리권을 소멸시킬 수 있다(제128조 후단). 철회는 상대방 있는 일방적 의사표시로서 행한다. 철회의 상대방은 대리인뿐 아니라 대리행위의 상대방이라도 무방하다.

(3) 법정대리에 특유한 소멸사유

부재자재산관리인은 선임의 취소나 해임에 의하여 대리권이 소멸한다(제22조, 제23조). 친권자는 친권상실의 선고(제924조), 대리권상실의 선고(제925조)에 의하여 소멸한다. 후견인은 결격사유의 발생(제937조), 후견사무의 종료(제957조)에 의해 소멸한다.

6. 자기계약과 쌍방대리

자기계약이란 대리인이 한편으로 본인을 대리하고, 다른 한편 자기가 계약상대방이 되어 본인과 자기 사이의 계약을 체결하는 것을 말한다(제124조 1문 전단). 쌍방대리란 대리인이 한편으로 본인을 대리하고, 다른 한편 상대방을 대리하는 자격으로 본인·상대방간의 계약을 체결하는 것을 말한다(제124조 1문 후단). 자기계약·쌍방대리에서 계약당사자는 관념적으로는 두 명이지만 실제로는 한 명이 법률행위를 하게 된다.

(1) 자기계약·쌍방대리금지의 원칙

대리인은 본인의 허락이 없으면 본인을 위하여 자기와 법률행위를 하거나 동일한 법률행위에 관하여 당사자 쌍방을 대리하지 못한다(제124조 본문). 자기계약·쌍방대리의 금지는 대리권에 대한 제한의 기능을 갖는다. 자기계약·쌍방대리의 금지는 임의대리와 법정대리에 모두 적용된다.

(2) 금지위반의 효과

자기계약·쌍방대리의 금지에 어긋나서 대리행위를 한 때에는 대리권 없는 대리행위, 즉 무권대리가 된다. 무권대리라도 본인이 추인하면 유효한 대리행위로 전환될 수 있다. 쌍방대리의 경우 상대방이 본인의 쌍방대리에 관한 허락이 있다고 믿을 만한 정당한 이유가 있는 때에는 표현대리의 성립이 인정된다(제126조의 유추적용).

(3) 자기계약·쌍방대리가 허용되는 경우

자기계약과 쌍방대리는 예외적으로 다음의 경우에는 허용된다(제124조 단서). ① 본인의 허락이 있는 때, ② 대리행위가 채무의 이행에 관한 것인 때, ③ 기타 계약에 관한 중요한 사항을 본인이 결정한 때.

7. 다수의 대리인

(1) 각자대리의 원칙

대리인이 수인인 때에는 법률 또는 수권행위에 다른 정한 바가 없으면 각자가 본인을 대리한다(제119조 본문). 각 대리인은 본인을 위하여 대리행위를 단독으로 할 수 있다.

(2) 공동대리

가) 대리권의 공동행사　　법률이나 수권행위에 의하여 각자대리가 금지되고 다수대리인이 공동하여서만 대리행위를 할 수 있는 경우를 공동대리(복합대리)라고 한다. 공동대리는 각 대리권의 제한이라는 측면도 있지만 다수대리인간의 권한분배라는 측면도 갖는다. 각 대리인은 대리권의 지분(1/2, 1/3 등)을 가지며, 그 지분들이 합쳐져서 완전한 대리권을 이룬다.

나) 공동의 대리행위　　공동대리인은 원칙적으로 의사결정뿐 아니라 표시행위도 공동으로 해야 한다. 본인이 다수의 대리인에게 공동대리를 조건으로 수권행위를 하는 경우에 각 대리인의 대리권은 공동행사의 제한을 받게 된다. 미성년인 자에 대한 법정대리권은 부모가 공동으로 행사함이 원칙이며, 부모의 의견이 일치하지 않는 때에는 가정법원이 정한다(제909조 2항).

다) 1인의 대리행위　　공동대리인 중 1인이 단독대리인으로서 행위하는 것처럼 표시한 경우에는 무권대리가 된다. 다만, 공동대리인 중의 1인이 공동대리인으로서 행위한다는 표시를 한 경우 등의 제한적 요건 아래 1인의 대리행위가 인정된다.

라) 수동대리　　공동대리라도 본인에 대한 의사표시의 수령은 각 대리인이 단독으로 수령할 권한이 있다(반대설 있음).

8. 대리권의 남용

대리인의 대리행위가 형식상은 대리권의 범위 내이지만, 그 이익의 측면에서 볼 때 대리인이 의도적으로 본인의 이익에 배치되는 행위를 했다고 판단되는 경우에 대리권의 남용이 있다고 말한다.

(1) 대리권남용의 법리

대리권남용을 어떤 법리로 규제할 것인가에 관해 학설이 대립한다.

가) 민법 제107조 제1항 단서의 유추적용설 대리인이 자기의 이익을 위해서 권한을 남용해서 배임행위를 한 경우에도 대리의사는 존재하므로 대리행위로서 유효하게 성립함이 원칙이지만, 대리인의 배임적 의사를 상대방이 알았거나 또는 알 수 있었을 경우에는 민법 제107조 제1항 단서의 취지를 유추하여 대리행위의 효력을 부정하는 것이 타당하다는 견해이다.

나) 대리권부인설 대리권의 독립성은 남용방지를 위한 내재적 한계를 가지며, 그 한계를 넘는 대리권은 부정된다는 견해이다. 대리권이 본인에 대한 배임행위를 실현하는 데 악용되어 대리권독립의 취지에 반하게 되는 경우에는 대리권남용으로서 대리권이 부정되고 그 대리행위는 무권대리로 된다고 한다.

다) 신의칙설 대리권남용과 관련해서 상대방에게 권리남용 등 신의칙에 반하는 사정이 있는 때에 본인에 대한 대리행위의 효과가 부인된다는 견해이다.

라) 판례는 신의칙설 및 제107조 제1항 단서의 유추적용설을 원용하였다. 주식회사의 대표이사가 대표권의 범위 내에서 한 행위는 자기 또는 제3자의 이익을 도모할 목적으로 권한을 남용한 경우라도 회사의 행위로서 유효하고, 다만 상대방이 그 사정을 알았던 경

우에는 그로 인하여 취득한 권리를 회사에 대하여 주장하는 것이 신의칙에 반하므로 회사는 상대방의 악의를 입증하여 그 행위의 효과를 부인할 수 있을 뿐이다(대판 1987. 10. 13, 86다카1522). 주식회사의 대표이사의 대표권남용에 관해서 제107조 제1항 단서를 유추적용한 판례가 있다(대판 2005. 7. 28, 2005다3649). 지배인의 행위가 영업에 관한 것으로서 대리권한 범위 내의 것이라도 영업주 본인의 이익 · 의사에 반하여 자기 또는 제3자의 이익을 도모할 목적으로 그 권한을 행사한 경우에, 그 상대방이 지배인의 진의를 알았거나 알 수 있었을 때에는 민법 제107조 제1항 단서의 유추해석상 본인은 지배인의 행위에 대하여 책임을 지지 않는다(대판 1999. 3. 9, 97다7721).

(2) 대리권남용의 효과

가) 무권대리 대리인이 대리권을 남용해서 한 대리행위는 원칙적으로 본인에 대하여 효력이 없다. 즉 그 대리행위는 무권대리로 된다. ① 배임적 대리행위 : 대리인이 상대방과 본인을 위한 대리행위를 했지만 그 대리행위는 본인의 이익을 해치는 한편 대리인 자신의 이익을 도모하는 배임행위라고 판단되는 경우라야 한다. ② 상대방의 악의 : 상대방이 대리인의 배임사실을 알았거나 정당한 이유없이 알지 못한 경우라야 한다. ③ 임의대리뿐 아니라 법정대리의 경우에도 대리권남용으로 인한 무권대리가 생길 수 있다.

나) 표현대리 대리권이 남용된 경우라도 상대방이 선의이며 정당한 권한이 있다고 믿을 만한 정당한 이유가 있는 때에는 표현대리가 성립한다(제126조).

리갈마인드 강화훈련

절대적인 것과 상대적인 것

절대적이란 무제약적이고 독립적이며 무제한적인 성격을 갖는 어떤 것 또는 더 이상의 규정이 필요 없는 어떤 것을 가리킨다. 상대적이란 의존적인 것, 제약된 것, 비자립적인 것을 뜻한다. 절대적인 것과 상대적인 것은 서로 배제하는 동시에 서로 제약하는 대립물이다.

법학에는 절대적 권리와 상대적 권리의 대비가 매우 많다. 절대적인 권리는 당사자뿐 아니라 제 3 자에 대해서도 권리를 주장하거나 같은 효과를 주장할 수 있는 경우를 가리키며, 상대적 권리는 당사자 사이에서만 주장할 수 있고 제 3 자에 대한 관계에서는 인정되지 않는 경우를 가리킨다. 종래 법학은 이론적 명쾌함을 원하여 절대적 권리로 구성하는 편을 선호했지만, 그 결과 실제 인간의 삶이 당사자끼리 소통하는 상대적 측면이 강하다는 점을 외면하게 되었다.

추리논증훈련

• 공휴일의 지정

1. 어린이날(5월 5일)은 공휴일이고 어버이날(5월 8일)은 공휴일이 아니다. 이와 관련하여 최근 다른 의견들이 제안되고 있다. 어버이날을 공휴일로 선포하고 어린이날은 제외시키자는 의견, 어린이날과 어버이날 모두를 공휴일로 하자는 의견, 어린이날 공휴일을 없애자는 의견 등이다.

- 당신은 최근 이러한 논의가 제기된 사회적 배경이 무엇이라고 생각하는가?
- 당신이 공휴일을 정한다면 어떻게 정하겠는가?

2. 현재 종교와 관련된 공휴일은 석가탄신일(음력 4월 8일)과 예수탄생일(12월 25일) 둘이다.

- 각자가 자신의 종교를 밝히고 그 종교에 해당하는 날만 휴무하도록 선택적 휴일제를 주장하는 견해에 대하여 당신은 어떤 반박을 하겠는가?
- 우리 민족의 시원인 단군의 탄신일을 공휴일로 정하자는 주장에 대하여 당신은 어떤 반박을 하겠는가?

39

복 대 리

대리인이 자기의 대리권 범위 내의 행위를 하기 위하여 자기의 책임하에 선임한 대리인을 복대리인이라고 한다. 복대리인은 복대리권을 가지고 본인을 대리하여 복대리행위를 한다.

1. 대리인의 복임권

대리인이 복대리인을 선임할 수 있는 권리 내지 자격을 복임권이라고 한다. 복임권을 갖는 사람은 다음과 같다. ① 임의대리인은 제한적인 범위에서 복임권을 갖는다. 임의대리인은 본인의 승낙이 있거나 부득이한 사유(본인의 소재불명, 긴급상황 등)가 있는 때에 한하여 복임권을 갖는다(제120조). 갑(본인)이 채권자를 지정하지 아니한 채 부동산을 담보로 제공하여 금원을 차용할 것을 을(대리인)에게 위임하였고, 을은 이를 다시 병(복대리인)에게 위임하였으며, 병은 정(채권자)에게 위 부동산을 담보로 제공하고 돈을 차용하여 을에게 교부한 경우에, 을에게 위 사무를 위임한 갑의 의사에는 「복대리인의 선임에 관한 승낙」이 포함되어 있다고 해석된다(대판 1993. 8. 27, 93다21156). ② 법정대리인은 언제나 복임권을 갖는다(제122조). ③ 복대리인은 다시 복대리인을 선임할 복임권을 갖는다. 복대리인은 임의대리인이므로 다시 복대리인을 선임할 때에는 임의대리인의 복임권에 관한 규정이 적용된다.

2. 복대리인의 지위

복대리인은 「본인의 대리인」으로서 대리행위를 한다. 대리인에 의해 선임되긴 했지만 대리인의 대리인이 아니며, 대리인의 보조자나 사자도 아니다.

(1) 상대방과의 관계

복대리인은 본인의 대리인으로서 그의 복대리권의 범위 내에서 복대리행위를 할 수 있다(제123조 1항). 복대리인은 상대방에 대하여 대리인과 동일한 권리 · 의무를 갖는다(제123조 2항). 대리인은 복대리인의 선임 후에도 본인의 대리인으로서의 지위를 계속 보유한다. 대리인과 복대리인은 상대방에 대한 관계에 있어서는 공동대리인이 되며, 각자가 본인을 대리한다(제119조).

(2) 대리인과의 관계

복대리인의 권한은 그 권한을 수여한 대리인의 대리권의 존재를 전제조건으로 하며 그 범위도 대리권의 범위 내로 한정된다. 대리권 없는 복대리권은 인정될 수 없으며 대리권보다 넓은 복대리권도 허용되지 않는다. 대리인이 대리권소멸 후 복대리인을 선임하여 그로 하여금 상대방과 대리행위를 하게 한 경우에, 민법 제129조에 의한 표현대리가 성립한다(대판 1998. 5. 29, 97다55317).

(3) 본인과의 관계

복대리인은 본인에 대하여 대리인과 동일한 권리 · 의무가 있다(제123조 2항). 복대리인은 본인에 대하여 대리의 기초가 되는 복위임 등의 기초계약관계를 가진다.

3. 대리인의 책임

(1) 책임의 발생

복대리인을 선임한 임의대리인은 그 선임 · 감독에 관하여 책임을 져야 한다(제121조 1항). 대리인이 본인의 지명에 의하여 복대리인을 선임한 경우에는 그 부적임 또는 불성실을 알고 본인에 대한 통지나 그 해임을 태만히 한 때가 아니면 책임이 없다(제121조 2항). 법정대리인은 복대리인을 선임할 부득이 한 사정이 없었던 한 복대리인의 행위에 대하여 전적인 책임을 진다(제122조).

(2) 책임의 성격

임의대리인의 책임은 위임 · 고용 · 도급 등 기초계약에서 발생하는 선관의무(제681조)의 위반에 따른 채무불이행책임(제390조)의 성격을 갖는다.

(3) 책임의 내용

대리인은 손해배상의 방법으로 책임을 지는 것이 원칙이다(제390조). 복대리인이 능력부족, 주의태만 등으로 업무를 잘못 처리하여 본인에게 손해를 입힌 경우에 그에 대한 배상의무를 지게 된다. 이 때 복대리인도 본인에 대하여 손해배상책임을 지므로(제123조 3항), 결국 대리인과 복대리인은 연대하여 손해배상의무를 진다.

4. 복대리권의 소멸

복대리권은 「복대리권의 고유한 소멸사유」와 이의 전제조건이 되는 대리권의 소멸사유로 인하여 소멸한다. 복대리권에 고유한 소멸사유는 ① 복대리인의 사망·금치산 또는 파산(제127조 2호), ② 대리인과 복대리인의 기초관계에서 기인한 소멸사유(복임관계의 종료 등), ③ 대리인이 복대리인에 대한 수권행위를 철회한 경우(제128조) 등이다.

리길마인드 강화훈련

정의 (定義, definition)

정의란 개념, 단어 및 기호의 내포를 규정하거나 그 의미를 확정하는 논리적 절차를 말한다. 그 밖에 대상, 속성, 관계, 과정 등의 본질에 관하여도 정의를 내린다.

법학에서는 한 단어의 개념적 정의가 중요한 역할을 한다. 한 단어는 법적인 개념으로 정의됨에 따라 독특한 법률용어로 자리매김하게 된다. 대부분의 법률용어는 일상적 정의를 법적으로 심화한 것이다. 그러나 법률용어의 의미가 일상적 의미와 다른 개념으로 정의됨으로써 별개의 개념을 표현하는 경우가 있다. 그 대표적인 예로서 법률용어로서의 '선의(善意)'란 문제되는 법적 상황을 모르는 상태를 가리키며 '악의(惡意)'란 그것을 아는 상태를 가리킨다.

추리논증훈련

• 침묵의 보호막

1. 사람들은 자신이 불리한 상황에 빠질 것이 두려워서 아는 것을 모른다고 딱 잡아떼곤 한다. 예를 들어 오늘부터 지하철역 구내에서 담배를 피우는 사람에게 벌금을 물린다고 한 달 전부터 광고를 했음에도 불구하고, 역구내에서 담배 피우는 현장을 적발당한 애연가가 그런 법이 만들어 진 줄 전혀 몰랐다고 거짓말을 하였다. 이 경우 당신은 그 애연가를 어떻게 평가하는가? 당신은 애연가를 설득하여 법을 알았었다는 것을 털어 놓게 할 수 있는가?

2. 늘 동생(5살)에게 잔심부름을 시키는 형(9살)이 있다. 매우 더운 날 형이 동생에게 시원한 음료수를 사오라고 심부름을 시키자 동생이 아픈 시늉을 하고 들어 누워버렸다. 그러자 형이 동생을 몽둥이로 때렸다. 동생은 다리를 절뚝이며 가게로 가서 형이 준 돈으로 파스를 사서 붙이고 밤늦게까지 집에 들어오지 않았다. 퇴근해서 집에 돌아 온 엄마(이혼녀)가 동생을 잘 돌보지 않은 형을 나무라며 몽둥이로 때렸다. 가정폭력과 관련된 이 가정의 문제점은 무엇이라고 보는가?

40

표현대리

대리인이 대리권 없이 대리행위를 하였으나 상대방이 대리권있는 것으로 믿은 경우에, 상대방의 신뢰보호를 위하여 유권대리와 같은 효과를 발생시키는 경우를 표현대리(表見代理)라고 한다.

표현대리는 세 가지 유형에 한하여 인정된다. ① 대리권수여표시에 의한 표현대리(제125조) : 본인이 상대방에게 「표현대리인에게 대리권을 수여함」을 표시한 경우, ② 권한을 넘은 표현대리(제126조) : 대리인이 자신의 대리권을 넘은 행위를 한 경우, ③ 대리권소멸 후의 표현대리(제129조) : 대리권의 소멸 후에 본인을 위한 법률행위를 한 경우.

1. 표현대리의 본질

본인과 상대방 사이의 관계, 즉 대리행위가 유효한가 하는 문제에서 표현대리는 유권대리와 같이 취급되며 무권대리와는 다르다. 그러나 본인과 대리인 사이의 내부관계에서는 대리권 없는 대리로서 무권대리인과 같은 책임을 지며, 유권대리와는 다르다.

본인이 대리권을 수여하지 않은 자의 행위에 대하여 책임을 지는 이유가 무엇인가? 표현대리의 본질을 규명하는 것은 표현대리규정의 적용범위, 소송물 및 입증책임 등을 결정하는 데 방향을 제시한다.

(1) 외관책임설

표현대리에 대한 본인의 책임은 거래의 안전을 위하여 일정한 외관이 있는 경우에 무권대리에 대하여 책임을 지도록 민법이 규정한 법정책임이라는 견해이다(법정책임설 · 무권대리설이라고도 함). 표현대리를 무권대리의 일종으로 파악하는 입장이다. 유권대리와 같은 외관이 있는 무권대리를 표현대리라고 하고, 이러한 외관이 없는 무권대리를 「협의의 무권대리」(제130조 이하)라고 부르며, 표현대리와 「협의의 무권대리」를 합쳐서 「광의의 무권대리」라고 부른다. 이 견해는 법정책임의 근거를 대리권 존재의 외관에서 찾는다. 즉 대리인에게 대리권이 없음에도 불구하고 마치 있는 것과 같은 외관이 존재하고, 또한 그러한 외관의 발생에 관하여 본인이 어느 정도의 원인을 주고 있는 경우에 본인이 그 무권대리에 대하여 책임을 지게 함으로써 그러한 외관을 신뢰한 선의 · 무과실의 제 3 자를 보호하고 거래의 안전을 보장하며 대리제도의 신용을 유지하려는 것이 표현대리제도라고 한다.

(2) 수정외관책임설

외관책임설을 취하면서 표현대리를 무권대리의 일종으로 분류하기보다는 「유권대리와 무권대리의 중간에 존재하는 독자적인 대리유형」으로 파악하는 견해이다. 표현대리는 효과면에서는 유권대리와 같지만 그 효력근거가 다르다. 표현대리는 상대방의 대리권에 대한 신뢰와 본인의 외관제공의 두 요소가 결합할 때에 비로소 발생하는 외관책임으로서 법률의 규정에 의하여 타율적으로 귀속시키는 것이나. 유권대리에서와 같은 「수권행위에 의한 자기결정의 효과」가 아니라 「신뢰야기에 대한 자기책임의 효과」라고 보아야 한다.

(3) 유권대리설

표현대리는 외부적 수권의 효과이므로 유권대리의 일종이라는 견해이다. 권리외관이론은 사적자치 원칙의 기본인 개인의 의사를 퇴색케 하는 결과를 가져온다고 비판하고, 표현대리를 수권행위라는 의사주의이론에 흡수하여 의사의 효과로서 설명해야 한다고 주장한다. 내부적 수권이 없었더라도 상대방에 대한 대리권수여의 표시에 의하여 외부적 수권이 존재하는 때에는 대리권수여표시에 의한 표현대리가 성립하며(제125조), 내부적 수권이 소멸하였는데도 상대방이 이를 알지 못하였거나 알 수 없으므로 외부적 수권이 소멸하지 않는 때에는 대리권소멸 후의 표현대리가 성립하며(제129조), 내부적 수권이 일부에 관하여만 존재하는 데도 정당한 사유가 있어 외부적 수권이 전부에 관하여 존재하는 때에는 권한을 넘은 표현대리가 성립한다(제126조)고 설명한다.

판례는 표현대리를 무권대리로 파악하는 것으로 보아 외관책임설을 취하는 것으로 해석된다. 즉 「표현대리에 있어서는 대리권이 없음에도 불구하고 법률이 특히 거래상대방보호와 거래안전유지를 위하여 본래 무효인 무권대리행위의 효과를 본인에게 미치게 한 것이며, 표현대리가 성립된다고 하여 무권대리의 성질이 유권대리로 전환되는 것은 아니다」라고 한다(대판(전합) 1983. 3. 27, 83다카1489). 그러므로 유권대리에 관한 주장 가운데 무권대리에 속하는 표현대리의 주장이 포함되어 있다고 볼 수 없으며, 따로 표현대리에 관한 주장이 없는 한 법원은 표현대리의 성립 여부를 심리판단할 필요가 없다고 하였다(대리권이 소멸한 후에 체결한 아파트 분양계약의 이행에 관한 사건).

2. 수권표시에 의한 표현대리

「대리권수여표시(수권표시)에 의한 표현대리」는 「본인이 제3자(거래상대방)에 대하여 타인(표현대리인)에게 대리권을 수여함을 표시할 것」을 요건으로 한다는 점, 그리고 「제3자가 대리권 없음을 알았거나 알 수 있었을 때에는 표현대리가 성립하지 않는다」는 점에 특색이 있다(제125조). 수권표시에 의한 표현대리와 유사한 제도로서 상법에 ① 명의대여자의 책임(상법 제24조), ② 표현지배인(상법 제11조), ③ 표현대표이사(상법 제395조) 등의 제도가 있다.

(1) 상대방에 대한 수권표시가 있을 것

가) 수권표시의 성질 대리권수여의 표시(즉 통지)는 수권행위가 아니라 수권행위가 있었다는 뜻의 관념의 통지라고 해석된다(반대설 있음). 상대방에 대한 수권표시는 수권행위로서의 효력은 없지만 상대방으로 하여금 대리권의 존재에 대한 신뢰를 야기하는 대리권의 외관을 만드는 행위로서 의미를 갖는데, 이 행위는 준의사표시인 관념통지에 해당하고 의사표시 자체는 되지 못한다.

나) 표시방법 표시는 서면이나 구두 등 의사표시의 모든 방법으로 할 수 있다. ① 본인이 상대방에게 특정인의 대리권을 증명하는 서류를 교부하였으나(또는 구두로 표시하였으나) 아직 그 특정인에게 대리권을 수여하지는 않은 경우에 제125조에 해당한다. 또는 대리인이라고 하는 자가 본인으로부터 받은 서류를 상대방에게 보여주는 방법에 의해서도 가능하다(대판 2001. 8. 21, 2001다31264). ② 묵시적 표시

에 의한 수권표시도 허용된다. 부동산처분에 관한 소요서류를 구비하여 타인에게 교부한 경우에 상대방을 특정하지 않은 때에는 타인에게 부동산처분에 관하여 대리권을 수여한 취지를 (묵시적으로) 표시한 것이다(대판 1959. 7. 2, 4291민상329). ③ 명의대여도 수권표시에 해당할 수 있다. 타인에 대하여 자기명의의 사용을 허락하거나 묵인하는 것도 제125조의 대리권수여의 표시에 해당한다고 해석된다. 판례도 이 견해에 찬동한다(대판 1964. 4. 7, 63다638). 반면에 이 경우는 묵시적 수권행위(유권대리)에 해당한다는 견해도 있다. ④ 본인이 사회통념상 대리권을 추단할 수 있는 직함이나 명칭 등의 사용을 승낙 또는 묵인한 경우에도 대리권수여의 표시가 있는 것으로 볼 수 있다(대판 1998. 6. 12, 97다53762).

다) 표현복대리　표현대리인은 복대리인이라도 무방하나(대판 1998. 5. 29, 97다55317).

라) 수권표시의 상대방　타인에게 대리권을 수여함을 표시한 경우에 표시의 상대방은 그 타인(표현대리인)과 법률행위를 한 상대방과 동일인이어야 한다.

마) 수권표시의 철회　수권표시는 대리인이 대리행위를 하기 전에는 철회할 수 있다. 그 철회는 표시와 동일한 방법으로 상대방에게 알려야 한다.

(2) 표현대리인이 수권표시의 상대방과 대리행위를 하였을 것

표현대리인과 상대방 사이에 본인을 위한 법률행위가 행해졌을 때에 비로소 표현대리가 인정된다. 대리행위의 상대방은 반드시 표시의 상대방과 동일인이어야 한다. 수권표시의 상대방은 아니지만 그 표시를 간접적으로 알게 된 거래상대방은 보호받지 못한다. 예를 들어 수권표시의 상대방 옆에 있다가 표현대리인이 본인의 대리인이라는 것을 알게 되었고 이에 기초해 그 표현대리인과 법률행위를 한 상대방은 제125조의 보호를 받지 못한다.

(3) 표시된 대리권의 범위 내에서 대리행위가 행해졌을 것

제125조의 표현대리는 표현대리인이 그 표시에서 수여한 것으로 되어 있는 대리권의 범위 내의 대리행위를 한 경우에 적용된다. 만약 이 범위를 넘는 행위를 한 때에는 제126조의 권한을 넘은 표현대리의 문제와 중첩된다.

(4) 상대방이 선의 · 무과실일 것

거래상대방이 대리권 없음을 알았거나 알 수 있었을 때에는 본인의 책임을 주장하지 못한다. 상대방은 선의 · 무과실이어야 한다. 선의란 표현대리인이 대리권 없음을 알지 못하는 것, 즉 대리권이 있다고 오신하는 것이다. 무과실이란 상대방이 거래상 통상적인 주의를 다하였는데도 대리권 없음을 알지 못하는 것을 말한다.

(5) 법정대리에의 유추적용

제125조가 법정대리에도 적용될 것인가에 대하여는 다음의 견해가 대립한다. ① 적용배제설 : 법정대리에는 제125조의 적용이 없다는 견해이다(대판 1955. 5. 12, 4287민상208). ② 적용긍정설 : 법정대리에도 본조의 적용을 인정해야 한다는 견해이다. ③ 제한적 긍정설 : 법정대리에도 제125조를 적용하되 무능력자의 법정대리는 제외하는 견해이다.

3. 권한일탈의 표현대리

권한을 넘은 표현대리란 「표현대리인이 그의 기본대리권의 범위를 넘어서 본인을 위한 법률행위를 하는 것」을 말한다. 기본대리권의 존재는 권한을 넘은 표현대리의 본체를 이룬다.

(1) 대리행위가 존재할 것

표현대리인과 상대방 사이에 대리행위가 있어야 한다. ① 대리행위의 표시를 하지도 않고 본인의 성명을 모용하여 자기가 본인인 것처럼 기망하여 본인명의의 법률행위를 한 경우에는 원칙적으로 제126조의 표현대리는 성립하지 않는다. ② 그러나 본인으로부터 아파트의 임대·관리의 권한을 위임받아 본인으로 가장하여 임대한 대리인(본인의 형)이 그 임차인에게 계속 본인인 것처럼 가장하여 아파트의 매매계약을 체결한 경우는 「권한을 넘은 표현대리의 법리를 유추적용」하여 본인에 대해 그 행위의 효력이 미친다고 볼 수 있다(대판 1993. 2. 23, 92다52436).

(2) 기본대리권이 존재할 것

권한을 넘은 표현대리는 「기본대리권의 존재」를 전제조건으로 한다.

가) 기본대리권의 종류　　표현대리인이 기본대리권을 갖고 있는 것으로 충분하고 그것이 반드시 그 월권대리행위와 같거나 유사한 종류의 대리권이어야 하는 것은 아니다. 다른 종류의 대리권이라도 월권대리의 기본대리권으로서의 요건을 충족시킬 수 있다. 은행으로부터 융자를 받을 것을 의뢰하면서 인장 및 등기권리증을 교부한 행위는 사채업자로부터 융자를 받은 행위에 관하여 기본대리권을

부여한 것으로 제126조의 표현대리에 해당한다(대판 1962. 10. 18, 62다508).

나) 사실행위만을 위임한 경우　본인이 단지 사실행위만을 위임한 경우에 그 수임인이 월권행위를 한 경우도 기본대리권을 넘은 표현대리로서 취급된다(반대설 있음). 판례는 본인을 위하여 현금의 수령·청산(사실행위)을 보조하는 사자가 대리권이 있는 것처럼 본인명의의 수표를 발행하여 금전을 차용(법률행위)한 경우에 제126조를 적용했지만(대판 1962. 2. 8, 4294민상192), 증권회사로부터 위임받은 고객의 유치, 투자상담 및 권유, 위탁매매약정실적의 제고 등의 업무는 사실행위에 불과하다고 하여 이를 기본대리권으로 하는 권한초과의 표현대리를 부정하였다(대판 1992. 5. 26, 91다32190).

(3) 대리권을 유월하였을 것

표현대리행위는 기본대리권의 범위를 초과한 것이어야 한다. 기본대리권이 특정한 법률행위에 관한 것인 때, 그 밖에 기본대리권에 종류 및 범위가 정해져 있었던 때에 이러한 유월대리행위가 생기게 된다.

(4) 상대방의 신뢰에 「정당한 이유」가 존재할 것

상대방이 그 법률행위에 관한 대리권이 있다고 믿을 만한 정당한 이유가 있어야 한다.

가) 정 당 성　제126조의 「제 3 자가 그 권한이 있다고 믿을 만한 정당한 이유가 있는 때」란 상대방이 그 권한이 있다고 믿었을 것(신뢰), 대리인의 월권행위에 관해 알지 못하였을 것(선의) 그리고 그 신뢰에 정당한 이유가 있을 것(정당성)을 요소로 한다. 부동산을 매수할 권한을 수여받은 대리인이 부동산을 처분할 대리권까지 가진다고

믿을 만한 정당한 이유는 없다(대판 1991. 2. 12, 90다7364).

나) 선의·무과실 정당한 이유가 있는 경우란 상대방이 대리권의 존재를 믿는 데 과실이 없었던 경우 및 법관이 변론종결 당시까지 존재하는 제반자료 및 사정을 종합하여 판단할 때 대리권의 외관이 명백하다고 여겨지는 경우 등을 말한다. 판례도 무과실을 요구한다. 부동산소유자가 아닌 타인과 근저당권설정계약을 체결하려는 상대방은 소유자의 담보제공의사와 「그 타인에 대한 담보제공의 위임」을 서류 또는 기타의 방법으로 확인하는 것이 보통이므로, 상대방이 이러한 조사를 하지 않은 경우에 그 타인의 대리권을 믿은 데에 과실이 있으므로, 상대방이 그 확인을 거치지 않은 채 등기필증을 갖지 않은 자와 금원대여 및 근저당권설정계약을 한 것은 그 대리권을 믿을 만한 정당한 이유가 없다(대판 1994. 11. 8, 94다29560).

다) 판딘시기 정당한 이유가 있었는가는 대리행위시를 기준으로 판단된다. 판례도 정당한 이유의 존부는 그 대리행위시에 존재하는 제반 사정을 기초로 판단하며, 훨씬 뒤의 사정은 고려하지 않는다(대판 1987. 7. 7, 86다카2475).

라) 입증책임 정당한 사유가 존재하였다는 사실(선의·무과실)의 입증책임은 표현대리를 주장하는 상대방이 진다(대판 1968. 6. 18, 68다694).

(5) 구체적인 사례

① 이 사건 현장소장은 다른 건설회사의 경우와는 달리 공사를 위한 하도급계약과 장비임대차계약에 관해 광범한 권한을 위임받고 있었으므로 중기임차에 필요한 보증행위까지 위임받았다고 봄이 상당하고, 설사 그러한 권한이 위임되지 않았더라도 보증행위의 상대방은 그 권한이 있다고 믿은 데 정당한 이유가 있어 제126조의 표현

대리가 성립한다(대판 1994. 9. 30, 94다20884).

② 지입차주 갑이 지입회사명의로 리스하는 덤프트럭에 관하여 리스보증보험계약상 연대보증을 위하여 병의 인감증명서를 제출하였는데, 지입회사가 잘못하여 그 서류를 다른 지입차주 을이 같은 지입회사명의로 리스할 덤프트럭에 관한 리스보증보험계약을 체결하는 데에 사용한 경우, 병은 지입회사에 기본대리권을 수여하였고 보증보험회사는 지입회사가 연대보증계약을 체결할 권한이 있다고 믿은 데에 정당한 이유가 있으므로 표현대리가 성립하여 병은 연대보증책임을 진다(대판 1995. 9. 5, 95다20973).

③ 아파트 분양형 토지신탁계약을 체결하면서 신탁자인 건설회사와 수탁자인 신탁회사가 공동사업주체로서 아파트 분양을 하기로 하고 수탁자인 신탁회사가 신탁자인 건설회사에게 아파트 분양업무를 위임하고 그 분양계약서에 공동사업주체인 신탁자인 건설회사와 수탁자인 신탁회사를 공동매도인으로 기재한 후, 수탁자인 신탁회사가 그 대표이사의 직인이 날인된 분양계약서를 일괄 교부하여 신탁자인 건설회사가 그 계약서를 이용하여 분양계약을 체결하고, 그 분양계약에 수탁자인 신탁회사는 전혀 관여하지 아니하고, 신탁자인 건설회사가 사실상 독자적으로 분양계약을 체결하고 분양대금을 직접 받아왔다면, 신탁자인 건설회사에 대한 채권자로서는 신탁자인 건설회사가 그 채권의 대물변제조로 그 아파트를 채권자에게 분양하여 줄 권한이 있다고 믿을 만한 상당한 이유가 있다(대판 2002. 3. 15, 2000다52141).

④ 갑 스스로 을에게 친분관계 등에 터잡아 그의 사업수행에 필요한 자금을 조달하는 과정에서 보증용으로 사용할 수 있도록 자신의 인감 등을 넘겨줌으로써 을이 그 권한을 남용하여 발생할 거래안전에 미칠 위험성은 상당 정도 갑에게도 책임 있는 사유로 유발되었

고, 더구나 갑이 종전에도 약속어음의 할인에 즈음하여 병의 지접 확인 전화를 받고 을의 사업자금 조달을 위하여 보증을 한다는 취지에서 배서를 한 사실을 인정까지 해 준 것이라면 병으로서는 을이 갑으로부터 두터운 신뢰를 받고 있어 갑을 대리할 수 있는 적법한 권한을 보유하고 있던 것으로 능히 생각할 수 있었으므로, 병이 을에게 그와 금전소비대차계약을 체결함에 있어서 갑을 대리할 권한이 있었다고 믿었고 또 그와 같이 믿은 데에 상당한 이유가 있다(대판 2003. 4. 11, 2003다7173 · 7183).

(6) 제126조의 적용범위

민법 제126조의 적용범위에 관하여 문제로 되는 것은 법정대리 및 가사대리에 관하여 본조를 적용할 것인가이다.

1) 법정대리

법정대리인의 권한유월에 대하여 무능력자가 책임져야 하는가에 관하여 학설이 대립한다. ① 긍정설 : 본조의 표현대리가 성립하기 위해서는 본인의 과실이나 행위에 기할 것을 필요로 하지 않으므로 본조는 법정대리에도 적용된다는 견해이다. ② 부정설 : 무능력자의 법정대리인에 관하여도 본조의 표현대리를 인정하면 무능력자를 보호하려는 무능력자제도의 목적에 반하게 되므로, 법정대리인의 권한이 친족회의 동의를 요하는 경우(제950조, 제912조 등)에 법정대리인이 그 동의 없이 대리행위를 할 때에는 본조를 적용할 수 없다는 견해이다. ③ 판례는 긍정설을 취한다. 민법 제126조는 거래의 안전을 위한 제도로서 법정대리에도 적용되며, 한정치산자의 후견인이 친족회의 동의 없이 피후견인의 부동산을 처분한 경우에 상대방이 친족회의 동의가 있다고 믿은 데에 정당한 사유가 있으면 그 한정치산자에게 효력이 미친다(대판 1997. 6. 27, 97다3828).

2) 일상가사대리

부부는 일상가사에 관하여 서로 대리권이 있으며, 이 대리권에 대한 제한은 제 3 자에게 대항하지 못한다(제827조). 여기서 일상가사라 함은 부부의 공동생활에서 필요로 하는 통상의 사무를 말한다. 일상가사대리권의 법적 성격에 대해서는 법정대리설(다수설)과 대표권설이 대립하고 있다. 부부 중 일방이 일상가사에 관하여 제 3 자와 법률행위를 한 때에는 다른 일방은 이로 인한 채무에 대하여 연대책임을 짐이 원칙이다(제832조).

가) 대리권의 범위 일상가사대리권의 범위에 관해서는 견해가 대립한다. 판례는 가사처리의 목적이나 동거여부, 통신의 난이 등을 고려함이 없이 일률적으로 일상가사의 범위를 획정하고 일상가사의 범위를 넘은 부부 일방의 행위에 대하여는 제126조의 표현대리의 문제로 해결하는 입장을 취한다. 부부의 주거공간 마련을 위해 아파트구입비용의 명목으로 한 금전차용행위는 일상가사에 속한다고 보지만(대판 1999. 3. 9, 98다46877), 처가 남편의 승낙없이 남편명의 부동산을 매도하거나 담보로 제공하는 경우에 일상가사대리권의 유월로 보고, 이 경우 상대방이 처가 남편을 대리할 권한이 있다고 믿었음을 정당화할 만한 객관적인 사정이 있는 때에 제126조의 표현대리를 인정한다(대판 1975. 3. 11, 74다92). 이에 대해서 일상가사의 범위는 부부의 직업, 경제적 능력, 부부관계의 모습 등의 현실적 생활상태와 그 부부의 생활장소인 지역사회의 관습 내지 일반견해에 따라 개별적·구체적으로 결정되는 상대적 개념이라는 반론이 제기된다.

나) 월권대리 부부 중 일방이 일상가사대리권을 일탈하여 한 법률행위에 대하여 배우자는 표현대리의 본인으로서의 책임을 진

다. 가사대리권을 넘은 표현대리의 경우 본인의 보호를 거래안전의 보호보다 우선시킬 이유가 없으므로 가사대리권을 기본대리권으로 하는 제126조의 표현대리를 인정하는 것이 타당하다.

판례도 일상가사대리권에 관한 월권대리의 성립을 긍정한다(대판 1968. 11. 26, 68다1727 등 다수판례). 피고의 처가 남편 몰래 인감도장·인감증명서 등을 소지하고 그 대리인인 양 행세하여 금원을 차용하고 그 담보로 남편소유의 부동산에 가등기를 경료하여 준 경우에 그 상대방이 처에게 남편을 대리할 권한이 있다고 믿음에 정당한 사유가 있다(대판 1981. 6. 23, 80다609).

다) 인정범위　일상가사대리권은 법률혼 부부뿐 아니라 사실혼 부부 사이에도 인정된다. 판례는 사실혼의 부부간에도 월권행위에 의한 표현대리를 인정한다(대판 1980. 12. 23, 80다2077). 일상가사대리권은 부부가 공동체로서 가정생활상 항시 행하여지는 행위에 한정하는 것이므로, 별거하여 외국에 체류중인 남편의 재산을 아내가 처분한 행위는 일상가사에 속하지 않는다(대판 1993. 9. 28, 93다16369).

3) 제125조, 제129조와의 중첩적용

대리권수여표시에 의한 표현대리(제125조)와 대리권소멸 후의 표현대리(제129조)에서 표현대리인이 표시·소멸한 대리권의 범위를 넘은 행위를 한 때에도 제126조가 적용되어 표현대리가 성립한다. 기본대리권의 존재시기는 권한을 넘은 표현대리행위가 있을 당시임을 요하지 않는다. 판례도 제129조와 제126조의 경합을 긍정한다(대판 1979. 3. 27, 79다234 등 다수, 중첩을 불허하는 판례도 있음: 대판 1974. 7. 30, 72다1631).

4. 대리권소멸 후의 표현대리

대리인이 전에 대리권을 가지고 있었기 때문에 상대방이 대리행위시 그 대리권이 존속하는 것으로 믿고 법률행위를 한 경우에 제129조에 의해 표현대리가 성립한다. 대리권의 소멸은 선의의 제3자에게 대항하지 못한다(제129조 본문). 그러나 제3자가 과실로 인하여 그 사실을 알지 못한 때에는 그러하지 아니하다(제129조 단서).

대리권소멸 후의 표현대리가 성립하기 위한 요건은 다음과 같다. ① 과거에 대리권이 존재했을 것 : 제129조에 의한 표현대리가 성립하기 위해서는 그 대리인이 과거에는 대리권을 가졌어야 한다. 한 번도 대리권을 가지지 않았던 자가 대리인으로 사칭한 경우는 제외된다. ② 대리권이 대리행위 이전에 소멸했을 것 : 원인된 법률관계의 종료(위임 · 고용의 기간만료 · 해지 등), 수권행위의 철회(제128조), 본인의 사망, 대리인의 사망 · 금치산 · 파산(제127조)에 의해 대리권이 소멸한다. 대리인이 사망한 경우는 복대리인이 선임되어 있지 않은 한 대리행위가 성립하지 않으므로 표현대리가 인정될 여지가 없다. ③ 대리권소멸 후에 대리행위가 행해졌을 것 : 과거에 대리인이었던 자가 본인을 위해 대리행위를 하였어야 한다. 대리인의 대리권소멸 후 선임된 복대리인의 대리행위에 관하여도 표현대리가 성립할 수 있다(대판 1998. 5. 29, 97다55317). ④ 상대방은 선의 · 무과실일 것 : 상대방이 대리권이 과거에 소멸했다는 것을 몰랐으며 이에 대해 과실이 없었어야 한다. 상대방은 자기의 선의 및 무과실을 입증할 책임을 진다(반대설 있음). ⑤ 대리권소멸 후의 표현대리는 무능력자의 법정대리 및 부부간의 일상가사대리에도 적용된다.

5. 표현대리의 효과

(1) 대리의 효과

표현대리인이 한 법률행위의 효과는 본인에게 발생한다. 표현대리는 본인과 상대방 사이에서는 유권대리와 유사한 효과를 발생시킨다. 대리행위의 결과 본인이 계약상의 채권·채무를 취득한다. 다른 한편 본인과 표현대리인 사이의 내부관계에는 무권대리와 유사한 법률관계가 발생한다.

(2) 표현대리의 주장

표현대리가 성립하였다는 것은 대개 대리의 효과를 주장하는 상대방이 본인에 대하여 주장하게 된다. 반대로 본인이 상대방에 대하여 표현대리의 성립 및 법률행위의 유효를 주장할 수는 없는 것인가에 대하여는 학설이 대립한다. ① 부정설 : 본인이 표현대리를 주장하는 것은 불가능하다는 견해이다. 표현대리를 주장할 것인가 무권대리를 주장할 것인가는 상대방의 자유선택에 달려 있다고 한다. ② 긍정설 : 본인이 표현대리를 주장하는 것도 허용된다는 견해이다. 민법규정상 표현대리는 상대방의 주장을 기다리지 않고 본인에게 책임이 발생하는 것으로 되어 있으며(제125조, 제126조), 제129조에서는 「대리권소멸을 대항하지 못한다」고 표현하는데 이것은 본인이 표현대리의 주장을 하는 것을 막지 않는 것으로 해석된다.

(3) 상대방의 최고권·철회권의 인정여부

무권대리에 있어서 본인과 상대방 사이의 추인·최고·철회의 법률관계는 표현대리에 적용되지 않는다. 무권대리에 관한 제130조 내지 제134조는 표현대리에는 적용될 여지가 없다(반대설 있음). 표현대리는 본인과 상대방간에 있어서는 유권대리와 같고 무권대리와는 다르므로, 무권대리의 본인·상대방간에 관한 규정은 원칙적으로 표현대리에 적용되지 않는다.

(4) 무권대리인의 책임인정 여부

표현대리가 성립하는 경우에는 본인에게 책임을 물어야 하며 본인이 책임을 지면 대리인에게는 제135조 제1항의 책임을 물을 수 없다(반대설 있음).

(5) 표현대리의 소송상 주장

상대방은 대리행위의 유효를 주장하면서 그것이 유권대리인가 또는 표현대리인가를 명확히 구분하여 주장해야 하는가가 소송에서 문제된다. ① 포함설 : 유권대리의 주장은 대리행위의 효과가 본인에게 귀속된다는 것을 주장하는 것이므로 이 안에 표현대리의 주장도 포함되어 있다고 보는 견해이다. ② 비포함설 : 유권대리의 주장 속에 당연히 표현대리의 주장이 포함되어 있지 않으므로 당사자가 별도로 표현대리의 주장을 하지 않는 한 법원으로서는 표현대리의 성립 여부를 판단할 필요가 없다는 견해이다. 판례는 비포함설을 취한다(대판(전합) 1983. 3. 27, 83다카1489).

사례연습 〈표현대리〉

◎ 문 제 ◎

본인(A)이 상대방(C)에게 대리인(B)을 알려 주었으나, A가 아직 B를 만나 위임을 하지 못한 상태에서 B가 C로부터 A의 대리인으로 지명되었다는 소식을 듣고 A(매도인)를 위해 상품판매계약을 체결하였다.

(1) C가 A에게 그 계약의 이행기에 상품의 인도를 청구하자, A는 B가 자기의 대리인이 아니어서 계약이 자기에게 효력이 없다는 이유로 상품인도를 거절하였다. A의 주장은 정당한가?

(2) B로부터 계약체결의 소식을 들은 A는 계약이 자기를 위해 체결된 것으로 믿고 C를 위한 이행준비를 완료하고 C에게 상품의 수령과 교환하여 대금지급을 요구하였으나, C가 그간 상품가격이 인하한 것을 기화로 계약의 이행을 거절하였다. C의 주장은 정당한가?

해 답

(1) 무권대리와 표현대리 : A가 B에게 실제로 대리권을 수여하지 않은 상태에서 B의 대리행위가 행해졌는데, 이렇게 대리권 없이 한 대리행위는 무권대리 또는 표현대리 중의 하나로 된다. 표현대리로 인정되기 위하여는 민법이 정하는 대리행위로서의 외관을 갖추어야 하며(제125조, 제126조, 제129조), 표현대리로 인정되면 대리권 있는 대리행위(유권대리)에서와 거의 같은 효과가 발생한다. 민법이 요구하는 표현대리의 요건을 갖추지 않은 경우에는 무권대리로 되며, 이때에는 민법이 정하는 무권대리의 법률효과가 발생한다. 그러므로 이 사례의 해결에 있어서는 먼저 B의 대리행위가 표현대리로서의 요건을 갖추었는가를 살펴보아야 한다.

(2) 수권표시에 의한 표현대리 : 제 3 자에 대하여 타인에게 대리권을 수여함을 표시한 자는 그 대리권의 범위 내에서 행한 그 타인과 그 제 3 자간의 법률행위에 대하여 책임이 있다(제125조 본문). 다만 제

3자가 대리권 없음을 알았거나 알 수 있었을 때에는 그러하지 아니하다(동조 단서). 이 사례에서 A는 C에게 대리권수여를 통지하였고, B가 그 통지에서 표시된 대리권의 범위 내에서 통지를 받은 상대방 C와 계약을 체결하였으며, 설문에 의할 때 C가 대리권 없음을 알았거나 알 수 있었다고 인정되기는 어려우므로 제125조의 표현대리가 성립한다고 본다. 제3자에 대한 수권표시만으로는 A로부터 B에게로의 대리권수여행위가 있었다고 인정할 수 없으므로 B의 대리행위는 표현대리가 될 뿐 유권대리는 되지 않는다고 해석된다(다수설인 관념통지설에 의한 결론, 의사표시설에서는 수권행위가 있었다고 보므로 유권대리가 된다).

(3) 사례 (1)의 해결: 이 사례에서 A는 B가 대리인으로서 C와 체결한 매매계약상의 권리의무의 주체가 된다. 비록 계약체결 당시 A로부터 B에게로의 대리권수여행위는 없었지만(관념통지설에 의한 결론, 의사표시설에서는 수권행위가 있었다고 봄), B의 행위는 표현대리에 해당하여 그 행위의 효과가 A에게 귀속하게 되기 때문이다.

A는 그 계약으로 인한 권리를 취득하고 의무를 부담하므로 C에 대하여 매매계약상의 물품인도의무를 진다. 이 사례 (1)에서 A가 물품의 인도를 거절한 것은 정당한 권리행사가 아니므로 A는 채무불이행(이행지체)으로 인한 손해배상의무를 지게 된다.

(4) 표현대리주장의 주체(사례 (2)의 해결): B의 행위가 표현대리에 해당한다는 주장은 통상 계약상대방(C)이 한다. 만약 C가 A와 B 사이에 수권행위가 없었음을 알고 무권대리의 효과를 희망하는 경우에, 본인이 상대방에 대하여 표현대리의 성립 및 계약의 유효를 주장할 수 있는가에 관하여 학설(부정설, 긍정설)이 대립한다. 상대방은 A와의 계약의 이행을 희망하고 계약을 체결한 것이어서 이를 번복하는 것은 옳지 않다고 보므로, 본인주장이 가능하다는 입장(긍정설)이 타당하다. 이하에서는 긍정설에 따라 사례를 풀어보겠다.

A가 표현대리를 주장하여 계약의 이행을 청구하는 경우에, C는 무권대리를 주장하여 계약의 이행의무 없음을 항변하지 못한다. B의 대리행위가 표현대리로서의 요건을 갖춘 경우에, 매매계약의 효과는

본인인 A를 구속할 뿐 아니라 상대방인 C도 구속한다 만약 A가 무권대리임을 주장하고 C도 무권대리로 처리하는 것이 좋겠다고 하여 양자의 이익이 일치한다면 이 계약은 무권대리에 의한 것으로 취급되어 A와 C 사이에 계약상의 권리의무는 생기지 않을 것이다.

추리논증훈련

- 저작권의 보호 또는 공정사용

1. 저작권의 보호를 중요시 여기는 미국에서도 인터넷을 통한 시민의 저작물복제를 어느 정도는 눈감아 주는 관행이 있다고 한다. 저작료를 지불할 수 없는 가난한 시민들도 영화, 음반 등 문화를 즐길 여유를 부여하는 것이다. 만약 가난한 사람이 무단복제를 통해 영화를 관람할 길이 완전히 차단되어 있다면 가난한 사람들은 안목이 없어서 시나리오 작가나 영화감독 등으로 제작에 참여할 길이 없게 될 것이고, 그 결과 가난한 사람들의 이야기나 정서가 영화화되지 못하여 시민의 다수를 차지하는 가난한 사람들은 영화에 공감하지 못하고 외면하게 되어 영화산업은 쇠퇴하게 될 것이라는 주장이 있다. 당신은 저작물의 무단복제를 소위 공정 사용(fair use)이라고 미화하는 주장에 대하여 어떻게 생각하는가?

2. 어떤 청년이 매번 작심삼일로 끝나는 자신의 약한 성격을 고치기 위해 진로상담사를 찾았다. 상담사는 청년에게 어떤 계획을 세우고 나서 주위 사람들에게 자신이 그런 계획을 실천할 것임을 광고하고 나면, 자신의 체면을 위해서라도 쉽게 중단하지 못하게 된다고 충고하였다.

   타인에 대하여 자기의 계획을 밝힌 사람은 실제로 그 계획을 추진해야 할 부담감을 가지게 되는데, 당신은 그 부담감의 성격이 무엇이라고 생각하는가?

41

무권대리

본인으로부터 대리권을 수여받지 않은 자가 본인을 위하여 대리행위를 한 경우를 무권대리라고 한다. 대리인과 상대방의 대리행위는 행해졌으나 대리인이 대리권을 갖지 않음으로써 대리행위의 효과가 본인에게 발생할 수 없는 경우이다. 무권대리의 경우는 본인에게 대리행위의 효과가 발생하지 않는다는 점에서 유권대리 및 표현대리와 다르다. 본인과 대리인 사이에 수권행위가 없거나 소멸했다는 점에서 표현대리와 유사하지만, 표현대리는 본인에게 효과를 발생시키는 반면 무권대리는 본인에게 효과를 발생시키지 않는다는 점에서 그 외부관계의 효과에 차이가 있다.

1. 본인과 상대방의 법률관계

(1) 본인의 추인 · 추인거절

가) 추　인　무권대리행위에 의한 계약은 본인이 추인하면 본인에 대하여 효력이 있으며(제130조), 추인에 의하여 무권대리행위가 계약시에 소급하여 본인에게 효력을 발생한다(제133조). 추인은 상대

방 있는 일방적 의사표시로서 행한다. 추인은 불확정한 법률행위의 효력을 확정적으로 유효하게 한다.

나) 추인의 방법　추인은 상대방에 대한 의사표시로써 한다. 추인의 의사표시는 상대방 또는 무권대리인 어느 쪽에 대하여도 할 수 있으나 무권대리인에 대하여 추인한 때에는 상대방이 추인의 사실을 알기까지 상대방에 대하여 추인의 효력을 주장할 수 없다(제132조 단서). 그러나 상대방이 그 추인을 주장하는 것은 무방하다.

모친이 자의 재산을 아들의 허락 없이 매도한 후 아들이 군에서 돌아와 이를 알고 어머니를 나무라기는 하였으나 10년간 매수인에 대하여 이의를 하지 않은 경우에는 본인의 추인이 있는 것으로 본다(대판 1966. 10. 4, 66다1078).

다) 추인의 소급효　추인이 있으면 무권대리행위는 처음부터 유권대리행위였던 것과 같은 법률효과를 발생함이 원칙이다(제133조 본문). ① 무권대리행위시에 소급하여 유효한 계약이 체결되었던 것처럼 효력이 발생한다. ② 다만 당사자의 「다른 의사표시」가 있는 때에는 추인의 소급효는 배제된다(제133조 본문). 여기서 「다른 의사표시」란 계약의 효력발생시기를 추인시 또는 별도의 시점을 지정하는 것을 말한다. ③ 추인의 소급효는 제 3 자의 권리를 해하지 못한다(제133조 단서). 권리를 보호받는 제 3 자란 물권이나 기타 배타적 권리를 갖는 자만을 의미한다.

라) 본인의 추인거절　추인의 거절이란 본인이 추인의 의사가 없음을 적극적으로 표시하여 무권대리행위를 확정적으로 무효로 만드는 것을 말한다. 거절의 통지는 형성적인 효과를 갖지 않고 다만 무권대리행위가 무효라는 점을 확인하는 성격을 갖는다. 추인이나 추인거절이 있기 전에는 무권대리행위가 추인에 의해 유효로 전환될 수 있는 유동적 무효의 상태에 있으나, 추인거절이 있은 후에는 장

래 추인이 없을 것이 확실해지므로 무권대리행위가 본인·상대방간에서 확정적으로 무효로 된다.

(2) 상대방의 최고권·철회권

가) 상대방의 최고권　상대방은 본인에게 상당한 기간을 정하여 추인여부의 확답을 최고할 수 있으며, 본인이 그 기간 내에 확답을 발하지 아니한 때에는 추인을 거절한 것으로 본다(제131조). 이 최고권은 무권대리행위의 상대방으로 하여금 유동적인 상태를 종료시킬 수 있게 하는 권한이다. 최고의 결과 본인이 추인 또는 추인거절의 통지를 한 경우에는 그에 따른 효과가 발생하지만, 본인이 침묵한 때에는 제131조의 법정효과로서 거절의 의제가 행해진다. 통지자가 의욕한 것에 관계없이 의사통지의 결과 법률이 정한 효과가 발생하는 경우, 그 통지를 「준의사표시」 또는 「준법률행위」라고 한다.

나) 상대방의 철회권　상대방은 본인의 추인이 있을 때까지 무권대리에 의한 계약을 철회할 수 있다(제134조). ① 본인의 추인이 있더라도 그것이 무권대리인에 대하여 표시된 때에는 상대방이 추인을 알기까지 무권대리행위를 철회할 수 있다(제132조, 대판 1981. 4. 14, 80다2314). ② 계약 당시에 무권대리행위임을 안 상대방은 철회할 수 없다(제134조). 악의 여부의 입증책임은 계약의 유효를 주장하는 본인이 진다. ③ 철회는 본인이나 그 무권대리인에 대하여 한다(제134조 본문). ④ 상대방의 철회에 의하여 계약은 확정적으로 무효로 된다.

다) 본인의 상대방에 대한 손해배상책임　무권대리의 경우에 본인은 상대방에 대하여 아무런 책임을 지지 않음이 원칙이다. 다만 무권대리로 인해 계약이 무효가 된 경우에 본인이 그 무권대리행위를 알았거나 알 수 있었으며(악의·과실), 상대방이 이로 인해 손해를 입은 경우에는 「계약체결상의 과실책임」의 법리에 따라 본인은 상

대방에게 계약의 유효를 믿었음으로 인하여 입은 손해(신뢰이익)를 배상할 책임을 진다(제535조의 유추적용).

2. 무권대리인의 상대방에 대한 책임

무권대리인은 상대방에 대하여 본인과 같은 계약당사자로서의 무거운 책임을 진다. 무권대리인이 그의 대리권을 증명하지 못하고 또 본인의 추인을 얻지 못한 때에는 상대방의 선택에 좇아 계약의 이행 또는 손해배상의 책임이 있다(제135조 1항).

(1) 책임의 본질

가) 신뢰책임설 민법 제135조의 무권대리인의 책임은 상대방을 보호하고 대리제도의 신용을 유지하기 위하여 무권대리인에게 부과하는 법정의 무과실책임이라고 보는 견해이다.

나) 표시책임설 제135조에 의한 무권대리인의 책임의 근거는 행위자가 「대리인이라고 표시 내지 주장한 행위」로부터 찾아야 하며, 이 책임은 법정의 표시책임의 성격을 갖는다고 하는 견해이다. 대리인은 대리행위에서 1차적으로 본인·상대방간의 계약을 체결시키는 것을 약속하지만, 보충적으로 만약 그것이 성사되지 않을 경우 대리인·상대방간의 계약이라도 성립시켜 대리인이 스스로 계약책임을 지겠노라고 묵시적 의사표시를 하는 것이다.

다) 위험귀속설 제135조에 의한 무권대리인의 책임은 위험귀속에 기한 책임이라는 견해이다. 무권대리인에게 이행 또는 손해배상의 책임을 인정하면 상대방이 무권대리인과 계약을 체결함으로 말미암아 손해를 입을 위험은 극히 줄어든다고 한다.

(2) 책임발생요건

가) 대리인으로 계약을 한 자가 대리권을 증명할 수 없을 것 복대리인의 무권대리가 특히 문제로 된다. 복대리권을 수여받았으나 대리인이 대리권이 없는 경우에 복대리인은 복대리관계의 현명 여부에 관계없이 제135조의 책임을 진다.

나) 본인의 추인을 얻지 못할 것 상대방의 이행 또는 손해배상청구권은 본인이 추인을 거절한 때에 비로소 발생하는 것이 아니라 무권대리행위가 있는 때에 제135조의 책임이 발생한다. 대리행위가 무효인 동안은 제135조의 무권대리인의 책임이 유동적으로 발생되어 있다가 추인시에 소멸한다.

다) 상대방의 악의 상대방이 대리권 없음을 알았거나 알 수 있었을 때에는 무권대리인의 책임은 발생하지 않는다(제135조 2항). 상대방이 선의이더라도 과실이 있는 때에는 악의의 경우와 같이 책임이 발생한다.

라) 다른 무효사유가 존재하지 않을 것 대리권이 부존재하였다하더라도 대리행위가 다른 사유로 무효로 되는 경우(행위의 반사회성, 목적의 원시적 불능, 관청의 허가의 부존재 등)에는 무권대리인의 책임이 부정된다.

마) 표현대리가 성립하지 않을 것 대리권이 없더라도 표현대리가 성립하여 대리의 효과가 본인에게 발생한 경우에는 제135조의 무권대리인의 책임은 발생하지 않는다. 제135조는 본인·상대방간에 계약이 성립하지 않는 경우에 한해서 적용되어야 하기 때문이다.

(3) 책임의 내용

무권대리인은 상대방의 선택에 따라 계약의 이행 또는 손해배상의무를 부담한다(제135조 1항). 무권대리인은 대리가 유효하다면 본인이 져야 할 채무와 같은 정도의 책임을 진다.

가) 선택권의 발생　상대방은 무권대리인에 대하여 계약의 이행(급부청구권) 또는 손해배상청구권 중의 하나를 선택할 권리를 갖는다. 상대방의 선택권은 채권법에서 규정하는 선택채권에 해당하므로 민법 제380조 내지 제386조의 규정이 제135조의 취지와 상반되지 않는 한 적용된다.

나) 계약의 이행　계약의 이행이란 계약에 의해 발생한 채무를 본래의 급부대로 이행하는 것으로, 무권대리인이 스스로 이행의무를 지고 그 의무를 이행하는 것을 말한다(본인으로 하여금 이행하게 촉구할 의무가 아님).

다) 무권대리인의 반대급부청구권 등　무권대리인이 상대방에게 급부를 이행할 때에는 본인과 같은 지위에서 반대급부청구권과 기타 계약상의 권리를 취득한다. 무권대리인은 계약의 내용에 따라 동시이행의 항변권·계약해제권·대금감액청구권·손해배상청구권 등을 취득한다.

라) 손해배상　무권대리인의 책임에서 손해배상이란 계약의 이행에 대신하는 전보배상으로서 좀더 정확히는 본래급부의 시가 상당액에서 반대급부의 가액(예: 매매대금)을 뺀 금액을 의미한다. 상대방은 채권자로서 채무자에 대하여 청구할 수 있는 손해배상을 모두 무권대리인에게 청구할 수 있다. 손해배상의 범위는 상대방이 계약의 이행에 의하여 얻었을 이익, 즉 이행이익의 배상이다.

마) 책임의 소멸시효　무권대리인의 책임은 대리행위가 목적한 계약의 성질에 따른 소멸시효기간을 적용한다. 민사거래인가 상행위인가, 단기소멸시효에 걸리는 계약인가는 그 본래 예정된 계약에 따라 정해진다.

바) 책임의 배제　① 제135조 제1항의 책임은 상대방이 대리행위시에 대리권의 결여를 알았거나 또는 알 수 있었던 때에는 발생하지 아니한다(제135조 2항 전단). ② 대리인이 행위능력이 없는 때에는 제135조의 책임을 지지 않는다(제135조 2항 단서). 행위무능력자인 대리인이 법정대리인의 동의를 얻지 아니하고 무권대리행위를 한 경우에는 제135조 제1항의 책임을 지지 아니한다. ③ 무권대리인과 상대방간에 "대리행위시 본인의 추인이 없더라도 무권대리인의 책임을 묻지 않겠다"는 취지의 면책약정이 있은 경우 그것이 사회질서에 위반하지 않는 한 유효하다.

3. 본인·무권대리인의 관계

유권대리에서 본인과 대리인 사이에 위임·도급·고용·조합 등의 기초계약이 있는 것과 달리 무권대리에서는 양자 사이에 아무 계약관계가 없다. 그러나 무권대리인은 본인을 위하여 사무를 처리하려 했다는 점에서 어떤 법률관계가 생길 수 있다.

(1) 본인의 추인이 있는 경우

추인 이전까지는 무권대리인이 본인에 대한 의무 없이 사무처리를 한 것이 되므로 사무관리의 법률관계가 존재한다(제734조). 추인 이후에는 본인이 대리인에게 계속 그 사무의 처리를 맡기기 위해 위임계약을 체결할 수도 있고, 대리인에게 그 사무에서 손을 뗄 것을 요구할 수도 있을 것이다.

(2) 본인의 추인이 없는 경우

무권대리인은 스스로 계약당사자로서 상대방에 대해 책임을 지므로 본인은 무권대리행위와 아무 관련이 없게 된다. 다만 무권대리행위로 본인의 명예·신용이 실추된 경우에 본인은 무권대리인에 대하여 불법행위로 인한 손해배상청구권을 가질 수 있다(제750조).

4. 단독행위의 무권대리

단독행위의 무권대리는 다음의 경우에 한하여 계약의 무권대리에 관한 규정이 준용된다(제136조 본문). ① 상대방이 무권대리행위시에 대리인이라고 칭하는 자의 대리권없는 행위에 동의한 경우, ② 상대방이 무권대리행위시에 대리인이라고 칭하는 자의 대리권을 다투지 아니한 경우 : 상대방이 대리권의 존재·범위에 관하여 상당한 기간 내에 이의를 제기하지 않은 때를 말한다. ③ 대리권 없는 자에 대하여 그 동의를 얻어 단독행위를 한 경우(수동대리)이다. 상대방 있는 단독행위로서 이상의 세 경우에 해당하지 않은 때에는 그 무권대리는 확정적으로 무효이다. 상대방 없는 단독행위의 무권대리는 능동대리이든 수동대리이든 무효이다.

5. 무권대리와 상속

(1) 무권대리인이 본인을 상속한 경우

본인의 생존 중에 무권대리행위가 있고 본인이 그것을 추인이나 거절하기 전에 사망하였고 무권대리인이 그의 상속인이 된 경우에 법률효과는 어떠한가가 문제된다. 이 경우 그 상속인은 본인의 지위에서 무권대리행위를 추인해야 할 신의칙상의 의무를 진다고 해석된다(신의칙설). 반면에 무권대리인이 본인을 상속함으로써 대리권의 흠결이 치유된다거나 두 개의 인격이 결합됨으로써 당연히 유권대리로 전환된다는 견해도 주장된다(당연유효설).

판례도 신의칙에 기한 추인의무를 인정한다. 미성년의 아들이 아버지의 대리인을 사칭하여 부동산을 매도하는 계약을 체결한 후 아버지가 그 부동산을 아들에게 상속한 경우에, 아버지가(본인) 갖던 무권대리를 추인할 권한은 아들(무권대리인)에게 상속되고 아들은 그에 기해 추인을 해야 할 신의칙상의 의무를 진다(대판 1994. 9. 27, 94다20617). 따라서 아들은 그 부동산의 소유권을 상대방에게 이전할 의무를 면하기 어렵다.

상속인이 여러 명인 공동상속의 경우에는 공동상속인 모두가 추인하여야 한다. 공동상속인 중 한 명이라도 추인을 거절하면 무권대리로서 확정된다. 무권대리로 확정되면 제135조 제 1 항의 책임이 발생한다.

(2) 본인이 무권대리인을 상속한 경우

무권대리인이 사망하고 본인이 그의 상속인이 된 경우에, 본인은 그 무권대리행위를 추인하거나 아니면 무권대리인으로서 민법 제135조 제 1 항의 책임을 진다. 위의 예에서 아들이 사망하여 아버지가 상속인이 된 경우가 이에 해당한다. 아버지는 본인으로서 무권대리를 추인하여 스스로 책임지거나 무권대리인으로서 제135조 제 1 항에 따라 이행의무(또는 손해배상의무)를 지게 된다. 이론상으로는 상대방이 무권대리인의 책임 중 손해배상을 선택하면 금전배상으로 해결되겠지만, 실제로는 상대방이 계약목적대로 부동산의 소유권이전을 선택할 것이므로 아버지는 소유권이전의무를 면하기 어렵다.

공동상속의 경우에 본인은 추인여부를 선택할 수 있다. 추인을 거절한 경우에는 무권대리인으로서 자기의 상속지분에 상응한 이행의무 또는 손해배상의무를 지게 된다.

(3) 무능력자의 면책

대리인으로 계약한 자가 행위능력이 없는 때에는 제135조 제 1 항의 규정이 적용되지 않으므로(제135조 2항), 위 두 경우에 무능력자의 책임이 면책되는 것이 타당하다. 무능력자가 무권대리행위를 한 경우에 성년자의 경우와 같이 무거운 책임을 묻게 되면 민법의 무능력자보호의 정신에 어긋나게 된다. 따라서 무능력자가 본인의 상속인이 된 경우에 제135조 제 2 항에 따라 책임이 면책된다. 본인이 무능력자이었고 후에 무권대리인의 상속인이 된 경우에 그는 추인할 신의칙상 의무를 지지 않는다.

6. 무권리자의 처분행위

(1) 처분권부여

처분권부여란 권리자가 어떤 목적물에 관한 처분권을 제 3 자에게 부여하는 행위를 말한다. 사전, 사후의 권한부여가 있으면 처분권을 준 사람은 타인이 자기의 이름으로 한 법률행위에 의해 타인의 권리를 유효하게 처분하거나 기타 권리를 행사할 수 있다.

(2) 무권리자의 처분

처분권한이 없는 자가 마치 자기가 처분권자인 것처럼 행세하여 그것을 처분하는 법률행위를 한 경우에, 마치 무권대리와 유사한 법률관계가 전개된다. 진정한 처분권자가 추인을 하지 않은 한 무권리자는 상대방에 대하여 손해배상의무를 진다(무권리자는 대개 계약이행이 불가능함). 판례도 무권리자의 처분행위에 관해서 무권대리의 법리를 유추적용한다(대판 1981. 1. 13, 79다2151).

(3) 무권한행위에 대한 추인

진정한 처분권자는 무권리자의 처분행위에 의하여 권리의무를 취득하지 않지만, 사적자치의 원칙에 비추어 볼 때 처분권자가 추인을 하여 그 처분행위를 유효로 할 수 있다(대판 2001. 11. 9, 2001다44291). 무권리자의 처분행위를 권리자가 인정한 경우에 관해 '무권대리에서 본인의 추인의 법리'가 유추적용된다(대판 1981. 1. 13, 79다2151).

① 추인이 인정된 경우 : 임야가 권한 없는 자의 처분행위로 제3자에게 양도되어 여러 번 전매된 상태에서 소유자들이 특별한 이의를 제기함이 없이 선대분묘를 다른 곳에 이장한 경우에, 소유자들의 일련의 행위는 그들의 형의 권한 없는 처분행위를 추인한 것이다(대판 1993. 7. 13, 93다19146).

② 추인이 부정된 경우 : 권한 없이 종중의 부동산을 타인에게 매각처분한 사실을 알고도 종중측에서 10년이 넘도록 형사고소나 소유권회복을 위한 민사소송을 제기하지 않았고 문장을 비롯한 여러 종중원들이 이 처분행위가 생활이 곤란해서 한 것으로 이해한다는 말을 수차 한 경우에, 이러한 사유만으로 종중이 부동산처분행위를 묵시적으로 추인했다고 인정하기 어렵다(대판 1991. 5. 24, 90도2190).

사례연습 〈무권대리인의 책임〉

◎ 문 제 ◎

A(본인)의 사촌동생인 B는 A로부터 부동산의 시세를 알아봐 달라는 부탁을 받고 부동산중개업자에게 시세를 알아보던 중 적당한 가격(1억원)에 사겠다는 C가 있다는 얘기를 듣고 A도 이 거래를 좋아할 것이라는 막연한 기대를 가지게 되었다. B는 A에게 그 거래에 관해 물어 보려 했으나 A가 외국여행중이어서 연락이 닿지 않자 자기 멋대로 A의 대리인인 것처럼 행세하여 C와 부동산 매매계약을 체결하고 계약금 1천만원을 수령하였다. 계약체결 15일 후 B는 다시 C로부터 중도금으로 4천만원을 받았으나 마침 다른 용도에 필요하여 모두 썼다. 잔금기일에 C가 A에게 등기서류를 갖추어 부동산중개업소에 나올 것을 요구하자 A는 그 매매계약의 사실을 전혀 알지 못함을 이유로 C의 요구를 거절하였다.

(1) A는 그 매매계약과 관련하여 어떤 책임을 지는가?

(2) B는 그 매매계약과 관련하여 어떤 책임을 지는가?

해 답

(1) 무권대리 : B의 대리행위는 A로부터 대리권수여를 받지 않고 대리인을 사칭하여 한 행위이므로 무권대리에 해당한다. A · B · C 세 사람 사이의 사정으로 보아 민법 제125조, 제126조, 제129조에 해당하지 않으므로 표현대리가 성립하지 않는다. B가 A의 사촌동생이라는 점, A로부터 시세를 알아봐 달라는 부탁을 받았다는 사정만으로는 표현대리의 요건을 충족시킬 수 없다.

(2) 본인과 상대방의 법률관계 : 무권대리인의 행위가 본인과 상대방 사이에서 확정적으로 무효인 것은 아니고, 본인의 추인 · 추인거절(제130조 이하) 또는 상대방의 최고 · 철회(제131조, 제134조) 등을 통해 확정적으로 유효 또는 무효로 된다.

이 사례에서 A는 무권대리인 B가 C와 맺은 매매계약의 당사자로서의 책임을 지지 않음이 원칙이다. A의 추인이 없는 한 C는 A에게 어떤 책임도 물을 수 없다. 그러나 A가 이 매매계약을 추인할 경우에는 계약당사자로서의 책임을 지게 된다(제130조의 반대해석). 이 경우 A와 C 사이에 대리권 있는 대리행위에서와 같은 효과가 발생한다.

(3) 무권대리인의 책임 : ① 대리인이 자신의 대리권을 증명할 수 없고, ② 본인의 추인이 없으며, ③ 표현대리가 성립하지 않고(표현대리가 성립한 경우에도 무권대리의 책임을 진다는 반대설 있음), ④ 무권대리인이 행위능력자이며, ⑤ 상대방이 선의·무과실인 경우에, 무권대리인은 상대방의 선택에 좇아 계약의 이행 또는 손해배상의 책임을 진다(제135조 1항).

이 사례에서 B의 책임의 내용은 C가 어떤 것을 선택하는가에 따라 다르게 된다.

① 상대방이 계약의 이행을 선택한 경우 : 무권대리인(B)은 그 부동산소유권을 장래 본인(A)으로부터 취득하여 이전해 주거나 그것이 불가능하면 시가 상당액(예: 1억 1천만원으로 인상됨)의 금전배상을 해 주어야 한다. 부동산소유권이전의 경우에 무권대리인은 5천만원의 잔금지급과 동시이행할 것을 주장할 수 있다. 그 밖에 B는 그 부동산에 관해 매도인으로서의 담보책임(제569조 이하)을 져야 한다. 부동산취득을 하지 못해 손해배상을 해 주는 경우에는 부동산의 현 시가에서 매매대금을 공제한 금액을 배상해야 한다.

② 상대방이 손해배상을 선택한 경우 : 무권대리인(B)은 상대방이 기대한 부동산취득을 하지 못함으로 인해 입은 손해를 배상해 주어야 한다(이행이익의 배상). 그 손해배상금은 부동산의 현 시가에서 매매대금을 공제한 금액으로 산정된다. 상대방(C)이 이미 지급한 계약금과 중도금은 부당이득으로서 반환되어야 한다. B는 그 반환시에 이자를 붙여서 지급해야 한다(제748조 2항 참조).

사례연습 〈무능력자의 무권대리행위와 상속〉

◎ 문 제 ◎

부동산 소유자 A의 아들 B(19세)는 몰래 A의 인장을 사용하여 C에게 그 부동산을 1억원에 매매하는 계약을 체결하고 계약금 1천만원과 중도금 4천만원을 받아서 유흥비로 탕진하였다(2월 1일). 후에 C가 A를 직접 만난 기회에 그 부동산매매에 관하여 묻자 A는 그 부동산을 판 적이 없다고 대답하였다(3월 1일).

(1) C가 그 부동산을 비싸게 샀다고 후회하고 있던 중 그 얘기를 듣고 그 부동산매매의 효력을 부인하는 것이 좋겠다고 결심하였다. 다른 한편 A는 그 매매에 관해 흡족해 하고 있다. A와 C는 각각 어떤 행동을 취할 수 있는가?

(2) C가 그 얘기를 들은 후에도 그 부동산을 취득하려고 벼르던 중 A가 사망하여 그 부동산을 B가 상속받게 되었다. 5월 1일 C는 수령권자로 하여 잔금 5천만원을 공탁해 놓고 A를 상대로 소유권이전등기를 청구하는 취지의 소를 제기하였다(당시 B는 성년이 되었음). C는 승소할 수 있는가?

해 답

(1) 무권대리 : B(무권대리인)와 C(상대방) 사이의 계약은 무권대리행위에 속하므로, A(본인)와 C 사이에서 매매계약은 성립하지 못한다. A는 C에 대하여 부동산소유권이전의무를 지지 않는다. B와 C 사이에도 계약은 성립하지 않는다. B는 자기가 매도인이 되려고 법률행위를 한 것이 아니라 A를 매도인으로 하는 매매계약의 무권대리행위를 한 것뿐이므로, 그것만으로는 B와 C 사이에 매매계약이 성립하지 않는다. B가 비록 미성년자이더라도 스스로 취소의 대상이 될 만한 법률행위를 한 것이 아니므로 민법 제 5 조는 적용될 여지가 없다. 대리인의 행위능력에 관해서는 제117조가 적용되어 만

약 B가 대리권을 가지고 대리행위를 했더라면 A와 C 사이에 유효한 매매계약을 맺게 할 수 있었을 것이지만, 이 사례에서는 대리권이 없었으므로 무권대리의 문제가 발생하였다.

(2) 본인의 추인과 상대방의 철회권 : 본인(A)은 무권대리행위를 추인하여 A와 C 사이에 매매계약을 유효하게 성립시킬 수 있다(제130조). 이 추인은 A가 C에 대하여 의사표시를 하여야 함이 원칙이며(제132조), 그 추인의 효력은 무권대리행위 당시로 소급하므로(제133조) B의 무권대리행위가 있었을 때에 A와 C 사이에 매매계약이 맺어진 것으로 된다. 본인의 추인이 있은 후에는 매매계약은 확정적으로 유효하게 되므로 C는 그 계약을 철회할 수 없다.

다른 한편 상대방(C)은 본인(A)이나 무권대리인(B)에 대하여 그 매매계약의 철회의 의사표시를 할 수 있다. 상대방의 철회가 있으면 매매계약은 확정적으로 무효로 되므로, 그 이후에 본인의 추인이 있더라도 계약을 유효로 만들 수 없다. 이 사례에서 A의 추인과 C의 철회 중 어떤 의사표시가 먼저 도달하는가에 따라 매매계약의 운명이 결정된다.

(3) 무권대리인의 상속 : 무권대리인(B)이 본인(A)의 부동산을 상속받게 되면 상대방(C)은 B에 대하여 민법 제135조 제 1 항에 따라 계약의 이행을 청구할 수 있고, B는 C에 대하여 그 상속받은 부동산의 소유권이전의무를 지게 됨이 원칙이다. 판례는 이 경우 무권대리인은 신의칙에 기해 상대방에 대한 소유권이전의무를 진다고 본다. 그러나 민법 제135조 제 2 항은 무권대리인이 무능력자인 때에는 제 1 항의 책임을 묻지 않도록 함으로써 무능력자를 보호하려 한다. 이 사례에서 무권대리 당시 B가 무능력자였으므로 제135조 제 1 항의 계약의 이행의무 및 손해배상의무를 지지 않는다고 해석될 여지가 있다. 이렇게 해석할 경우에 C는 패소하게 될 것이다. 아울러 무능력자 보호의 취지를 무권대리의 경우에도 확대해석하게 되면 B는 현존이익의 범위에서 부당이득반환의무를 지므로 유흥비로서 탕진한 중도금 4천만원을 C에게 반환할 의무를 지지 않을 것이다.

추리논증훈련

- 다수의 방관자

1. 어떤 상가 앞의 놀이터에서 한 시민이 불량배로부터 매를 맞고 있었다. 놀이터에는 사람들이 수 십 명 있었고 모두 휴대전화를 가지고 있었지만 매질이 계속될 동안 아무도 경찰에 신고하지 않았다. 불량배가 놀이터에서 떠나고 사람들은 피해자의 주위에 몰려들어 피를 흘리는 것을 한참을 바라보았다. 그 옆을 지나던 환경미화원이 보며 왜 구급차가 빨리 안 오는지 개탄을 하자 사람들은 그 때에야 각자 휴대전화를 꺼내 구급차를 부르는 전화를 하였다. 당신은 사건당시 놀이터에 있던 군중들에 대해 어떤 비난을 하겠는가?

2. 유명한 드라마 제작자가 작품소재를 구하던 중 무명의 소설가가 쓴 소설의 줄거리가 시청자의 흥미를 끌 것이라고 판단하였다. 제작자는 소설가를 찾아가 자기에게 저작권을 넘겨주면 멋진 드라마로 만들어 주겠다고 약속하였다. 소설가는 자신의 이름을 알릴 수 있는 길이라고 생각하고 그 제안을 받아들였다. 결국 그 드라마는 시청자의 인기를 얻어 제작자는 엄청나게 큰 돈을 벌게 되었다. 그러나 소설가는 한 푼도 받지 못했다. 당신은 이러한 상황에 대해 어떻게 생각하는가?

8장

법률행위의 무효와 취소

42

법률행위의 무효

1. 무효의 의의

(1) 개　　념

가) 의도한 법률행위의 무효　당사자가 법률행위로서 의욕한 법률효과가 발생하지 않는 것이 처음부터 확정적인 경우가 무효이다. 예를 들어 무효인 매매계약에 의해서는 소유권이전의무나 대금지급의무가 발생하지 않으므로, 매도인은 매수인에게 대금지급을 청구할 수 없고(민사소송에서는 청구기각), 매도인의 청구가 있는 때에 매수인은 매매계약의 무효를 주장(소송상 항변)하여 그 청구를 무력화시킬 수 있다(피고승소). 무효행위가 물권변동을 목적으로 한 처분행위인 경우에 물권의 이전이나 설정의 효과가 생기지 않는다.

나) 다른 법률요건의 충족　무효인 법률행위라도 당사자가 의욕한 법률효과가 발생하지 않을 뿐 다른 법률효과는 가질 수 있다. 과거 무효인 법률행위는 사실적 현상으로 존재할 뿐 법적으로는 전혀 존재하지 않는 것으로 이해되었으므로 무효인 법률행위에 대한 취소를 인정하지 않았지만, 지금은 무효인 법률행위도 실제로 무효주

장이 있어야 그 효력이 부인될 뿐 아니라 다른 법적 원인에 의한 취소도 가능하다고 본다. 「무효와 취소의 이중효」, 「무효행위의 전환」, 「무효행위에 의한 손해배상청구권의 발생」 등은 무효행위도 다른 법적 의미를 가질 수 있다는 것을 말한다.

(2) 부존재와 무효

가) 개념상 구별 무효는 법률행위의 부존재와는 개념상 구별된다. 입증책임의 분배와 관련하여 법률행위의 요건은 성립요건과 효력요건으로 구분되는데, 법률행위가 성립요건을 갖추지 않은 때에 「법률행위의 부존재」 또는 「법률행위의 불성립」이라고 부르고, 성립요건은 갖추었으나 효력요건을 갖추지 않은 때에 「법률행위의 무효」라고 한다.

나) 효과의 차이 부존재와 무효는 이론상 다음과 같은 효과의 차이를 갖는다. ① 부존재의 경우는 「무효행위의 전환」(제138조) 또는 「무효인 법률행위의 추인」(제139조)의 법리에 의해 유효한 법률행위로 될 수 없다. ② 법률행위의 부존재가 증명되면 그 효력요건을 증명할 필요 없이 그 법률행위의 효력은 부인된다. 그러나 법률행위의 존재가 증명되면 그 효력을 부인하려는 당사자가 효력요건의 결여를 증명해야 한다. ③ 법률행위에 관한 소송에서 부존재의 확인이나 무효의 확인은 특별히 절차상 구분되지 않는다. 그러나 주주총회의 결의가 부존재하는 경우에는 「결의부존재확인의 소」에 의해 구제되며, 주주총회결의가 무효인 때에는 「주주총회결의무효확인의 소」에 의해 구제되므로 소송상 청구가 서로 다르다.

(3) 무효와 취소

가) 공 통 점 법률행위의 무효와 취소가능성은 「법률행위의 효

력요건에 흠결이 있다」는 점에서 공통성을 갖는다. 무효인 법률행위와 취소가능한 법률행위는 모두 불완전법률행위로서 추인에 의해 완전한 법률행위로 될 수 있다.

나) 무효사유와 취소사유 민법은 무효사유와 취소사유를 구별하여 규정하므로 무효와 취소는 별개의 요건과 효과를 갖게 된다.

다) 확정적 무효와 불확정적 유효 무효의 경우에는 법률행위가 처음부터 의도된 법률효과를 갖지 못한다. 무효는 처음부터 확정적 무효임이 원칙이다. 취소의 경우에는 취소권자의 취소가 있기까지 법률행위는 일응 유효한 것으로 다루어진다. 취소가능한 법률행위는 잠정적·불확정적 유효의 상태로 성립하게 된다. 취소권자가 그 흠을 주장하여 취소하면 법률행위는 소급하여 효력을 상실한다.

라) 무효주장과 취소권행사 무효행위는 어떤 무효화 절차를 거치지 않고 처음부터 효력이 없는 것으로 다루어진다. 실거래에서는 무효행위라도 이해당사자의 주장에 의해 무효임이 판명되며, 그 전까지는 마치 유효인 것처럼 다루어지는 경우가 많다. 반면에 취소는 법률상 인정된 취소권자의 취소의 의사표시가 있을 때에 무효로 된다. 취소권이 없는 사람이 착오·사기와 같은 법률행위의 흠을 주장하여도 그 법률행위의 효력에 영향을 미치지 못한다.

마) 시간경과에 의한 치유 무효인 법률행위는 시간이 경과하여도 하자가 치유되지 않으므로 유효한 법률행위로 변하지 않는다. 무효주장에 관해서는 소멸시효나 제척기간의 시간적 한계가 규정되어 있지 않다. 다만 신의칙상 무효주장이 없는 채 오랜 기간이 경과하면(대개 10년 정도) 실효의 원칙에 따라 무효주장이 금지된다. 반면에 취소의 경우는 법정의 제척기간(제146조)이 경과하면 취소권이 소멸하여 취소할 수 없게 되고 그 결과 법률행위의 하자는 치유되어 확정적 유효로 된다.

2. 무효사유

(1) 의사표시의 흠결

의사표시의 하자가 심각하여 이에 상응하는 법적 효력을 처음부터 부정하는 것이 타당하다고 판단될 때 의사표시 및 이에 기한 법률행위는 무효로 된다. 비진의표시(제107조), 통정허위표시(제108조 1항), 무의식행위(의사능력이 없는 자의 행위라고도 함)는 무효이다.

(2) 권한 없는 법률행위

법률행위를 하기 위하여 일정한 권한이 요구됨에도 불구하고 그 권한 없이 법률행위를 한 경우에 법률행위는 소기의 효력을 발생시키지 못한다. 무권대리(제130조), 처분권 없는 자의 처분행위, 형성권 없는 자의 단독행위는 무효이다.

(3) 반사회적 법률행위

법률행위의 내용이 법이 허용하는 한계를 일탈한 경우에 법률행위가 무효로 된다. ① 선량한 풍속 기타 사회질서에 위반한 법률행위는 무효이며(제103조), 당사자의 궁박·경솔 또는 무경험으로 인하여 현저하게 공정을 잃은 법률행위는 무효이다(제104조). ② 법률행위의 효력을 부인하는 민법이나 특별법의 규정(강행규정)에 위반한 행위도 무효이다. 예를 들어 토지임대차계약이 종료한 후 그 지상의 건물에 대한 매수청구권을 포기한다는 약정은 강행규정(제643조, 제652조)에 위반하여 무효이다. ③ 법률이 허용하는 물권의 유형과 다른 유형의 물권을 창설하는 행위도 물권법정주의라는 물권법질서에 위반하는 법률행위로서 무효이다(제185조).

(4) 원시적 불능의 법률행위

법률행위의 목적이 처음부터 확정적·객관적·영구적으로 불가능한 경우에 그 법률행위는 무효이다. 다만 주관적 불능 및 객관적 일부불능은 원시적 불능이라도 계약성립을 방해하지 않으며, 객관적 전부불능만이 법률행위를 무효로 한다. 행위 당시에는 불가능하지만 장래 가능해질 수 있는 경우는 원시적 불능에 해당하지 않는다.

(5) 공시방법을 갖추지 않은 행위

법률이 어떤 행위의 효력요건으로서 공시방법을 갖출 것을 요구하는 경우에 그 공시방법을 갖추지 않은 법률행위는 무효이다. 등기 없는 부동산양도행위(물권행위)나 인도 없는 동산양도행위, 신고 없는 혼인·입양은 원칙적으로 무효이다. 다만 채권양도(제450조)에서와 같이 공시방법이 어떤 법률행위의 대항요건일 때에는 그 법률행위의 효력발생에 영향을 미치지 않는다.

(6) 관청의 허가를 얻지 않은 행위

법률이 어떤 행위의 효력요건으로서 관청의 허가·신고 등을 요구하는 경우에, 그 요건을 갖추지 않은 법률행위는 무효이다. ① 법인설립행위(제32조), ② 토지거래 허가지역에 있는 토지의 매매, ③ 농지소재지관서의 증명이 필요한 농지매매(농지 제8조)가 그러하다.

3. 무효의 종류

(1) 절대적 무효와 상대적 무효

가) 절대적 무효의 원칙 　연속되는 법률행위에서 앞의 행위가 무

효로 되면 그 후에 행해진 모든 행위에 영향을 미치는 것이 원칙이다. 무효의 효과가 후에 행해진 법률행위에 파급효과를 미치는 것을 「절대적 무효」라고 한다. 절대적 무효는 무효행위를 한 당사자간은 물론 제3자에 대한 관계에서도 무효임이 주장될 수 있다.

나) 대항상대방의 제한　법률행위의 무효로 당사자 사이와 그 밖에 제한된 사람 사이에서만 법률효과가 생기지 않는 경우를 상대적 무효라고 한다. 상대적 무효의 경우에는 「무효를 가지고 대항할 수 있는 상대방 및 제3자」 및 「무효를 가지고 대항할 수 없는 제3자」와의 두 종류의 법률관계가 전개된다.

(2) 당연무효와 재판상 무효

가) 당연무효의 원칙　원래 법이론상 법률행위의 무효는 누구의 주장을 기다리지 않고 처음부터 효력을 발생하지 않는데, 이것을 당연무효라고 한다.

나) 무효주장방법의 제한　법률의 규정에 의해 무효의 주장이나 항변을 소송절차에 의해서만 하도록 제한을 두는 경우가 있다. 이렇게 무효주장의 방법이 소송절차로 제한되는 경우를 재판상 무효라고 부른다. 가족법에 인지(생부나 생모가 혼인 외의 출생자를 자기의 자식이라고 인정하는 것)에 대한 이의는 「인지에 대한 이의의 소」로서 인지신고부터 1년 내에 제기할 수 있게 제한된다(제862조). 혼인중의 자에 대한 친자관계부존재에 관해서도 「친자관계존부의 확인의 소」로써만 주장할 수 있다(제865조).

(3) 확정적 무효와 유동적 무효

가) 확정적 무효　통정한 허위표시로 인한 무효 등 법률행위의 효력발생이 현재뿐 아니라 장래에도 불가능하다고 판단되는 경우를

확정적 무효라 한다.

나) 유동적 무효 관청의 허가, 등기 등 법률행위가 갖추어야 할 요건 중 일부를 갖추지 못함으로써 현재에는 효력이 발생할 수 없으나 장래에 그 요건을 갖춘다면 유효한 행위로 될 수 있을 경우를 유동적 무효라고 한다. 유동적 무효상태에서 당사자는 계약내용에 따른 의무를 부담하지 않으므로, 그 계약내용에 따른 채무불이행을 이유로 계약을 해제할 수는 없다(대판 1995. 1. 24, 93다25875). 매매계약이 확정적으로 무효로 되는 것도 아니기 때문에 계약체결시 지급되었던 계약금에 대해서도 확정적인 무효가 되지 않는 한, 이를 부당이득으로서 반환청구할 수도 없다(대판 1995. 6. 9, 95다2487). 유동적 무효상태에서도 양당사자는 매매계약을 효력 있는 것으로 완성해야 할 협력의무를 부담하기 때문에 그 한도에서 당사자의 의사표시가 무효로 되는 것은 아니므로, 당사자들은 이러한 협력의무의 이행을 소구할 수 있을 뿐만 아니라(대판 1995. 1. 24, 93다25875), 그 불이행을 이유로 손해배상을 청구할 수도 있다.

판례는 토지거래허가를 전제로 한 규제지역 내의 매매계약에 대해 허가받기 전까지 그 계약은 유동적 무효라고 한다(대판(전합) 1991. 12. 24, 90다12243). 허가를 받게 되면 그 계약은 소급하여 유효한 계약이 되고 반대로 불허가의 경우에는 무효로 확정된다는 점에서, 허가를 받기 전까지 계약은 유동적 무효의 상태에 놓인다.

4. 무효행위의 일반적 효과

법률행위가 무효이면 원래 당사자가 의도한 법률효과는 생기지 않는데 이것을 「무효행위의 일반적 효과」라고 한다. 그러나 무효인 법률행위라도 다른 법률효과를 갖는 경우가 있는데, 이것을 「무효행위의 부수적 효과」라고 한다.

(1) 무효인 채권행위의 효과

가) 채무이행 전　무효인 법률행위가 의무부담행위(채권행위)인 경우에 이에 기하여 채권·채무가 발생하지 않는다. 채권자는 무효행위에 기하여는 급부청구권을 갖지 못하므로, 채무자에 대해 이행청구 및 이행강제를 할 수 없다.

나) 채무이행 후　무효인 계약에 의하여 이행된 급부는 계약당사자 사이에서는 부당이득반환청구권(제741조)에 의해 원소유권자에게 복귀된다.

(2) 무효인 처분행위의 효과

처분행위가 무효인 경우에 당사자가 의도한 권리의 처분의 효과는 생기지 않는다. 물권행위의 경우에는 물권변동이 생기지 않는다. 무효인 물권행위에 기해 소유권이전등기를 한 경우에 그 등기도 무효이며 진정한 소유자의 청구에 의해 장차 말소될 것이다. 처분행위가 채권양도인 경우에 채권은 이전하지 않고 종전의 채권자가 계속 보유한다.

(3) 무효인 단독행위의 효과

형성권의 행사가 있지만 그 의사표시를 한 사람에게 형성권이 없는 경우에 형성권의 효력은 발생하지 않는다. 권한 없는 취소는 법률행위를 무효로 하지 못하고, 권한 없는 추인은 법률행위의 하자를 치유하지 못한다.

(4) 무효주장의 소급효제한

단체계약·노무제공계약에서 이미 일방당사자가 급부를 이행한 때에 무효주장의 소급효를 제한하는 이론이 주장된다. 소급효가 제한되는 경우는 조합계약, 사단설립행위와 같은 단체적 법률행위 및 고용계약(근로기준법상의 근로계약 포함), 도급·위임과 같은 노무(서비스)의 제공계약 등이다. 단체계약과 노무제공계약에서 급부이행이 있은 후에는 그 계약의 무효사유가 발견되더라도 계약시에 소급하여 무효로 되지 않고 무효임이 판명된 때로부터 장래를 향하여 효력을 상실한다.

(5) 일부무효

가) 원　칙　법률행위에서 분할가능한 일부분만이 무효사유에 해당하는 때를 「일부무효」라고 한다. 일부무효의 효과는 입법정책의 문제로서 민법은 「전부무효의 원칙」을 채택하고 보충적으로 「잔여부분유효의 법리」를 규정한다(제137조). 일부무효의 효과에 관하여 다른 법률규정이 있는 때에는 그에 따른다. 민법에는 제385조, 제591조 제1항, 제651조 제1항 등의 규정이 있으며 그 밖에 가등기담보법·약관규제법 등의 특별법에도 일부무효에 관한 규정들이 있다.

나) 요　건　일부무효에 해당하기 위해서는, ① 부분적 무효 : 법률행위 중 무효사유에 해당하는 것이 일부분이어야 하며, ② 분할가능성 : 무효사유에 해당하는 일부분이 다른 부분으로부터 분할될 수 있어야 한다. 무효부분의 분할가능성은 반드시 양적인 분할에 한하지 않고 질적 분할이라도 무방하다.

다) 효　과　법률행위의 일부분이 무효인 때에는 그 전부가 무

효로 되지만, 그 무효부분이 없더라도 법률행위를 하였을 것이라고 인정될 때에는 나머지 부분은 무효가 되지 아니한다(제137조). ① 전부무효의 원칙 : 일부무효는 원칙적으로 법률행위 자체의 효력발생을 저지한다. 전부무효의 원칙을 취하는 이유로서 「당사자의 의사에 적합하다는 점」을 들 수 있다. ② 잔존부분의 유효 : 잔존부분이 유효하게 남기 위해서는 「그 무효부분이 없더라도 법률행위를 하였을 것이라고 인정될 것」이라는 요건을 충족해야 한다. 당사자의 추정적 의사가 잔존부분의 유효를 원하는 것이다. 다만 법률행위의 일부가 강행법규에 위배되어 무효인 경우 나머지 부분을 무효로 하는 것이 그 법의 입법취지에 명백히 반하는 결과가 초래되는 경우에는 나머지 부분은 유효이다(대판 2007. 6. 28, 2006다38161).

라) 무효부분의 보충　잔여부분이 유효로 남는 경우에 무효로 된 부분은 공백으로 남게 되는데, 법률행위에 따라서는 이 무효부분을 보충해야만 완전한 법률행위로 성립하게 되는 경우가 있다. 무효부분의 보충방법으로서는 먼저 당사자의 추정적 의사를 찾아 이로써 보충하고 그것이 없을 때에 관습·임의법규를 적용한다.

마) 약관의 일부무효　계약의 내용으로서 미리 마련된 「약관」의 조항이 무효로 되는 경우에는 민법의 일반원칙에 따르지 않고 약관규제법의 특칙에 의한다. 약관규제법은 민법규정과 반대로 「잔존부분유효의 원칙」을 취하고 예외적으로 전부무효로 한다(약관 제16조).

5. 무효행위의 전환

(1) 의　　의

법률행위가 원래 의도한 효력을 발생할 수 없지만 다른 법률행위로서의 요건을 갖추고 있는 경우에 그 다른 법률행위로서의 효력을 발생하게 하는 경우를 무효행위의 전환이라고 한다. 무효행위의 전환은 당사자가 그 무효를 알았더라면 그 다른 법률행위를 하는 것을 의욕하였으리라고 인정되는 때에 한하여 허용된다(제138조). 법률의 규정에 의한 무효행위의 전환도 있는데 「연착된 승낙은 청약자가 이를 새 청약으로 볼 수 있음」(제530조), 「조건이나 변경을 가한 승낙은 새 청약으로 간주됨」(제534조), 「유언의 전환」이 그 예이다. 비밀증서에 의한 유언이 그 방식에 흠결이 있는 경우에 그 증서가 자필증서의 방식에 적합한 때에는 자필증서에 의한 유언으로 본다(제1071조).

(2) 본 질

무효행위의 전환에 의하여 다른 법률행위로 살아나는 것은 이러한 은닉된 예비적 의사이다. 그 무효행위에서 당사자가 1차적으로 의욕하였던 드러난 법률효과에 관해서는 「무효」로 되고, 예비적으로 의욕하였던 숨은 법률효과에 관해서는 「유효」로 살아 있게 된다.

무효행위전환의 본질에 관하여 「일부무효의 특수한 적용례」라고 파악하는 견해도 있다. 즉 민법 제137조는 「양적 일부무효」를 규정함에 대하여 민법 제138조는 「질적 일부무효」를 규정하는 것이므로, 위 두 개의 법조문은 본질적으로 유사한 규정이라고 한다.

(3) 전환이 허용되는 무효행위

무효사유에 따라 전환가능한 행위가 있고 전환불가능한 행위가 있다. ① 비진의표시나 허위표시와 같이 의사표시의 흠결이 있는 경우로서 무효의 의사표시 배후에 진정한 다른 의사표시가 존재하는 경우에는 유효로 될 수 있을 것이다. ② 대리권 없이 대리행위를 하면서 만약 그 대리행위가 무효로 될 때에는 무권대리인 자신이 당사자가 되겠다는 약정을 하는 경우에는 그 예비적 의사에 따라 계약당사자가 된다. ③ 공시방법 · 허가 등의 효력요건을 갖추지 않은 법률행위가 그것이 필요 없는 다른 유사의 행위로 전환될 수 있다.

(4) 다른 유효한 법률행위

가) 효과의사의 존재　법률행위전환으로 새롭게 성립하는 법률행위가 무엇인가는 무효행위의 해석에 의해 명확하게 될 수 있다. 무효행위 속에 은닉된 의사를 탐구하여 그 의사에 의미를 부여하는 일이 필요하다.

나) 예비적 의사　새로운 법률행위의 기초가 되는 의사는 가상의 의사와는 다르게 실제로 무효행위의 배후에 존재하는 예비적 의사라고 해석된다. 당사자에게 그가 원하지 않는 법률행위를 강요할 수 없으므로, 전환에 의해 생기는 법률행위도 당사자의 실제의사에 바탕을 두어야 한다. 반면에 전환시 필요한 의사는 무효행위에 가상적으로 존재하는 가상의사라는 견해가 있다.

다) 다른 효력요건의 구비　새로운 법률행위가 무효행위에서 추출한 의사표시 이외에 법정형식의 준수, 공시방법의 구비, 허가 등 다른 효력요건을 요구하는 것인 때에는 그 효력요건도 갖추어야 한다. ① 전환 후 행위가 요식행위인 경우 : 전환 전 행위가 불요식행위였던 경우에는 필요한 형식을 갖추어야 한다. 전환 전 행위가 요식행위였던 경우라도 그 형식이 전환 후 행위의 형식으로 인정될 수 없는 경우에는 새로이 형식을 갖추어야 한다. 예외적으로 고아를 친생자로서 출생신고하고 양육한 경우에는 입양행위로써 유효성이 인정된다. 당사자 사이에 양친자관계를 창설하려는 명백한 의사가 있고 기타 입양의 실질적 성립요건이 모두 구비된 경우에, 입양신고에 갈음하여 적출자로 신고했더라도 입양의 효력이 발생한다(대판(전합) 1977. 7. 26, 77다492). 그러나 친생자가 아닌 아이를 적출자로 신고한 경

우에는 그 신고행위는 무효이어서 친자관계가 생기지 않는다. ② 전환 후 행위가 불요식행위인 경우 : 전환 전 행위가 요식행위였는가 불요식행위였는가에 관계없이 전환 후 행위에 필요한 당사자의 의사가 있다면 무효행위전환이 인정된다. 예를 들어 지상권설정행위를 임대차계약으로 전환하는 경우, 이때 임차권의 대항력취득요건은 별도로 갖추어야 한다.

6. 무효행위의 추인

(1) 추인의 의의

당사자가 무효임을 알고 추인의 의사표시를 하여 무효인 법률행위를 유효로 변화시키는 것을 무효행위의 추인이라고 한다. 추인은 무효행위 당시에 결여되었던 당사자의 유효한 의사표시를 보충하는 것이다.

(2) 추인할 수 있는 무효행위

무효행위의 추인은 무효사유가 「당사자의 의사표시의 흠결」과 관계되는 경우에 한하여 인정된다.

가) 비진의표시의 추인 　표의자가 진의 아님을 알고 의사표시를 하고 상대방이 진의 아님을 알았을 때에 무효로 되는데, 표의자의 추인에 의하여 의사표시가 완성된다.

나) 통정허위표시의 추인 　표의자가 상대방과 통정하여 한 의사표시는 무효인데, 표의자는 상대방에 대하여 진정한 의사를 갖고 통정허위표시를 추인하는 의사를 표시할 수 있다.

다) 무의식행위의 추인 　표의자가 만취, 의식불명의 상태에서 한 의사표시는 무효인데, 표의자가 의식을 되찾은 후에 상대방에게 같

은 내용의 의사표시를 반복하거나 과거의 행위를 인정한다는 의사표시를 하면 추인으로 된다.

라) 무권대리의 추인 본인으로부터 대리권을 수여받지 않은 자가 한 대리행위는 무효인데, 본인이 그 무권대리행위를 추인하면 유효한 대리행위로 된다(제130조). 본인의 추인은 사후에 대리권을 수여하는 것과 유사한 결과를 가져온다. 추인은 본인으로부터 대리행위의 상대방에 대하여 표시되어야 한다(제132조).

마) 무권리자의 처분행위의 추인 어떤 물건을 양도하는 행위를 한 자가 그 물건의 소유권이나 기타 처분권을 갖고 있지 않은 경우 그 처분행위는 처분권 없는 행위로서 무효이다. 후에 그 물건의 소유자가 그 양도행위를 알고 과거 무권한자의 양도행위를 추인하면 그 처분행위는 유효로 된다. 추인에 의한 전환은 사적자치의 원칙에 비추어 인정되는 것이다(대판 2001. 11. 9, 2001다44291). 판례는 무권한자의 처분행위의 추인을 무권대리의 추인과 같이 취급한다(대판 1981. 1. 13, 79다2151).

바) 추인할 수 없는 무효행위 사회적 타당성, 공시방법(등기 · 인도), 허가 등의 효력요건을 결여한 무효행위는 아무리 추인하더라도 유효로 되지 못한다. 일방적인 혼인신고 후 혼인의 실체 없이 몇 차례의 성관계로 아이를 출산한 경우에, 무효인 혼인을 추인했다고 보기 어렵다(대판 1993. 9. 14, 93므430).

(3) 추인의 효과

가) 새로운 법률행위의 성립 민법은 무효행위의 추인을 새로운 법률행위를 한 것으로 간주한다(제139조 단서). 정확히 말하면 무효행위는 무효인 채로 남아 있고 추인에 의해 새로운 법률행위를 하는 것이 되며, 무효였던 법률행위가 추인 이후에 유효로 변하는 것은

아니다. 추인으로 새로운 법률행위가 유효하게 성립히기 위한 요건은 다음과 같다. ① 무효행위가 추인가능한 법률행위이어야 한다. ② 추인으로 법률행위의 효력요건이 모두 갖추어져야 한다. ③ 추인하는 자가 종전의 법률행위가 무효임을 알고 추인하여야 한다.

나) 비소급효 추인의 효력은 무효행위시에 소급하지 않음이 원칙이다. 그러나 당사자의 합의에 의하여 소급효를 갖는 추인을 하는 것은 가능하다. 다만 소급효의 합의에는 모든 당사자가 참여해야 한다. ① 무효행위 및 그 추인행위가 의무부담행위(채권행위)인 때에는 다른 특약이 없는 한 당사자의 의사가 소급효를 인정하는 취지인 것으로 해석된다. ② 처분행위(물권행위)의 추인은 소급효를 갖지 않음이 원칙이다.

7. 무효행위의 치유

무효행위가 행위 당시에 효력요건의 흠결이 있었지만 그 후 무효사유가 소멸하게 되어 유효한 법률행위로 될 여건을 갖추었고 당사자도 그 유효화를 의욕하는 경우에 「무효행위의 치유」가 인정된다. 「추인할 수 없는 무효행위」에서 이러한 치유가 가능하다.

강행법규의 폐지, 공시방법의 완화, 허가제의 폐지 등으로 효력요건의 흠결이 해소될 사정이 생기면 종전의 무효행위는 치유되어 유효하게 변할 수 있다. 토지거래허가구역이 해제된 경우에 유동적 무효이던 매매계약은 확정적 유효로 된다(대판(전합) 1999. 6. 17, 98다40459).

리갈마인드 강화훈련

형식 (形式, form)

형식이란 대상, 사물, 과정의 외적 형태 및 가시적 표면현상을 반영하는 개념이다. 객관적 실체의 대상은 형식이다. 사물의 외적 형식 뒤에는 그 내용을 이루는 다수의 내적 과정이 진행된다. 형식과 내용은 변증법적 상호관계에 놓인다.

법의 영역에서는 다른 영역에 비해 형식이 더욱 중요시된다. 법적 판단은 일정한 사실을 전제로 하며, 일정한 형식을 갖춘 경우에는 그것에 상응하는 사실이 존재한다는 추론이 가능하기 때문이다. 예를 들어 계약이 체결되었는가가 법적으로 문제된 경우에 법은 일응 계약서라는 형식을 갖춘 사람에게 계약상의 권리를 인정한다. 그러나 그 계약서가 허위임이 증명되면 형식에 부여된 힘(추정력)은 사라지게 된다.

추리논증훈련

- 간접광고

1. 어떤 독자가 신문을 보다가 '새로운 노화방지 기술 발견'이라는 표제를 보고 흥미를 느끼게 되었다. 기사인 줄 알고 꼼꼼히 읽다가 내용이 특정 건강식품으로 유도하는 편파적인 측면이 있어 잘 살펴보았는데 구석의 작은 글씨로 된 '전면광고'라는 표시를 발견하였다. 독자는 신문사가 일부러 기사와 광고를 혼동하게 만들어 광고효과를 높이기 위해 그렇게 편집했다고 생각하고 신문사에 항의전화를 했다. 당신은 독자의 이러한 항의가 옳다고 생각하는가?

2. 텔레비전의 인기 프로그램에서 출연자가 입고 나온 옷과 가방 등은 곧 소비자에게 잘 팔리는 인기상품이 된다. 어떤 텔레비전의 프로그램 제작자가 그러한 현상을 이용하여 자기 부인이 운영하는 의류상표를 광고하려고 출연자들에게 그 제품의 옷을 입도록 권유하였다. 당신은 어떤 근거에서 제작자의 이러한 행동이 나쁘다고 생각하는가?

43

법률행위의 취소

1. 개 설

(1) 취소제도의 의의

취소제도는 법률행위의 효력을 지속시킬 것이냐 무효화할 것이냐의 결정을 취소권자에게 맡김으로써 법률행위의 효력유지의 가능성을 높이려는 목적을 갖는다.

가) 철회와의 구별 취소는 이미 발생하고 있는 법률행위의 효력을 잃게 하는 것인데 반해 철회는 아직 법률행위의 효력이 발생하지 않은 것에 대해 그 효력발생을 저지시키는 것이므로, 취소와 철회는 그 제도적 목적을 달리한다.

나) 해제 · 해지와의 구별 취소와 해제 · 해지는 이에 관해 형성권을 가진 자만이 행사할 수 있다는 점, 상대방있는 일방적 의사표시로서 행사한다는 점, 그 발생사유가 법률 등에 의해 제한된다는 점에서 공통성을 띤다. ① 적용범위 : 해제와 해지는 계약에 관하여 인정되는 계약해소사유이다. 반면에 취소는 계약에 관해서 인정되는 외에 단독행위에 관해서도 인정된다. ② 발생원인 : 해제와 해지

는 일단 유효하게 성립한 계약이 당사자 일방의 채무불이행 등을 이유로 더 이상 유지되는 것이 타당하지 않다고 판단되는 때에 인정된다. 해제는 계약의 성질이 일회적 급부를 목적으로 하는 경우(예: 부동산이나 자동차의 매매) 및 계속적 계약에서 계약당사자가 아직 이행에 착수하기 전일 때에 인정된다. 반면에 취소는 계약의 체결행위에 하자가 있어 불완전하게 성립한 경우에 문제된다. 취소권은 법률행위의 성립요건(효력요건을 포함한 의미임)의 흠결로 인해서 발생한다. 해제권・해지권의 발생사유가 계약의 성립요건과 무관한 것과 대조적이다. ③ 효 과: 계약이 해제되면 그 계약을 기초로 하여 발생한 채권・채무는 청산관계에 들어가게 된다(직접효과설은 소급효를 인정함). 해지는 계속적 계약의 회귀적 급부를 일정한 시점부터 중단시키는 효과를 가져온다(예: 다음 달부터 신문구독을 중단하는 경우). 반면에 취소는 법률행위를 소급적으로 실효시킨다(직접효과설에 의하면 취소와 해제가 유사함).

(2) 취소의 법적 성격

가) 법률행위설 취소는 의사표시를 핵심요소로 하며 그 법률효과가 그 의사표시에서 의욕한 것이기 때문에 종래 별도의 법률행위라고 설명되어 왔다. 취소의 법률행위는 「상대방 있는 일방적 의사표시」로서 구성되는 단독행위이다.

나) 부종행위설 취소를 하나의 독립의 법률행위로 보는 것은 옳지 않으며 취소가능한 법률행위에 부종하는 행위라는 견해이다. 취소는 그 요건면에서 취소대상이 되는 법률행위의 존재를 필요로 하며, 취소의 효과는 독자적인 것이 아니라 그 법률행위를 무효화하는 것이다. 취소권 및 취소행위 자체는 보통의 법률행위에서와 같이 그 기초가 되는 법률행위와 분리하여 타인에게 양도・승계될 수 없다.

2. 취소사유

(1) 무능력을 이유로 한 취소

행위자의 무능력을 이유로 하는 취소는 그 효력이 절대적이며(절대적 취소), 그 취소의 소급효를 가지고 제3자에게 대항할 수 있다.

(2) 의사표시의 하자를 이유로 한 취소

「착오로 인한 의사표시」(제109조)와 「사기 · 강박에 의한 의사표시」(제110조)의 취소는 당사자 사이에서만 법률행위를 무효화시키는 것이 원칙이다(상대적 취소). 민법은 "이 의사표시의 취소는 선의의 제3자에게 대항하지 못한다"고 규정하여(제109조 2항, 제110조 3항), 취소의 효과로 제3자의 신뢰가 파괴되어 거래의 안전을 해치는 것을 막고자 한다. 배상액합의의 쌍방이 모두 그 합의를 취소하는 의사표시를 했더라도 각자 주장하는 취소사유(일방은 착오, 타방은 강박)가 인정되지 않으면 합의는 효력을 상실하지 않는다(대판 1994. 7. 29, 93다58431).

(3) 형성적 가족행위의 취소

혼인의 취소(제816조 이하), 이혼의 취소(제838조), 입양의 취소(제884조), 친생자승인의 취소(제854조) 등 형성적 가족행위의 취소에 관하여는 취소방법과 취소효과에 관하여 특칙이 규정되어 있다. 이러한 특칙이 있는 경우에 제140조 이하의 규정은 그 특칙과 상충되지 않는 범위에서만 적용된다.

3. 권리의 경합

(1) 무효와 취소의 이중효

무효인 법률행위의 취소도 가능하다. 무효사유의 존부가 명료하지 아니하거나 입증이 곤란한 경우에, 당사자는 취소사유를 주장하여 취소권을 행함으로써 그 법률행위의 효력을 부인할 수 있다. 이렇게 법률행위의 효력요건의 결함을 취소이든 무효이든 주장·입증하여 법률행위를 무효화시킬 수 있다는 법리를 「무효와 취소의 이중효의 법리」라고 한다.

(2) 해제와 취소의 이중효

판례는 계약의 해제사유와 취소사유가 모두 존재하는 경우에 해제와 취소의 이중효를 인정한다. 즉 "매도인이 매수인의 중도금 지급채무불능을 이유로 매매계약을 적법하게 해제한 후라도 매수인으로서는 상대방이 한 계약해제의 효과로서 발생하는 손해배상책임을 지거나 매매계약에 따른 계약금의 반환을 받을 수 없는 불이익을 면하기 위하여 착오를 이유로 한 취소권을 행사하여 이 매매계약 전체를 무효로 돌리게 할 수 있다"고 한다(대판 1991. 8. 27, 91다11308). 그러나 계약불성립·취소·무효·해제 중 어느 사유를 주장하여 패소한 경우에 다른 사유로 다시 청구할 수 없다(대판 2000. 5. 12, 2000다5978).

4. 취소권자

(1) 의　　의

민법은 취소의 의사표시를 하여 법률행위를 무효화시킬 수 있는 힘을 취소권이라고 하고, 이 취소권자를 일정한 범위로 제한한다.

취소권은 형성권이다. 취소제도는 무효제도와는 달리 법률행위의 무효화 주장을 할 수 있는 사람을 좁게 제한하는 데에 특색이 있다(제140조). 취소권자를 제한하는 이유는 법정책적으로 취소로 인한 법률행위의 무효화 가능성을 줄여서 하자 있는 법률행위라도 가급적 효력을 지속시키기를 희망하기 때문이다.

(2) 취소권자

가) 무능력자 무능력자는 자기가 한 취소가능한 법률행위를 단독으로 취소할 수 있다. 무능력자가 한 행위라도 취소불능의 법률행위는 취소할 수 없다.

나) 하자 있는 의사표시를 한 표의자 표의자가 의사표시를 하였으나 그 효과의사형성에 하자가 있어서 의사표시가 불완전한 경우에 취소할 수 있다. 판단력을 회복하지 않은 상태에서 한 취소는 그 자체가 다시 「하자 있는 의사표시」가 될 수 있다.

다) 대 리 인 취소가능한 법률행위를 한 무능력자의 법정대리인은 스스로 그 법률행위를 취소할 수 있다. 법정대리인은 무능력자의 취소권행사를 대리하는 것이 아니라 자기가 갖는 취소권을 행사하는 것이다. 하자 있는 의사표시를 한 표의자의 임의대리인도 취소권자이다. 임의대리인은 본인의 취소권행사를 대리할 뿐, 대리인 스스로의 취소권은 갖지 않는다. 취소권은 독자적인 권리가 아니라 「취소가능한 법률행위에 부종하는 권능」이기 때문이다.

라) 승 계 인 취소가능한 법률행위로부터 생긴 당사자의 지위(예 : 매수인의 지위) 또는 특정의 권리·의무(예 : 대금지급청구권)를 승계한 사람은 취소권도 함께 승계받는다. 상속이나 회사의 합병에 의한 포괄승계인도 승계받은 법률행위의 하자에 기인한 취소권을 갖는다.

5. 취소권의 행사

(1) 취소의 의사표시

취소의 의사표시는 명시적 또는 묵시적으로 할 수 있다. 취소의 의사표시는 특정한 방식이 요구되지 않으며 상대방이 취소의 의사를 인식할 수 있는 어떤 방법이라도 무방하다. 법률행위의 취소를 당연한 전제로 한 소송상 이행청구나 이를 전제로 한 이행거절 가운데는 취소의 의사표시가 포함되어 있다(대판 1993. 9. 14, 93다13162).

(2) 취소의사표시의 상대방

가) 계약상대방　　취소가능한 법률행위가 계약인 경우에 취소는 계약상대방에 대하여 한다. 취소는 계약상의 채무를 면하기 위하여 하는 것이며 그 채무의 채권자는 계약상대방이기 때문이다. 제 3 자의 사기 · 강박에 의해 계약이 체결되고 그 실질적 이익을 제 3 자가 얻은 경우에도 제 3 자를 상대로 취소할 것이 아니라 계약상대방에 대하여 취소해야 한다. 계약에서 제 3 자를 수익자로 지정한 「제 3 자를 위한 계약」(제539조 이하)에서는 그 제 3 자도 취소의 상대방이 될 수 있다.

나) 단독행위의 상대방　　상대방 있는 단독행위의 경우에는 그 상대방에 대하여 취소의 의사표시를 하여야 한다. 수권행위의 취소는 대리인 또는 대리인과 거래한 상대방과 할 수 있다. 상대방 없는 단독행위의 취소상대방은 그 법률행위에 의해 직접적으로 이득을 취득한 자이다.

(3) 다수의 상대방

가) 전원에 대한 취소　　법률행위의 일방당사자가 여러 명인 경우

에 법률행위 전부를 상대방 전원에 대한 관계에서 무효로 하려면 상대방 전원(全員)에 대하여 취소의 의사표시를 하여야 한다. 다수의 상대방에 대한 취소의 의사표시는 반드시 한 개의 의사표시로 할 필요는 없으며, 각 당사자에 대하여 다른 시점에 취소의 의사표시를 하여도 무방하다.

나) 일부에 대한 취소 상대방의 일부에 대하여 한 취소의 효력은 어떠한가. ① 취소의 의사표시를 수령한 상대방에 대한 법률관계와 수령하지 않은 상대방에 대한 법률관계를 구분할 수 있는 경우에, 취소의 효과는 그 의사표시 상대방에 대한 관계에서만 발생한다. ② 당사자의 관계를 분리할 수 없는 경우에는 전원에 대하여 취소의 의사표시를 한 경우에만 취소의 효과가 발생한다.

(4) 일부취소

가) 의 의 법률행위의 일부에 취소사유가 존재하는 경우에 취소권자가 그 부분에 상응하는 법률행위를 취소하고자 하는 경우를 일부취소라고 한다. 일부취소의 결과 법률행위는 잔여부분만으로 유효하게 존속하게 된다.

나) 요 건 법률행위의 일부분만을 취소하는 것은 다음의 요건을 갖춘 경우에만 인정된다. ① 그 법률행위가 가분성을 띠어야 한다. ② 잔여부분을 유효하게 유지하려는 당사자의 가정적 의사가 인정되어야 한다(대판 1998. 2. 10, 97다44737). ③ 취소권자가 법률행위의 일부분만을 취소하겠다는 의사를 표시했어야 한다.

다) 일부무효와의 차이 일부무효와 일부취소는 유사한 점이 많지만, 일부취소에서는 취소권자가 일부만을 취소하려는 의사를 표시함으로써 잔여부분은 유효로 남겨 두겠다는 의사가 간접적으로 표현된다는 점에 특색이 있다. 상대방에게도 잔여부분을 유지하려는 의

사가 있으리라고 추측되는 경우에 한해서 일부취소가 인정된다.

라) 전부효력상실 취소권자가 법률행위의 일부만을 취소하는 의사표시를 하였더라도 전부취소의 효과가 발생하는 경우도 있다. 법률행위를 부분적으로 분할하는 것이 적당치 못한 경우, 잔여부분만을 유효로 남겨 두는 것이 상대방의 이익에 어긋나는 경우에 그러하다.

갑이 지능이 박약한 을을 꾀어 돈을 빌려 주어 유흥비로 쓰게 하고 실제 준 돈의 두 배 가량을 채권최고액으로 하여 자기 처 앞으로 근저당권을 설정한 경우에, 근저당권설정계약은 독자적으로 존재하는 것이 아니라 금전소비대차계약과 결합하여 그 전체가 경제적·사실적으로 일체로서 행해진 것이고 더욱이 근저당권설정계약의 체결원인이 되었던 갑의 기망행위는 소비대차계약에도 미치므로, 「갑의 기망을 이유로 한 을의 근저당권설정계약에 대한 취소의 의사표시는 법률행위 일부무효이론과 궤를 같이하는 법률행위의 일부취소의 법리에 따라 소비대차계약을 포함한 전체에 대하여 취소의 효력이 있다」(대판 1994. 9. 9, 93다31191).

6. 취소의 효과

(1) 소 급 효

가) 원 칙 법률행위가 취소되면 그 법률행위는 처음부터 무효인 것으로 간주된다(제141조 본문). 민법은 「취소의 소급효의 원칙」을 택했다.

나) 예 외 혼인·입양 등 가족법상의 법률행위에는 소급효를 제한하는 특칙이 규정되어 있다. 그리고 단체설립계약(법인설립·조합계약), 노무공급계약(고용·위임) 등의 몇몇의 계약유형에 관해서는 「소

급효제한의 법리」가 지배한다(무효의 효과에서 설명한 것과 공통됨). 광산의 공동광업권자로서 한 조합계약을 사기를 이유로 취소하는 경우에, 그 취소의 의사표시 이전에 그 조합체가 계약의 실행에 착수하여 많은 노무자를 고용하여 채굴작업을 해왔으므로, 조합이 사업을 개시하고 제3자와 거래를 한 다음에는 조합계약체결 당시의 의사표시의 하자를 이유로 취소하여 조합성립 전으로 환원시킬 수 없다(대판 1972. 4. 25, 71다1833).

다) 소급효의 의제성　취소권의 행사가 있기 전까지는 유동적 유효였다가 취소권의 행사가 있으면 그 유효였음이 부정되고 소급적으로 무효였던 것으로 간주된다. 취소권행사 이전에 한 채무의 이행은 그 당시에는 유효한 법률행위에 기한 「채무의 이행」으로서 이를 수령한 채권자는 정당한 이득을 취득한 것이었는데, 취소가 있은 후에는 「채무 없는 이행」으로 변하여 부당이득으로 변한다. 그 결과 하나의 행위가 시간의 흐름에 따라서 다른 법적 평가를 받게 된다. 이것은 취소의 소급효가 관념적·의제적이라는 것을 말해 준다.

(2) 법률행위의 실효

가) 미이행채무의 소멸　법률행위가 취소되면 소급하여 무효로 되므로 그 법률행위에서 발생할 채무가 아직 이행되지 아니한 때에는 이행할 필요가 없다.

나) 급부의 원상회복　취소되기 전에 채무자가 이미 이행한 것은 취소 후에 그 채무자에게 반환해야 공평하다. 취소 후에는 급부와 반대급부의 원상회복이 뒤따르게 된다. 법률행위의 취소 후에는 취소 전에 이행한 급부가 「법률상 원인 없는 이익」이 되어 원래의 소유자(채무자)에게 부당이득반환청구권이 생긴다. 취소 전에 이행한 급부가 물건인 경우에는 그 물건에 관해서는 물권적 청구권(소유물반환

청구권, 제213조)에 의해 취소권자에게 복귀될 수 있다. 그 밖에 쌍무계약의 무효·취소의 경우의 이득반환관계를 「잘못 실행된 계약의 청산관계」로 파악하는 이론이 주장된다.

(3) 무능력자에 대한 특칙

가) 현존이익의 반환　법률행위의 취소로 인한 이득반환에 관하여 무능력자를 보호하기 위하여 그의 반환범위를 축소하는 특칙이 규정되어 있다. 무능력자는 「취소된 행위에 의하여 받은 이익이 현존하는 한도」에서 상환책임을 진다(제141조 단서). 「이익의 현존」이란 취소할 수 있는 법률행위에 의해서 취득한 이득이 그대로 남아 있거나 또는 변형되어서 남아 있는 것을 의미한다.

나) 이익현존의 판단　이익이 현존하는가 아니면 소멸하였는가의 판단은 반환청구의 시점이 아니라 취소의 시점을 기준으로 해야 한다.

이익현존의 입증책임을 누가 지는가에 관하여는 학설이 대립한다. ① 무능력자입증설 : 무능력자가 취득한 이익은 현존하는 것으로 추정해야 할 것이므로 무능력자가 현존이익이 없음을 입증해야 한다는 견해이다. 무능력자의 보호는 취소권의 부여에 중점을 두고 부당이득의 반환에서는 이익형평을 도모하는 입장이다(다수설). ② 상대방입증설 : 제141조 단서는 무능력자보호를 목적으로 보통의 경우보다 그 책임을 경감하려는 데 입법취지가 있다고 보아야 하므로 반환청구를 하는 상대방에게 입증책임이 있다는 견해이다.

판례는 금전상의 이득인 경우에는 현존하는 것으로 추정하여 미성년자가 신용카드를 사용하여 물품을 구입한 경우 후에 신용카드 이용계약을 취소하더라도 물품구입대금 상당은 부당이득으로서 현존하므로 반환의 대상이 된다고 한다(대판 2005. 4. 15, 2003다60297).

(4) 손해배상청구권의 발생

취소로 인하여 법률행위가 무효로 되는 경우에 그 취소사유가 손해배상청구권의 발생요건을 충족하는 경우가 있다.

가) 계약체결상의 과실책임　　착오에 의한 의사표시를 이유로 하여 계약을 취소하는 경우에 착오자의 과실로 인한 상대방의 신뢰손해는 「계약체결상 과실책임의 법리」(제535조의 유추적용)에 따라 배상해야 한다.

나) 불법행위책임　　사기 · 강박에 의한 의사표시라는 이유로 계약을 취소하는 것과 직접 관계없이, 사기 · 강박을 당한 사람은 상대방 또는 제 3 자의 위법행위에 대해 불법행위책임(제750조)을 물을 수 있다. 이 때 손해배상액은 그 사기 · 강박과 상당인과관계를 갖는 범위의 손해이다.

7. 취소가능한 법률행위의 추인

(1) 의　　의

취소할 수 있는 법률행위를 추인한다는 것은 취소권자가 이제는 그 법률행위의 하자를 들어 취소하지 않겠다는 의사를 표시하는 것이다. ① 추인은 취소권의 포기이다. 권리의 포기는 권리를 소멸시키는 효과를 갖는다. ② 추인은 법률행위의 하자를 치유하여 완전한 법률행위로 만드는 기능을 한다.

(2) 추인의 요건

가) 추인의 당사자　　취소가능한 법률행위의 추인은 취소권자가 할 수 있다(제143조 1항). 추인의 상대방은 취소의 상대방과 같이 법률

행위의 상대방이다.

나) 추인의 의사표시 추인은 법률행위의 상대방에 대한 의사표시로서 한다. 그 의사표시가 추인으로 인정되기 위해서는 추인자에게 취소사유의 존재 및 하자치유에 대한 인지가 있어야 한다.

다) 취소원인의 종료 추인은 취소의 원인이 종료한 후에 해야 추인으로서 효력을 가진다(제144조 1항). 착오 · 사기 · 강박으로 의사표시를 한 표의자는 이러한 취소원인에서 벗어난 뒤에 추인을 할 수 있다. 다만 무능력을 이유로 법정대리인이 추인하는 경우에는 취소원인이 종료하지 않더라도, 즉 무능력자가 아직 능력자가 되기 전이라도 추인할 수 있다. 무능력자 자신은 취소권자이지만 취소원인이 종료하기 전, 즉 능력자가 되기 전에는 추인을 할 수 없다.

(3) 법정추인

가) 의 의 취소가능한 법률행위와 관련하여 취소권자의 일정한 행위가 있는 경우에 법률상 추인한 것으로 간주하는 제도가 법정추인이다(제145조). 법정추인은 추인자의 의사표시를 필요로 하지 않으며 법정추인사유가 있으면 추인으로 간주된다. 법정추인은 취소권의 소멸원인이 된다.

나) 요 건 법정추인으로 인정되기 위한 요건은, ① 취소사유의 종료 : 취소권자가 취소사유에서 벗어났을 것. 다만 법정대리인의 취소는 취소사유의 종료(무능력자가 능력자로 되는 것)를 필요로 하지 않는다. ② 추인 간주행위 : 취소권자가 법정추인사유에 해당하는 행위를 했을 것. ③ 이의유보 없음 : 추인으로 간주되는 행위가 있더라도 취소권자가 그 행위 당시 이의를 유보한 때에는 법정추인이 되지 않는다.

다) 법정추인사유 ① 전부나 일부의 이행 : 취소권자가 취소가

능한 법률행위로부터 발생한 채무를 이행한 때에는 그 법률행위를 확정적 유효로 추인한 것으로 본다. ② 이행의 청구 : 취소권자가 상대방에 대해 이행을 청구하는 경우를 말한다. 상대방이 취소권자에게 이행청구한 것은 포함되지 않는다. ③ 경 개 : 취소가능한 법률행위로 인한 채권·채무 대신에 새로운 채권·채무를 발생시키는 계약을 체결하는 것을 경개라고 하는데(제500조), 경개는 법정추인사유가 된다. ④ 담보의 제공 : 담보에는 질권·저당권설정과 같은 물적 담보와 보증인을 세우는 인적 담보가 모두 포함된다. ⑤ 취소할 수 있는 행위로 취득한 권리의 전부나 일부의 양도 : 양도가 있기 위해서는 상대방으로부터 법률행위의 목적이 된 권리의 이전이나 물건의 인도를 받은 후이어야 한다. ⑥ 강제집행 : 취소권자가 상대방의 채무불이행을 이유로 강제집행을 한 경우를 말한다.

라) 이의유보　취소권자가 제145조 제1항의 행위를 하면서 그 것이 추인에 해당하지 않는다는 취지의 이의를 한 때에는 그 행위가 추인으로 간주되지 않는다. 이의의 유보는 취소사유의 존부에 관하여 당사자간에 다툼이 있을 때에 자주 이용된다.

8. 취소권의 제척기간

(1) 제도의 취지

취소권은 추인할 수 있는 날로부터 3년 내에, 법률행위를 한 날로부터 10년 내에 행사해야 한다(제146조). 취소가능한 법률행위의 유동적 상태를 일정기간이 지나면 확정적인 것으로 정착시키는 것이 법률관계의 안정 및 거래의 안전에 필요하기 때문에 이러한 제도를 둔 것이다.

(2) 제척기간 내의 취소권행사

민법 제146조가 정한 기간은 제척기간이다. 제척기간이 소멸시효의 경우보다 법률관계를 빨리 안정시킨다. 제척기간의 진행중에 시효진행의 중단은 허용되지 않는다.

(3) 부당이득반환청구의 소멸시효

취소권자가 취소의 의사표시를 한 때에 이미 이행한 급부에 대한 부당이득반환청구권이 발생한다. 부당이득반환청구권은 취소한 날로부터 10년의 소멸시효에 걸린다(반대설 있음: 제척기간설). 판례는 취소 후 부당이득반환청구의 시효는 취소권을 행사한 때부터 기산한다(대판 1991. 2. 22, 90다13420)라고 하여 소멸시효설을 취한다.

리갈마인드 강화훈련

책임 (責任)

책임이란 하나의 인격이 맺는 특수한 도덕적·정치적·법적 관계를 반영하는 윤리학과 법학의 범주를 말한다. 책임의 문제는 자유와 필연성의 관계와 밀접히 연관된다. 책임은 인간이 스스로 어떤 결정을 내리고 사회적 요구를 실행하고 사회생활의 과제를 해결할 수 있는 인간의 능력(책임능력)으로 표현된다.

근대법은 과실책임의 원칙을 취함으로써 책임의 영역을 축소하고 인간의 활동의 자유를 넓게 인정하려고 시도했다. 그러나 환경, 산업재해 등의 영역에서 과실책임의 원칙은 오히려 인간의 활동을 움츠러들게 하는 부작용을 낳았다.

추리논증훈련

• 지속가능한 성장

1. 요즈음 시민들은 '이산화탄소 적게 배출하기 운동'을 벌이고 있다. 자동차 적게 타고, 냉방장치 적게 틀고, 기타 에너지를 절약하여 지구오존층의 훼손을 늦추자는 것이다. 반면에 이러한 운동은 기업의 생산을 위축시킬 우려가 있다는 반론도 있다. 당신은 느리게 살자는 스타일의 삶이 국가의 성장을 방해할 것이라고 판단하는가?

2. 인간이 인간을 살상하는 것에 대하여 참을 수 없는 혐오감을 느끼는 청년이 있다. 이 청년은 군대에 입대하여 비전투요원으로 봉사하기를 희망한다. 그러나 군대는 청년의 가치관을 공식적으로 배려하는 장치를 마련해 두고 있지 않다. 당신은 개인이 추구하는 삶의 가치와 사회가 추구하는 삶의 방식 사이의 차이로 인해 갈등을 느낀다면 어떤 것이 우선해야 한다고 생각하는가?

9장

조건 · 기한 · 기간

44

법률행위의 조건

1. 조건부 법률행위

(1) 의 의

법률행위의 효력발생 또는 소멸을 장래의 불확실한 사실의 성부에 의존케 하는 법률행위의 부관을 조건이라고 한다. 민법 제147조 이하에서 말하는 조건은 「당사자의 의사표시에 의해 법률행위에 부과된 특별요건」이다. 원칙적으로 그 조건은 성취 여부가 불확실한 장래의 사실이어야 하지만, 때에 따라서는 당사자나 제 3 자의 불확정적인 의사인 경우도 있다. 법률행위에 이러한 조건이 붙은 경우에 조건부 법률행위라고 부른다.

(2) 법률행위의 부관

법률행위의 부관이란 「법률행위에 부수하는 약정조건」이란 말을 줄인 표현으로서 법률행위의 효력발생이나 소멸에 관한 조건이나 기한을 가리킨다. 조건과 기한은 법률행위의 특수한 효력요건이다.

(3) 조건과 친하지 않은 법률행위

법률행위의 불확정상태가 당사자나 제3자의 이익을 해치는 경우에는 조건을 부착시키는 것이 금지된다. 다음과 같은 법률행위는 조건의 부착이 제한·금지된다.

가) 단독행위 단독행위에 조건을 붙여 상대방의 지위를 부당하게 불확실하게 만드는 경우에 그 조건부 단독행위는 무효이다.

나) 형성권의 행사 형성권의 행사는 원칙적으로 조건 없이 행해야 한다. 취소·해제·해지·철회·선택권의 행사, 예약완결권의 행사, 환매권의 행사 등이 이에 해당한다. 상계에 관해서는 명문으로 조건의 부착을 금지한다(제493조).

다) 물권행위 물권을 발생·변경·소멸시키는 물권행위는 조건부로 할 수 없음이 원칙이다. 물권법정주의에 의해 「환매권이 붙은 소유권양도」 등 제한된 경우에만 조건부물권행위가 허용된다.

라) 형성적 가족행위 혼인·이혼·입양·인지 등 가족관계의 생성·소멸에 관한 법률행위는 조건을 붙일 수 없다. 그러나 가족행위 중 재산적 행위(부부재산계약 등)에는 조건을 붙여도 무방한 경우가 많이 있다.

마) 어음·수표에 관한 법률행위 어음·수표에 관해서는 공시와 공신의 원칙이 철저히 지켜질 것이 요구되므로, 당사자가 조건을 붙여 공시를 어렵게 하거나 증권에 표현되는 권리의 내용을 변경하는 것이 금지된다. 그러나 거래의 안전을 해칠 염려가 없는 법률행위에는 조건을 붙일 수 있다. 판례는 조건부 어음보증을 인정한다(대판 1986. 9. 4, 84다카2310).

2. 조건의 종류

(1) 정지조건 · 해제조건

가) 정지조건 법률행위에 의한 청구권발생이 조건의 성취에 달려 있는 경우 그 조건은 정지조건이다. 판례가 정지조건으로 인정한 예로서는「귀속재산을 장래 불하받을 것을 조건으로 매매하는 계약」(대판 1960. 10. 6, 4292민상824),「대지로 되는 것을 조건으로 하는 농지의 매매」(대판 1966. 4. 6, 66다329) 등이다. 어떤 법률행위가 정지조건부법률행위에 해당한다는 사실은 그 법률행위로 인한 법률효과의 발생을 저지하는 사유로서 그 법률효과의 발생을 다투려는 자에게 주장입증책임이 있다(대판 1993. 9. 28, 93다20832).

나) 해제조건 그 성취에 의하여 이미 발생한 법률관계를 종료시키는 조건이 해제조건이다. 매매토지 중 공장부지에 편입되지 않는 부분은 매도인에게 원가로 반환한다는 약정은 공장부지로 사용하지 않기로 확정되는 것을 해제조건으로 하는 매매이다(대판 1981. 6. 9, 80다3195). 건축허가를 받으면 매매계약이 성립하고 허가받지 못하면 무효로 한다는 약정은 건축허가신청의 불허가를 해제조건으로 하는 매매계약이다(대판 1983. 8. 23, 83다552). 임대주택건설촉진법에 의해 건설되어 양도가 금지된 아파트의 임차권을 양도하는 계약은 당사자 사이에서는 유효하므로 양도인은 양수인에 대하여 이행불능에 따른 채무불이행책임을 지며, 해제조건부계약으로서 효력이 없게 되는 것은 아니다(대판 1993. 11. 9, 92다43128).

(2) 적극조건 · 소극조건

장래의 불확실한 사실이 현상의 변경을 내용으로 하는 때에는 이를 적극조건이라고 하고(예 : 외국에 이주하면, 허가가 나면), 현상의 불변경이면 이를 소극조건이라고 한다(예 : 국내에 거주하는 한, 허가가 취소되지 않는 한). 소극조건은 특히 유증에서 특별한 의미를 갖는다.

(3) 수의조건 · 비수의조건

가) 의 의 수의조건은 당사자 일방의 임의의 의사와 밀접한 관계가 있는 조건을 말하며, 비수의조건은 그렇지 않은 조건을 말한다. 수의조건은 「순수한 수의조건」(예 : 마음이 내키는 시점에 물건을 확정적으로 구입하기로 함)과 「단순한 수의조건」으로 나뉘며, 비수의조건은 「우성조건」과 「혼성조건」으로 나뉜다.

나) 순수수의조건 수의조건 중에서 특히 법률행위의 효력을 전적으로 일방당사자의 임의의 의사에 의존하게 하는 조건을 「순수수의조건」이라고 한다. 순수한 수의조건의 효력에 관하여 무효설과 유효설이 대립한다. 매매계약을 체결할 때 매도인이 환매권을 유보하였다가 자기가 원하는 때에 환매권을 행사하는 것은 가능한데, 이것은 순수한 수의조건과 같은 취지의 제도이므로 유효설이 타당하다.

다) 단순수의조건 단순수의조건은 법률행위의 효력을 상대방의 임의의 의사에 기한 작위 또는 부작위에 의존케 하는 조건을 말한다. "내가 독일에 여행하면 사진기를 주겠다"라는 예에서 「나의 일방적 의사」 외에 「독일에의 여행」이라고 하는 작위가 단순수의조건의 요건으로 된다.

라) 우성조건 우성조건은 조건의 성취 여부가 당사자의 의사와 전혀 관계없는 조건이다. 「내일 눈이 온다면」과 같이 자연의 사건이 조건이 되는 경우와 「선순위상속인이 상속을 포기하면」과 같이 제3자의 의사나 행위가 조건인 경우가 있다.

마) 혼성조건 혼성조건은 조건의 성취 여부가 당사자의 의사 및 제3자의 의사에 의하여 결정되는 조건이다. 「내가 갑과 동업하

면」이라는 조건은 혼성조건이다.

3. 요 건

(1) 불확실성과 장래성

가) 객관적 불확실성 법률행위의 조건으로 되기 위해서는 불확실성과 장래성의 두 요소를 갖추어야 한다. 조건은 현재의 불확실성을 가지며, 조건의 성취 여부는 시간의 경과에 따라 밝혀지는 장래성을 띤다. 기한은 그의 도래가 확실하므로 불확실성은 없고 장래성만 갖는다는 점에서 조건과 구별된다.

나) 장 래 성 장래의 불확실한 사실만이 조건이 될 수 있다. 현재 당사자에게 불확실하더라도 그 성취 여부가 밝혀지기까지 시간의 경과가 필요 없는 것은 제147조의 조건에 해당하지 않는다.

다) 기성조건 이미 성취된 조건을 기성조건이라고 하며 이 때 조건부법률행위는 성립하지 않는다. 조건이 법률행위 당시 이미 성취한 것인 경우에 그 조건이 정지조건이면 조건 없는 법률행위로 하고 해제조건이면 그 법률행위는 무효로 한다(제151조 2항).

라) 성취불능조건 조건이 법률행위 당시에 이미 성취될 수 없을 때, 그 조건이 해제조건이면 조건 없는 법률행위로 하고 정지조건이면 무효로 한다(제151조 3항). 성취불능의 판단은 사회통념에 비추어 객관적으로 행해진다.

마) 부진정조건 조건이 이미 성취되었거나 또는 불성취로 확정되어 있지만 당사자가 알지 못하는 경우는 부진정조건이라고 부른다. 그 예로서 매수인이 복권이 당첨된 사실을 모르고 복권당첨을 정지조건으로 자동차매매계약을 체결한 경우, 단독상속인으로 유언장이 작성된 사실을 모르고 이러한 유언을 조건으로 부양료를 지급

하기로 계약한 경우가 있다. 부진정조건에 관하여는 조건에 관한 민법규정을 유추적용할 수 있다는 견해와 기성조건과 같이 다루어야 한다는 견해가 대립한다.

(2) 약정조건

민법 제147조가 말하는 조건은 「당사자의 의사표시에 의해 부착된 조건」에 한정된다. 법률의 규정에 의하여 부착된 것은 법정조건(예 : 관청의 허가, 유언자의 사망)으로서 약정조건과 구별된다. 법정조건의 효력은 그 조건을 부착한 법률규정에 의해 정해지며 민법 제147조 이하의 적용을 받지 않는다.

(3) 사회적 타당성

조건부법률행위가 사행성을 띠는 때에는 반사회적 행위로서 무효이다(제103조, 제151조). 어떤 조건을 건다는 자체가 사회질서에 어긋난 경우에 그 법률행위는 처음부터 효력을 발생하지 않는다. 경마가 허용된 경마장이 아닌 곳에서 특정한 말의 우승을 조건으로 금전을 지급하기로 약속하는 경우, 공무원이 직무상 수행해야 할 일을 하는 대가로서 금전을 지급하기로 약정하는 경우가 그러하다.

(4) 불법조건의 금지

조건이 선량한 풍속 기타 사회질서에 위반한 것인 때에는 그 법률행위는 무효로 한다(제151조 1항). 반사회성은 원칙적으로 조건부법률행위에 대한 규범판단이며, 조건만 분리하여 반사회성을 판단하는 것은 적절치 않은 경우가 많다. 불법조건이 붙은 법률행위는 원칙적으로 법률행위의 전부무효를 가져오지만, 예외적으로 조건의 부착만이 일부무효로 되어 조건 없는 법률행위로 되는 경우도 있다.

불법조건이 붙은 근로계약·임대차계약 등은 약자보호를 위하여 조건 없는 계약으로서 존속된다.

4. 정지조건부 법률행위

(1) 조건성취 전의 법률관계

가) 의 의 정지조건부 법률행위는 조건이 성취한 때로부터 그 효력이 생긴다(제147조 1항). 정지조건부 법률행위에서 조건은 법률행위의 효력요건인가 또는 내용인가. ① 법률행위의 효력요건설 : 법률행위의 효력의 발생 또는 소멸에 관하여 조건이 붙은 경우가 조건부 법률행위이며, 정지조건부 법률행위에 있어서 조건의 성취는 당해 법률행위의 효력요건이라고 보는 견해이다(다수설). ② 권리행사요건설 : 조건은 법률행위의 내용으로 되어 이로부터 발생한 권리에 조건부라는 특성을 부여할 뿐 법률행위의 효력발생에는 관여하지 않는다는 견해이다. 조건부 법률행위는 보통의 법률행위와 같이 법적 구속력을 가지며 다만 채무의 이행 여부가 불확정인 채로 남겨져 있다는 점이 다르다고 한다.

나) 조건성취 전 처분행위 정지조건이 성취되기 전에 목적물에 관한 권리를 처분할 수 있다(제149조). 그 처분행위에 의하여 양도되는 것은 조건부 권리, 조건부 의무이다. 이러한 이론구성은 조건을 권리행사의 요건으로 보는 이론구성을 취할 때 원만히 설명된다. 판례는 일찍부터 불하를 정지조건으로 하는 귀속재산의 처분을 인정하고 있다(대판 1995. 10. 13, 4288민상237). 조건부 권리의 양도인은 양수인이 조건의 성취에 의하여 이익을 향유할 수 있도록 협조하여야 하며 그 조건의 성취를 방해해서는 안된다(제148조).

(2) 조건성취 후의 법률관계

가) 권리의 행사가능 정지조건부 법률행위는 조건이 성취되면 이에 기한 권리의 행사가 가능하게 되고 의무자는 의무를 이행해야 한다. 정지조건의 성취에 의하여 조건부 법률행위가 확정적인 효력을 발생하며 조건부 권리는 확정적 권리로 변한다.

나) 불소급의 원칙과 소급효약정 조건의 성취에 따른 효과는 원칙적으로 소급효를 갖지 않는다(제147조 3항의 반대해석). 조건성취의 효과는 조건이 성취된 때를 기점으로 하여 발생한다. 그러나 당사자가 조건성취의 효력을 그 성취 전에 소급하게 할 의사를 표시한 때에는 조건성취의 효력은 소급효를 갖는다(제147조 3항). 다만 당사자의 이러한 소급효약정에 의하여 이미 발생한 제3자의 배타적 권리(물권 등)를 해할 수 없다고 해석된다.

다) 조건불성취와 권리소멸 조건의 불성취가 확실하게 되면 그 때부터 권리·의무는 소멸한다. 이제까지 조건부 권리로서 존재했던 채권 등은 불성취의 확정과 더불어 소멸한다. 채무자도 채무를 면한다.

(3) 조건부 권리의 보호

가) 조건부 권리의 침해금지 조건부 법률행위의 당사자는 조건의 성부가 미정인 동안에 조건의 성취로 인하여 생길 상대방의 이익을 해하지 못한다(제148조). 조건부 채무자가 목적물을 파손하는 행위가 침해행위의 대표적인 예이다. 그 밖에 제3자에게 그 목적물에 대한 배타적 권리(소유권·대항력 있는 임차권)를 취득케 하여 조건부 채권자의 권리행사를 불가능하게 하는 경우도 침해행위에 해당한다. 조건부 권리 및 조건의 존재가 등기에 의해 공시되어 물권이나 기타

대항력 있는 권리로 되어 있던 경우에, 조건의 성취 후 제3자의 배타적 권리가 효력을 상실할 수 있다.

나) 손해배상청구권의 발생　　법률행위의 상대방이 조건성취가 미정인 동안에 조건부 권리를 침해한 때에는 상대방에 대하여 손해배상청구를 할 수 있다. 법률행위에 있어서 급부를 가능하게 할 채무자의 보호의무가 법률행위시에 발생하며, 채권자의 손해배상청구권은 채무자가 이 의무를 이행하지 않은 데에 기초하므로, 채무불이행에 의한 손해배상청구권이 발생한다.

다) 조건부 권리의 처분 · 상속　　조건의 성취가 미정인 권리의무는 일반규정에 의하여 처분 · 상속 · 보존 · 담보로 할 수 있다(제149조). 처분 · 상속 · 보존 · 담보의 대상이 되는 것은 조건부 권리 또는 조건부 의무이다.

라) 신의에 어긋나는 행위의 금지　　조건의 성취 · 불성취를 인위적으로 조작하여 상대방을 불이익에 빠뜨리는 행위는 신의에 어긋나는 행위로서 금지된다. 조건의 성취로 인하여 불이익을 받을 당사자가 신의성실에 반하여 조건의 성취를 해한 때에는 상대방은 그 조건이 성취한 것으로 주장할 수 있다(제150조 1항). 과실에 의한 조건성취방해도 신의칙위반이 될 수 있다(대판 1988. 12. 22, 98다27373). 조건의 성취로 이익을 받을 당사자가 신의성실에 반하여 조건을 성취시킨 때에는 상대방은 그 조건이 성취하지 아니한 것으로 주장할 수 있다(제150조 2항).

5. 해제조건부 법률행위

(1) 의　　의

해제조건이 붙은 법률행위는 일단 유효하게 성립하여 채권 · 채무를 발생시키기까지 조건의 성취 여부에 아무 영향을 받지 않는다. 해제조건이 성취되기 전까지 조건 없는 법률행위와 유사한 효력을 갖지만 해제조건이 성취되면 그 때부터 효력을 잃는다. 주택매매계약에 부수하여 대금수령 이전에 매수인에게 임대권한을 수여한 경우, 이는 매매계약의 해제를 해제조건으로 한 것이다(대판 1995. 12. 12, 95다32037).

(2) 해제 · 해지와의 구별

해제조건부 법률행위는 계약의 해제 · 해지의 제도와 유사한 기능을 갖는다. 해제조건의 성취는 해제 · 해지사유의 발생과 유사하지만 해제 · 해지의 의사표시를 필요로 하지 않고 조건성취에 의하여 바로 계약이 해소된다는 점에서 다르다.

(3) 효 과

가) 성취의 경우 해제조건 있는 법률행위는 조건이 성취된 때로부터 그 효력을 잃는다(제147조 2항). 해제조건이 성취된 경우 법률행위는 마치 행해지지 않았던 것과 유사한 상태로 원상회복시키기 위해서 청산관계로 접어든다.

나) 불 성 취 해제조건이 성취되지 않음이 확실해진 경우에, 그 법률행위는 해제조건이 부착되지 않은 경우와 같이 확정적으로 유효하다. 약혼예물의 수수는 혼인불성립을 해제조건으로 하는 증여와 유사한 성질의 것이므로, 시어머니가 며느리에게 교부한 약혼예물은 그 혼인이 성립되어 상당기간 지속된 이상 며느리의 소유이다(대판 1994. 12. 27, 94므895).

리갈마인드 강화훈련

조건 (條件, condition)

조건이란 철학적으로는 어떤 객체 혹은 객관적 사태가 어떤 다른 대상(들) 혹은 사태(들)가 없으면 존재할 수 없을 때 그러한 관계를 반영하는 개념이다.

하나의 조건이 없으면 제약된 것이 존재할 수 없을 때 그러한 조건을 '필요조건'이라고 하며, 하나의 조건이 어떤 제약된 것을 반드시 야기할 때 그러한 조건을 '충분조건'이라고 한다. 그리고 어떤 조건이 없이는 제약된 것이 존재할 수 없고 그 조건이 제약된 것을 반드시 야기할 때 그러한 조건을 '필요충분조건'이라고 부른다.

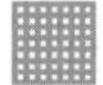

추리논증훈련

- 본인의 이익에 대한 배려

1. 보험이란 어떠한 조건의 성취여부와 직접 관련을 갖는 제도이다. 아내가 군대에 입대하는 남편(25세)의 사망을 조건으로 한 생명보험에 들면서 남편에게 알리지 않고 몰래 남편의 도장을 찍었다. 군대에서 이 사실을 알게 된 남편이 아내에게 매우 불쾌한 감정을 가지게 되었다. 당신은 그 남편의 기분을 이해하는가? 당신은 아내의 행동이 어떤 점에서 잘못되었다고 생각하는가?

2. 독신자가 결혼을 하지 않고 아이를 입양하여 키우려고 마음먹고 입양담당자를 찾아갔다. 그랬더니 입양담당자는 결혼한 부부만이 아이를 입양할 수 있다고 독신자의 입양희망을 묵살했다. 독신자가 왜 안 되냐고 물었더니, 아이가 성인이 될 때까지 인내심을 갖고 양육할 것으로 신뢰할 수 없기 때문에 안 된다고 했다. 독신자는 그것은 기혼자와 독신자를 차별하는 제도라고 항의했다. 그러면서 독신자는 입양한 사람이 아이를 끝까지 책임감을 갖고 양육할지 안 할지는 누구도 미리 알 수 없는데 일정한 타입의 사람에게만 의심을 하는 것은 부당하다고 반박했다. 당신은 독신자의 주장이 옳다고 생각하는가?

45

법률행위의 기한 · 기간

1. 기한부 법률행위

(1) 기 한

권리의 행사 및 의무의 이행에 시기나 종기의 시간적 제약이 붙어 있는 경우에 그 시간적 제약을 기한이라고 한다. 기한은 법률행위의 효력의 발생, 소멸 또는 이행을 장래발생이 확실한 사실에 의존케 한다는 점에서 불확실한 사실의 성부에 의존시키는 조건과 다르다.

(2) 기한부 권리

어떤 법률행위에서 발생한 권리의무에 일정한 행사기한이 약정된 경우에 그 법률행위를 기한부 법률행위라고 한다. 기한부 법률행위에 의해서는 「기한부 권리」와 「기한부 의무」가 발생하며, 이 권리와 의무는 기한이 도래하기까지 조건부 권리의무와 유사한 성격을 갖는다.

(3) 기한과 친하지 않은 법률행위

조건과 친하지 않은 법률행위는 기한과도 친하지 않은 경우가 많다. 법률행위의 효력을 확정적으로 즉시에 처리하는 것이 요구되는 경우에 조건 및 기한과 친하지 않다. 형성적 가족행위, 어음·수표에 관한 법률행위가 기한과 친하지 않은 법률행위이다. 물권행위에서 용익물권이나 담보물권을 설정하는 행위는 대개 시기와 종기를 약정하는 것이 보통이며, 그 기한도 등기할 사항으로 되어 있다.

2. 기한의 종류

(1) 시기와 종기

기한이 도래하면 권리의 행사가 가능하게 되는 경우를 시기(時期)라고 하고, 기한의 도래로 권리가 소멸하게 되는 경우를 종기(終期)라고 한다.

가) 시　기　"3월 1일부터 입주할 수 있다"고 정한 아파트분양계약, 임대차계약은 시기가 정해진 계약으로서 인도청구권은 그 기한이 도래해야 행사할 수 있다. 채권에 급부청구의 시기가 정해진 경우 그 시기를 변제기 또는 이행기라고 한다.

나) 종　기　"2년을 한도로 임대차계약을 한다"는 것은 계속적 계약에 종기가 정해진 경우이다. 해제조건은 조건의 성취가 불확정하므로 매매에도 해제조건을 붙일 실익이 있지만, 종기는 그 도래가 확실하므로 기한을 붙일 필요가 거의 없다.

(2) 확정기한과 불확정기한

기한의 도래시점이 확실한가 불확실한가에 따라 확정기한과 불확정기한으로 나뉜다. 이 구분은 채무의 변제기도래와 관련하여 채무불이행책임의 발생시기를 정하는 데에 쓰인다.

가) 확정기한　기한이 언제 도래하는지가 일 · 시 등으로 정해지거나 또는 지금부터 얼마 경과 후라는 식으로 확정되어 있는 경우를 확정기한이라고 한다. 채무이행에 확정기한이 붙은 경우에 채무자는 그 기한이 도래한 때로부터 지체책임을 진다(제387조 1항 전문).

나) 불확정기한　기한이 도래하리라는 것은 확실하지만 언제 도래할지 현재 확실히 알 수 없는 경우를 불확정기한이라고 한다. 셋집에서 이사나가려고 할 때 주인이 "이 집에 세들려는 사람이 생기면 보증금을 뽑아 주겠다"고 하는 약정은 불확정기한의 예이다. 채무이행의 불확정기한이 있는 경우에 채무자는 기한이 도래함을 안 때로부터 지체책임을 진다(제387조 1항 후문).

3. 시기부 법률행위의 효력

(1) 시기의 도래

시기 있는 법률행위는 기한이 도래한 때로부터 그 효력이 생긴다(제152조 1항). 기한이 도래함으로써 권리자는 권리를 행사하여 만족을 얻을 수 있고 의무자는 의무를 이행해야 한다.

채무에 기한이 도래한 때에는 채무자는 즉시 채무를 이행해야 하며 그 기일이 경과하면 이행지체에 따른 채무불이행책임을 지게 된다. 채무불이행책임의 내용은 손해배상의무의 발생이다. 그 밖에 기한이 도래하면 강제집행이 가능하며(제389조), 채무이행이 없을 때에 채권자에게 계약해제권이 발생한다(제544조).

(2) 기한 불도래가 확실한 경우

불확정기한에서 기한으로 정한 사실(예 : 외국에 갈 때, 세가 나갈 때)의 불발생이 확실해지면 기한부 권리는 어떻게 되는가. ① 기한은 본질상 반드시 도래해야 하는 것이므로 그 사실이 불발생으로 확정된 때에는 기한의 도래로 의제해야 한다는 견해가 주장된다(기한도래설). ② 법률행위의 성질에 따라 다르게 될 수 있는 법률행위해석의 문제로서 일률적으로 말할 수 없다는 견해도 있다. 판례는 그 사실이 발생한 때는 물론 그 발생이 불가능하게 된 때에도 이행기한은 도래한 것으로 본다(대판 2002. 3. 29, 2001다41766).

(3) 시기도래 전의 효력

민법은 조건부 권리에 관한 규정을 기한에 준용하여 「기한부 권리의 침해금지」(제154조, 제148조)와 「기한부 권리의 처분」(제154조, 제149조)을 인정한다.

(4) 기한의 이익

가) 의　　의　기한의 이익이란 어떤 법률관계에 존재하는 기한이 아직 도래하지 않은 것이 당사자 중 누구에게 이익이 되는가 하는 문제이다. 기한의 이익을 누리는 자는 그 이익을 포기하고 기한의 도래를 앞당길 수 있다.

나) 채무자의 이익추정　기한은 채무자를 위한 것으로 추정되며(제153조 1항), 채무자만이 그 이익을 포기할 수 있음이 원칙이다. 채무자는 변제기가 도래할 때까지는 채무를 이행할 필요가 없으며 변제기까지 그 이익 상황을 누릴 권리가 있다.

다) 기한이익의 포기　기한의 이익은 이를 포기할 수 있으나, 상

대방의 이익을 해치지 못한다(제153조 2항). 기한의 이익을 포기하면 채권의 변제기가 즉시 도래하여 변제하지 않으면 채무불이행에 빠지게 된다. 포기로 인한 변제기도래는 포기의 시점부터이며, 포기는 소급효를 갖지 않는다.

다음의 경우에는 한 사람의 기한이익포기가 다른 사람에게 영향을 미치지 않는다. ① 기한이 쌍방당사자에게 이익이 되는 경우에, 일방당사자가 일방적으로 기한의 이익을 포기하는 때에는 상대방의 손해를 배상해야 한다. ② 보증채무가 붙어 있는 채무의 경우에 주채무자가 기한의 이익을 포기한 경우에도 보증인은 그 기한의 이익을 누릴 수 있다. ③ 연대채무자 1인이 기한의 이익을 포기하였더라도 이는 다른 연대채무자에게 영향이 없다(제423조).

라) 기한이익의 상실　채무자에게 신용을 상실하는 다음의 사유가 있는 때에는 기한의 이익을 주장하지 못한다. ① 채무자가 담보를 손상하거나 감소 또는 멸실하게 한 때(제388조 1호), ② 채무자가 담보제공의 의무를 이행하지 아니한 때(제388조 2호), ③ 채무자가 파산한 때(채무자 회생 및 파산에 관한 법률 제425조) 등이다. 기한이익상실의 효과로서 채무자는 즉시 채무를 이행할 의무를 지며, 이를 게을리 한 때에는 이행지체의 책임을 진다. 할부매매에서 잔여 할부금에 대한 기한의 이익이 상실된 경우에는 일시불로 대금잔액을 지급해야 한다.

4. 종기부 법률행위의 효력

(1) 종기도래로 인한 계약종료

종기(終期) 있는 법률행위는 기한이 도래한 때로부터 그 효력을 잃는다(제152조 2항). 종기가 도래하면 계약은 종료하게 된다. 다만 당사자의 약정에 의한 갱신(갱신약정 · 재계약) 또는 법률의 규정에 의한 갱신(법정갱신 · 자동갱신)에 의하여 계약관계가 계속될 수 있다. 종기의 도래로 인한 계속적 계약의 종료는 해지와 유사한 효과를 갖는다. 계약이 종료됨으로써 당사자간에 부당이득반환 등 청산의무가 발생한다.

(2) 종기도래 전의 계약

종기가 붙은 계약은 계속적 계약인 것이 보통이며, 기한도래까지 당사자가 계약상의 권리를 행사하여 만족을 얻을 수 있다. 종기의 불도래가 확정된 때에는 무한정의 영구적 계약이 지속되는 것이 아니라, 「기한 없는 계약」이 성립한다.

5. 기간의 계산

(1) 의　　의

기간이란 「어느 시점부터 어느 시점까지의 계속되는 시간」을 말한다. 기간의 계산이란 일정한 때부터 경과하는 일정기간을 계산하는 일이다. 민법의 계산방법에 관한 규정은 임의규정이다(기간에 관한 규정은 공법관계에 준용됨).

(2) 기 산 점

기간을 시, 분, 초로 정한 때에는 즉시부터 기산한다(제156조). 기간을 일, 주, 월, 년으로 정한 때에는 기간의 초일은 산입하지 않는다(제157조 본문). 그러나 그 기간이 오전 영시부터 시작하는 때에는 초일도 산입한다(제157조 단서). 연령의 계산에는 출생일도 산입한다(제158조). 공휴일인 경우에도 초일이 산입된다.

(3) 만 료 점

기간을 일, 주, 월, 년으로 정한 때에는 기간의 말일의 종료로 기간이 만료한다(제159조). 기간을 주, 월, 년으로 정한 때에는 역에 의하여(달력을 보고) 계산하며, 주, 월, 년의 처음으로부터 기간을 기산하지 않는 때에는 최후의 주, 월, 년에서 그 기산일에 해당한 날의 전일로 기간이 만료한다(제160조 1항 · 2항). 예를 들어 '오늘(수요일)부터 일주일 후'라고 하면 다음 수요일에 기간이 만료하며 '오늘부터 1년 후'라고 하면 달력에 나타난 다음 해의 그 날 0시에 기간이 만료한다. 월 또는 년으로 정한 경우에 최종의 월에 해당일이 없는 때에는 그 월의 말일로 기간이 만료한다(제160조 3항). 기간의 말일이 토요일 또는 공휴일에 해당하는 때에는 기간은 그 익일(다음 날)로 만료한다(제161조). 임시공휴일인 경우에도 익일로 만료한다.

어떤 행위를 해야 하는 종기 또는 유효기간이 만료되는 시점을 「시행일」 또는 「공고일」이라고 하여 「일」로 정했다면 그 기간의 만료점은 그 날 오후 12시(24시)가 된다(대판 1993. 11. 23, 93도662).

(4) 기간의 역산

기간은 최종일부터 거꾸로 계산되는 경우도 있다. 예를 들면 총회 소집 1주일 전에 통지하여야 한다면 총회일이 15일인 경우 기산일은 14일이고 그로부터 일주일이니까 8일 오전 0시에 기간이 만료한다. 따라서 통지는 7일 오후 12시까지 해야 한다.

리갈마인드 강화훈련

미래학 (未來學, futurology)

미래학이란 인류의 사회, 기술, 과학, 문화 발전의 미래를 연구하고 진단하여 형성해 나가려는 사유의 경향을 가리킨다. 미래학이라는 용어는 사회학자 플레히트하임(O. Flechtheim)에 의해 최초로 사용되었다. 플레히트하임은 '미래의 과학'이라는 의미에서 이 용어를 사용했다. 미래학은 여러 다양한 부문들을 포괄하고 있는 하나의 경향이다. 사회생활의 여러 분야에 대한 연구, 진단, 처방 등을 통해 인류의 평화로운 미래를 이끌어 내려는 움직임도 있다. 법학의 분야에도 미래학적 연구가 조금씩 진행되고 있으나 아직 다른 분야에 비해 미약한 수준이다.

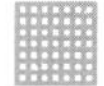

추리논증훈련

- 지구의 미래

1. 지구의 미래를 매우 어둡게 예측하는 영화가 많이 있다. 환경적인 재앙, 질병 등 과학적 측면에서의 비관적 예측도 있고, 인간들 사이의 갈등, 폭력, 통제 등 사회적인 퇴보에 관한 예측도 있다. 당신은 미래의 인간사회가 현재보다 더 평등한 사회가 될 것이라고 보는가 아니면 전제군주 같은 절대권력이 지배할 것이라고 보는가?

2. 중학교에서 10대 초반의 학생들에게 성행위를 사실 그대로 알리고 피임방법이나 성병회피방법을 정확히 알려 주어야 한다는 주장이 있다. 다른 한편에서는 그러한 성교육은 학생들로 하여금 성적 호기심을 유발시켜 성적으로 문란한 풍토를 조장하게 될 것이라는 우려도 있다. 당신은 학생들로 하여금 성적 무지의 상태를 유지시키는 것이 바람직하다고 보는가? 학생들이 쉽게 성인 동영상에 접할 수 있는 상황에서 과거와 같은 성적 무지의 상태를 유지시키는 것이 가능할까?

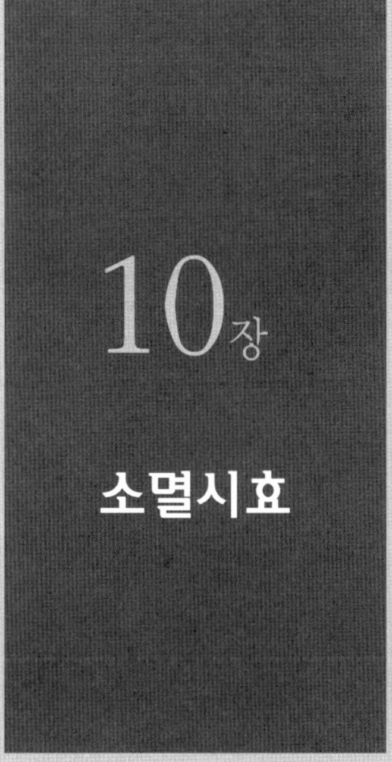

10장

소멸시효

46

소멸시효에 걸리는 권리

1. 의 의

(1) 시효의 개념

시효란 기간의 경과를 바탕으로 권리관계의 변동을 초래하여 채권 등의 권리를 소멸시키거나 물권 등의 권리를 취득시키는 법정의 권리변동요건을 말한다. 다시 말해서 시효는 「오랜 기간의 경과에 따른 법률관계의 변동」이라는 법률효과를 초래하는 법률요건에 해당한다.

(2) 소멸시효와 취득시효

소멸시효는 채권 및 기타 재산권(단 소유권은 제외)이 법률이 정한 시효기간 동안 행사되지 않음으로써 소멸하는 것이며(제162조), 취득시효는 물건을 법률이 정한 시효기간 동안 점유하는 등의 요건을 갖춤으로써 물건에 대한 소유권을 취득하게 되는 것을 말한다(제245조, 제246조). 소멸시효와 취득시효는 「일정기간 사실상태의 계속」이라는 것이 각각의 중요한 요건을 구성한다는 점에서 공통점을 갖는다. 민법은 소멸시효와 취득시효를 하나의 제도로서 묶지 않고 각각 민법 총칙편과 물권편에 나누어 별개의 제도로 규정한다.

(3) 소멸시효제도의 목적

가) 거래의 신속한 결제　소멸시효제도는 당사자간의 채권관계 및 기타 청구권의 법률관계를 적당한 기간 내에 결제토록 함으로써 법률관계를 명료히 하려는 데에 목적이 있다.

나) 증거보존기간의 제한　채권관계에 있어서 채권자는 채권의 만족을 얻기까지 채권의 존재를 증명하는 자료(채권증서 등)를 소중히 보존하지만 일단 채권의 만족을 얻은 후에는 그 자료를 소홀히 다룬다. 민법은 채권 및 청구권의 속성을 고려하여 당사자의 증거보존의 법적 요청(간접의무의 성격)을 상당기간 내로 제한하기 위하여 소멸시효제도를 둔다. 오랜 세월이 흐르면 증거가 없어 적정한 재판을 할 수 없다는 점에서도 근거를 찾는다. 이에 대하여 소멸시효는 소송법상의 제도가 아니라 실체법상의 권리소멸요건이라는 반론이 제기된다.

다) 이익형량　소멸시효제도의 존재의의는 정당한 채권을 소멸시킨다는 측면보다는 존재하는지 불분명한 채권이나 채권자에 의해 방기된 채권을 확정적으로 소멸시킨다는 점에 있다. 정당한 채권자와 채권의 부존재에도 불구하고 부당하게 채무를 이행해야 하는 채무자 중에서 누구를 보호할 것인가 하는 이익형량의 선택에서 민법은 후자의 이익을 배려한다.

라) 권리보호의 불필요　민법이 왜 권리의 불행사를 이유로 권리를 소멸시키는가에 관하여 「권리보호가치의 부재」 또는 「권리행사의 태만에 대한 제재」에서 찾는 견해가 주장되어 왔다. 즉 오랜 기간 동안 자기의 권리를 주장하지 않은 자는 「권리 위에 잠자고 있었던 자」로서 시효제도에 의한 희생을 감수해야 하며 법률의 보호를 받을

가치가 없다고 하는 점에 소멸시효제도의 존재의의가 있다고 한다.

마) 법적 안정성 소멸시효의 목적을 법적 안정성의 추구에서 찾는 견해가 있다. 즉 법질서는 진정한 권리관계와 일치하지 않는 사실상태가 있으면 이를 부정하고 사실상태를 권리관계에 부합시키는 사명을 가짐에도 불구하고 시효제도가 사실상태를 권리관계에 우선시키고 있는 이유는 법적 안정성이라는 법질서의 또 다른 요구가 있기 때문이라고 한다.

(4) 소멸시효규정의 성격

가) 사전포기의 금지 소멸시효의 이익은 채무자 및 기타 청구권의 의무자가 갖는 것으로 추정되며, 그 이익은 당사자의 개별약정이나 약관을 통하여 미리 포기하지 못한다(제184조 1항). 소멸시효에 관한 민법 제162조 이하의 규정은 강행규정이므로 당사자가 계약의 체결시에 소멸시효의 적용을 받지 않는다거나 법정기간보다 장기로 한다는 약정을 하더라도 그것은 무효이다(제184조 2항).

나) 단축약정 계약체결시에 채권자가 될 자가 시효기간을 법정기간보다 짧게 정하는 것은 허용된다. 채무자가 시효기간이 만료한 후에 채무를 자진해서 이행하는 것은「악의의 비채변제」(제742조) 또는「도의관념에 적합한 비채변제」(제744조)로서 그 반환을 청구하지 못한다.

(5) 소멸시효의 남용금지

채무자가 소멸시효를 주장하는 것이 그의 선행행위에 모순되어 신의칙에 어긋나거나 권리남용이 되는 경우에 그 시효주장은 용납되지 않는다는 법리가「소멸시효 남용금지의 법리」이다. 소멸시효 남용에 해당하기 위해서는 단순히 시효주장이 사리에 어긋난다는 것만으로는 부족하고 의무자측에서 권리의 행사나 시효중단을 방해하는 원인을 제공하였을 것을 요한다. ① 소멸시효 완성 전에 권리행사나 시효중단을 불가능 또는 현저히 곤란하게 하거나 그러한 조치가 불필요하다고 믿게 하였거나, ② 객관적인 권리행사의 장애사유가 있거나, ③ 시효완성 후에 채무자가 시효를 원용하지 않을 것 같은 신뢰를 준 경우 같은 조건의 다른 채권자가 변제를 수령하는 등의 사정이 있어 채무이행의 거절을 인정함이 현저히 부당하거나 불공평한 경우에 한하여, 채무자의 소멸시효의 완성 주장은 권리남용으로서 허용될 수 없다(대판 1999. 12. 7, 98다42929). 국가에게 국민을 보호할 의무가 있다는 사유만으로 국가가 소멸시효의 완성을 주장하는 것 자체가 권리남용에 해당한다고 할 수는 없다(대판 2005. 5. 13, 2004다71881).

2. 소멸시효에 걸리는 권리

민법은 소멸시효에 걸리는 권리로서 「채권」과 「채권 및 소유권 이외의 재산권」의 두 종류만을 규정한다(제162조 1항 · 2항). 가족법상의 권리는 그것이 가족관계의 형성에 관한 권리인 경우에는 소멸시효에 걸리지 않지만 가족관계에 기초한 재산적 권리인 경우에는 소멸시효에 걸린다.

(1) 채　　권

1) 채권은 그것이 물건의 인도를 목적으로 하는 것이든, 노무의 제공을 목적으로 하는 것이든 모두 소멸시효에 걸린다. 다만 급부의 내용에 따라 시효기간에 차이가 있다. 노무제공을 목적으로 하는 채권은 많은 경우 3년의 단기소멸시효에 걸리며 그에 대한 보수 및 임

금에 관한 채권도 1년의 단기소멸시효에 걸리는 경우가 많다.

2) 부수적 권리

채권은 채권의 본질적 부분인 급부청구권이 소멸시효에 걸리는 외에 그의 부수적 권리인 채권자대위권, 채권자취소권도 채권의 시효소멸과 동시에 소멸한다.

3) 등기청구권

가) 의 의 매수인이 매도인으로부터 매매목적물인 부동산을 인도받아 사용하고 있으면서 10년이 넘도록 등기하지 않고 있는 경우에, 매수인에게 등기청구권을 행사하여 자기 이름으로 소유권을 취득할 수 있는 길을 열어 줄 것인가 아니면 매도인에게 그 소유권을 그대로 남겨 둘 것인가 하는 것은 법정책의 문제이다. 메메로 인한 등기청구권은 그 성격이 물권적 청구권이라는 견해와 채권적 청구권이라는 견해가 대립하며, 이 문제는 그 청구권의 소멸시효를 정하는 것과 관련이 있다. 채권은 10년의 소멸시효에 걸리는 것이 원칙이기 때문이다.

나) 물권적청구권설 물권적청구권설에 따르면 등기청구권의 소멸시효적용 여부는 물권적 청구권의 소멸시효적용 여부에 좌우되게 될 것인데, 이 학설을 주장하는 학자는 물권적 청구권이 소멸시효에 걸리지 않는다고 보며 따라서 등기청구권도 소멸시효에 걸리지 않는다고 본다.

다) 채권적청구권설 채권적청구권설에 따르면 원칙적으로 등기청구권은 10년간의 불행사로 소멸한다. 그러나 채권적청구권설을 취하면서도 등기청구권에 대하여는 예외를 인정하여 「매수인이 목적물을 인도받아 사용·수익하고 있는 때」에 한하여 매수인의 등기청구권이 소멸시효에 걸리지 않는다고 해석하는 입장이 있다. 매수

인이 소유권이전등기를 하지 않고 있는 동안은 외부에 대한 관계에서 소유자로서 인정받지 못할 뿐이며 매도인에 대한 관계에서는 사용·처분의 권한을 양수받은 것이다.

라) 판 례 판례는 등기청구권이 채권적 청구권으로서 10년의 소멸시효에 걸림이 원칙이지만, 예외적으로 부동산의 매수인이 매도인에 대하여 가지는 소유권이전등기청구권은 매도인으로부터 목적물을 인도받아 사용·수익하고 있으면 소멸시효에 걸리지 않는다고 한다(대판(전합) 1976. 11. 6, 76다148). 매수인이 목적물을 인도받아서 사용·수익하고 있으면 권리를 불행사하는 것이 아니라고 보기 때문이다. 매수인이 그 부동산을 처분하여 점유를 이전한 경우에도 그 이전등기청구권의 행사 여부에 관하여, 그가 그 부동산을 스스로 계속 사용·수익만 하고 있는 경우와 특별히 다를 바 없으므로 어느 경우에나 이전등기청구권의 소멸시효는 진행되지 않는다(대판 1999. 3. 18, 98다32175).

4) 계속적 계약에 기한 권리

계속적 계약은 그 급부의 성질이 계속성을 가지므로 일방당사자의 이행이나 급부제공이 계속되고 있는 동안은 소멸시효가 진행하지 않는다. 단 이자채권(每期의 채권)은 3년의 단기소멸시효에 걸린다.

5) 채무불이행에 기한 손해배상청구권

채무불이행에 기한 손해배상청구권은 그 기초가 되는 채권의 소멸시효에 따른다.

6) 항 변 권

쌍무계약에서 동시이행의 항변권(제536조), 보증채무에서 보증인의 최고·검색의 항변권 등은 그 기초가 되는 쌍무계약이나 보증채무로부터 독립하여 존속할 이유가 없으므로, 이러한 항변권은 독자적으로 시효소멸하지 않고 그것이 부착한 채무와 함께 소멸한다.

(2) 채권 · 소유권 이외의 재산권

재산권은 영속적 권리인 소유권을 제외하고는 모두 소멸시효에 걸린다. 채권 · 소유권 이외의 재산권은 20년간 행사하지 아니하면 소멸시효가 완성한다(제162조 2항).

가) 제한물권 지상권 · 지역권 · 전세권과 같은 용익물권은 20년간 행사하지 않으면 소멸시효에 걸린다. 그러나 피담보채권이 10년의 시효로 소멸하면 담보물권도 소멸한다.

나) 지적소유권 지적소유권이나 기타 무체재산권은 그 권리의 존속기간에 관해 특별규정이 없으면 20년의 불행사로 소멸시효에 걸린다.

(3) 기 타

가) 형 성 권 취소권 · 해제권 · 해지권 · 예약완결권 · 환매권과 같은 형성권은 제척기간에 해당하고 소멸시효의 대상이 아니다. 형성권은 권리자의 의사표시로 행사하며 행사와 동시에 효력이 발생하므로 소멸시효의 중단을 인정할 여지가 없기 때문이다.

나) 점 유 권 점유권은 물건을 지배한다는 사실상태가 인정되는 동안만 존재하는 권리이므로 점유를 상실하면 곧 점유권도 소멸한다. 불행사가 일정기간 계속된 후에 소멸하는 것이 아니다.

다) 소유권에서 파생된 권리 소유권에서 파생되는 권리는 소유권이 존속하는 한 그것만 별도로 소멸하지 않는다. 소유권에 기한 물권적 청구권(소유물반환청구권, 소유물방해제거 · 예방청구권)(제213조, 제214조), 상린권(공유물분할청구권 · 사원권 등) 등은 시효소멸하지 않는다. 공유 ·

합유·총유에 기초한 권리(공유물분할청구권·사원권 등)도 모체가 되는 권리와 분리하여 소멸시효에 걸리지 않는다. 단 물권에 대한 침해자 또는 방해자가 그 물건에 대한 소유권을 시효취득한 경우에는 그 반사적 효과로서 구소유자는 소유권을 상실한다.

라) 제한물권에 기한 물권적 청구권 제한물권에 기한 물권적 청구권이 소멸시효에 걸리는가에 관하여는 학설이 대립한다. ① 소유권 이외의 물권은 소멸시효에 걸리기 때문에 그로부터 유출하는 물권적 청구권도 시효로 소멸한다는 견해가 있다. ② 물권적 청구권은 소유권에 기한 것이나 기타 물권에 기한 것이나 시효로 소멸하지 않는다는 견해가 있다. ③ 제한물권에 기한 물권적 청구권만이 제한물권과 독립적으로 소멸시효에 걸리지는 않는다는 견해가 있다. 제한물권을 20년간 대내적 및 대외적으로 행사하지 않으면 제한물권 자체가 소멸하므로 이와 더불어 물권적 청구권도 행사할 수 없다고 한다.

마) 가족법상의 청구권 가족법상의 권리는 원칙적으로 소멸시효규정이 적용되지 않는다. 민법은 재산권에 한하여 소멸시효가 적용됨을 명문으로 정하고 있기 때문이다. 그러나 부부간의 재산에 관한 권리와 재산상속에 관한 권리는 재산권의 성질을 가지므로 민법 제162조의 적용을 받는다고 본다. 가족법상의 재산권 중에서 채권적 성질을 갖는 것은 10년으로 시효소멸하고 그 밖의 것은 20년의 시효기간이 적용된다. 상속회복청구권(제999조 2항), 상속의 승인과 포기(제1019조)에 관해서는 각각 제척기간이 규정되어 있다.

바) 공법상 권리 공법상의 권리도 소멸시효의 대상이 되는 경우가 있다. 예컨대 국세의 부과권과 징수권은 모두 특별한 다른 규정이 없는 한 소멸시효의 대상이 된다(대판(전합) 1984. 12. 26, 84누572).

3. 권리의 불행사

(1) 의 의

소멸시효는 권리를 행사할 수 있는 때로부터 진행한다(제166조 1항). 여기서 권리를 행사할 수 없는 때란 법률상 장애가 있어 행사할 수 없는 때에 한정하고(법률상의 장애), 사실상 행사할 수 없을 때(사실상의 장애)를 포함하지 않는다.

(2) 기 산 점

가) 채권발생원인과 기산점 소멸시효의 기산점은 권리가 발생하여 그 행사가 가능했던 때로 함이 타당하다. ① 계약에 기한 급부청구권은 변제기부터 행사할 수 있으며 채무불이행으로 인한 손해배상청구권은 이행지체·이행불능·불완전이행이 일어난 때부터 행사할 수 있다. ② 부당이득반환청구권은 그 원인이 된 취소의 의사표시를 한 때 또는 무효의 법률행위에 기해 급부를 한 때부터 행사가 가능하다. ③ 불법행위에 기한 손해배상청구권은 불법의 침해행위가 행해진 시점부터 행사가 가능하다.

나) 변제기와 기산점 기산점은 채무의 변제기와 관련이 있다. ① 기한을 정한 권리는 기한이 도래한 때로부터 소멸시효가 진행한다. ② 확정된 시간을 기한으로 정한 때에는 그 시각이 속하는 날은 시효기간에 산입하지 않으므로(제157조 본문) 그 다음 날부터 기산한다. ③ 불확정기한인 권리는 기한이 객관적으로 도래한 때로부터 기산한다. 당사자가 이를 알았는지 여부는 시효와 관계없다. 불이행으로 인한 지체책임은 채무자가 기한도래를 안 때로부터 진다는 점과 비교된다. ④ 기한을 정하지 아니한 권리는 언제든지 행사할 수 있으므로 권리가 발생한 때로부터 소멸시효가 진행한다. 채무자의 이

행지체책임은 채권자로부터 이행청구를 받은 때 또는 그로부터 상당한 기간이 경과한 때부터이지만(제387조 2항), 소멸시효의 진행은 채권자가 이행청구를 할 수 있었던 시점인 채권발생시부터 시작된다. ⑤ 진료비채권·공사비채권·보수채권 등의 시효기산점은 그 진료계약·건설계약·위임계약의 약정에 의해 정해진 지급시기이며, 지급시기의 약정이 없는 경우에는 관습상의 지급시기에 의하고 그것도 없는 경우에는 후불을 원칙으로 한다(제656조, 제686조).

다) 동시이행항변권이 붙은 채권 동시이행의 항변권이 붙은 채권이라도 그 변제기부터 소멸시효가 진행한다. 부동산에 관한 매매대금채권이 소유권이전등기청구권과 동시이행관계에 있다고 할지라도 매도인은 매매대금의 지급기일 이후 언제라도 그 대금의 지급을 청구할 수 있는 것이며, 다만 매수인은 매도인으로부터 그 이전등기에 관한 이행의 제공을 받기까지 그 지급을 거절할 수 있는 데 불과하므로 매매대금청구권은 그 지급기일 이후 시효의 진행에 걸린다(대판 1991. 3. 22, 90다9797).

라) 조건부 권리 정지조건부 권리는 조건이 성취한 때로부터 권리자가 권리를 행사할 수 있게 되므로 조건성취시를 기산점으로 하여 시효가 진행한다. 해제조건부 권리에서는 채권성립시에 권리자가 이미 권리행사가능성을 갖고 있으므로 채권소멸의 일반원칙에 따른다. 단 해제조건의 성취로 권리를 상실하게 되는 반사적 효과로서 다른 권리(예: 부당이득반환청구권)가 발생하는 경우에 그 다른 권리에 관해서는 별도의 소멸시효가 진행한다.

마) 부작위채권 부작위채권은 부작위채무의 위반행위가 있는 때로부터 소멸시효가 진행한다(제166조 2항).

바) 취소·해제·해지로 인한 원상회복 취소로 인한 부당이득반환청구권 또는 해제로 인한 원상회복청구권은 그 취소 또는 해제의

의사표시에 의하여 발생하므로 그 의사표시가 행해진 시점부터 소멸시효가 진행한다. 이러한 청구권은 그 발생원인을 제공한 취소권이나 해제권과는 별개의 권리로서 다루어진다. 임대차계약에서 기간의 약정이 없는 경우에 해지의 효력은 상대방이 해지통고를 받은 날로부터 일정한 유예기간(6개월, 1개월 5일)이 경과한 때에 발생한다(제635조 2항). 이 경우 임차인의 임차물반환의무 및 임대인의 보증금반환의무 등의 원상회복의무는 「유예기간이 경과한 때」에 비로소 발생하기 때문에 그 소멸시효도 그 때부터 기산되어야 마땅하다. 고용계약의 해지에 관하여도 이와 유사한 유예기간의 규정이 있다(제659조 2항, 제660조 2항).

사) 권리자가 안 시점 소멸시효의 기산점이 「권리자가 권리발생을 안 시점」인 경우가 있다. 단 권리자의 인지를 기산점으로 하는 경우에는 불인지로 말미암아 소멸시효가 진행되지 않아 권리가 무한정 존속하게 되는 불편을 막기 위해 권리발생시를 기산점으로 하는 소멸시효기간을 병행 설치한다. 그 예로서 불법행위로 인한 손해배상청구권은 피해자나 그 법정대리인이 그 손해 및 가해자를 안 날로부터 3년 또는 불법행위를 한 날로부터 10년을 경과한 때에 소멸한다(제766조 2항). 불법행위에 기한 손해배상청구권에 관한 제766조 제2항의 기간은 제척기간이 아니라 소멸시효기간이다(대판 1993. 7. 27, 93다357 등).

아) 회귀적 급부 할부대금, 분할급부 등 매회기마다 지급받는 권리에서 각 분기의 급부청구권은 그의 지급일부터 소멸시효가 기산되며, 그 결과 각 분기의 채권은 그 원본채권과 별도로 시효소멸할 수 있다. 예를 들어 매월 말일에 지급하여야 하는 월세 또는 이자의 지급의무는 매월분이 하나의 채권으로 다루어지며 그 소멸시효 기산점도 별도로 계산될 뿐 아니라 이러한 채권의 신속한 결제를 위

하여 민법은 3년의 단기소멸시효를 정한다(제163조 1호).

4. 소멸시효기간

(1) 채권의 소멸시효기간

가) 보통의 채권 소멸시효기간은 10년이다(제162조 1항). 그러나 상행위로 인한 채권의 소멸시효기간은 5년이다(상법 제64조).

나) 3년의 시효에 해당하는 채권(제163조) ① 이자·부양료·급료·사용료 기타 1년 이내의 기간으로 정한 금전 또는 물건의 지급을 목적으로 한 채권(제163조 1호), ② 의사·조산사·간호사 및 약사의 치료·근로 및 조제에 관한 채권(제163조 2호), ③ 도급받은 자, 기사 기타 공사의 설계 또는 감독에 종사하는 자의 공사에 관한 채권(제163조 3호), ④ 변호사·변리사·공증인·계리사 및 법무사의 직무상 보관한 서류의 반환을 청구하는 채권(제163조 4호), ⑤ 변호사·변리사·공증인·계리사 및 법무사의 직무에 관한 채권(제163조 5호), ⑥ 생산자 및 상인이 판매한 생산물 및 상품의 대가(제163조 6호), ⑦ 수공업자 및 제조자의 업무에 관한 채권(제163조 7호).

다) 1년의 시효에 해당하는 채권(제164조) ① 여관·음식점·대석·오락장의 숙박료·음식료·대석료·입장료·소비물의 대가 및 체당금의 채권(제164조 1호), ② 의복·침구·장례기구 기타 동산의 사용료의 채권(제164조 2호), ③ 노역인·연예인의 임금(근로기준법의 적용을 받는 임금은 제외) 및 그에 공급한 물건의 대금채권(제164조 3호), ④ 학생 및 수업자의 교육·의식 및 유숙에 관한 교주·숙주·교사의 채권(제164조 4호).

라) 판결 등으로 확정된 권리 ① 판결에 의하여 확정된 채권은 그 채권의 성질에 관계없이 10년으로 소멸시효가 완성한다(제165조 1

항). 단기의 소멸시효에 걸리는 채권이라도 확정판결을 받은 경우에는 10년으로 소멸시효가 완성한다. ② 판결과 동일한 효력이 인정되는 절차에 의해 확정된 채권도 그 성격에 관계없이 10년의 소멸시효에 걸린다(제165조 2항). 판결과 동일한 효력이 인정되는 절차란 파산절차, 재판상 화해, 민사조정 기타 분쟁조정위원회의 조정으로서 법률에 의하여 판결과 동일한 효력을 인정받은 것을 말한다. ③ 판결 당시에 변제기가 도래하지 않는 채권은 판결 등으로 인하여 소멸시효기간에 변동이 없다(제165조 3항). ④ 판결 등에 의해 단기소멸시효기간이 10년으로 연장되었다고 하더라도 그 시효진행의 기산점은 변하지 않는다.

(2) 기타의 재산권의 소멸시효기간

지상권이나 지역권과 같은 채권 및 소유권 이외의 재산권은 20년으로 시효소멸한다(제162조 2항).

리갈마인드 강화훈련

세계관 (世界觀)
세계관이란 자연과 사회 속에서 인간의 행위규범에 관한 총괄적 견해를 말한다. 세계를 전체로서 하나의 체계를 이루어 고찰하는 것이다. 인간에게 사유의 태도, 실천적 행위를 위한 지침을 제시하는 데에 세계관의 역할이 있다.

법률가에게는 시대와 더불어 바람직한 방향으로 향하는 세계관이 요구된다. 법률가는 합리적이고 균형잡힌 사유의 체계를 갖추어야 한다.

추리논증훈련

- 도덕과 법의 간격

1. "남에게 진 빚은 반드시 갚아라"라는 가훈을 가진 집안에 부모와 두 아이가 살고 있었다. 아버지가 사업의 실패로 막대한 금액의 채무를 지고 병을 얻어 사망했다. 그 얼마 후 어머니도 건강을 상하여 사망하였다. 큰 아이는 주위의 충고를 받아 들여 상속포기의 절차를 밟아 아버지의 채무를 상속받지 않았다. 그는 나중에 돈을 벌어 그 채무를 갚아 나갈 생각이었고 그러기 위해서는 당분간은 자신이 물려받은 채무에 허덕이지 않고 사업을 할 수 있어야 한다고 생각했기 때문이다. 그러나 둘째 아이는 가훈에 따라 아버지의 채무를 상속받는 것이 자신이 존중해야 할 규범이라고 생각해서 상속포기를 하지 않았다. 둘째 아이는 기업에 취직하여 받을 월급의 반을 꼬박꼬박 채무를 갚는 데에 쓸 생각이었다. 당신은 어떤 아이의 태도가 더 바람직하다고 판단하는가?

2. 어떤 사람이 작은 마을에서 여관을 경영하면서 숙박 후에 비상구를 통해 도주하는 투숙객 때문에 골치를 앓고 있었다. 그는 도주를 막기 위해 비상구를 봉쇄하고 창문마다 철창을 달았다. 관청에서 안전점검 나온 공무원은 비상구봉쇄를 지적하며 은근히 뇌물봉투를 요구하였다. 당신은 여관주인, 도주 투숙객, 뇌물요구 공무원 중에 누가 가장 나쁘다고 생각하는가?

47

소멸시효완성의 효과

1. 개 설

민법은 소멸시효의 효과에 관하여 단지 「채권 또는 재산권은 소멸시효가 완성한다」고 규정할 뿐이므로(제162조 내지 제165조) 소멸시효완성의 효과에 관하여 상대적 소멸설과 절대적 소멸설이 대립한다.

(1) 절대적 소멸설

절대적 소멸설은 소멸시효가 완성한다는 것은 권리가 당연히 소멸한다는 것을 의미한다고 해석한다. 그 근거로서 첫째, 현행민법은 과거 의용민법과 달리 시효의 원용에 관한 규정을 두고 있지 않기 때문에 원용제도를 전제로 하는 상대적 소멸설을 취하기가 어렵다는 점, 둘째, 절대적 소멸설을 취하더라도 시효완성 후의 변제는 반환의 대상이 되지 않으므로(제742조, 제744조의 규정에 따라) 사회통념에 어긋나지 않는다는 점 등을 든다.

(2) 상대적 소멸설

상대적 소멸설은 시효의 완성으로 권리가 당연히 소멸하지 않고 다만 시효의 이익을 받을 자에게 권리소멸을 주장할 권리가 생길 뿐이라고 해석한다. 이 이론은 민법이 절대적 소멸설을 취하려는 입법취지를 가졌다는 점을 인정하면서도 절대적 소멸설이 정의관념에 맞지 않는다는 등의 이유를 들어 상대적 소멸설로서 그 문제점을 보완할 것을 주장한다. 절대적 소멸설을 취하게 되면 당사자가 소멸시효의 이익을 받기를 원치 않는 경우에도 그 의사를 존중하지 않은 결과로 되어 불합리하다고 한다.

(3) 판　　례

판례는 절대적 소멸설을 취하여 시효의 완성으로 실체법상 채권은 당연히 소멸하며, 소송에서는 변론주의에 따라 채무자가 시효의 이익을 받겠다는 항변·원용을 필요로 한다고 해석한다. ① 소멸시효기간완료에 의한 권리소멸은 당사자의 원용이 없어도 당연히 발생하므로 시효완성된 채권에 기한 가압류는 법적 근거가 없는 행위로서 구채무자에 대해 불법행위가 된다(대판 1966. 1. 31, 65다2445). ② 피담보채권의 소멸시효가 근저당권의 경매개시결정 이전에 완성한 경우에는 경락인이 담보물의 소유권을 취득하지 못한다(대판 1978. 10. 10, 78다910). ③ 조세에 관한 소멸시효가 완성되면 국가의 조세부과권과 납세의무자의 납세의무는 당연히 소멸하므로, 소멸시효완성 후에 부과된 부과처분은 납세의무 없는 자에 대한 것으로 하자가 중대하고 명백하여 그 처분의 효력은 당연무효이다(대판 1985. 5. 14, 83누655).

다만 민사소송에 있어서는 변론주의 및 처분권주의에 따라야 한다. 시효의 이익을 받은 자가 시효완성의 항변을 하지 않으면 그 의사에 반하여 재판할 수 없으므로, 시효원용 없이 등기청구권이 소멸시효기간의 만료로 소멸하였다고 판단한 원심판결은 위법이다(대판 1980. 1. 29, 79다1863).

2. 시효완성의 효과

절대적 소멸설에 따라 소멸시효 완성의 법적 효과를 살펴보면 다음과 같다. ① 시효완성 후에 채권, 기타의 재산권은 소급적으로 소멸하므로, 채권자는 채무자에 대하여 채무의 이행을 청구할 권리가 없고 채무자는 이행의 의무를 면한다. 피담보채권의 소멸의 결과, 그에 부착된 담보권도 함께 소멸한다. ② 채무자가 그 법률효과를 모르고 이행한 경우에, 사회적 정의관념은 채권자에게 그 급부를 보유시키고 채무자로 하여금 반환청구하지 못하도록 하는 것이며 민법은 이를 위해 도의관념에 적합한 비채변제의 제도(제744조)를 두고 있다. ③ 채무자가 시효완성의 효과를 알고도 채무를 이행하기를 원하는 때에는 시효이익포기의 의사표시를 하여 채무를 존속시키고 장래 이행을 하든가 또는 즉시 이행을 하면 악의의 비채변제(제742조)로서 반환의 대상이 되지 않는다. ④ 시효의 완성으로 채권자에게 상계의 권리가 소멸하는 것을 막기 위하여 민법은 "소멸시효가 완성된 채권이 그 완성 전에 상계할 수 있었던 것이면 그 채권자는 상계할 수 있다(제495조)"는 규정을 두어 형평을 꾀한다. ⑤ 채권자가 시효소멸한 채권의 이행을 구하는 소송을 제기한 경우에는 채무자는 본안심리의 공격·방어의 절차에서 그 채권이 이미 소멸시효의 완성으로 소멸하여 부존재함을 항변하여 승소할 수 있다. 채무자의 항변이 없는 경우에는 법원이 변론주의 및 처분권주의(민소 제203조)에 따라 당사자가 신청하지 않은 사항을 직권으로 고려할 수 없으므로 채무의 이행을 명하여야 한다. 이행판결이 확정된 후에는 채무자가 채권자에게 채권부존재의 주장을 하지 못하며 채무를 이행해야 한다. 이 채무는 판결확정시부터 10년의 소멸시효가 진행한다.

3. 시효완성의 원용권자

채권의 소멸시효가 완성된 경우에 소송에서 이를 원용할 수 있는 자는 시효로 인하여 채무가 소멸되는 결과 직접적인 이익을 받는 자에 한정된다. ① 담보물의 제3취득자나 물상보증인 : 담보물의 제3취득자나 물상보증인은 그 피담보채권의 소멸에 의해 직접 이익을 받는 관계에 있으므로 소멸시효의 완성을 주장할 수 있다(대판 1995. 7. 11, 95다12446; 대판 1991. 3. 12, 90다카27570). ② 어떠한 채권도 없는 자 : 채무자에 대한 채권자는 자기의 채권을 보전하기 위하여 필요한 한도 내에서 채무자를 대위하여 이를 원용할 수 있을 뿐이므로 채무자에 대하여 아무 채권을 갖지 않은 자는 소멸시효 주장을 대위원용할 수 없다(대판 2007. 3. 30, 2005다11312). ③ 채권자대위소송 및 채권자취소소송에서의 피보전채권의 시효소멸의 경우 : 채권자대위소송의 제3채무자는 피보전채권의 소멸시효가 완성된 경우라도 이를 원용할 수 없다(대판 1998. 12. 8, 97다31472). 사해행위 취소소송의 상대방이 된 사해행위의 수익자는 사해행위가 취소되면 사해행위에 의하여 얻은 이익을 상실하고 사해행위 취소권을 행사하는 채권자의 채권이 소멸하면 그와 같은 이익의 상실을 면하는 지위에 있으므로, 그 채권의 소멸에 의하여 직접 이익을 받는 자에 해당한다(대판 2007. 11. 29, 2007다54849).

4. 소 급 효

소멸시효는 그 기산일에 소급하여 효력이 생긴다(제167조). 소멸시효제도는 시효완성 이전까지 존재했던 권리관계를 존재하지 않았던 것처럼 취급하여 채무자에게 채무를 면하게 하는 것이 목적이므로 소급효 없이는 의미가 없기 때문이다. 소급효는 절대적 소멸설을 취할 때에 특히 의미를 갖게 된다.

5. 시효이익의 포기

(1) 요 건

① 소멸시효가 완성된 후일 것. 소멸시효의 이익은 시효기간이 완성하기 이전에 미리 포기할 수 없다는 포기의 시간적 제한이 있기 때문이다(제184조 1항). 시효기간완성 전에 채무자가 한 포기의 의사표시는 무효이다. ② 포기의 주체는 채무자 기타 의무자이다. 소멸시효의 완성에 따른 이익을 받는 자는 채권자가 아니라 채무자이므로, 채무자만이 포기의 의사표시를 할 수 있다. 포기의 의사표시를 하는 자는 의사능력, 행위능력을 갖추고 있어야 한다. ③ 포기(단독행위)는 상대방에 대한 의사표시로 하여야 한다. 의사표시는 명시적 또는 묵시적으로 할 수 있다. 소멸시효가 완성된 채무를 피담보채무로 하는 근저당권의 실행시 채무자가 아무런 이의를 제기하지 않는 것은 시효이익의 포기로 해석된다(대판 2001. 6. 12, 2001다71999). ④ 시효이익의 포기는 소멸시효완성의 이익을 받지 않겠다는 일방적 의사표시이므로 시효완성의 사실을 알아야 포기의 의사표시가 성립할 수 있다.

(2) 효 과

시효이익의 포기는 소멸시효완성에 따른 효과를 소급적으로 소멸시킨다. 시효이익을 포기하면 더 이상 시효이익을 누릴 수 없게 된다.

절대적 소멸설에 의하면 시효완성으로 채권이 소멸하게 되는데, 채무자는 포기의 의사를 밝힘으로써 소멸한 채권을 부활시킬 수 있게 된다고 이해된다. 상대적 소멸설에 의하면 시효이익포기는 권리부인권의 성격을 갖는 원용권을 포기하여 그러한 원용권이 존재하지 않았던 상태로 복귀시키는 효과를 가져온다고 이해된다.

시효이익포기는 그 포기를 한 사람에 대해서만 효력이 발생한다(인적 효력범위의 제한). 주채무가 시효로 소멸한 때에는 보증인도 그 시효소멸을 원용할 수 있으며, 주채무자가 시효의 이익을 포기하더라도 보증인에게는 그 효력이 없다(대판 1991. 1. 29, 89다카1114).

(3) 시효완성을 모르고 한 포기

절대적 소멸설에서는 시효완성을 모르고 한 채무승인은 시효이익포기가 되지 못하므로 채무는 시효로 소멸한 채로 있다고 본다. 다만 채무자가 모르고 승인한 후에 채무를 이행한 때에는 도의관념에 적합한 비채변제가 되어 반환청구할 수 없다. 상대적 소멸설에서는 모르고 한 채무승인의 문제를 원용권의 포기로 볼 것인가 하는 문제로 파악하는데 원용권의 포기로 보아 채무의 존속을 인정하는 견해도 있다. 판례는 절대적 소멸설을 취하면서 시효완성 후의 채무승인은 시효완성의 사실을 알고 시효이익을 포기한 것으로 추정한다(대판 1967. 2. 7, 66다2173).

리갈마인드 강화훈련

원리 (原理, principium [라틴어])
원리란 객관적 실재의 법칙과 본질적 성질을 일반화한 데에서 도출한 근본명제를 말한다. 원리는 이론적 작업과 실천적 활동에서 길잡이로 사용된다. 원리가 탐구의 출발점이냐 아니면 탐구의 결과물이냐에 관하여는 관념론적 철학과 변증법적 유물론 사이에 격렬한 대립이 있다. 전자에 의하면 원리는 실천을 통해 검증될 필요 없는 확실한 근본명제로서 인간에게 적용되는 것이라고 본다. 반면에 후자는 원리는 자연과 인간으로부터 추상화된 것이므로 자연과 인간과 일치하지 않는 것은 올바른 원리가 아니라고 본다.

법률은 규범에 관한 원리(원칙)로 구성되어 있다. 원칙이 원래부터 인간에세 적용되어야 할 근본명제인가 아니면 인간 사이의 규범을 추상화한 것으로서 원칙이 인간에게 적합해야 하는가. 이는 법철학적 논쟁의 대상이 된다.

추리논증훈련

• 사회적으로 용인되는 행위

1. 매주 토요일마다 자기 집에서 쓰지 않는 물건을 집 앞에 내놓고 누구든지 그 물건을 가져다 쓰도록 하는 나눔을 행하는 마을이 있었다. 그 마을의 학생이 서울로 공부하러 와서 방을 얻었으나 가구를 살 돈이 부족하던 차에 토요일 아침 동네 길가에 놓인 가구들을 발견하고 콧노래를 부르며 가구들을 자기 방에 들여다 놓았다. 조금 후에 경찰이 와서 학생을 연행하면서 조금의 죄의식도 갖지 않고 남의 이사짐을 절취하는 사람은 엄벌에 처해야 한다고 하면서 체포했다. 당신이 그 학생이라면 어떤 논리로 자신을 방어하겠는가?

2. 사회봉사점수를 따기 위해 한 달에 한 번 노인요양원에서 어떤 노인의 목욕을 도와주는 학생이 있었다. 학생이 봉사활동을 나간 날 노인을 목욕시키려 했으나 노인은 감기 기운이 있어서 그 날은 목욕을 하지 않겠다고 말했다. 학생은 그 날 노인을 목욕시키지 못하면 다시 하루를 잡아 봉사활동을 나와야 하는 것이 싫어서 무리하게 노인을 설득하여 목욕시켰다. 노인은 결국 감기에 걸렸고 그것이 폐렴으로 번지어 급기야 사망에 이르렀다. 당신은 그 학생에 대하여 어떤 논리로 비난을 하겠는가?

48

소멸시효의 중단과 정지

1. 소멸시효의 중단

(1) 소멸시효중단의 의의

1) 의 의

소멸시효의 중단이란 권리자 또는 의무자의 일정한 행위가 소멸시효의 진행을 중단시키고 그 행위시부터 다시 소멸시효를 진행시키는 법률요건을 말한다. 이행청구 · 압류 · 채무승인 등의 중단사유가 있는 경우에 이미 경과한 시효기간은 산입하지 않고 그 중단사유가 종료한 때로부터 새로이 시효가 진행한다(제168조, 제178조).

2) 시효중단과 시효정지

소멸시효의 중단과 정지는 소멸시효의 완성을 저지하는 제도라는 점에서 공통점을 갖는다. 그러나 ① 시효중단은 시효진행중 언제라도 중단할 수 있으나, 시효정지는 시효기간의 만료직전에 한하여 허용된다. ② 중단사유는 이행의 청구 · 압류 등 채권의 만족을 얻기 위한 수단이 대부분이므로 그 행위에 의하여 채권자가 만족을 얻어 채권이 소멸하게 되는 경우가 많다. 반면에 정지사유는 이행청구나 압류를 할 수 없는 법정대리인의 부재·사변 등 장애사정으로서 그 사유에 의하여는 결코 채권의 만족을 얻을 수 없다. ③ 효과면에서는 시효정지는 시효의 진행을 일시적으로 법률이 정하는 기간 동안 정지시킴으로써 시효완성을 저지하고 권리자에게 이행청구를 위한 시간을 연장시키는 제도인 데에 반하여, 시효중단은 중단을 분기점으로 하여 종전의 기간을 산입하지 않고 중단 이후에 새로 시효를 기산한다는 점에 차이가 있다.

(2) 소멸시효의 중단사유

1) 청　　구

가) 재판외 청구(최고)　　채권자가 채무자에 대하여 하는 이행청구를 최고라고도 하며, 이는 시효중단사유가 된다. ① 최고의 주체는 채권자 및 기타 권리자이며, 최고의 상대방은 채무자 기타 의무자이다. ② 최고의 방식은 자유이다. 서면에 의한 최고뿐 아니라 구두에 의한 것이라도 무방하다. ③ 시효중단의 효력발생시기는 최고가 상대방에게 도달한 때이다. ④ 최고에 의한 시효중단은 후속조치가 수반되지 않으면 그 효력이 소멸한다. 사후조치는 「재판상의 청구, 파산절차참가, 화해를 위한 소환, 임의출석, 압류 또는 가압류, 가처분」이며, 최고자는 이러한 조치를 최고 이후 6개월 이내에 행해야 한다(제174조). ⑤ 일부청구가 채권의 전부에 대한 시효중단의 효력을 가져오지는 않는다.

나) 재판상 청구(제소)　　채권자가 소송절차에서 채권의 이행을 청구하는 경우에 시효중단이 발생한다. ① 소송절차는 민사재판이어야 하고 행정소송·행정심판·형사재판의 경우에는 중단되지 않는다(대판 1979. 2. 13, 78다1500). ② 소의 종류는 이행의 소·형성의 소·확인의

소 중 어떤 것이라도 무방하며, 본소인가 반소인가를 묻지 않는다. 또한 채권자가 다른 청구에 기한 소송계속중에 청구의 변경이나 확장을 통하여 그 채권의 청구를 하여도 된다. ③ 시효중단의 효력발생은 소제기의 때이다(민소 제265조). 소의 변경 또는 중간확인의 소에서는 그 청구의 서면을 법원에 제출한 때이다. ④ 시효중단의 효력이 발생하기 위하여는 청구가 인용되어야 한다. 소의 각하·기각·취하 등 청구가 받아들여지지 않고 소송절차가 종료된 경우에는 시효가 중단되지 않는다(제170조 1항). 이 경우라도 6개월 이내에 재판상 청구·파산절차참가·압류·가압류·가처분을 한 때에는 시효는 최초의 재판상 청구로 인하여 중단된 것으로 본다(동조 제2항).

2) 응소행위와 시효중단

응소행위도 시효중단의 효력을 갖는다(다수설, 판례). 시효중단사유의 하나인 재판상 청구란 통상적으로는 권리자가 원고로서 시효를 주장하는 자를 피고로 하여 소송물인 권리를 소의 형식으로 주장하는 경우를 가리키지만, 이와 반대로 시효를 주장하는 자가 스스로 원고가 되어 소를 제기한 데에 대하여 피고로서 응소하여 그 소송에서 적극적으로 권리를 주장하여 그것이 받아들여진 경우도 마찬가지로 이에 포함된다(대판(전합) 1993. 12. 21, 92다47861).

3) 재판에 준하는 절차

다음의 경우에도 시효가 중단된다. ① 파산절차참가 : 파산절차에 참가하는 것은 재판상 청구와 유사한 의미를 가지므로 시효중단의 효력이 인정된다(제171조). 채권자는 법원에 채권액을 신고함으로써 파산절차에 참여하며(채무자 회생 및 파산에 관한 법률 제447조), 신고시부터 시효중단의 효력이 생긴다. ② 조정신청 : 민사조정의 신청에 시효중단의 효력이 인정된다(민사조정법 제35조 1항). ③ 지급명령의 신

청 : 독촉절차에 의한 지급명령의 신청은 그 신청시부터 시효중단의 효력이 생긴다. ④ 임의출석 : 임의출석은 시효중단의 효력을 갖는다.

4) 압류 · 가압류 · 가처분

① 압류는 확정판결 기타 채무명의에 의하여 행하는 강제집행행위이다. 압류는 그 압류명령을 신청한 때에 시효중단의 효력이 생긴다. ② 가압류와 가처분은 강제집행이 불가능하거나 현저하게 곤란하게 될 염려가 있는 경우에 강제집행을 보전하기 위하여 취해지는 수단이며, 판결을 전제로 하지 않는다. 가압류 및 가처분의 신청은 시효중단의 효력을 발생시킨다. ③ 압류 · 가압류 · 가처분은 시효이익을 받을 자(채무자)에 대하여 하지 아니한 때에는 이를 그에게 통지한 후가 아니면 시효중단의 효력이 없다(제176조). ④ 압류 · 가압류 · 가처분은 권리자의 청구에 의하여 취소되거나 또는 법률의 규정에 따르지 아니함으로 인하여 취소된 때에는 시효중단의 효력이 없다(제175조).

5) 시효완성 전의 채무승인

① 소멸시효의 중단사유로서의 승인이란 시효의 완성 전에 시효의 이익을 받을 자(채무자)가 시효로 인하여 권리를 잃을 자(채권자)에 대하여 상대방의 권리를 인정한다는 뜻을 표시하는 행위이다(의사의 통지). ② 승인자는 채무자, 기타 시효의 이익을 받을 의무자이다. 승인에는 의사능력 · 행위능력을 필요로 하며, 대리인에 의해서도 할 수 있다(대판 1998. 11. 13, 98다38661). 승인에는 상대방의 권리에 관한 처분의 능력이나 권한 있음을 요하지 아니한다(부재자의 재산관리인도 채무의 승인을 할 수 있다). ③ 승인의 상대방은 채권자, 기타 시효중단의 대상이 되는 권리의 주체이다. 압류당한 채권자에 대하여도 유효한 승

인을 할 수 있다. ④ 승인의 방식에는 제한이 없다. 재판 외에서 또는 소송중에 할 수 있고, 서면·구두 및 명시적·묵시적으로 할 수 있다. 소송중에 채권담보로 소유권이전약정이 이루어졌다고 항변한 것은 소멸시효 중단사유로서의 채무의 승인에 해당한다(대판 1998. 11. 13, 98다38661).

(3) 시효중단의 효력

가) 시효완성의 저지 시효중단의 사유가 있으면 그 때까지 경과한 시효기간은 의미를 잃게 되고, 당해 권리에 대해 중단 이후에 새로 시효가 진행된다.

나) 인적 효력범위 시효의 중단은 당사자 및 그 승계인간에서만 효력을 갖는다(제169조). 당사자란 권리의 당사자가 아니라 시효중단행위에 관여한 자를 가리킨다. 승계인이란 그 당사자의 특별승계인(채권양수인)과 포괄승계인(상속인 등)을 말한다. 단 연대채무·보증채무·지역권에는 예외적으로 시효중단이 당사자 이외의 자에게 효력이 미친다. ① 연대채무에서는 어느 연대채무자에게 대한 이행청구와 소멸시효완성은 다른 연대채무자에 대하여도 효력을 가진다(절대적 효력, 제416조, 제421조). 다만 연대채무자 1인의 소유부동산에 대한 경매개시결정에 따른 압류는 다른 연대채무자에 대해 시효중단의 효력이 없다(대판 2001. 8. 21, 2001다22840). ② 보증채무에서는 주채무자에 대한 시효의 중단은 보증인에 대하여 그 효력이 있다(제440조). 주채무가 소멸하면 보증채무도 따라서 소멸한다(제430조). 그러나 보증인에 대한 시효중단행위는 주채무자에 대해 효력이 없다. ③ 지역권에서 요역지가 여러 사람의 공유인 경우에 그 1인에 의한 지역권소멸시효의 중단 및 정지는 다른 공유자를 위하여 효력이 있다(제296조).

다) 일부청구의 물적 효력범위 일부청구는 전부의 급부에 대하

여 시효중단의 효력을 가져오지 않고(예 : 채권액이 100만원인데 채무자에게 10만원만 청구한 경우), 청구된 일부분에 대해서만 중단의 효력이 발생한다. 청구부분이 특정될 수 있는 경우에, 일부청구는 나머지부분에 대한 시효중단의 효력이 없고, 나머지부분에 관하여는 소를 제기하거나 그 청구를 확장해야 시효중단의 효력이 생긴다(대판 1975. 2. 25, 74 다1557). 채권자가 동일한 목적을 달성하기 위하여 복수의 채권을 갖고 있는 경우에, 어느 하나의 청구권만을 행사하는 것은 다른 채권에 대한 소멸시효중단의 효과를 가져오지 않는다(대판 2001. 3. 23, 2001다6145). 그러나 채무의 일부승인은 전부승인의 효과를 가져온다(대판 1996. 1. 23, 95다39853).

라) 중단 후 시효진행 이행청구 또는 압류 등으로 채권자가 만족을 얻지 못하면 중단 후 소멸시효는 새로 진행된다. 중단까지 경과한 기간은 산입하지 않는다(제178조). ① 새로운 시효진행의 기산점은 판결·파산절차·화해·조정 등이 확정된 때(동조 제 2 항), 또는 압류·가압류·가처분의 절차가 끝났을 때이다. 승인의 경우에는 승인의 의사가 상대방에게 도달된 때부터 시효가 진행된다. ② 판결·파산절차·화해·조정이 있은 후에는 종전의 채권이 단기소멸시효에 걸리는 것이었더라도 새로 10년의 소멸시효기간이 진행한다(제165조 1항·2항).

2. 소멸시효의 정지

(1) 의 의

시효기간이 거의 경과할 무렵에 권리자가 중단행위를 할 수 없거나 곤란한 사정이 있는 경우에 시효의 진행을 일시적으로 멈추게 하였다가 그 사정이 없어지면 다시 진행시키는 제도를 소멸시효의 정

지라고 한다

(2) 시효정지사유

가) **법정대리인 없는 무능력자** 소멸시효의 기간만료 전 6개월 내에 무능력자의 법정대리인이 없는 때에는 그가 능력자로 되거나 또는 법정대리인이 취임한 때로부터 6개월 내에는 시효가 완성하지 않는다(제179조).

나) **재산관리자에 대한 무능력자의 권리** 재산을 관리하는 부·모 또는 후견인에 대한 무능력자의 권리는 그가 능력자로 되거나 후임의 법정대리인이 취임한 때로부터 6개월 내에는 시효가 완성하지 않는다(제180조 1항).

다) **혼인관계의 종료** 부부의 일방의 타방에 대한 권리는 혼인관계의 종료한 때로부터 6개월 이내에는 소멸시효가 완성하지 아니한다(제180조 2항).

라) **상속재산에 관한 권리** 상속재산에 속한 권리나 상속재산에 대한 권리는 상속인의 확정, 관리인의 선임, 또는 파산선고가 있는 때로부터 6개월 내에는 소멸시효가 완성하지 아니한다(제181조).

마) **천재·사변** 천재 기타 사변으로 인하여 소멸시효를 중단할 수 없는 때에는 그 사유가 종료한 때로부터 1개월 내에는 시효가 완성하지 아니한다(제182조).

(3) 시효정지의 효력

소멸시효의 진행이 정지된다는 것은 비록 정지사유가 있는 동안 시효기간이 만료하더라도 소멸시효는 완성하지 않으며 따라서 권리가 소멸하지 않는다는 것을 의미한다(절대적 소멸설에 의한 설명). 만약 무능력자가 법정대리인이 없는 동안에 그의 채권의 시효기간이 경과한 때에는 그 채권은 유효하게 존속하며, 무능력자는 그가 능력자가 되거나 법정대리인이 선임되어 실질적으로 이행청구를 할 수 있게 된 때에 그 채권을 행사할 수 있다. 이 경우 그 권리행사를 위해 허용된 유예기간은 6개월이므로 그 기간 내에 이행을 받든가 또는 청구·압류 등의 시효중단조치를 취해야 한다. 이 유예기간이 경과하면 채권은 시효소멸한다.

리갈마인드 강화훈련

평화 (平和)
평화란 민족 및 국가 간의 관계에서 정책수행을 위한 전쟁이 배제된 상태를 말한다. 그리스의 철학에서는 평화 개념과 인간성 개념이 하나로 결합되어 있었다. 인간의 평화 추구가 단순히 전쟁 없는 시대를 꿈꾸는 것에 그치지는 않는다. 평화에의 의지는 인간의 이성, 존엄, 자유가 짓밟히는 등 전쟁을 내재하고 있는 사회관계에 대한 항거의 표시이기도 하다.

법은 인간사회의 진정한 평화를 갈망하는 표현이다. 평화를 짓밟는 법률이 제정된다면 그 실정법은 악법으로 정의에 어긋나는 것이다. 시민은 악법에 저항할 권리를 갖는다.

추리논증훈련

• 갈등의 해소

1. 현재 지구상에는 여러 곳에서 전쟁이 진행되고 있다. 인종간의 갈등, 종교간의 갈등, 석유자원을 둘러싼 갈등 등 여러 가지의 갈등이 전쟁의 원인이 되고 있다. 당신이 알고 있는 현재 진행 중인 전쟁은 무엇이며, 원인이 된 갈등은 무엇인가?

2. 어떤 학생이 자주 들러 사먹곤 하던 떡볶이 포장마차의 할머니가 있었다. 어느 날 그 할머니가 보이지 않아 주위를 둘러보니 보행자의 통행을 가로막던 노점상이 보이지 않고 거리는 깨끗이 청소되어 있었다. 당신은 보행자로서의 쾌적함과 할머니에 대한 농정으로 갈능하게 되었다. 만약 당신이 후에 정책결정자가 된다면 이와 관련하여 어떤 정책을 펼치겠는가?

49
제척기간

1. 의　　의

제척기간이란 법률이 규정하는 「권리의 존속기간」으로서 그 기간이 만료되면 권리가 당연히 소멸하고 그 기간경과에 중단이나 정지가 없는 것을 말한다.

가) 개　　념　　제척기간은 주로 형성권에 관하여 정해진 법정존속기간으로서, 형성권에 의한 권리변동의 불안정을 단기간에 해소하고 권리관계를 확정시키려는 목적으로 이용된다. 민법은 제척기간에 관한 명문의 규정을 두지 않지만, 학설과 판례는 제척기간이란 개념을 창설하여 민법에 정하는 기간을 소멸시효기간과 제척기간의 두 종류로 분류한다.

나) 소멸시효와의 비교　　제척기간은 소멸시효와 다음과 같은 차이를 갖는다. ① 제척기간에 의한 권리의 소멸은 소급효가 없는 데 반하여, 소멸시효에 의한 권리소멸은 소급효가 있다(제167조 참조). ② 제척기간에는 중단이라고 하는 것이 없는 데 대하여, 소멸시효에는 시효중단의 제도가 있다. 따라서 제척기간 내에 권리자의 권리의 주

장 또는 의무자의 의무의 승인이 있어도 제척기간은 갱신되지 않는다. ③ 제척기간에 의한 권리의 소멸은 법원의 직권조사사항이므로 당사자의 주장이 없어도 고려해야 하는데 대하여, 소멸시효는 직권조사사항이 아니므로 당사자의 주장이 있어야 고려한다. ④ 제척기간에는 시효이익의 포기에 대응하는 제도가 없으므로 제척기간의 경과 후에는 권리가 완전히 소멸함에 반하여, 소멸시효의 완성 후에는 채무자의 시효이익포기로 권리가 존속할 수 있다. ⑤ 소멸시효에는 시효의 정지가 법률에 의하여 인정된다. 제척기간에도 이를 인정할 것인가에 관하여는 학설이 대립한다(후술). ⑥ 소멸시효는 법률행위로서 이를 단축 또는 경감할 수 있지만(제184조 2항), 제척기간에 관하여는 기간단축 및 경감이 허용되지 않는다고 해석된다. 형성권자는 상대방에 비하여 약자인 경우가 많으므로(예 : 무지력자, 사기당한 자) 형성권행사에 대한 기간단축의 약정은 무효라고 해석한다. ⑦ 제척기간의 만료로 권리가 소멸한다는 점에 학설이 일치한다. 이는 소멸시효완성의 효과에 관하여 절대적 소멸설, 상대적 소멸설 등이 대립하는 것과 대조적이다.

2. 제척기간에 걸리는 권리

(1) 형 성 권

가) 의 의 형성권은 권리자의 행사만으로 곧 효과가 발생하므로 시효중단을 인정할 필요가 없다. 제척기간의 개념을 소멸시효와 별도로 인정하는 이유는 주로 시효중단을 인정할 필요가 없다는 점에 기인하므로 형성권은 제척기간에 걸리는 대표적인 권리이다. 결국 형성권에 관하여 권리행사의 기간이 정하여져 있는 경우에는 제척기간이라고 해석된다. 매매계약에 기한 취소권·해제권 또는

임대차에 기한 해지권은 형성권의 예이다.

나) 제척기간　법률행위의 취소권은 추인할 수 있는 날로부터 3년, 법률행위를 한 날로부터 10년 내에 행사해야 한다(제146조). 하자담보책임에 기한 해제권은 계약한 날 또는 사실을 안 날로부터 기산하여 대개 1년 또는 6개월의 제척기간이 정해져 있다(제573조, 제575조 3항). 무능력자의 상대방이 최고권을 행사한 경우에 무능력자 또는 그 법정대리인의 추인권은 상대방이 정한 1개월 이상의 상당한 기간 내에 행사되어야 한다(제15조).

다) 실효제도　형성권에 관하여 존속기간이 정해지지 않은 때(제544조 등)에는 어떠한가. 채권관계에서 발생한 형성권은 법정존속기간이 없으면 10년의 제척기간에 걸리고, 제한물권에서 발생한 형성권은 20년의 제척기간에 걸린다고 해석해야 할 것이다. 단 이 기간 내라도「실효의 원칙」에 따라 장기간의 불행사로 상대방에게 권리불행사의 신뢰가 생긴 때에는 형성권이 소멸한다.

라) 예약완결권　매매의 일방예약에서 예약완결권은 일종의 형성권으로서 당사자 사이에 그 행사기간을 약정한 때에는 그 기간 내에, 그러한 약정이 없는 때에는 그 예약이 성립한 때로부터 10년 내에 이를 행사해야 하고, 그 기간이 지난 때에는 예약완결권은 제척기간의 경과로 소멸한다(대판 1995. 11. 10, 94다22682). 제척기간의 기산점은 원칙적으로 권리가 발생한 때이고 당사자 사이에 예약완결권을 행사할 수 있는 시기를 특별히 약정한 경우에도 그 제척기간은 당초 권리발생일로부터 10년간의 기간이 경과되면 만료되는 것이지 그 기간을 넘어서 그 약정에 따라 권리를 행사할 수 있는 때로부터 10년이 되는 날까지로 연장되지 않는다.

마) 형성권의 행사기간과「형성권행사의 결과 발생하는 청구권」의 소멸시효는 구별되어야 한다. 형성권이 그 제척기간 내에 행사되

면 그로부터 발생한 부당이득반환청구권이나 원상회복청구권 등은 그 발생시부터 시효기간이 진행되어 별도의 소멸시효에 걸린다(반대설 있음). 환매권의 행사로 발생한 소유권이전등기청구권은 환매권을 행사한 때로부터 10년의 소멸시효 기간이 진행된다(대판 1991. 2. 22, 90다13420).

(2) 청 구 권

청구권도 제척기간의 대상이 될 수 있는가에 대하여는 학설이 대립한다.

가) 긍 정 설　청구권도 신속한 법률관계의 안정을 목적으로 하는 경우에는 제척기간의 대상이 될 수 있다고 한다. 법규정에 「시효로 인하여」라고 규정되어 있는 것이 소멸시효기간이고 그렇지 않은 것이 제척기간이라고 한다.

나) 부 정 설　청구권은 일률적으로 소멸시효에 걸리도록 하는 것이 타당하므로 청구권의 제척기간을 인정하지 않는 견해이다. 제척기간을 인정할 필요는 형성권의 일방적 행사가능성에서 찾을 수 있으며, 청구권을 소멸시효적용의 경우와 제척기간적용의 경우의 두 종류로 나눌 근거가 없다는 것이다.

3. 제척기간 내의 권리행사

제척기간이 붙은 권리는 어떤 방법으로 행사하여야 기간만료로 인한 소멸을 막을 수 있는가. ① 제척기간 내에 재판 외의 권리행사가 있으면 권리가 보전된다고 하는 견해가 있다. 판례는 이 견해를 취한다(대판 1985. 11. 12, 84다카2234). 다만 점유보호청구권의 2년의 제척기간(제204조 3항, 제205조 2항)은 출소기간이어서 그 기간 내에 소를 제기하여야 한다(대판 2002. 4. 26, 2001다8097). ② 제척기간 내에 반드시 소의 제기 등 재판상의 권리행사가 있어야 한다는 견해가 있다(다수설). 이 견해는 제척기간을 출소기간으로 파악한다. ③ 제척기간에 걸리는 권리의 성격에 따라 재판상 행사 또는 재판 외 행사가 결정된다고 하는 견해가 있다.

4. 제척기간의 정지

제척기간에 관해서도 시효의 정지를 인정할 것이가에 대해서는 학설이 대립한다. ① 부정설은 소멸시효에 있어서와 같은 시효의 정지를 부정한다. 독일민법에서처럼 명문의 배제규정을 두고 있지 않은 우리 민법에서는 정지를 인정할 필요가 없다고 한다. ② 일부긍정설은 민법 제182조의 천재·사변에 의한 시효정지만을 인정하고 그 밖의 사유로 인한 시효정지는 부정한다. ③ 긍정설은 시효의 정지를 인정한다. 미성년자가 그 법정대리인이 존재하지 않음으로 인하여 시효완성을 저지할 필요성이나 기타 정지사유는 제척기간의 경우에도 인정되어야 한다.

5. 제척기간의 만료

제척기간 내에 권리행사가 없이 기간이 만료하면 권리는 소멸한다.

리갈마인드 강화훈련

정의(正義)와 평등(平等)

정의란 평등이라는 관점에서 사회적 관계와 행위를 평가하는 윤리적·법적 범주이다. 시대를 초월하여 보편타당하고 불변의 정의개념은 없다.

평등이란 다양한 개인 및 집단 사이에 동등한 사회관계를 회복하려는 요구이다. 평등의 구체적인 내용은 시대에 따라 사회계층에 따라 다른 욕구로서 표현된다.

법의 궁극적인 목표는 그 시대, 그 사회에서 요구되는 정의를 구현하는 것이다. "만인은 법 앞에 평등하다"는 명제는 존중되어야 한다. 국가는 국민에게 '기회의 균등'뿐 아니라 '조건의 균등'으로 접근할 수 있는 제도적 장치를 마련해야 한다.

추리논증훈련

- 사회적 안전장치

1. 자동차 종합보험에 가입하면 운전자가 사망에 이르는 자동차사고를 야기한 경우에도 보험회사가 손해배상금을 지급하므로 운전자는 형사처벌을 받지 않도록 하는 법률(교통사고처리 특례법)이 있었다. 이 법률은 운전기사에게 의존하던 시민들로 하여금 감옥에 갈 위험 없이 손수 운전을 하여 출퇴근을 하는 '자가운전시대'로 접어드는 계기를 만들어 주었다. 그러나 보험회사에서 보상해 줄 것이라는 의존심을 증대시켜 부주의한 운전을 부추기고 자동차사고를 증가시키는 원인이 되기도 했다. 헌법재판소는 이러한 면책규정이 위헌이라고 결정하였다. 그러나 택시기사들은 장시간 악조건의 근무로 인해 사고의 위험에 노출되어 있으므로 자신들은 형사처벌을 받게 될 가능성이 높은 취약계층으로 진입했다고 항의했다.

   택시기사에게 "중과실로 교통사고를 야기하면 보험에 들었더라도 처벌받는다"는 헌법재판소 결정을 받아들이도록 세 가지 논거를 들어 설득하시오!

2. 폭력배에게 맞고 들어 온 아들을 본 아버지는 분노에 휩싸였다. 회사 사장인 아버지는 자신의 직원들에게 가해자를 술집으로 유인하도록 지시하였다. 아버지는 가해자가 있는 술집에 혼자 들어가고 직원들은 입구를 지키도록 하였다. 아버지는 손수 가해자에게 폭력을 휘둘렀다. 당신이 직원의 입장이라면 어떤 행동을 취하는 것이 옳다고 생각하는가?

조문색인(민법)

사항색인

ㅇ

저자약력

서울대학교 법과대학 졸업 · 동 대학원 졸업(법학석사)
독일 튀빙겐대학교 법과대학 졸업(법학박사)
일본 동경대학교 법학부 객원연구원 역임
미국 하버드대학교 법과대학 객원연구원 역임
일본 규슈대학교 법학부 조교수 역임
대법원직속 사법개혁위원
제17대 국회의원 역임
현 한국외국어대학교 법학전문대학원 교수

주요 저서
민법총칙(박영사, 제 5 판, 2009)
물권법(박영사, 제 4 판, 2006)
채권총론(박영사, 제 4 판, 2009)
채권각론(박영사, 제 5 판, 2005)
민법 I (박영사, 제 5 판, 2007)
민법 II (박영사, 제 5 판, 2005)
약관규제론(박영사, 1984)
독일법(공저, 박영사, 1987)
약관규제법(박영사, 1994)
법여성학강의(박영사, 제 3 판, 2006)
관습의 정치(박영사, 2007)
로스쿨을 꿈꾸다(중앙북스, 2008)
기타 논문 다수 있음

리갈마인드 민법총칙
2009년 7월 25일 초판 발행
2010년 11월 5일 중판 발행
저 자 이 은 영
발행인 안 종 만
발행처 (株) 博 英 社
서울 특별시 종로구 평동 13-31번지
전화 (733)6771 FAX (736)4818
등록 1959. 3. 11. 제300-1959-1호(倫)

www.pakyoungsa.co.kr e-mail: pys@pakyoungsa.co.kr

정 가 25,000원 ISBN 978-89-7189-908-3